UTB **2980**

CHRISTOPH HÖNIG

Neue Versschule

WILHELM FINK

Der Autor:
Christoph Hönig, Dr. phil. (mit einer Dissertation über Robert Musil), war Studiendirektor und Fachbereichsleiter an einem Berliner Gymnasium, im Studienseminar Fachleiter für Deutsch sowie Lehrbeauftragter an der Freien Universität Berlin.

Bibliografische Information Der Deutschen Nationalbibliothek

Die Deutsche Nationalbibliothek verzeichnet diese Publikation in der Deutschen Nationalbibliografie; detaillierte bibliografische Daten sind im Internet über http://dnb.d-nb.de abrufbar.

Gedruckt auf umweltfreundlichem, chlorfrei gebleichtem Papier

© 2008 Wilhelm Fink GmbH & Co. Verlags-KG, Paderborn
(Wilhelm Fink GmbH & Co. Verlags-KG, Jühenplatz 1, D-33098 Paderborn)
ISBN 978-3-7705-4599-5

Internet: www.fink.de

Printed in Germany.
Herstellung: Ferdinand Schöningh, Paderborn
Einbandgestaltung: Atelier Reichert, Stuttgart

UTB-Bestellnummer: ISBN 978-3-8252-2980-1

Denn edlen Seelen vorzufühlen
Ist wünschenswertester Beruf.
(Goethe: *Vermächtnis*)

Für Mouia

Mit Dank für fachkundigen Rat an den gelehrten Freund **Klaus-Jürgen Grundner**.

Dank auch an **Hartmut Wittchen**, den selbstlosen und allwissenden Helfer am PC.

Inhaltsverzeichnis

Zunächst einmal ...

Kinderreime, Reklameverse, Liedertexte – die kennt doch jeder. Und ein bisschen Jambus oder Trochäus sowie männlicher oder weiblicher Reim, das kann man eben rasch mal lernen. Bei den alten Griechen und Römern gab es einst hoch komplizierte Metren, dafür jedoch keinen Reim. Im Deutschen aber gibt es als Metren eigentlich nur noch „dadám" oder „dámda", selten „dámdada". Das ist tatsächlich fast alles. Und für weitergehende Fragen hat man Nachschlagewerke.

Oder ist alles vielleicht im Gegenteil höchst kompliziert? Jeder halbwegs Gebildete glaubt selbstverständlich zu wissen, was ein Vers ist – oder einfacher: was ein Satz ist. Doch in der *Duden-Grammatik* (1984) muss man lesen: „Eine allgemein akzeptierte Satzdefinition gibt es nicht" (S. 559, Anm. 1). Entsprechendes gilt vom Vers. Bei genauerem Hinsehen zeigt sich: Einerseits stützt sich jeder Verfasser einer Verslehre auf seine Vorgänger – wie auch anders ? –, andererseits ist fast alles kontrovers, ja bisweilen konfus. Wilperts bekanntes *Sachwörterbuch der Literatur* klagt: „Die deutsche wissenschaftliche Metrik leidet besonders an einer erschreckenden Verwirrtheit der Terminologie und Zeichenschrift, die jedes System neu entwirft" (S. 425). In der *Einführung in die Verslehre* von Gelfert in der Reclam-Reihe *Arbeitstexte für den Unterricht* (1998) gibt es ebenfalls immer wieder nicht nur Erhellendes zu lesen. Was mögen wohl die angesprochenen Schüler zu folgendem Satz sagen: „Damit es zum Genuss kommt, muss also die Komplexität der Wahrnehmung restlos aufgelöst werden, wobei das Intervall zwischen der Anfangs- und Restkomplexität ein Maß für die Quantität der freiwerdenden ästhetischen Lust ist" (S. 11 f.). Die Abschnitte der bekannten Verslehren lesen sich bisweilen fast so wie die Paragraphen des Strafgesetzbuches.

Die Fachliteratur zur Verslehre, auch die „für den Unterricht" geschriebene, macht einem Lernwilligen das Leben und Lesen nicht gerade leicht. Die „ästhetische Lust" ist nur sehr mühsam zu erringen. Und das hat letztlich vor allem einen stets gleichbleibenden Grund: Jede der Verslehren will weitgehend *Vollständigkeit* bieten: von den paralinguistischen Bauelementen des Versgebildes bis zu exotischen Gedichtformen wie „Kanzone, Rondeau, Rondel und Triolett, Villanella und Ritornell, Madrigal und vers libre" (Gelfert, S. 4 f.) – da darf nichts fehlen. Doch wer – welcher Student oder Schüler zumal – hat die Nerven, sich da durchzubeißen, nur weil er vielleicht gerade einmal Rilkes *Panther* interpretieren soll.

Die **Neue Versschule** beginnt zunächst einmal mit einer tatsächlich **Kurzen Versschule**. Sie setzt also nicht an beim System aller historisch vorkommenden Versformen. Nein, sie geht vielmehr aus vom Lernenden, d.h. von der Frage:

Welche Kenntnisse braucht ein Student oder Schüler wirklich, um die gängigen Verstexte analysieren und interpretieren zu können? Dazu reichen – mit allen Beispielen – 14 Seiten (von S. 13 bis S. 26) aus. Die Neue Versschule ist eine Vers*schule* zum Lernen und keine Vers*lehre* als Kompendium. Seit über 20 Jahren wurde die am Anfang stehende Kurze Versschule erprobt und ständig beim Einsatz im Seminar der Universität und im Gymnasium umgearbeitet. Dabei wurde meist dies und das als überflüssig weggestrichen, selten etwas hinzugefügt. Geboten wird hier eine an allen einschlägigen Werken überprüfte konsensfähige, einfache Terminologie, die weniger an den alten Griechen oder den alten Germanen (Heusler) als an der Funktion orientiert ist. Es wird also, um nur wenige Beispiele zu nennen, auf den Begriff „Iktus" (lat. „Schlag") verzichtet, da „Hebung" und „Senkung" aussagekräftiger und präziser sind. Auch der Terminus „Kolon" (griech. „Glied", „körpergliedartiges Gebilde") erweist sich in der Praxis als nur willkürlich wahrzunehmende „Atemeinheit" (wer atmet denn so stoßweise?). Der französische Fachbegriff „Enjambement" wird ersetzt durch „Zeilensprung", denn das ist verständlicher, und es ist der passende Gegenbegriff zum „Zeilenstil". Auch auf den Begriff „Prosodie" (griech. „Hinzugesang") wird verzichtet, denn der häufige lateinische Begriff „Akzent" bedeutet ursprünglich wörtlich dasselbe. Doch durch eine Bedeutungs-Präzisierung hat dieser einen eigenen, sehr brauchbaren Sinn bekommen. Er meint die Betonung als Qualität oder Quantität einer Silbe zur Tonabstufung im Wort oder Satz. Die Prosodie dagegen beschreibt generell die Lehre von der Behandlung der Sprache im Vers oder im engeren Sinne die Silbenmessung, ist jedoch letztlich ein allzu vieldeutiger Begriff mit komplizierter Geschichte. „Heute meidet man die Bezeichnung wegen ihrer Vieldeutigkeit" (Wilpert).

Es wird also gefragt: Welches greifbare formale Gestaltungsmittel liegt vor? Wie ist es zu benennen? Und wozu ist es nütze? Das Ziel des an den Anfang gestellten kurzen Basispapiers ist also das Einfache, das (nach Brecht) so schwer zu machen ist. Die *Neue Versschule* soll insgesamt ein präzises *Werkzeug* sein, mit dem man handwerklich sicher und solide arbeiten kann: Zum Einstieg eine Handvoll Seiten mit einer komprimierten *Kurzen Versschule*, die insgesamt tatsächlich zu lernen sind – und zwar nachprüfbar. Daher gibt es hierzu zwei kurze **Tests**. Test A dient zunächst zum Selbsttesten, Test B dient später wie eine Klausur als Leistungstest nach der Lektüre der einzelnen Lektionen. Das ist vielfach erprobt und funktioniert sogar fast von selbst, da alles einfach und klar formuliert ist. Forschungen haben gezeigt, dass sich Tests auch als „mächtige Gedächtnisverstärker" erweisen. Aus dem Lösungsblatt am Ende des Buches kann man seinen Kenntnisstand punktgenau ablesen. Und das heißt erfahrungsgemäß: Wer eine hohe Punktzahl erreicht, der kann Verse *analysieren*.

Aber wie steht es mit dem *Interpretieren* von Verstexten? Die letzten 4 der 14 Basisblätter (ab S. 22) dienen vorwiegend als Grundlage für das Vers-*Interpretieren*. Die Reimschemata und die wichtigsten Versformen (wie Blankvers, Alexandriner, Hexameter) werden *charakterisiert*. Letztlich kann man das *Interpretieren* von Verstexten aber nur am konkreten Textbeispiel erlernen; denn „*Inhalt*" und „*Form*" sind im sprachlichen Kunstwerk keine schlichte Addition, sondern eher eine Multiplikation: Sie stehen in *Wechselwirkung*; sie erzeugen *Synergie-Effekte*. Dies ist die zentrale These zur Vers-Interpretation in den 12 Lektionen.

Manche sehen das leider anders. Für sie ist ein Gedicht so etwas wie ein mehr oder weniger schönes Geschenk. Das „Formale" daran ist etwas Äußerliches, eine Art Verzierung; es entspricht, um im Bilde zu bleiben, dem bunten Geschenkpapier, der hübschen Verpackung. Darauf wirft man einen kurzen Blick, reißt sie sogleich herunter und wirft sie in den Papierkorb, um an den Inhalt, das Eigentliche heranzukommen. So findet man im Seminar und im Gymnasium des Öfteren Analysen und Interpretationen von Gedichten, in denen zu Beginn kurz „das Formale", „die Form" abgehandelt wird, dann kommt der Hauptteil: die Untersuchung des „Inhalts". Beides steht dabei unverbunden hintereinander. Die Addition „Form + Inhalt" ist beim sprachlichen Kunstwerk jedoch zweifellos eine falsche Rechnung.

Das knappe Kapitel mit der *Kurzen Versschule* am Anfang ist eine notwendige Grundlage für das handwerklich gekonnte Analysieren von Verstexten. Wer aber Versdichtung als sprachliches Kunstwerk im Sinne Diltheys *verstehen* will, muss die Verse und Reime (nicht allein die Inhalte) *interpretieren*. Schon Novalis wusste, was die moderne Rezeptionsforschung inzwischen postuliert: „Der wahre Leser muss der erweiterte Autor sein" (*Blütenstaub*-Fragment 121). Also muss auch der Leser etwas von Dichtkunst verstehen (Analyse), aber er hat auch selbst etwas dazu zu sagen (Interpretation).

Dies freilich ist anspruchsvoller, als allein Vers- und Reimschemata zu diagnostizieren. Aber das wird von den in der Universität und am Gymnasium (Abitur) verlangten Textanalysen und -interpretationen gefordert. Es geht hier also auch um den instrumentellen Charakter von Rhythmus und Reim. Daher folgen in diesem Buch auf die *Kurze Versschule* **12 Lektionen**. Hier wird in Fragen der Interpretation Bezug genommen auf die Deutungen und Wertungen von insgesamt über 200 Studenten, die in Vers-Seminaren Verstexte interpretierten. So geht es nach der Versanalyse vor allem auch um *Wirkungsästhetik*. Sie fragt – wie stets in den Kulturwissenschaften – sowohl nach den weiter wirkenden Ursprüngen als auch nach den einstigen und heutigen Wirkungsmöglichkeiten von Versrhythmus und Reim. Statt nur Fliegenbeine zu zählen, kommt es nun darauf an, den Pulsschlag im lebendigen Versgebilde zu erfassen, die im Vers verborgene Musik zum Klingen zu bringen und herauszuhören. Die frühen Dichter waren ja immerhin nicht Texter, sondern Sänger! Und diese sangen oft auch Lieder zum Tanz. (Daher kommt z.B. unser Name „Ballade" von „ballare" = tanzen.)

Während die *Kurze Versschule* als Basispapier leicht zugänglich sozusagen im Parterre angesiedelt ist, steigt in den **Lektionen** der Anspruch etwas höher. Vor allem geht es hier um Essentials wie z.B. die Themen: wozu Versrhythmus und Reim?, die Funktionen von Zeilenzäsuren, Hebungen und Senkungen, Wirkungsweisen von Versen, Vers- und Strophenformen im Überblick, Metrum und Rhythmus, frühe mündliche Poesie, die modernen Freien Rhythmen sowie den Reim – seine Anfänge, seine Geschichte und seine Vielfalt.

Nach all dem stellt sich die unbefangene Frage: **Selber dichten?** Dazu gibt es praktikable Anregungen für Studenten und Schüler.

Das Buch hat vier Teile.

1. Die **Kurze Versschule** als Basis für die Versanalyse. Nicht fragwürdige Vollständigkeit, sondern Kürze, Klarheit und Überschaubarkeit, also auch leichte Lernbarkeit durch *didaktische Reduktion* ist hier das Leitprinzip. Auf den Seiten 13-22 werden Merkmale von Vers und Reim definiert und exemplifiziert. Es folgen auf den Seiten 22 bis 26 Versformen im Überblick, die eine Grundlage bilden für die Interpretation von Wirkungsmöglichkeiten der gängigen Verstexte.

2. Ein **Test A** (mit Lösung am Ende des Buches) dient zum Selbst-Testen.

3. Der Vorteil der Kürze ist die Überschaubarkeit, ihr Nachteil der Verzicht auf Explikation und Vertiefung. Dies leisten die folgenden **12 Lektionen**. Sie bieten Sachdarstellungen, Erläuterungen, Trainingsmaterial, Problematisierungen und Veranschaulichungen durch zahlreiche Textbeispiele, die der Einübung von Analyse und Interpretation dienen.

4. Durch einen zusammenfassenden **Test B** (mit Lösungen am Ende des Buches) wird der Lektionsteil abgeschlossen,

5. **8 Essays** zu Versrhythmus und Reim widmen sich schließlich ausführlich einzelnen wesentlichen Aspekten und Themen.

6. **Literaturhinweise**

Kurze Versschule

Verse nennt man die **Zeilen** von Gedichten, Vers-Epen und -Dramen. Ursprünglich, in der griechisch-römischen Antike, wurden Lyrik, Epos und Drama von Vortragsmelodien begleitet. Die Psalmen der Bibel, Buddhas Reden, die Suren des Korans wurden und werden im Sprechgesang vorgetragen. Das jahrtausendealte Zusammenspiel von *Sprache und Musik* klingt noch im Rhythmus heutiger Verse nach. Doch auch schon in den Worten unserer Alltagssprache verbergen sich *melodischer Klang* und *rhythmische Struktur*. Beides wird, wenn Verse geformt werden, nach Regeln herausgearbeitet.

Jedes deutsche Wort hat eine betonte Silbe und, wenn es mehrsilbig ist, eine oder mehrere unbetonte Silben. (Im Satzzusammenhang können einsilbige Wörter auch unbetont bleiben, besonders Funktionswörter.) Dementsprechend kann die *Abfolge von betonten und unbetonten Silben*, d.h. von **Hebungen** und **Senkungen**, rhythmisch geordnet werden. **Zäsuren** (= Einschnitte) am Ende einer rhythmischen Einheit werden als **Versgrenzen** durch Zeilenbrechung markiert. Vers-Anfänge werden oft durch Großbuchstaben ausgezeichnet, Vers-Enden werden häufig durch **Reime** hervorgehoben. So ergibt sich die **Fünf-Finger-Regel** zum Erkennen der Vers-Merkmale: Alle deutschen Verse haben **1. Hebungen** und **2. Senkungen** sowie **3. Versgrenzen**, selten **4. Binnenzäsuren** und oft am Ende **5. Reime**.

A   DER VERS

1.0   Die **Hebungen** im Vers
Jeder **Takt** hat *eine* **Hebung**, also *eine* betonte Silbe. Man erkennt die Anzahl der Takte durch *Skandieren* (d.h. Taktschlagen), indem man beim lauten Sprechen die Hebungen übertrieben betont und dabei (mit den Fingern) die Silben zählt. Ein Beispiel: Der Vers
„Es ìst ein Schnée gefállen"
|x x̀ | x   x́ | x x́ | x
hat 7 Silben, davon sind 3 betont; er hat also 3 Takte = 3 Versfüße, weil er 3 Hebungen hat. Daher sagt man: Dieser Vers ist dreihebig, dreifüßig, dreitaktig oder ein Dreitakter. Man kann bei den Hebungen *Hochton* (´) und *Nebenton* (`) unterscheiden.

2.0   Die **Senkungen** im Vers und ihre Verteilung
Die kleinste Einheit der Betonungsfolge nennt man *Metrum, Versmaß* oder *Taktart*. Diese Maßeinheit besteht aus dem meist regelmäßigen Wechsel von einer betonten Silbe und ein oder zwei unbetonten Silben, d.h. aus einer Hebung und ein oder zwei Senkungen. Ein Verstakt kann

im Deutschen höchstens drei Silben haben, von denen eine stets betont ist. Es gibt also nur zwei- oder dreisilbige Versmaße. (Vgl. aber 2.5 Unmetrische Verse!)

2.1   Die zweisilbigen Metren: Senkung + Hebung; Hebung + Senkung

Der **Jambus:**   x x̲́ 1 unbetonte + 1 betonte Silbe = jawóhl
Der **Trochäus:** x̲́ x 1 betonte + 1 unbetonte Silbe = Trója
Jamben = Von dráuß, vom Wálde kómm ich hér (Storm)
Trochäen = Sáh ein Knáb' ein Röslein stéhn (Goethe)
Man nennt diese *alternierenden* Verstakte *jambisch* oder seltener *steigend* (x x̲́ = hináuf) bzw. *trochäisch* oder seltener *fallend* (x̲́ x = ábwärts).

2.2   Die dreisilbigen Metren: Doppelsenkung + Hebung; Hebung + Doppelsenkung

Der **Anapäst:**   x x x̲́ 2 unbetonte + 1 betonte Silbe = Parad́ies
Der **Dáktylus:** x̲́ x x 1 betonte + 2 unbetonte Silben = Pávian
Anapäste = Muss i dénn, muss i dénn zum Städtele hináus (Volkslied)
Daktylen = Ännchen von Thárau ist's, díe mir gefällt (Volkslied)
Die antike Unterscheidung von Daktylus und Anapäst erweist sich als unbrauchbar für die Bestimmung deutscher Verse. Vor allem: Anapäst-Verse gibt es im Deutschen so gut wie gar nicht. Bei *Doppelsenkungen* im Vers sollte man also nur von *Daktylen* – eventuell mit Auftakt – sprechen. In deutschen Versen finden sich aber immer wieder auch Mischungen: Doppelsenkungen und daneben auch einfache Senkungen. Dann kann man auch nur das benennen, was zweifelsfrei zu erkennen ist: die Zahl der Hebungen, also der Takte, mit Hinweis auf Doppelsenkungen sowie gegebenenfalls (oft) den Auftakt.
Ein Beispiel: Der folgende Vers aus Goethes Ballade *Erlkönig* enthält 11 Silben mit 4 Hebungen und 3 regelmäßigen Doppelsenkungen.
Vers: Und wíegen und tánzen und síngen dich éin.
Zahl der Silben: x   x x   x x x   x x x   x x
Daktylen: x | x̲ x x | x̲ x x | x̲ x x | x̲
Der Vers aus *Erlkönig* ist also vierhebig mit Auftakt und drei Daktylen oder Doppelsenkungen. Der Vers-Schluss ist – wie so oft – unvollständig (katalektisch).

2.3   Wirkungsmöglichkeiten der Metren

Der jeweils anders betonte Zeilenanfang der beiden alternierenden Metren *Jambus* und *Trochäus* kann einen jeweils andersartigen Charakter des Verses bewirken.

Jambische Verse wirken meist wie die Bewegung beim einfachen *Gehen*: leicht bewegt.

Trochäische Verse wirken durch ihre Anfangsbetonung oft wie gemessenes *Schreiten*.

Daktylische Verse haben oft etwas *Tänzerisches* (wie der Dreivierteltakt) oder eine beschwingte Feierlichkeit.

2.4   Wechselnde Metren: Nicht immer folgen die Verse eines Gedichts demselben Metrum. Oft werden Verse (wohl in Erinnerung an die alte germanische Senkungsfreiheit) unregelmäßig gestaltet. So wird ein Versschema verwendet und zugleich frei abgewandelt, also belebt. Daktylisch-jambisch *gemischte Versmaße* können der Abwechslung dienen:

> Ich w**ei**ß nicht, was s**o**ll es bed**eu**ten, (Daktylen mit Auftakt)
> Dass **i**ch so tr**au**rig b**i**n [...].   (Jamben)   (Heine: *Lorelei*)

2.5   Unmetrische Verse: Rhythmen mit unregelmäßigen Senkungen

2.5.1   Der **Knittelvers** ist vierhebig und fast immer paarweise gereimt. Die Senkungen sind oft einsilbig, sie können aber auch mehrsilbig sein oder einmal ganz fehlen. (Siehe auch unter 6.2 Versformen im Überblick.)

> H**a**b nun, **a**ch, die Ph**i**losoph**ei**,
> M**e**diz**i**n und **J**urister**ei**
> Und l**ei**der **au**ch die Th**e**olog**ie**
> Durch**au**s stud**ie**rt mit h**ei**ßer Müh. (Goethe: *Urfaust*)

2.5.2   **Freie Rhythmen** sind reimlos und folgen keinem festen Vers- und Strophenmaß. Ihr wichtigstes Gestaltungsmittel ist die Zeilenbrechung. Die Tonart ist lange Zeit *hymnisch*. Seit dem 20. Jahrhundert bevorzugen viele Dichter einen *prosasischen* Tonfall. (Siehe auch unter 6.7 Versformen im Überblick.)

> Mit tiefer Ehrfurcht schau ich die Schöpfung an,
> Denn du,
> Namenloser, du
> Schufest sie. (Klopstock: *Die Frühlingsfeier*)

> Spute dich, Kronos!
> Fort den rasselnden Trott! (Goethe: *An Schwager Kronos*)

> Sie vergessen, sagte er, wir haben
> den längeren arm
> Dabei ging es
> um den kopf (Reiner Kunze)

3.0   Die Gestaltung der **Versgrenzen**

3.1   Der Vers-Anfang setzt meist ein mit einer Senkung oder mit einer Hebung, und daraus folgt in der Regel das Versmaß *Jambus* oder *Trochäus* (siehe 2.1), oder es handelt sich um den *Daktylus*, das dreisilbige Metrum mit oder ohne Auftakt (siehe 2.2), oder es sind *unmetrische Verse* (siehe 2.5). Allerdings können Verse auch mit einer Akzentverschiebung beginnen. Die versetzte Betonung oder Synkope wird durch sinnentsprechend herausgehobene Wörter bewirkt, die durch ihre Sinnbetonung vom gegebenen jambischen Versschema abweichen und so bewusst am Zeilenanfang mit einer Betonung herausgestellt werden.

> **Auf**st**ei**gt der Str**a**hl und f**a**llend **gie**ßt
> Er v**o**ll der M**a**rmorsch**a**le R**u**nd [...]. (C.F. Meyer: *Der römische Brunnen*)

3.2   Das Vers-Ende heißt beim geregelten Vers-Schluss **Kadenz**. (Zur **Reimkadenz** siehe 5.2.1.) Oft entspricht es nicht dem Metrum der Verszeile und ist *unvollständig* (*katalektisch*). Bei unmetrischen Versen wie den Freien Rhythmen ist es nicht geregelt und nur durch die subjektiv gestaltete **Zeilenbrechung** bestimmt.

3.3   Der Zeilenstil ist eine Versgestaltung, in welcher Zeilengrenze und Satz(teil)grenze übereinstimmen. So entspricht das formale Ende der Verszeile einem inhaltlichen Einschnitt, der durch den Satzbau vorgegeben ist. Dieses einfache Prinzip aneinandergereihter Sinneinheiten kennzeichnet vor allem Volkslieder (siehe 3.6.1).

3.4   Der Zeilensprung (das Enjambement). Das Ende der Verszeile bedeutet einen Einschnitt und bewirkt einen kleinen Stau im fortlaufenden Text. Diese Zäsur ist zudem oft durch Endreime hervorgehoben. Im Gegensatz zum Zeilenstil (siehe 3.3) wird nun beim Zeilensprung die Versgrenze durch den weitergehenden Satzbau überspielt. Die Verse strömen hier über die Stauschwelle hinweg. So entsteht oft eine besonders dynamische Wirkung. Bei reimlosen Versformen wie dem Hexameter und dem Blankvers werden die Versgrenzen sehr häufig syntaktisch übersprungen; daher wird der Zeilensprung hier nicht als besonderes Stilmittel empfunden. Bei Freien Rhythmen dagegen ist die Zeilenbrechung ein wesentliches, ja oft das einzige Gestaltungsmittel.

> In solchen Nächten ist auf einmal Feuer
> in einer Oper. Wie ein Ungeheuer
> beginnt der Riesenraum mit seinen Rängen
> Tausende, die sich in ihm drängen,
> zu kauen. [...] (Rilke)

> Vaterstadt, wie find ich sie doch?
> Folgend den Bomberschwärmen
> Komm ich nach Haus.
> Wo denn liegt sie? Wo die ungeheuren
> Gebirge von Rauch stehen.
> Das in den Feuern dort
> Ist sie. (Brecht)

3.5   **Die Strophe** ist die Zusammenfassung einer Anzahl von Versen zu einer größeren Einheit, die gewöhnlich innerhalb eines etwas längeren

Gedichts oder Liedes wiederkehrt. Der Strophen-Einschnitt wird als Absatz durch eine Leerzeile markiert. In zwei ganz unterschiedlichen Gedichtarten spielt der Strophenbau eine besondere Rolle:

3.6.1 Die Volksliedstrophe besteht aus <u>vier Volksliedzeilen</u>. Diese sind drei- oder vierhebig, die Senkungen sind meist ein-, seltener zweisilbig. Das Reimschema ist der Kreuzreim a b a b mit abwechselnd weiblicher und männlicher Kadenz. Die Vierzeiler der Volksliedstrophe sind besonders beliebt in der Romantik. (Zur *Volksliedzeile* vgl. 6.1.)

> Es ist ein Schnee gefallen,
> Und es ist noch nit Zeit.
> Man wirft mich mit den Ballen,
> Der Weg ist mir verschneit.

3.6.2 Das Sonett besteht aus 14 oft fünffüßigen jambischen Zeilen, die in vier Strophen gegliedert sind. Der *italienische (Petrarca-) Typ* und der *französische (Ronsard-) Typ* haben zwei *Quartette* (Vierzeiler) und zwei *Terzette* (Dreizeiler). Das *Reimschema* ist in den Quartetten meist umarmend: a b b a, in den Terzetten gibt es unterschiedliche Variationsmöglichkeiten. Der in Deutschland seltene *englische (Shakespeare-) Typ* hat drei alternierend reimende Quartette und ein abschließendes Reimpaar: a b a b; c d c d; e f e f; g g.

Das Sonett

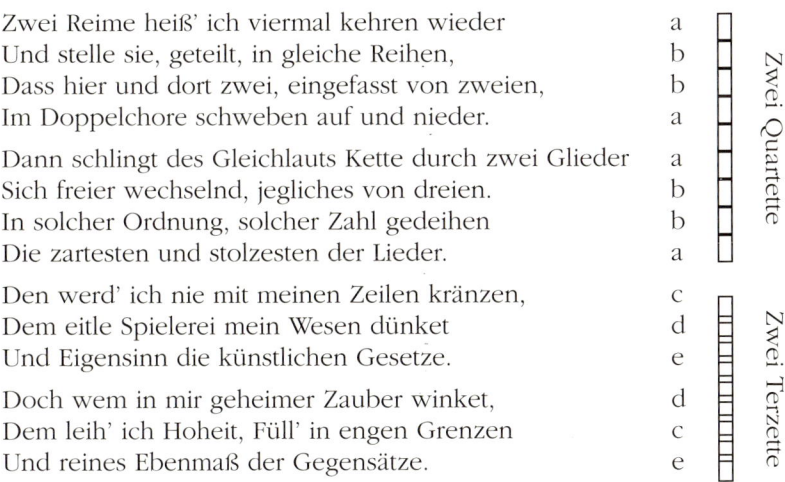

Zwei Reime heiß' ich viermal kehren wieder	a
Und stelle sie, geteilt, in gleiche Reihen,	b
Dass hier und dort zwei, eingefasst von zweien,	b
Im Doppelchore schweben auf und nieder.	a
Dann schlingt des Gleichlauts Kette durch zwei Glieder	a
Sich freier wechselnd, jegliches von dreien.	b
In solcher Ordnung, solcher Zahl gedeihen	b
Die zartesten und stolzesten der Lieder.	a
Den werd' ich nie mit meinen Zeilen kränzen,	c
Dem eitle Spielerei mein Wesen dünket	d
Und Eigensinn die künstlichen Gesetze.	e
Doch wem in mir geheimer Zauber winket,	d
Dem leih' ich Hoheit, Füll' in engen Grenzen	c
Und reines Ebenmaß der Gegensätze.	e

(Zwei Quartette / Zwei Terzette)

(August Wilhelm Schlegel)

Wegen seiner klaren Gliederung und der starken Zäsur zwischen den beiden Quartetten und Terzetten gilt das italienische und französische Sonett als besonders geeignet für antithetische Gedankendichtung.

4.0   **Die Binnenzäsur** findet sich in <u>Langversen</u>. So nennt man Verse mit mehr als fünf Hebungen. Da jeder Mensch nur ein Wahrnehmungs-Zeitfenster von etwa drei Sekunden hat und der Langvers diese beim Sprechen deutlich überschreitet, hört man eine Binnenzäsur heraus. Man kann sie im Schriftbild durch einen Leerschritt kennzeichnen. Langzeilen mit Binnenzäsur sind folgende:
Das aus der griechischen Dichtung stammende <u>Distichon</u> aus <u>Hexá-meter</u> und <u>Pentámeter:</u>

> Denk ich, so bin ich! Wohl! Doch wer wird immer auch denken?
> Oft schon war ich, und hab wirklich an gar nichts gedacht!
> (Schiller)

Die <u>germanische Langzeile</u> im stabgereimten altsächsischen *Heliand* (um 830):

> Da war von Romaburg des reichen Herrschers
> über all dies Erdenvolk, Oktavians,
> Bann und Botschaft über sein breites Reich
> gekommen, von dem Kaiser zu den Königen allen.
> (Übersetzt von Genzmer)

Die Langzeile des mittelhochdeutschen <u>Nibelungenverses</u> (um 1200):

> Uns ist in alten mæren wunders vil geseit [...].
> (Uns ist in alten Geschichten viel Wundersames gesagt worden.)

Die Langzeile im barocken <u>Alexandriner</u> (17. Jahrhundert):

> Was dieser heute baut, reißt jener morgen ein. (Gryphius)

B   **DER REIM**

5.0.0 Neben dem *Rhythmus* als pulsierender Sprachbewegung ist der **Reim** als Zusammenklang das andere hervorragende Bindemittel für <u>gebun-dene Sprache</u> in Versen. Gedichte müssen allerdings keineswegs immer gereimt sein. Die Dichtung der Griechen und Römer kannte den Reim nicht. Der Endreim entsteht in Europa erst im frühen Mittelalter. 1754 erfindet Klopstock die reimlosen Freien Rhythmen. Seit dem 20. Jahrhundert wird „reimlose Lyrik mit unregelmäßigen Rhythmen" (Brecht) zunehmend bevorzugt.

5.1.0 **Der Stabreim = die Alliteration** ist die phonetische Wiederholung derselben Konsonanten oder von beliebigen Vokalen am Wortanfang. Häufig finden sich <u>Anlautreime</u> heute in formelhaften Wendungen, wie z.B.: „**L**and und **L**eute" oder „**A**nfang und **E**nde". (*Jeder* Anfangsvokal beginnt mit dem gleichen kaum hörbaren Stimmritzen-Verschlusslaut, dem Glottisschlag.) Der Stabreim ist das Gestaltungsprinzip der germanischen Dichtung, z.B. im althochdeutschen *Hildebrandslied* (um 810/820) und im altsächsischen *Heliand* (um 830), siehe oben unter **4.0**.

Eines weiß ich, das **e**wig lebet: der **T**oten **T**atenruhm. (*Edda*)

5.2.0 Der Endreim (fast immer einfach nur: **der Reim**) beruht auf dem Gleichklang zweier oder mehrerer Wörter vom letzten betonten Vokal an.

5.2.1 Die Reimkadenz. Man unterscheidet drei Formen des Vers-Schlusses = der Kadenz (vgl. auch 3.2), die vom Endreim bestimmt sind.

einsilbig: stumpf /   männlich (m) = stumpf : dumpf
zweisilbig: klingend / weiblich (w)   = klingend : singend
dreisilbig: gleitend / reich   = gleitende : schreitende (selten)

5.2.2 Der Binnenreim ist eine Reimbindung zweier Wörter innerhalb derselben Verszeile. Wenn die Reimwörter unmittelbar aufeinander folgen, spricht man auch von Schlagreim.

Die klingenden, singenden Wellen (v. Eichendorff)

5.3.0 Die Assonanz (= der „Anklang"), **der Halbreim**, ist die Wiederholung der gleichen Vokale oder Sonanten innerhalb entsprechender Wörter.

Da unten in jenem T**a**le, / da treibt das Wasser ein R**a**d, das treibet nichts als Liebe / vom Abend bis an T**a**g. (Volkslied)

R**a**ssle den sch**a**llenden Tr**a**b [...] (Goethe)

[...] und alles Drä**ng**en, alles Ri**ng**en [...] (Goethe)

5.4.1 Der unreine Reim: Die Vokale oder auch die Konsonanten der Reimsilben klingen nicht gleich (rein), sondern nur ähnlich (unrein).

Fr**eu**den : L**ei**den; umh**er** : Ewig**er**

Es dringen Blüten / Aus jedem Zw**eig**
Und tausend Stimmen / Aus dem Gestr**äuch**. (Goethe: *Maifest*)

Es war, als hätt' der Himm**el** / Die Erde still geküsst,
Dass sie im Blütenschimm**er** / Von ihm nur träumen müsst'.
(v. Eichendorff)

5.4.2 Der identische Reim: Dasselbe Reimwort wird wiederholt.

Straßen **auf!** / Dampf wallt **auf!** (Schiller: *Das Lied von der Glocke*)

Im orientalischen *Ghasel* reimt jeder zweite Vers mit demselben Reim.

5.4.3 Der rührende Reim: Phonetisch völlig gleich klingende, aber bedeutungsverschiedene Wörter reimen. Das gilt im Deutschen aber als fehlerhaft.

Wirt : **wird**; **Leute** : **läute**

5.4.4 <u>Der gespaltene Reim = der Spaltreim</u>: Die Reimsilben verteilen sich auf zwei (oder mehrere) Wörter.

> Es gibt nichts **Gutes** / außer: Man **tut es**. (Erich Kästner)

5.4.5 <u>Der Schüttelreim</u> ist eine scherzhafte Spezialform des Doppelreims: Die Anfangskonsonanten der reimenden Wörter werden vertauscht.

> Dort seh ich einen **H**und **g**raben.
> Er wird schon seinen **G**rund **h**aben.

5.4.6 <u>Die Waise</u> nennt man eine Reimunterbrechung: Ein oder zwei reimlose Zeilen stehen „verwaist" in einer Folge von gereimten Versen.

> Siehe im Beispiel unter 5.3.0 die dritte Zeile: das treibet nichts als **Liebe**.

> Im traurigen Monat November **war's**,
> Die Tage wurden trüber,
> Der Wind riss von den Bäumen das **Laub**,
> Da reist' ich nach Deutschland hinüber.
> (Heine: *Deutschland. Ein Wintermärchen*)

5.4.7 <u>Der Kehrreim = der Refrain</u> ist die regelmäßige Wiederholung von Wort, Wortgruppe oder Satz (meist) am Ende einer Strophe, besonders in Liedern.

5.4.8 <u>Reimstellungen</u>. Nicht alle denkbaren <u>Reimschemata</u> haben einen eigenen Namen. Am bekanntesten sind die folgenden:

Paarreim		Kreuzreim		umarmender Reim		Schweifreim	
– Sonne	a	– Sterne	a	– geben	a	– lassen	a
– Wonne	a	– stand	b	– Güte	b	– Straßen	a
– sei	b	– Ferne	a	– Blüte	b	– dahin	b
– frei	b	– Land	b	– Leben	a	– genommen	c
						– bekommen	c
						– bin	b

5.5.0 Charakterisierung der Reimstellungen / Reimschemata
Die <u>Reimfolge</u> kann man durch jeweils gleiche Buchstaben (<u>a, b, c</u> usw.) aufzeichnen. Eine reimlose Zeile innerhalb einer Reimreihe nennt man Waise (<u>w</u>). Sehr oft entspricht die Reimstellung einem der zuvor genannten Reimschemata. Es gibt aber natürlich auch Gedichte, die sich an kein Schema halten, sondern die Reime anders, also frei kombinieren.

5.5.1 Der Paarreim – <u>paarige Reime</u>
Hier gibt es Übereinstimmung ohne Umweg. Jeweils zwei aufeinander folgende Zeilen enden mit Reimwörtern, die klanglich <u>ein Paar</u> bilden.

Dies ist die einfachste und die ursprünglichste Reimstellung. Seit Otfried von Weißenburg um 870 den deutschen Endreim-Vers realisierte, kommt sie sehr häufig vor.

Du liebes Kind, komm, geh mit mir!   a ⎤
Gar schöne Spiele spiel ich mit dir;   a ⎦
Manch bunte Blumen sind an dem Strand;   b ⎤
Meine Mutter hat manch gülden Gewand.   b ⎦
(Goethe: *Erlkönig*)

Der Reimpaarvers besteht aus zwei vierhebigen, durch Paarreim verbundenen Versen. Er ist der Hauptvers der mittelhochdeutschen Epen um 1200 (Wolframs *Parzival*, Gottfrieds *Tristan*, Wernhers *Meier Helmbrecht* usw.).

Und swer nu ger, daz man im sage
ir leben, ir tot, ir vröude, ir clage,
der biete herze und oren her:
er vindet alle sine ger. (Gottfried: *Tristan*, Vers 241 ff.)

(Wer nun begehrt, dass wir ihm sagen
ihr Leben, ihr Sterben, die Freuden, die Klagen,
der biete sein Herz, seine Ohren her:
Hier findet er all sein Begehr.)

Der Reimpaarvers ist auch der volkstümliche Vers der Fastnachtsspiele z.B. von Hans Sachs im 16. Jahrhundert. (Siehe dazu 6.2 Versformen im Überblick.) Seit dem Sturm und Drang im 18. Jahrhundert wird das Reimpaar wieder verwendet im Knittelvers (auch Hans-Sachs-Vers genannt), z.B. im Anfangsmonolog des *Faust* (siehe oben 2.5.1).

5.5.2 Der Kreuzreim – gekreuzte Reime

Die Anfangszeile bietet ein Reimwort (a) an, für das sie aber nicht gleich ein Echo findet. Erst das Reimwort der dritten Zeile (a) stimmt mit dem ersten (a) überein und das der vierten (b) mit dem der zweiten (b) – und so weiter. Mal dies, mal das: überkreuz ist alles abwechselnd miteinander verflochten. Meist wechseln auch weibliche und männliche Kadenz (w und m). Dieses Wechselspiel wurde früher oft durch Einrücken jeder zweiten Zeile verdeutlicht. Der Kreuzreim wird sehr oft in Volksliedern und auch bei romantischen Gedichten im Volksliedton verwandt.

Schläft ein Lied in allen Dingen,   a ⎤
Die da träumen fort und fort.   b ⎤⎦
Und die Welt hebt an zu singen,   a ⎦
Triffst du nur das Zauberwort.   b ⎦
(v. Eichendorff)

5.5.3 **Der umarmende Reim** – umschließende Reime

Die Anfangszeile bietet ein Reimwort (a) an, aber es scheint allein zu bleiben. Der Erwartungsstau löst sich erst auf, nachdem sich in Zeile 2 und 3 ein Paarreim (b b) dazwischen geschoben hat, und zwar in der folgenden vierten Zeile (a). Die Zeilen 1 und 4 umarmen oder umschließen den Paarreim der Zeilen 2 und 3. Zwischen den umarmenden Zeilen 1 und 4 steht der Paarreim der mittleren Zeilen sozusagen als Kontrastprogramm: Sie zeigen, wie leicht Reimklänge ohne Umweg harmonieren können, während das Klangangebot der ersten Zeile lange auf Antwort in der vierten warten muss. Dafür aber wird – wie stets, wenn man warten musste – das hinausgezögerte Sich-Finden, die Umarmung, verstärkt erlebt. Diese sozusagen unter Spannung stehende Reimstellung ist wesentlich seltener als die beiden zuvor genannten.

> Lass, o Welt, o lass mich sein! a
> Locket nicht mit Liebesgaben, b
> Lasst dies Herz alleine haben b
> Seine Wonne, seine Pein! a
> (Mörike)

5.5.4 **Der Schweifreim** – geschweifte Reime

Hier verbinden sich zwei gegensätzlich wirkende Reimschemata: Der einfache Paarreim wird kombiniert mit dem weit gespannten umarmenden Reim. Das ergibt sechs Zeilen, die eine Strophe bilden. (Demgegenüber sind die oben genannten anderen Reimstellungen oft vierzeilig und kommen häufiger vor.) Man spricht hier von geschweiften Reimen, da sie anscheinend um etwas herum schwingen, schweifend herüber greifen. Der Schweifreim ist recht selten. Er findet sich vor allem in Abschieds- und Abendliedern.

> Innsbruck, ich muss dich lassen, a
> Ich fahr dahin mein Straßen a
> In fremde Land dahin. b
> Mein Freud ist mir genommen, c
> Die ich nit weiß bekommen, c
> Wo ich im Elend bin. b
> (Volkslied um 1495. Kaiser Maximilian zugeschrieben)

6.0 VERSFORMEN IM ÜBERBLICK

Im Folgenden werden Versformen zusammengestellt vom zweihebigen bis zum sechshebigen Vers, jeweils im Jambus, Trochäus oder Daktylus. Einige davon werden zu eigenen festen Versformen: Volksliedzeile, Knittelvers, Blankvers, Alexandriner, Hexameter, Freier Vers und unmetrischer Freier Rhythmus.

Anzahl der Hebungen	Metrum	Beispiele und Definitionen
zweihebig Zweitakter	Jambus	Du bist die Ruh, Der Friede mild, Die Sehnsucht du Und was sie stillt. (Friedrich Rückert)
	Trochäus	Walle! walle Manche Strecke, Dass zum Zwecke Wasser fließe [...]. (Goethe)
	Daktylus	Feiger Gedanken Bängliches Schwanken, Weibisches Zagen, Ängstliches Klagen Wendet kein Elend, Macht dich nicht frei. (Goethe)
dreihebig Dreitakter	Jambus	Es ist ein Ros entsprungen aus einer Wurzel zart, wie uns die Alten sungen, aus Jesse kam die Art [...]. (Dichter unbekannt)
	Trochäus	Bunt sind schon die Wälder, Gelb die Stoppelfelder [...]. (v. Salis-Seewis)
	Daktylus	Es rauschen die Wipfel und schauern [...]. (v. Eichendorff)
vierhebig Viertakter	Jambus	Zum Kampf der Wagen und Gesänge, Der auf Korinthus' Landesenge Der Griechen Stämme froh vereint, Zog Ibykus, der Götterfreund. (Schiller)
	Trochäus	Tiefe Stille herrscht im Wasser, Ohne Regung ruht das Meer, Und bekümmert sieht der Schiffer Glatte Fläche rings umher. (Goethe)
	Daktylus	Vom Berge, was kommt dort um Mitternacht spät [...].(Mörike)

6.1 **Die Volksliedzeile** hat drei oder vier Hebungen. In ihrer Einfachheit ist sie reich an Variationsmöglichkeiten und umspielt das metrische Schema auf liedhafte Weise. Sie ist auch sehr häufig in der romantischen Lyrik. Vier Volksliedzeilen bilden mit der Kreuz-Reimstellung a b a b, meist mit alternierender Kadenz, die **Volksliedstrophe**. (Vgl. hierzu 3.6.1.)

6.2	vierhebig unmetrisch Knittelvers	Ein Gegend heißt Schlaraffenland, Den faulen Leuten wohl bekannt, Das liegt drei Meil' hinter Weihnachten. Und welcher darein wolle trachten [...]. (Hans Sachs: *Das Schlaraffenland*)

Der Knittelvers ist vierhebig und fast immer paarweise gereimt. Die Senkungen sind unregelmäßig: oft einsilbig, sie können aber auch mehrsilbig sein oder (selten) ganz fehlen. Wegen ihrer Unregelmäßigkeit wirken die Knittelverse holperig (daher der Name „Knittel" = Knüttel oder auch Knüppel), volkstümlich und altdeutsch. (Vgl. oben 2.5.1.)

6.3	fünfhebig Jambus Fünftakter	Vor grauen Jahren lebt' ein Mann in Osten, Der einen Ring von unschätzbarem Wert Aus lieber Hand besaß. Der Stein war ein Opal, der hundert schöne Farben spielte [...]. (Lessing: *Nathan der Weise*, Beginn der Ring- Allegorie)

Der Blankvers (englisch: blank verse) ist ein fünfhebiger Jambus ohne Reim (d.h. „blank"). Er ist der Dramen-Vers Shakespeares (Hamlet: „To be or not to be: that is the question"). Seit Wieland und Lessing ist er der typische Vers des deutschen Dramas bei Goethe, Schiller, Kleist, Grillparzer, Hebbel, Hauptmann. Trotz des festen metrischen Gerüsts verfügt er über eine starke Modulationsfähigkeit: männliches oder weibliches Vers-Ende (Kadenz), häufiger Zeilensprung, im Dialog Verteilung eines Verses auf wechselnde Personen.

6.4	sechshebig Jambus Sechstakter	Der schnelle Tag ist hin, die Nacht schwingt ihre Fahn' [...]. (Gryphius)

Der Alexandriner ist ein sechshebiger Jambus mit Binnenzäsur nach der dritten Hebung sowie männlichen und weiblichen End-Reimen. Er ist der typische Vers der klassischen französischen Tragödie des 16./17. Jahrhunderts. Im deutschen Barock ist er der gereimte Vers des Trauerspiels, des Sonetts und des Epigramms („Sinngedicht"). Eingeführt wird er von Opitz und Gottsched, um im Epos den antiken (ebenfalls sechsfüßigen) reimlosen Hexameter zu ersetzen. Er wird verdrängt durch Klopstock, der seinen *Messias* in Hexametern dichtet, und Lessing, der mit seinem *Nathan* den Blankvers durchsetzt. Wegen seiner antithetischen, „zweischenkligen Natur" (Schiller) repräsentiert der Alexandriner in besonderer Weise das kontrastive Weltbild des Barock im 17. Jahrhundert.

6.5	sechshebig Daktylus Sechstakter	Was die Neugier nicht tut! So rennt und läuft nun ein jeder, Um den traurigen Zug der armen Vertrieb- nen zu sehen. (Goethe: *Hermann und Dorothea*)

Der Hexameter ist ein nicht gereimter antiker Langvers aus sechs Daktylen, wobei der letzte Daktylus um eine Silbe gekürzt ist. So wird das Vers-Ende hörbar. In deutschen Hexametern können die ersten vier Takte statt dreisilbig, d.h. daktylisch, auch zweisilbig gefüllt sein; nur der fünfte Takt muss drei Silben haben. Diese Abwandlungen des Daktylus-Schemas dienen dazu, eintöniges Klappern der Langverse zu vermeiden. Eine *Binnenzäsur* liegt meist im dritten oder vierten Takt; im Deutschen ist sie weniger ausgeprägt. Oft findet sich der *Zeilensprung*. – In der Antike ist der Hexameter das klassische Versmaß des heroischen Epos (Homer: *Ilias* und *Odyssee*, Vergil: *Äneis*). In der deutschen Dichtung wird er seit dem 18. Jahrhundert in Vers-Epen nachgestaltet (Klopstock: *Der Messias*; Voss: Homer-Übersetzungen, Idyllen; Goethe: *Hermann und Dorothea, Reineke Fuchs*; Hebbel: *Mutter und Kind*; Hauptmann: *Till Eulenspiegel*).

Der Pentameter besteht – trotz seines alten, irreführenden Namens („Fünfmaß") – ebenfalls aus sechs Daktylen. Im Gegensatz zum Hexameter fehlt hier jedoch unmittelbar vor und nach der *Binnenzäsur* je eine Senkung, sodass in der Mitte des Langverses zwei Hebungen zusammenstoßen. Da diese stets durch die Binnenzäsur getrennt sind, entsteht eine Stauung, die Bewegung und Erregung bewirken kann – im Gegensatz zum fortlaufenden Gleichmaß des epischen Hexameters. Es gibt im Deutschen den Pentameter *nur* folgend auf den Hexameter: Hexameter und Pentameter zusammen bilden das **Distichon**, d.h. den „Zweizeiler".

Das Distichon
Im Hexameter steigt des Springquells flüssige Säule,
Im Pentameter drauf fällt sie melodisch herab. (Schiller)

6.6 **Freie Verse** (vom französischen **vers libre**) sind Verse von beliebiger (also „freier") Länge, doch – im 17. Und 18. Jahrhundert – mit gleichbleibendem Metrum (meist Jamben) und *immer mit End-Reim*, allerdings in freier Reimstellung. Wegen dieser beiden Freiheiten wirkt diese Vers-Art oft spielerisch heiter. Sie war daher besonders beliebt im Rokoko und im Biedermeier. In Deutschland werden Freie Verse verwendet besonders in Fabeln sowie in Vers-Erzählungen. Im 19. Jahrhundert löst sich auch das Metrum auf, sodass sich nunmehr der Stil ändert und der Unterschied zu den *Freien Rhythmen* formal nur noch im End-Reim besteht. Heute werden die stets gereimten *Freien Verse* oft mit den ungereimten *Freien Rhythmen* verwechselt, wohl auch, weil die gereimten Freien Verse kaum noch bekannt sind.

Schöpfe du, trage du, halte	a
Tausend Gewässer des Lächelns in deiner Hand!	b
Lächeln, selige Feuchte ist ausgespannt	b

All übers Antlitz.   w
Lächeln ist keine Falte,   a
Lächeln ist Wesen vom Licht.   c
Durch die Räume bricht Licht, doch ist es noch nicht.   c
(Franz Werfel: *Lächeln Atmen Schreiten*)

6.7   **Freie Rhythmen** sind reimlos und folgen keinem festen Vers- und Strophenmaß. Ihr wichtigstes Gestaltungsmittel ist die *Zeilenbrechung*. Freie Rhythmen wirken subjektiv und modern. Als erster hat sie Klopstock 1754 in seinen Oden gestaltet. Ihre Tonart ist lange Zeit *hymnisch* (so die großen Sturm-und-Drang-Hymnen des jungen Goethe, Hölderlins späte Hymnen, Novalis' *Hymnen an die Nacht*, Rilkes *Duineser Elegien*). Seit dem 20. Jahrhundert bevorzugen viele Dichter, wie z.B. Brecht, „reimlose Lyrik mit unregelmäßigen Rhythmen" in *prosaischem* Tonfall. Nach Brecht sind dies wechselnde, synkopierte, gestische Rhythmen. Das Gleichmaß der Metren sei ölig, glatt, harmonisierend und verschleiernd. Demgegenüber enthielten unregelmäßige Rhythmen mehr Aufmerksamkeitssignale und seien daher einprägsamer; sie entsprächen dem Tonfall der direkten, momentanen Rede, und sie widerspiegelten die gesellschaftlichen Widersprüche der Gegenwart. – Das Prinzip freirhythmischer Verse bietet jedoch offenbar auch die Lizenz für Formlosigkeit und Dilettantismus. (Siehe auch 2.5.2.)

Der himmlischen, still widerklingenden,
Der ruhigwandelnden Töne voll,
Und gelüftet ist der altgebaute,
Seliggewohnte Saal [...]. (Hölderlin: *Friedensfeier*, Beginn)

Leise sinkt
an kahlen Mauern des Ölbaums blaue Stille,
erstirbt eines Greisen dunkler Gesang. (Trakl: *Elis*, 4. Strophe)

lies keine oden, mein sohn, lies die fahrpläne:
sie sind genauer. roll die seekarten auf,
eh es zu spät ist. sei wachsam, sing nicht.
(Aus H. M. Enzensberger: *ins lesebuch für die oberstufe*)

Test A

I. Vers

Nennen Sie auf ihrem Lösungsblatt den <u>Namen des Metrums</u> (= des Versmaßes = der Taktart [z.B. Jambus]), und schreiben Sie daneben das <u>Versschema</u> mit den Zeichen x und x̣. (Sie müssen die folgenden Wörter sowie die danach folgenden Verse <u>skandieren!</u>)

    1. verkehrt   **2.** Fahrerin   **3.** Quälerei   **4.** Fahrer   **5.** allein

Nennen Sie die <u>Namen der</u> folgenden <u>Verse</u> (z.B. Hexameter, aber nicht „Langvers") und ihre <u>Standard-Merkmale</u>. (Die Wirkungsmöglichkeiten sind hier nicht gefragt.)

  6. Denn ach! mich trennt das Meer von den Geliebten,
Und an dem Ufer steh' ich lange Tage,
Das Land der Griechen mit der Seele suchend.

  7. Der hohen Taten Ruhm muss wie ein Traum vergehn.
Soll denn das Spiel der Zeit, der leichte Mensch, bestehn?

  8. Der nachlass ist
gesichtet, der dichter
beruhigend tot

  9. Ist es doch schön, hier im Saale dem herrlichen Sänger zu lauschen,
Wenn er sich zeiget wie dieser und singet, als sängen die Götter.

 10. Weit hoch herrlich der Blick
Rings ins Leben hinein,
Vom Gebirg zum Gebirg
Schwebet der ewige Geist
Ewigen Lebens ahndevoll.

 11. Als ich in meinem Alter war
gleich im zweiundsechzigsten Jahr,
da mich gar in mancherlei Stücken
das schwere Alter hart tat drücken,
da dacht ich mit seufzender Klag
an meiner Jugend gute Tag.

II. REIM

Nennen Sie den <u>Namen des</u> jeweiligen <u>Reims</u>.

12. Wahrlich nun, waltender Gott, Wehgeschick geschieht.

13. Es leuchten ferne Sterne.

14. Rede / seht / Weg

15. neige / reiche

Nennen Sie den <u>Namen der</u> folgenden drei <u>Reimkadenzen</u>.

16. Ende / Wende   **17**. Rat / Tat   **18**. sinnende / rinnende

*Nennen Sie den <u>Namen der Reimstellung</u>, und schreiben Sie das <u>Reimschema</u>
(a b c ...) daneben auf Ihr Lösungsblatt.*

19. – wollen	**20**. – haben	**21**. – Brot	**22**. – Wälder
– sollen	– Licht	– Leben	– Felder
– dort	– nicht	– Not	– Welt
– fort	– Gaben	– geben	– Sinnen
			– beginnen
			– gefällt

Lösungen S. 258

Eine kleine Übung: Finden Sie das Reimwort?

1. Lieber den Magen verrenken   **Kadenz:**

als dem Wirt was _____   weiblich (w)

2. Gefahr erkannt,

Gefahr _____   _____

3. Regnet es im Mai,

ist der April _____   _____

4. Jeder Gang

macht _____   _____

5. Auf jedem Schiff, das dampft und segelt,

gibt's einen, der die Sache _____   _____

6. Die Unke schreit im Sumpfe kläglich,

der Uhu schläft zwölf Stunden _____   _____

7. Ach, das war ein schlimmes Ding,

wie es Max und Moritz _____   _____

8. Nur der Schreibende

schafft das _____   _____

<u>Regel für den Endreim:</u>	Gleichklang zweier oder mehrerer Wörter vom letzten betonten Vokal an.
<u>Die drei Reimkadenzen:</u>	einsilbig: stumpf – männlich (m) zweisilbig: klingend – weiblich (w) dreisilbig: gleitend – reich (sehr selten)
<u>Wirkungsmöglichkeit des Reims:</u>	Übereinstimmung, Klangharmonie, Wohlklang

LEKTIONEN

1. Lektion:
Wozu Versrhythmus und Reim?

Welchen Stellenwert haben **Vers** und **Reim** in der Dichtung? Über Jahrhunderte hin hatten sie eine so hohe Bedeutung, dass sie mit Poesie schlechthin gleichgesetzt wurden. Im Französischen und Englischen wird noch immer poesie bzw. poesy / poetry im engeren Sinne verstanden als Versdichtung im Gegensatz zur Prosa, während im Deutschen Poesie meist etwas emphatisch Dichtung im allgemeinen Sinne oder dichterischen Stimmungsgehalt bedeuten mag.

Rhythmus und Reim gelten in Deutschland für viele eher als etwas bloß Formales, Äußerliches, also eben nur als eine letztlich doch wohl überflüssige Zutat zum Eigentlichen, zum wirklichen Inhalt. Genauer besehen ergibt sich jedoch eine ganz andere, geradezu konträre Perspektive.

Die beiden *formalen* Bindemittel Metrum und Reim haben eine starke *inhaltliche* Wirkung. Das Metrum erzeugt einen *Gleichschritt*, der Reim erzeugt einen punktuellen *Gleichklang* des zu Sagenden. So ergibt sich aus den beiden Gleichungen ein doppelter **Das–stimmt–so–Effekt**. Die zweifache feste Form bewirkt also, dass der Inhalt in der gebundenen Sprache fest wird, dass er zu stimmen scheint.

Ein kleines Beispiel. Eine alte Volksweisheit besagt, dass Kamille in einigen Fällen manche Schmerzen stillen könne. Bei Wilhelm Busch gewinnt dies schlagartig an höchst einprägsamer Überzeugungskraft in dem Verspaar:

> Denn man sagt, dass die Kamille
> Manchmal manche Schmerzen stille.

Zur inhaltlichen Aussage ist hier ein doppeltes Klangphänomen hinzugekommen, nein: Aussage und Klang, Gehalt und Gestalt, haben sich verbunden und sind auf diese Weise schlagkräftig, einprägsam geworden. Weshalb aber kann *Klang*, bloßer Klang, eine solche Wirkung haben? Klang ist weit ursprünglicher als alle inhaltlichen Aussagen, und zwar aus vier Gründen.

(1) Das Erste, was ein Menschenmund, was das Kleinstkind hervorbringt, sind Laute. Wer sie studiert, beobachtet, dass die sogenannten Lallmonologe von Anfang an ganz erstaunlich vielgestaltig sind und dass sie vielfältige Gefühle in rascher Folge zum Ausdruck bringen, noch lange bevor sich auch nur ein einziges erstes Wort (mit Inhalt) bildet. Klang also ist in der menschlichen Individualentwicklung von Sprache das Allererste. Und auch der Spracherwerb beginnt zunächst mit dem Aufnehmen und Wiedergeben von Klängen

der Mutter–Sprache, nicht (wie meist beim Fremdsprachenlernen) mit dem bewussten Identifizieren und Benennen von Inhalten.

(2) Ebenso ist es in der Menschheitsentwicklung. Wodurch auch immer der Mensch zu seinem Eigensten, der Sprache, gekommen sein mag, es waren mit Sicherheit zuerst Laute, Interjektionen, bevor es dazu kam, dass Adam den Dingen und den Tieren Namen gab (nach Gen 2,20).

(3) Und natürlich entspricht der sprachlichen Entwicklung des einzelnen Menschen sowie der Menschheit die Organisation des menschlichen Gehirns. Klänge, auf die auch Säugetiere reagieren, sind in einem genetisch viel älteren Teil des Gehirns (in der rechten Hälfte) lokalisiert als das Sprachzentrum (in der linken). Indem sich Metrum und Reim (also klingende Formen) zu Versen verbinden, fügen sich älteste Gehirnfunktionen, die wir mit vielen Tieren gemeinsam haben, zusammen mit entwicklungsgeschichtlich neueren Funktionen, die im menschlichen Großhirn entstanden sind.

(4) Ja, die scheinbar bloß formalen Phänomene Metrum und Reim wurzeln letztlich noch viel tiefer: im Wesen der Welt. Im Metrum zeigt sich regelmäßiger *Rhythmus*, und der prägt die gesamte Natur vom Atom bis zum All! Im Reim finden sich – auf kleinstem Raum – Klangharmonien, die als *Symmetrien* desgleichen ein Urphänomen aller Natur bilden.

Im 20./21. Jahrhundert sollten die Metriker auch zur Kenntnis nehmen, was Humanwissenschaften wie Gestaltpsychologie und Verhaltensforschung zum uralten Phänomen der Gestaltung von Versen zu sagen haben. Irenäus Eibl-Eibesfeldt erklärt in seinem Buch *Die Biologie des menschlichen Verhaltens. Grundriss der Humanethologie* (München, 5. Aufl. 2004, S. 72 – 76): „Eine Eigenschaft der Gestaltwahrnehmung von besonderer Bedeutung ist die Tendenz zur Prägnanz: Durch Regelmäßigkeit und Geordnetheit vor anderen ausgezeichnete Gebilde fallen uns aus der Menge der ungeordneten, unregelmäßigen Gebilde auf.“ Nachgewiesen wurde dies zunächst an visuellen Formen und Figuren. Es gilt aber ebenfalls für die akustische Gestaltwahrnehmung, wenn sie besondere Ordnungen und Regelmäßigkeiten erkennen lässt. Nicht nur „unsere visuelle Wahrnehmung sucht also aktiv nach Strukturen“ und hat das „Bedürfnis, Ordnung und Regelmäßigkeiten zu erkennen“. Dieses Verhalten ist uns angeboren. Eibl-Eibesfeldt zeigt in seinem Kapitel *Poetik* (a.a.O., S. 947 ff.) biologische Grundlagen der Poesie auf, die in der Fachliteratur zur Verslehre bisher, soweit ich sehe, nicht zur Kenntnis genommen wurden. Dazu gehört grundlegend die metrische „Wiederholung eines Musters“. „Das Versmaß (poetic meter) beinhaltet also die beiden niederfrequenten Rhythmen der menschlichen Hörwahrnehmung. Die Rhythmen prägen sich ein: Auch wenn man die Worte vergessen hat, behält man den Rhythmus im Ohr. Die rhythmische Wiederholung induziert, ähnlich wie in Fällen der Trance [...], eine Aktivierung des gesamten Gehirns.“ So kann eine Ethologie der Poesie im Ansatz eine enge Verbindung zwischen biologischem und kulturellem Erbe aufzeigen.

Doch die Regeln von Rhythmus und Reim sind offenbar noch in einem weiteren Sinne verankert. Sie folgen dem universalen *Spielprinzip*. Der Nobelpreisträger Manfred Eigen erklärt in seinem bekannten Buch *Das Spiel* (München, Zürich 1975, 8. Aufl. 1985): In der gesamten Natur wirkt das „Prinzip selektiver Bewertung" (S. 365). Dabei gilt für das menschliche Gehirn: „Die über die Sinnesorgane einfließende Information wird bewertet, das heißt: gefiltert, sortiert [...] und schließlich eingeordnet" (S. 37). Im Bereich der Sprache kann sich die „selektive Bewertung" in besonderer Weise darin zeigen, dass Gesprochenes getaktet wird: Im metrischen Vers werden Wörter in der Regel mit gleichmäßig wechselnder, abgemessener Hebung und Senkung sinnvoll aneinandergereiht, und die „sortierten" Wörter werden in meist gleichbleibenden, sich „wendenden" Zeilen, den „Versen", angeordnet. Hinzu kommt seit dem Mittelalter häufig der Endreim, das heißt der Gleichklang von Wörtern meist vom letzten betonten Vokal an. Diese elementaren Spielregeln der traditionellen Poesie gehören zum universalen „Naturphänomen" des Spiels, von dem Manfred Eigen sagt: „Alles Geschehen in unserer Welt gleicht einem großen Spiel, in dem von vornherein nichts als die Regeln festliegen" (S. 11). Und die Regeln für Vers und Reim sind im Bereich der Sprache eben ein Teil dieses „großen Spiels in unserer Welt".

Das zweifellos schon in der Frühzeit der Menschheit erfundene Vers-Prinzip ist also nichts aufgesetzt Formales oder Gekünsteltes. Die „selektive Bewertung" von Längen und Kürzen oder Hebungen und Senkungen sowie der Reim-Gleichklänge im Wort folgt vielmehr dem „Naturphänomen" des Spiels, das „allem Geschehen zugrunde liegt" (S. 11). „Zufall und Regel sind die Elemente des Spiels" (S. 12). Und das bedeutet für die Verskunst: Aus dem vieltausendfältigen Wortschatz werden im poetischen Prozess scheinbar zufällig die Wörter gefunden und gewählt, die der Regel des Versmaßes im Auf und Ab sinnvoll zu gehorchen vermögen. So gilt letztlich Manfred Eigens Fazit: „Das Kunstwerk ist Spiegelbild des ewigen Schöpfungsspiels der Natur" (S. 367).

Sollte man sich nicht einmal fragen, weshalb in alten Zeiten so unendlich viel Mühe darauf verwandt wurde, umfangreiche Epen, große Dramen, feinsinnige Lyrik in vielen Tausenden von metrischen Versen zu formen? Und wie mag Poesie in der Frühe der Menschheit entstanden sein? Hegel sagt: „Der Anfang bestimmt das Ganze." Tatsächlich haben das griechische Wort „arché" und das lateinische „principium" jeweils die Doppelbedeutung „Anfang" *und* „Prinzip". Für beides kannten die Alten nur *ein* Wort. Die Frage nach dem Anfang ist die nach dem Prinzip, und diese löst auch die Frage nach dem Grunde aus: Wozu gibt es überhaupt Verse? Das anscheinend überall gültige Prinzip der Evolution besagt: Alles entwickelt sich vom Einfachsten zum Komplexen. Also müsste in der Dichtung zunächst die schlichte Prosa geherrscht haben, und erst später hätte man dann die sprachlich komplizierten Verse erfunden. Offenbar aber ist es anders. Versrhythmen gibt es, seit wir von Menschen und ihrer Sprache wissen. (Von der frühzeitlichen mündlichen Poesie handelt die 7. Lektion.)

Das älteste Epos der Welt, das akkadische Zwölftafel–Epos *Gilgamesch*, ist in festen Metren abgefasst. Und die klassischen Groß–Epen von Homer und Vergil, die Grundbausteine der abendländischen Poesie, sind im komplizierten Sechsmaß, dem Hexameter, gedichtet. Es muss also etwas Besonderes mit diesen differenzierten Metren auf sich haben, dem nachzugehen wäre. Das gilt auch für die griechischen und lateinischen klassischen Vers-Dramen und die antike Lyrik. Seit Erfindung des Reims im Mittelalter kam noch die Kunst hinzu, vielfältige Reime zu finden. Otfried von Weißenburg hat 863/71 die vier Evangelien als Erster in einem althochdeutschen Buch in Tausenden von Reimversen zusammenfassend nachgedichtet. Die großen mittelhochdeutschen Epen um 1200 sind natürlich alle gereimt, ebenso wie Dantes *Divina Commedia*. Die barocken Dramen sind in gereimten Alexandrinern geschrieben. Goethes *Faust I* und *II* bietet eine große Fülle verschiedener Metren und Reimformen ... Wozu dieser Aufwand? Man hätte das alles doch – wie heutzutage – viel, viel leichter frei von der Leber weg in lockerer Prosa oder notfalls auch in (früher so noch nicht erfundenen) Freien Rhythmen schreiben können, um die Inhalte mitzuteilen. Wozu also diese unendliche Mühe?

Ursprünglich war epische, dramatische und lyrische Dichtung untrennbar mit Gesang verbunden. Und dieser lebt vom Rhythmus, also auch von rhythmisierter Sprache, *live* vorgetragen im Kreise miterlebender Hörer. (Davon handelt mein Essay: 5. *Zur Wirkungsweise mündlicher Poesie*.) Metrum und Reim sind Ordnungsprinzipien, die auf Klanggesetzen beruhen. Wenn wir von „gebundener Sprache" sprechen, könnte man hierfür auch einen Begriff aus der Atomphysik anwenden: Es wird „*Bindungsenergie*" (Lise Meitner) erzeugt, auch im Phänomenbereich von Rhythmus und Reim.

Selten äußern sich Dichter, auch Dichter der Neuzeit, zu der Frage, wozu sie Verse formen und nicht Prosa schreiben. Goethe und Schiller machen bei der Umarbeitung ihrer Dramen von Prosa in Blankverse die sie selbst erstaunende Erfahrung, dass die formale Umgestaltung auch wesentliche inhaltliche Folgen hat. Goethe bemerkt:

> Die zwei ersten [zehn Jahre alten] Akte des „Tasso", in poetischer Prosa geschrieben, [...] hatten etwas Weichliches, Nebelhaftes, welches sich bald verlor, als ich nach neueren Ansichten die Form vorwalten und den Rhythmus eintreten ließ. (*Italienische Reise*, 30.3.1787. HA 11, S. 226)

Caroline Herder berichtet, Goethe fand seine Jamben im *Tasso* sogar „noch besser als in der ‚Iphigenia'", die er ebenfalls von Prosa zu Blankversen umgearbeitet hatte. (Vgl. HA 5, S. 442.)

Als Schiller die Prosafassung seines *Wallenstein* (abgesehen von den gereimten Knittelversen von *Wallensteins Lager*) in fünffüßige Jamben umwandelt, berichtet er Goethe am 24.11.1797 über eine entsprechende poetische Erfahrung:

> Ich habe noch nie so augenscheinlich mich überzeugt als bei meinem jetzigen Geschäft, wie genau in der Poesie Stoff und Form, selbst äußere, zusammenhängen. Seitdem ich meine prosaische Sprache in eine poetisch-rhythmische verwandle, befinde ich mich unter einer ganz anderen Gerichtsbarkeit als vorher; selbst viele Motive, die in der prosaischen Ausführung recht gut am Platz zu stehen schienen, kann ich jetzt nicht mehr brauchen; sie waren bloß gut für den gewöhnlichen Hausverstand, dessen Organ die Prosa zu sein scheint; aber der Vers fordert schlechterdings Beziehungen auf die Einbildungskraft, und so musste ich auch in mehreren meiner Motive poetischer werden.

Im Folgenden macht Schiller klar, dass seine neue Gestaltung in metrischen Blankversen dem Ideal einer klassischen Dichtung dient. So beantwortet er sich selbst im schriftlichen Gespräch mit Goethe die Frage: Wozu Versrhythmen?

> Der Rhythmus leistet bei einer dramatischen Produktion noch dieses Große und Bedeutende, dass er, indem er alle Charaktere und alle Situationen nach Einem Gesetz behandelt und sie, trotz ihres innern Unterschiedes, in Einer Form ausführt, dadurch den Dichter und seinen Leser nötigt, von allem noch so Charakteristisch-Verschiedenen etwas Allgemeines, rein Menschliches zu verlangen. Alles soll sich in dem Geschlechtsbegriff des Poetischen vereinigen, und diesem Gesetz dient der Rhythmus sowohl zum Repräsentanten als zum Werkzeug, da er alles unter Seinem Gesetze begreift. Er bildet auf diese Weise die Atmosphäre für die poetische Schöpfung, das Gröbere bleibt zurück, nur das Geistige kann von diesem dünnen Elemente getragen werden.

Später fasst Schiller in *Über den Gebrauch des Chors in der Tragödie* (1803) seine Erfahrung kurz zusammen:

> Durch Einführung einer metrischen Sprache ist man indes der poetischen Tragödie schon um einen großen Schritt näher gekommen. [...] Die metrische Sprache selbst ist ideal [...].

In seinem *Versuch über Schiller* (1955) preist Thomas Mann an Schillers Verskunst das „poetische Klangbild, worin alle Rhythmen in Bewegung gesetzt, alle Register der Sprache gezogen werden [...]." „Im Übrigen sind die herrscherliche Virtuosität, mit der er dem Jambus gebietet, der noble Wohlklang und Glanz, den er ihm verleiht, ohnegleichen."

Schiller, der sich im Drama von seinen Anfängen in Prosa mit Begeisterung zur Umarbeitung in die Poesie der seit Lessing modernen Blankverse entschließt, ist überzeugt: Erst das metrische Gleichmaß wird dem höchsten Maßstab der Poesie gerecht, denn der gemessene Rhythmus allein entspricht in seinen Augen dem klassischen allgemein Gültigen und dient dem „rein Menschlichen". Fast anderthalb Jahrhunderte später, um 1939, wendet sich Bertolt Brecht (wie lange zuvor schon die prosaischen Naturalisten) radikal vom klassischen Ideal des „rein Menschlichen" und allgemein Gültigen ab, das sich für Schiller, Goethe und die Nachfolger eben auch in der Verbindlichkeit der gebundenen Sprachkunst, im Maß der metrischen Verse, ausspricht. Brecht hält die fünffüßigen Jamben, die in Dramen traditionellen Blankverse, für ölig, glatt und einfach überholt. Er hört hier nur noch „das übliche Klappern" und ersetzt sie durch unregelmäßige Freie Rhythmen. (Vgl. hierzu die 9. Lektion.) Die nunmehr propagierten modernen Freien Rhythmen entsprechen, wie Wolfgang Schadewaldt in seiner freirhythmischen *Ilias*-Übersetzung generell konstatiert, „jenem Gesetz der ‚gebrochenen Form', die in unserem Jahrhundert in allen Kunstarten vorherrscht". (Homer: *Ilias. Zur Übersetzung*. Frankfurt a.M. 1975, S. 427)

Verse und dann auch Reime erfordern höchstes sprachliches Können, sind etwas nicht Alltägliches, etwas Überdauerndes, etwas Klangschönes. Dafür lohnte sich offenbar der überwältigende Aufwand über Jahrhunderte hin, der heute unvorstellbar und auch nicht einmal erwünscht wäre. Warum? Er würde jetzt als unnötige Behinderung beim schnellen, stillen Lesen betrachtet. Rhythmus und Reim aber sind akustische Phänomene, Klangereignisse. Sie stammen aus Zeiten, in denen die Poesie noch hörbare Klangrede war und nicht Lesefutter zwischen zwei Buchdeckeln. Die alten Hauptwirkstoffe der Poesie, Metrum und Reim, werden im 20. Jahrhundert (und partiell schon zuvor) großenteils unmodern und gehen weitgehend verloren.

Schon in Friedrich Schlegels *Kritischen Fragmenten* (1798) findet sich der verblüffende Satz: „Alle klassischen Dichtarten in ihrer strengen Reinheit sind jetzt lächerlich." Und der späte Goethe schreibt im *West-östlichen Divan. Buch Hafis* die Verse:

> Zugemessne Rhythmen reizen freilich,
> Das Talent erfreut sich wohl darin;
> Doch wie schnelle widern sie abscheulich,
> Hohle Masken ohne Blut und Sinn.
> [...]

Sogar Heine, dem Vers und Reim doch so leicht von der Hand gingen, notiert in der Vorrede zur zweiten Auflage seines *Buchs der Lieder* (1837):

> Seit einiger Zeit sträubt sich etwas in mir gegen alle gebundene Rede, und wie ich höre, regt sich bei manchen Zeitgenossen eine ähnliche Abneigung. Es will mich bedünken, als sei in schönen Versen allzuviel gelogen worden, und die Wahrheit scheue sich, in metrischen Gewanden zu erscheinen.

Die Anfang des 20. Jahrhunderts unternommenen Versuche von Spitteler, Dehmel, Mombert, Däubler und Gerhart Hauptmann, die Gattung des **Vers–Epos** zu erneuern, mussten letztlich misslingen, denn die moderne Individualisierung und Sprachskepsis hatten den einstigen antiken Glauben an die Ganzheit und Einheit der Welt zerstört. Aus ihm aber stammt das Vers–Epos, und aus ihm sollte es – über große Zeiträume hinweg – neue Kraft für die Neuzeit schöpfen. Die Vers–Epen der beiden Nobelpreisträger Carl Spitteler (*Olympischer Frühling*, 1900/05, in paarweise gereimten Jamben) und Gerhart Hauptmann (*Till Eulenspiegel*, 1922/28, in Hexametern) erscheinen anachronistisch.

Durs Grünbein (geboren 1962) ist derzeit der wohl erfolgreichste jüngere deutsche Dichter. In seinem philosophischen Vers–Epos *Vom Schnee oder Descartes in Deutschland* (2003) unterwirft er sich mehr oder weniger strengen Regeln, die er sich selbst auferlegt. So entsteht ein kunstfertiges, festes, klares Klangbild – im Gegensatz zu den sonst so überaus beliebten und häufigen gebrochenen Prosazeilen, die konturlos zum Flattersatz ausfransen. Jeder der 42 Cantos, die den Kapiteln eines Romans entsprechen, hat sieben Absätze zu jeweils zehn sechshebigen jambischen Versen, von denen jeweils die letzten durch Paarreim oder auch im Kreuzreim gebunden sind. Das ganze dialogische Großgedicht ist meist gereimt. Die Reime der episch–langzeiligen Verse wirken – anders als Kurzzeilen – nicht aufdringlich. Die häufigen unreinen Reime oder bloß Assonanzen oder gar Waisen nehmen die Klangwirkung des Stilmittels Reim noch weiter zurück; sie machen es auf den ersten Blick fast unauffällig. Der Wohlklang aber vermittelt Gewissheit, etwas Selbstbewusstes, Dauerhaftes.

Einst waren **Dramen** selbstverständlich in Versen verfasst, vor allem in der Barockzeit in gereimten Alexandrinern oder – seit Wieland und Lessing – in Blankversen. Zumal seit dem Naturalismus scheinen Metren oder gar Reime aber als formale Stilisierungen von Dramen undenkbar. Der Naturalist Gerhart Hauptmann, der – Goethe nachstrebend – zum Klassiker werden wollte, belebte in den vierziger Jahren des 20. Jahrhunderts antike Stoffe in seiner *Atriden–Tetralogie* neu. Die Dramen sind in fünffüßigen Jamben geschrieben. Peter Weiss (*Die Ermittlung. Oratorium in elf Gesängen*, 1965) und Hans Magnus Enzensberger (*Der Untergang der Titanic. Eine Komödie*, in 33 Gesängen, 1978) schreiben Doku–Dramen in gebrochenen Zeilen oder Freien Rhythmen, während fast alle anderen es bei Prosa belassen. Ungewöhnlich ist, dass Peter Weiss sein Theaterstück *Marat/Sade* (1964) in verschiedenen Versarten, u.a. in Knittelversen mit Paarreimen, verfasst.

Die **Lyrik** gestaltet sich im 20. Jahrhundert neben metrischen und gereimten Gedichten zunehmend in Freien Rhythmen. Günter Grass (geboren 1927), der ja als Lyriker begonnen hat, schreibt in *Letzte Tänze* (Gedichte mit Zeichnungen, 2003) beschwingte kurzzeilige Verse in Freien Rhythmen. Von den 37 Gedichten sind immerhin zwei gereimt. Hans Magnus Enzensberger (geboren 1929) schreibt seit je Freie Rhythmen. Seine Gedichtsammlung *Die Geschichte der Wolken* (2003) bietet in ihren 99 Meditationen überraschenderweise auch drei gereimte Gedichte. Reiner Kunze (geboren 1933) verzichtet grundsätzlich auf Metrum und Reim. Seine Kunst der verknappten poetischen Rede in kurzzeiligen Freien Rhythmen wirkt fast fernöstlich lakonisch;

so noch in seinem Band *Gedichte* (2001). Auch Sarah Kirsch (geboren 1935) bringt in ihrem Gedichtband *Schwanenliebe* (2001) meist Kurzgedichte in reimlosen, kurzzeiligen Freien Rhythmen. Durs Grünbein (geboren 1962) bevorzugt dagegen im Laufe der Jahre zunehmend lange und langzeilige, fast epische Gedichte. In den Bänden *Nach den Satiren* (1999) und *Erklärte Nacht* (2002) gibt es sogar, wenn auch sehr selten, durchgehend gereimte Verse; das meiste jedoch ist gehalten in antikischem Versmaß, auch in Hexametern, einiges in langzeiligen Freien Rhythmen, sonst jedoch generell metrisch, freilich locker gehandhabt. Robert Gernhardt (1937 – 2006) publizierte regelmäßig humoristische Gedichte mit Metrum und Reim, z.B. in *Reim und Zeit* (1990). Über den Reim reflektierend stellt er die These auf: „Sich heute noch ernsthaft auf das uralte Reim- und Regelspiel einzulassen, ist, meine ich, schon mal per se komisch" (Nachwort).

Das formale Klang-Prinzip von Vers und Reim hat also wesentlich mit den sich historisch ändernden Inhalten und Einstellungen zu tun. Soweit der Lyriker sich heute nicht generell auf Freie Rhythmen beschränkt, sind Metren und Reime eher eine beliebige, beiläufige oder gar komische Gestaltungsmöglichkeit. Jahrhundertelang war dies in der europäischen Dichtung anders. Das Metrum und seit dem Mittelalter auch der Reim erhoben das zu Sagende erst zur gültigen Weltsprache der Poesie.

2. Lektion:
Funktionen von Zeilenzäsuren

Was Verse sind, kann man am leichtesten definieren, wenn man vom Gegensatz (e contrario) ausgeht und **Prosa** und **Vers** gegeneinander stellt: *Pro(r)sa oratio* ist „die geradeaus gerichtete Rede"; *versus* heißt „das (Um-)Wenden", „die Ackerfurche" (denn Furchen entstehen beim Wenden des Pfluges). *Prosa* ist in der Regel im Blocksatz geschrieben, während bei *Verstexten* die Zeilen rechts nicht gefüllt sind, so wie beim Flattersatz, und kurzum immer wieder zu einer neuen Zeile gewendet werden.

Thomas Mann, der große Prosaschriftsteller des 20. Jahrhunderts, fühlte sich auch einmal versucht, ein kleines Epos, eine *Idylle*, in klassischen Hexametern zu dichten. Sie hat den Titel *Gesang vom Kindchen* (1919). Der Schriftsteller beginnt mit einer nicht ganz unberechtigten Frage:

> Bin ich ein Dichter? War ich's zuweilen? Ich weiß nicht. In Frankreich
> Hieße Poet ich nicht. Man scheidet bequem und verständig
> Dort den Reimschmied vom Manne der gradausgehenden Rede.
> [...]
> Mein Teil nun war immer die Prosa [...].

Die Entgegensetzung von **Prosa** und **Poesie** ist in der Tat aufschlussreich. Während das lateinische Wort *Prosa* ursprünglich das so dahin laufende Reden meint, kommt *Poesie* vom griechischen Verb poieîn = machen, gestalten, hervorbringen. Poesie ist also das aus dem Wortmaterial „Gemachte", das „Gestaltete", etwas in besonderer Weise „Hervorgebrachtes". Da *versus* anfänglich das Umwenden der Ackerfurchen oder der Textzeilen bedeutet, sind **die Zeilenbrechungen, die Zeilenzäsuren, ein erstes Konstituens poetischer, gebundener Sprache.** „Das Ende der Verszeile bedeutet immer eine Zäsur", dekretiert Bertolt Brecht. Und in der Tat sollte sie stets eine minimale Staustelle, ein Zwischenstopp, ein Pendelpunkt sein.

Dieses entscheidende Phänomen ließe sich nun beobachten durch eigene Erprobung. Hierzu dient der folgende **Arbeitsbogen mit Übungen zu Rhythmus und Zeilenzäsur.** Die folgenden sieben kurzen Texte sind eigentlich Verse; hier aber sind sie zunächst einmal fortlaufend in Prosa geschrieben. Die Aufgabe für die ersten drei Items ist nun keineswegs, etwa die vom Autor ursprünglich gesetzten Zeilenbrechungen nach dem Prinzip richtig / falsch zu erraten, sondern eigenständig *mögliche* Zeilenzäsuren zu finden und durch Schrägstriche zu markieren, denn bei Freien Rhythmen sind die Zeilenbrechungen ja oft frei und subjektiv gesetzt; sie könnten also auch anders sein. Die Items 4 bis 7 sind dagegen durch objektive Kriterien in der

Verslänge festgelegt, die es herauszufinden gilt. Entscheidend ist in jedem Fall, dass die Übenden ein Gefühl für die Bedeutung von Zeilenbrechungen erleben und zunächst selbst und dann im Auswertungsgespräch reflektieren.

ÜBUNGEN ZU RHYTHMUS UND ZEILENZÄSUR

Finden Sie die rhythmische Strukturierung des jeweiligen kurzen Textes heraus, indem Sie <u>Einschnitte</u> *=* <u>Zäsuren</u> *im Text durch Schrägstriche markieren.*

Begründen Sie Ihre Zäsuren entweder (a) aufgrund der inhaltlichen Aussage des Textes oder (b) aus dem formalen Rhythmus bzw. dem Metrum des Textes.

1
Bedecke deinen Himmel, Zeus, mit Wolkendunst, und übe, dem Knaben gleich, der Disteln köpft, an Eichen dich und Bergeshöhn; musst mir meine Erde doch lassen stehn, und meine Hütte, die du nicht gebaut, und meinen Herd, um dessen Glut du mich beneidest.

2
Ich sitze am Straßenrand. Der Fahrer wechselt das Rad. Ich bin nicht gern, wo ich herkomme. Ich bin nicht gern, wo ich hinfahre. Warum sehe ich den Radwechsel mit Ungeduld?

3
Solang der briefträger von haus zu haus geht kommen noch briefe an

4
Die Himmel rühmen die Herrlichkeit Gottes, vom Werk seiner Hände kündet das Firmament. Ein Tag sagt es dem andern, eine Nacht tut es der andern kund.

5
Habe nun, ach! Philosophie, Juristerei und Medizin, und leider auch Theologie durchaus studiert, mit heißem Bemühn.

6
Vor grauen Jahren lebt' ein Mann in Osten, der einen Ring von unschätzbarem Wert aus lieber Hand besaß. Der Stein war ein Opal, der hundert schöne Farben spielte, und hatte die geheime Kraft, vor Gott und Menschen angenehm zu machen [...].

7
Glück des Schriftstellers ist der Gedanke, der ganz Gefühl, ist das Gefühl, das ganz Gedanke zu werden vermag.

Und nun die Originalfassungen:

1
Bedecke deinen Himmel, Zeus,
Mit Wolkendunst!
Und übe, dem Knaben gleich,
Der Disteln köpft,
An Eichen dich und Bergeshöhn!
Musst mir meine Erde
Doch lassen stehn,
Und meine Hütte,
Die du nicht gebaut,
Und meinen Herd,
Um dessen Glut
Du mich beneidest.
(Goethe: *Prometheus*. 1. Strophe)

2
Ich sitze am Straßenrand
Der Fahrer wechselt das Rad.
Ich bin nicht gern, wo ich herkomme.
Ich bin nicht gern, wo ich hinfahre.
Warum sehe ich den Radwechsel
Mit Ungeduld?
(Bertolt Brecht: *Der Radwechsel*. Geschrieben nach dem 17. Juni 1953)

3
Solang der briefträger
von haus zu haus geht kommen noch
briefe an
(Reiner Kunze: *sechs variationen über das thema „die post"*)

4
Die Himmel rühmen die Herrlichkeit Gottes,
vom Werk seiner Hände kündet das Firmament.
Ein Tag sagt es dem andern,
eine Nacht tut es der andern kund.
(*Psalm 19*, 2 f.)

5
Habe nun, ach! Philosophie,
Juristerei und Medizin,
Und leider auch Theologie
Durchaus studiert, mit heißem Bemühn.
(Goethe: *Faust I*. Erste Szene. V. 354 – 357)

6

Vor grauen Jahren lebt' ein Mann in Osten,
Der einen Ring von unschätzbarem Wert
Aus lieber Hand besaß. Der Stein war ein
Opal, der hundert schöne Farben spielte,
Und hatte die geheime Kraft, vor Gott
Und Menschen angenehm zu machen
[...].
(Lessing: *Nathan der Weise*. Beginn der Ring-Allegorie)

7

Glück des Schriftstellers ist der Gedanke, der ganz Gefühl,
ist das Gefühl, das ganz Gedanke zu werden vermag.
(Thomas Mann: *Der Tod in Venedig*. Dieser Hexameter ist – ohne Zeilenbrechung – in der Prosa dieser Novelle versteckt.)

Zu 1: Die erste Strophe von Goethes *Prometheus* (eine seiner frühen großen Hymnen) ist in Freien Rhythmen geschrieben. Die Zeilenbrechung folgt hier meist den Sinnabschnitten, die fast immer markiert sind durch Satzzeichen.

Zu 2: *Der Radwechsel*: Eines der bekanntestes Gedichte aus Brechts *Buckower Elegien* ist in Freien Rhythmen und im Zeilenstil geschrieben, bis auf die beiden letzten Verse. Hier wird durch eine unerwartete Zeilenbrechung eine Kernaussage („Mit Ungeduld") als Pointe herausgestellt.

Zu 3: Das dreizeilige Kurzgedicht Reiner Kunzes (ohne jedes Satzzeichen und in Kleinschreibung) ist ebenfalls freirhythmisch und prosanah. Die Zeilenzäsuren brechen bewusst die Sinnabschnitte von Glied- und Hauptsatz auf. So entstehen Stolpereffekte: Es ist stockend, sozusagen gegen den Strich zu lesen. Das kleine Satzgefüge erhält durch das einfache Mittel der beiden Stolpereffekte seine besondere Wirkung. Sie sind hier der einzige poetische Effekt. Ein Text von größter Schlichtheit, am Rande des Verstummens. Er wurde 1968 geschrieben von einem durch die Stasi streng überwachten Lyriker in der DDR.

Zu 4: Die Zeilen von *Psalm 19*, Vers 2 bis 3, folgen den Sinnabschnitten. Die 1. und 2. Zeile bilden einen Chiasmus, d.h. eine Kreuzstellung. Zeile 1 und 2 sowie 3 und 4 zeigen den *Parallelismus membrorum*, d.h. einen Gleichlauf der Satzglieder, die jeweils – variiert – beinahe dasselbe sagen: Die „Himmel" entsprechen dem „Firmament" (Ähnlichkeit). Der „Tag" entspricht der „Nacht" (Gegensatz). Und beide „sagen" oder „tun kund" (Ähnlichkeit). So werden (unmetrische) Verse gestaltet in den alten Kulturen: in der mesopotamischen, ägyptischen, arabischen und besonders in der hebräischen Poesie, z.B. in den

Psalmen. – Die vier Verse in diesem Item entsprechen dem *Zeilenstil*, bei dem Satz- und Vers-Ende zusammenfallen.

Zu 5: Die vier Zeilen aus dem Anfangs-Monolog von *Faust I* legen in den überkreuz gereimten *Knittelversen* die Zeilenzäsuren fest. Womöglich ist dies aber nicht auf den ersten Blick erkennbar, weil kein gleichmäßiges Metrum vorliegt und der Reim „Philosophie" / „Theologie" und vor allem der unreine Reim „Medizin" / „Bemühn" nicht so leicht wahrnehmbar ist. (Eben deshalb wurde der Text als Aufgabe gewählt.)

Zu 6: Die berühmten Verse Nathans aus Lessings *Ring-Allegorie* (es ist eine Allegorie, keine Parabel) verlangen die Zeilenzäsuren gemäß dem Metrum, das die Übenden eigentlich erkennen sollten. Es sind Blankverse, also fünfhebige Jamben ohne Reim (daher „blank"). (Das Versmaß wurde von den Studenten nicht erkannt, offenbar weil der Blankvers sehr prosanah ist. Aber auch das ist nachträglich ein Erkenntnisgewinn.)

Zu 7: Dieser Hexameter ist – ohne Zeilenbrechung – in der Prosa von Thomas Manns Novelle *Der Tod in Venedig* versteckt, also nicht gerade leicht zu entdecken. Es gibt eine Reihe solcher heimlicher und nicht immer reiner Hexameter meist da, wo Thomas Mann antikisch gewandet daherkommt, um Klassizität zu erringen. – Im vorliegenden Fall kommt noch ein Raffinement dazu: ein Chiasmus, d.h. eine Kreuzstellung.

Die Auswertung der Übung führt zu einigen zusammenfassenden Feststellungen. Zeilenbrechungen sind – neben Hebungen und Senkungen im Verstakt (davon wird die dritte Lektion handeln) – das auffallendste Konstituens gebundener Sprache. Das verrät schon, wie gesagt, der Name Vers = die Wendung.

1. **Sinnabschnitte** sind inhaltsbestimmt und, der Syntax entsprechend, oft durch Interpunktion markiert. Hier spricht man von **Zeilenstil**. (Beim Markieren von möglichen Vers-Einschnitten wählten die Studenten in der Regel dieses naheliegende Prinzip.) Ein Sonderfall ist der **Parallelismus membrorum**, der Gleichlauf der Satzglieder. Er ist das Bauprinzip vieler altorientalischer Verse, z.B. der hebräischen *Psalmen*.

2. **Subjektive Einschnitte** in Freien Rhythmen sind oft unerwartete Zwischenstopps. Durch die eigens gewollte Beendigung einer Verszeile und somit den Beginn einer neuen entstehen oft **Stolpereffekte**, die glattes, rasch überfliegendes Lesen oder schnelles Sprechen verhindern sollen. Diese vom Dichter frei gewählten Staustellen sind ein Kennzeichen der Freien Rhythmen seit Klopstock; sie prägen großenteils die moderne Lyrik. Durch das oft abrupte Beenden und Neuanfangen von Verszeilen können **Positionseffekte** entstehen. Denn durch die Zeilenbrechung kommen am Zeilenende und

–anfang immer wieder gewisse Worte in **Eckposition**. So werden sie exponiert und hervorgehoben. Dies kann ein Mittel sein zur Akzentuierung und Dynamisierung des zu Sagenden, übrigens auch im bewusst phrasierten öffentlichen Sprechen von Rednern.

3. **Versmaß- und Endreim-Einschnitte**. Ein festes Metrum bildet das rhythmische Grundmuster und bestimmt jeweils die Verslänge. Dies gilt hier z.B. für das Sechsmaß, den **Hexameter**, als das klassische Metrum des antiken Epos oder für den **Blankvers** als das Metrum des deutschen Dramas im Gefolge von Lessing. Endreime können das Zeilenende durch Klangsymmetrie auszeichnen. Sie sind als **Reim-Kadenzen** eines der markantesten Bindemittel der gebundenen Sprache seit dem Mittelalter. (Der Reim war in der Antike als prosodisches Mittel noch unbekannt.)

4. **Die Strophe** bedeutet nun einen merklicheren Einschnitt als das Vers-Ende. Im Vergleich dazu bildet sie ein tieferes Atemholen, das durch eine kleine Pause hörbar werden sollte. Wie das lateinische Wort *versus* bedeutet auch das griechische Wort *strophé* ursprünglich die „Wendung" (und zwar hier die des singenden und schreitenden Chors im altgriechischen Theater). Die Strophe verbindet mehrere Verszeilen zu einer metrischen Einheit. Wir kennen sie vor allem im **Lied** und vielen **Gedichten**. Ein strophisches Gedicht kann thematisch selbstständig sein oder mit anderen Strophen eine thematisch mehr oder weniger geschlossene Strophen-Reihe oder einen Zyklus bilden. Bei den antiken Strophenformen sind bestimmte quantitierende Versgruppen konstituierend; im Mittelalter und in der Neuzeit sind es meist bestimmte Reimschemata. Vor allem im romanischen Bereich gibt es zahlreiche Strophenformen wie Sonett, Rondeau, Rondel, Triolett, Villanella, Ritornell und Madrigal. In der *Kurzen Versschule* werden gegen Ende die im Deutschen häufigen Formen besprochen: die Volksliedstrophe, das Distichon und das Sonett. Die Freien Rhythmen und die Freien Verse (vers libre) bilden zuweilen ungleiche Vers-Einheiten als Freie Strophen.

Strophen-Enden können auch besonders hervorgehoben werden. Im Lied geschieht das immer wieder durch einen **Kehrvers**, den **Refrain**. Im *Nibelungenlied* haben die Strophen in der jeweils abschließenden Zeile eine betont ausklingende Hebung mehr. Walther von der Vogelweide hat seine drei berühmten jeweils gleich langen *Reichssprüche* („Ich saz ûf eime steine [...]"), deren Verse wechselweise drei oder vier Hebungen haben, in den jeweils abschließenden Verszeilen auffallend und nachdrücklich auf das Doppelte: auf acht Hebungen verlängert.

Ebenso selten kann auch das Gegenteil zur Wirkung kommen. Die Verse in *Wandrers Nachtlied* von Goethe („Der du von dem Himmel bist [...]", 1776) sind durchgehend kreuzweise gereimt und vierhebig – bis auf die vorletzte Zeile, die nur halb so lang ist, also sozusagen die andere Hälfte als Leerstelle offen lässt. Es ist das Wort, auf das – noch ungenannt – alle vorangehenden Verse in einem weiten Spannungsbogen hinstreben: „Süßer Friede". Dieser

Sehnsuchts-Seufzer verhallt im Leerraum des verkürzten Verses. (Wie abgeschwächt wäre die außerordentliche Wirkung, hätte der Dichter, um die Zeile korrekt zu füllen und dazu noch das Hauptwort zu betonen, zweimal „Süßer Friede" gerufen.)

> [...]
> Ach, ich bin des Treibens müde,
> Was soll all der Schmerz und Lust?
> Süßer Friede,
> Komm, ach komm in meine Brust!

Wohl alle Studenten haben in der obigen Übung mit den fortlaufend geschriebenen Vers-Texten ihre Markierungen für Zeilenzäsuren an syntaktisch geprägten Sinnabschnitten gesetzt. Das ist kein Zufall. Es hängt vielmehr mit einer Programmierung unseres Gehirns zusammen. Forschungen von *Ernst Pöppel* zeigen, es gibt im Gehirn für die Wahrnehmung optischer und akustischer Ereignisse ein *Zeitfenster von ca. 3 Sekunden*. (Mehr darüber in der 8. Lektion.) Dementsprechend ist auch die zeitliche Struktur gesprochener Gedichte in maximal Drei-Sekunden-Intervalle gegliedert. Diese Struktur *muss* jedoch nicht immer mit der Gliederung syntaktischer Einheiten des Gedicht-Textes übereinstimmen. Die Vers-Grenze kann durchaus auch als Zeilenbrechung an einer beliebigen Stelle des fortlaufenden Satzes liegen. Hier überspielt die rhythmische Struktur die syntaktische. Der **Zeilenstil**, die Gliederung der Verszeilen gemäß den syntaktischen Sinnabschnitten, bildet den Gegensatz zum **Zeilensprung**, dem Überspringen der Versgrenzen, abgesehen von der syntaktischen Gliederung. In der *Kurzen Versschule* finden sich hierfür zwei Abschnitte: **3.3 Der Zeilenstil** und **3.4 Der Zeilensprung (das Enjambement)**. Es mag gestattet sein, für das Phänomen des Zeilensprungs das Bruchstück eines Goethe-Verses zur Veranschaulichung zu entwenden: „Die strenge Grenze doch umgeht gefällig / Ein Wandelndes [...]." (*Urworte. Orphisch: Tyche, Das Zufällige*)

Schon die *epischen Hexameter* Homers überspielen des Öfteren die Vers-Grenze, die stets metrisch hörbar ist. Als Beispiel möge der Beginn der *Odyssee* dienen, der in der neueren Übersetzung von Roland Hampe an der Vers-Grenze der griechischen Wortfolge entspricht:

> Nenne mir, Muse, den Mann, den vielgewandten, der vielfach
> Wurde verschlagen, seit Trojas heilige Burg er zerstörte.

Auch in der *altgriechischen Lyrik* überspringt der fortlaufende metrische Satz immer wieder das Vers-Ende. Als Beispiel diene der Anfang von Klopstocks bekanntem Gedicht *Der Zürchersee*, das dem Versmaß der 4. asklepiadeischen Ode folgt:

> Schön ist, Mutter Natur, deiner Erfindung Pracht
> Auf die Fluren verstreut, schöner ein froh Gesicht,

Das den großen Gedanken
Deiner Schöpfung noch einmal denkt.
[...]

Die für das *Drama* so wichtigen *Blankverse* folgen ebenfalls in den Vers-Grenzen oft nicht syntaktischen Grenzen, die sie vielmehr immer wieder überspringen. Als Exempel sei zurückgegriffen auf ein Stück des in der Übung verwendeten Abschnitts aus Lessings Ring-Allegorie (Nr. 6):

[...] Der Stein war ein
Opal, der hundert schöne Farben spielte,
Und hatte die geheime Kraft, vor Gott
Und Menschen angenehm zu machen [...].

Hier trennt die Vers-Grenze sogar den unbestimmten Artikel „ein" von dem dazugehörigen Nomen „Opal". (Das hätte übrigens wohl kein Student erraten können.) Im Vortrag muss diese Zäsur jedenfalls überspielt werden.

Seit 1786 hat Goethe seine Prosafassung der *Iphigenie auf Tauris* „in Verse geschnitten" (so an Charlotte von Stein am 23.8.1786) und dann in Italien endgültig in das Versmaß der fünffüßigen reimlosen Jamben überführt. Wenn man nun in den ersten hundert Versen des Dramas (*1. Aufzug, 1.* und *2. Auftritt*) die Zeilensprünge zählt, findet man 34, also ein Drittel. Sie gehören demnach ganz selbstverständlich zum gängigen *Blankvers* des Dramas.

Dass in den *Freien Rhythmen* die Zeilenbrechungen oft nicht den Sinnabschnitten entsprechen, sondern auch unerwartet, ja anscheinend willkürlich gesetzt werden, ließ sich in der obigen Übung an den wenigen freirhythmischen Zeilen eines lakonischen Gedichts von Reiner Kunze zeigen (Nr. 3).

Seit der Erfindung des Endreims im Mittelalter ist der in der Antike häufige Zeilensprung jahrhundertelang kein Thema, denn der Endreim hebt eben das Vers-Ende, die Kadenz, klanglich hervor, und so entspricht dies eigentlich immer einem Sinnabschnitt. Für Rilke aber ist der Zeilensprung über die Reimkadenz hinweg geradezu ein Kennzeichen seiner poetischen Handschrift. Er ist ein Meister darin. In der *Kurzen Versschule* wurde schon ein Beispiel von ihm zitiert. Ein weiteres mag die Beobachtung verstärken. Es ist die 1. Strophe aus *Die Sonette an Orpheus VII*:

Rühmen, das ists! Ein zum Rühmen Bestellter,
ging er hervor wie das Erz aus des Steins
Schweigen. Sein Herz, o vergängliche Kelter
Eines den Menschen unendlichen Weins.

In der ersten Strophe von C. F. Meyers Gedicht *Der römische Brunnen* lassen sich zwei Zeilensprünge der ersten vier Verse in naheliegender Weise symbolisch verstehen:

Aufsteigt der Strahl und fallend gießt
Er voll der Marmorschale Rund,

Die, sich verschleiernd, überfließt
In einer zweiten Schale Grund;
[...].

Der hoch aufsteigende Wasserstrahl gießt im Fallen die runde Marmorschale so voll, dass diese über den Rand wie ein Schleier hinab in die zweite Schale fließt. Was hier inhaltlich gesagt ist, realisiert die Versform zugleich auf vollkommene Weise: Der Vers strömt selbst zweimal (von der 1. zur 2. und von der 3. zur 4. Zeile) überquellend über den Rand, den die Versgrenze mit dem Reimwort bildet.

Noch weiter als der Zeilensprung geht der seltene **Strophensprung**, bei dem der starke Einschnitt am Strophen-Ende syntaktisch gleitend überspielt wird. In Goethes jugendlich jubelndem *Maifest* (1771) kann die äußere Gliederung in (Lied-)Strophen gegen Ende den inneren Strom des Gefühls nicht mehr unterbrechen: Unaufhaltsam grenzüberschreitend gehen die drei Strophen ineinander über:

So liebt die Lerche
Gesang und Luft,
Und Morgenblumen
Den Himmelsduft,

Wie ich dich liebe
Mit warmem Blut,
Die du mir Jugend
Und Freud' und Mut

Zu neuen Liedern
Und Tänzen gibst.
Sei ewig glücklich,
Wie du mich liebst.

In einem Gedicht Rilkes finden sich – hier aus einem sanft strömenden Natur-Empfinden heraus – Überspielungen von Verszeilen *und* auch des Strophen-Einschnitts:

Vorfrühling

Härte schwand. Auf einmal legt sich Schonung
An der Wiesen aufgedecktes Grau.
Kleine Wasser ändern die Betonung.
Zärtlichkeiten, ungenau,

greifen nach der Erde aus dem Raum.
Wege gehen weit ins Land und zeigens.
Unvermutet siehst du seines Steigens
Ausdruck in dem leeren Baum.

Bisher war von der *Verszeile* die Rede, von der *„Vers-Wendung"*, von der *Zeilenbrechung* und dem *Zeilensprung*, vom Einschnitt der *Strophe* und gar noch von deren Überspielung im *Strophensprung*. Aber auch die Verszeile selbst kann, wenn sie zur **Langzeile** wird, eine Zäsur erhalten: die **Binnenzäsur**. In der *Kurzen Versschule* ist dies unter Nr. 4 dargestellt. **Langverse** sind Hexámeter und Pentámeter, die germanische Langzeile, die Verse der mittelhochdeutschen Nibelungenstrophe und der barocke Alexandriner, für die Beispiele in der *Kurzen Versschule* unter Nr. 4 zitiert werden.

Aber wann ist ein Vers so lang, dass er in der Mitte sozusagen einen Knick erhält, eine Binnenzäsur? Man sagt, Langverse seien eben Verse mit mehr als fünf Hebungen. Aber warum? Bislang wollte und konnte dies niemand erklären und begründen. Erst der Hirnforscher *Ernst Pöppel* untersuchte (wie schon erwähnt und dann in der 8. Lektion wieder aufgegriffen) in seinem Werk *Grenzen des Bewusstseins* (Frankfurt a. M. und Leipzig 1997) ausführlich *Die zeitliche Struktur von Gedichten* (S. 81 – 92). „Die Gruppierung von Wahrnehmungs- und Gestaltungs-Einheiten zu etwa drei Sekunden dauernden Intervallen können wir auch beim Sprechen beobachten." Dieser „Drei-Sekunden-Rhythmus" konnte „als universelles Phänomen" und als zu unserer „biologischen Ausstattung" gehörend erwiesen werden. „Sprache wird zeitlich gegliedert", und in besonderer Weise gilt dies für die „Drei-Sekunden-Einheit im Vers". Allein für Langverse mit mehr als fünf Hebungen scheint dies nicht zu gelten: Ihre Sprechdauer ist deutlich länger (wie man mit der Stoppuhr leicht nachprüfen kann). Eben deshalb gibt es innerhalb des Langverses eine kleine rhythmische Pause, die *Binnenzäsur* genannt wird. Vom Sprechrhythmus her sind es also Doppelverse, die sich jeweils innerhalb des Drei-Sekunden-Fensters befinden.

Generell gelten sechshebige Verse (wie Hexámeter, Pentámeter, Nibelungenvers und Alexandriner) als die längsten. Extrem selten sind sieben- und achthebige. Mehr darüber in der 5. Lektion: *Vers- und Strophenformen im Überblick.*

3. Lektion:
Im Versmaß – Hebungen und Senkungen

„Guten Abend. Ich begrüße Sie ganz herzlich."
So kann man seine Zuhörer anfangs ansprechen. Daran ist nichts Besonderes.
Oder doch? Man könnte dieses Sätzchen nun auch etwas übertrieben akzentuieren. Dann hört sich das so an:
„Gúten Ábend. Ích begrüße Síe ganz hérzlich."
Wer die Silben abklopft, wird bemerken, dass sich Hebung und Senkung regelmäßig abwechseln, also alternieren: dámda dámda dámda dámda dámda dámda. Das harmlose Sätzchen zur Begrüßung entpuppt sich so als veritabler Vers. Gewiss, Goethe hat bedeutendere gedichtet ... Aber es ist und bleibt ein Vers. Warum? Der Satz kann in Takten gesprochen werden. Er hat den regelmäßigen Wechsel von Hebung und Senkung.

Das *1. Hauptmerkmal* für Verse lautete, wie in der vorigen Lektion besprochen: **Vers heißt „Umwendung", Zeilenbrechung**. Das trifft für 99,99 % aller Verstexte zu, abgesehen von den wenigen Prosagedichten.

Das *2. Hauptmerkmal* lautet nun: **„Der Vers ist takthaltige Rede"** (Andreas Heusler). Dies trifft auf den Großteil aller traditionellen Verse zu, abgesehen von den modernen Freien Rhythmen (seit Klopstock). Diese sind nicht systematisch vom gleichmäßigen Auf und Ab der Hebungen und Senkungen geprägt, sondern in einem später (in der 10. Lektion) zu definierenden Sinne freirhythmisch.

Unsere *Kurze Versschule* beschreibt zunächst unter 1 und 2 die **Hebungen** und **Senkungen** im Vers. Die häufigsten sind die zweisilbigen Metren *Jambus* und *Trochäus*. Erfahrungsgemäß haben Lernende oft Schwierigkeiten, beide nicht zu verwechseln. Daher schlage ich zwei passende Merkwörter als „Eselsbrücken" vor, die jeweils in der Anfangssilbe übereinstimmen: *Jambus*: „jawóhl" (xx́), *Trochäus*: „Trója" (x́x). Die dreisilbigen Metren sind wesentlich seltener. Der *Anapäst* kommt in der deutschen Dichtung so gut wie gar nicht vor, der *Daktylus* selten. Beide Vers-Namen brauchen keine besonderen Merkwörter. Sie selbst entsprechen dem betreffenden Metrum: Dáktylus und Anapäst. Wollte man es genauer wissen, müsste man eigentlich alle deutschen Verstexte auf die Häufigkeitsverteilung der im Deutschen möglichen Metren überprüfen. Ich wähle um der Machbarkeit willen eine der bekannten Lyrik-Anthologien: Echtermeyer / von Wiese: *Deutsche Gedichte* (Düsseldorf 1973). Natürlich ist keine Lyrik-Anthologie ohne subjektive Vorlieben denkbar. Doch jede seriöse Anthologie versucht ein tendenziell angemessenes Bild in der Auswahl der Autoren und ihrer Gedichte darzubieten. Dass manche Gedichte nur Vierzeiler sind, andere dagegen seitenlange Großgedichte, mag sich insgesamt ausgleichen. Natürlich ist bei der Auszählung die prozentuale Häufigkeit nur präterpropter zu verstehen. Vom Barock bis zum 20. Jahrhundert sind es 637 Gedichte. Deren Metren verteilen sich hier wie folgt:

Jamben	45,2 %	} alternierend: 67 %, also etwa zwei Drittel
Trochäen	21,7 %	
Daktylen	6,0 %	} mit Doppelsenkung: ca. 17 %
Anapäste	0,0 %	
gemischt	10,8 %	
antik	2,2 %	
Freie Rhythmen	13,8 %	

Die *Kurze Versschule* bietet unter Nr. 2.1 je ein Beispiel für die zweisilbigen **Jamben** und **Trochäen** und unter Nr. 2.2 für die dreisilbigen **Anapäste** und **Daktylen**. Da zwei Drittel aller ausgewerteten Gedichte zweisilbig alternierend sind, erübrigen sich hier weitere Beispiele. Unter den dreisilbigen Metren mit Hebung und Doppelsenkung sind Anapäste im Deutschen fast gar nicht vorhanden. Daher nur noch ein Beispiel hierfür. Die erste Strophe eines zum Volkslied gewordenen Liedes aus einer Wiener Zauberoper von 1822:

> Kommt ein Vogel geflogen,
> setzt sich nieder auf mein'n Fuß,
> hat ein Briefchen im Schnabel,
> von der Liebsten einen Gruß.

Für die nicht ganz so seltenen Daktylen drei weitere Beispiele, die eine gewisse Wirkungsweise veranschaulichen können. Zunächst die erste Strophe eines Liedes aus Herders *Volkslieder I*:

> Wenn ich ein Vöglein wär'
> und auch zwei Flügel hätt',
> flög' ich zu dir.
> Weil's aber nicht kann sein,
> bleib' ich allhier.

Sodann die erste Strophe eines gern gesungenen Volksliedes:

> Heißa, Kathreinerle,
> schnür' dir die Schuh,
> schürz' dir dein Röckele,
> gönn' dir kein Ruh.
> Didel, dudel, dadel, schrumm, schrumm, schrumm,
> geht schon der Hopser rum,
> heißa, Kathreinerle,
> frisch immer zu!

Daktylen sind jedoch nicht allein ein Versmaß für leichtfüßigen Tanz. Sie könnten wohl auch ein hochfeierlicher Schreittanz sein wie etwa in Goethes *Iphigenie* (IV,5) „Das Lied der Parzen, das sie grausend sangen", und es war „furchtbar ihr Gesang":

> Es fürchte die Götter
> Das Menschengeschlecht!
> Sie halten die Herrschaft
> In ewigen Händen,
> Und können sie brauchen,
> Wie's ihnen gefällt.
> (Vers 1726 – 1731)

Aber wie kann man eigentlich die Versmaße feststellen? Wie gelingt die **Mustererkennung**, eine **metrische Analyse** der Hebungen und Senkungen? Man muss **skandieren**. Dieses Wort kommt vom lateinischen *scándere* = „schreiten, auftreten" und bedeutet hier so viel wie Takt schlagen (mit dem Fuß oder mit der Hand). Tatsächlich aber hat das Skandieren ursprünglich etwas mit Schreiten und mit dem Fuß zu tun. Man unterschied *Arsis* und *Thesis*, das heißt: den Fuß *heben* und den Fuß *senken*, ihn anheben und dann aufstampfen. *Arsis*, die „Hebung", meint in der alten Metrik den unbetonten Taktteil, *Thesis* den abwärts geführten Schlag beim Taktschlagen, also den betonten Taktteil. In der neueren Metrik ist die Bedeutung umgekehrt. Entscheidend ist in jedem Falle das Auf und Ab von Hebung und Senkung. Die alten Völker glaubten, dass im Tanz durch rhythmisches Stampfen auf den Boden die Erdgöttin herbeigerufen werden könne. Dabei vereinigten sich Lied und Tanz, also Wort-, Melodie- und Körpersprache. Die Rhythmen der Lieder (also der Verse und Melodien) sowie der Tanzschritte waren z.B. bei den alten Griechen höchst raffiniert, kein gleichförmiges Auf und Ab (wie im deutschen Vers). Und so ähnlich ist es noch heute bei den Reigentänzen griechischer junger Männer. Die schwierigen Schrittfolgen müssen in jahrelanger Übung von Kindheit an gelernt werden. Einst tanzte auch der Chor in der griechischen Tragödie komplizierte Rhythmen, wie wir aus den Versmaßen der tragischen Chöre schließen können. Um die rhythmischen Schrittfolgen lautstark anzugeben, trug der Koryphaîos, der Vortänzer des Chores, mit Metall beschlagene Sandalen. Es war sozusagen ein veritabler „Versfuß", der den Takt angab. (Man hat eine solche Metall-Sandale zum Taktschlagen bei Ausgrabungen in einem altgriechischen Theater gefunden.) *Daher* sprechen wir noch heute auch bisweilen vom **Versfuß**, wenn wir ein **Metrum** oder den **Takt** meinen. (Mehr hierzu in der 7. Lektion.)

Aber woher weiß man denn, welches Metrum die vorliegenden Verse bestimmt? Die Notenschrift der Musik gibt am Anfang die *Taktart* durch einen Bruch an (z.B. den Dreivierteltakt). Für die Versdichtung gibt es das nicht.

„Tonangebend", das heißt, für die Versart, das Metrum, den Takt maßgebend, sind hier die ersten ein, zwei Zeilen, in die man sich metrisch einlesen muss.

Wer heute eine metrische Analyse von Versen vornimmt, kann dabei wie einst an *Tanzschritte* denken. Oder man sieht einen *Dirigenten* vor sich, der den Takt schlägt. Oder man erinnert sich an das *Metronom*, ein Gerät, das in der Musik als mechanisch klickender Taktmesser dient. Wer ein Instrument lernt, dürfte, um den Takt zu halten, rhythmisch *mit dem Fuß auftippen*. Schließlich kann man beim Messen des Versmaßes – und das ist wohl der aufschlussreichste Vergleich – vorgehen *wie ein Arzt*, der den verborgenen Puls fühlt: mit der Hand oder mit dem Stethoskop zur Auskultation. Dieser Vergleich lässt sich noch verdeutlichen. Jeder lebendige Mensch hat den Pulsschlag in sich, aber er nimmt ihn normalerweise nicht wahr. So achten wir beim Lesen eines Gedichts auch nicht darauf, in welchem der möglichen Versmaße es sozusagen pulsiert. Doch wer Versdichtung studierend untersuchen will, kann ihren Pulsschlag, den man beim Lesen nur unbewusst, innerlich wahrnimmt, durch Skandieren wie durch ein Stethoskop deutlich hörbar machen.

Bemerkenswerterweise fällt es vielen jungen Menschen, die ja mit dem brutalen Beat der Popmusik aufgewachsen sind, erstaunlich schwer, den sanften Takt der Worte in Versen herauszuhören. Um dies zu üben, empfiehlt sich folgende Technik: Man ballt eine Faust, schlägt bei jeder betonten Silbe im Vers mit der Handkante auf den Tisch und streckt dabei nacheinander die Finger zum Zählen der Hebungen. Oder man kann auch dementsprechend wie beim Klavierspielen die Finger einer Hand nacheinander auf den Tisch tippen. Fast immer reichen die fünf Finger zum Abzählen einer Verszeile. Sechshebige Verse gelten als Langverse wie z.B. der Hexameter oder der Alexandriner. Extrem selten gibt es mehr als sechs Hebungen.

Dieser praktische Tipp, die Vers-Hebungen mit den Fingern zu klopfen, kann sich sogar auf ein klassisches Vorbild berufen. Als Goethe in Rom war, fühlte er sich offenbar auch in erotisch verfänglicher Situation zum Versemachen animiert:

> Oftmals hab' ich auch schon in ihren Armen gedichtet
> Und des Hexameters Maß leise mit fingernder Hand
> Ihr auf den Rücken gezählt. [...]
> (*Römische Elegien V*)

Zeitmessung in deutscher Sprache, so nennt geradezu programmatisch sachlich Johann Heinrich Voß 1802 sein Buch über Metrik. Zeitmessungen von unvorstellbarer Genauigkeit sind heutzutage den Naturwissenschaften auf zahlreichen Gebieten gelungen. So ergeben z.B. exakt 9.192.631.770 Takte der Cäsium-Atomuhr 1 Sekunde. Im Vergleich zu diesen exakten Takten sind die Takte im Vers von menschlichem Maß. Deren Taktfrequenzen sind den Forschungsgegenständen der Naturwissenschaft jedoch gar nicht so fern, wie es zunächst scheint, denn sie haben ihre ursprüngliche, natürliche Grundlage in den Frequenzen zahlloser Naturphänomene. *Zeitgeber* in der Natur sind z.b. Hell und Dunkel bei Tag und Nacht; Biorhythmen prägen mit ihren naturgegebenen *Impulsen* alles Lebendige im Innersten: Pflanze, Tier, Mensch. Zwei Rhythmus-Motoren: Herz und Lunge, bewegen das Leben des Menschen. (Vgl. hierzu den Essay: *Rhythmen aus Herzschlag und Atem.*) Die Hebungen und Senkungen im (deutschen) Vers entsprechen auf ihre Weise periodischen Naturvorgängen: Sie beruhen – naturwissenschaftlich gesprochen – wie diese auf der *Energiedifferenz zwischen zwei Energiezuständen.* Obwohl das permanente Vorbild auch in der Versbaukunst in Deutschland die Griechen waren, orientierte man sich hierbei keineswegs an deren Postulat, der Natur zu folgen, also hier der Natur der eigenen deutschen Sprache. Man ließ sich vielmehr verwirren vom Versbau der griechischen Sprache, die mit aller Gewalt auf die ganz anders geartete deutsche übertragen werden sollte. Allein Martin Opitz, der am Anfang dieses Reigens steht, setzt ganz kurz und bündig die deutsche von der griechisch-lateinischen Metrik ab.

Martin Opitz schuf eine feste Grundlage der neueren deutschen Versdichtung in seinem schmalen *Buch von der deutschen Poeterei* (1624), in dem er die bekannten Regeln, die das Richtmaß der europäischen Dichtung bildeten, zusammenfasst und zugleich die deutsche von der antiken Poesie klar abgrenzt. Im *7. Kapitel*, das die Versdichtung behandelt, heißt es:

> Nachmals ist auch ein jeder Vers entweder ein Iambicus oder Trochaicus. Nicht zwar dass wir auf Art der Griechen und Lateiner eine gewisse Größe der Silben können in Acht nehmen, sondern dass wir aus den Akzenten und dem Tone [d.h. der Betonung] erkennen, welche Silbe hoch und welche niedrig gesetzt soll werden.

Opitz fordert also ein streng alternierendes Auf und Ab im deutschen Vers, und dieses hat dem deutschen Wortakzent zu folgen als Hebung und Senkung, nicht dagegen der „Größe der Silben", d.h. der Länge oder Kürze nach „Art der Griechen und Lateiner". Neben den zweisilbigen Takten des Jambus und Trochäus können, wie Opitz anschließend zögernd hinzufügt, die dreisilbigen des Daktylus „geduldet werden". (In der Tat ist der Daktylus im Deutschen selten.) Er erklärt also in jedem Fall den regelmäßigen Wechsel von betonten und unbetonten Silben zum Gesetz, und nicht mehr, wie bisher üblich, die Zahl der Silben. Die Meistersinger dichteten noch genau nach Silbenzahl und dabei mit erzwungener, sprachwidriger Betonung, z.B.:

> Ven**ús**, die h**át** Jun**ó** nicht v**ér**mocht z**ú** obs**íe**gen.
> (Das heißt: Venus vermochte Juno nicht zu besiegen.)

Oder Hans Sachs schmiedete Verse wie diese:

Ach, wíe manchén Seufzér ich sénk,
Wenn ích vergángner Zeít gedénk.

Man nennt derartige Falschbetonungen **Tonbeugung**, und diese hat Opitz, der bekennt, selbst teilweise so gedichtet zu haben, endgültig streng untersagt. Das Alternieren, also das metrische Auf und Ab, muss der natürlichen Wortbetonung entsprechen. Dies gilt als seine *Akzentuierungsregel*. Zudem fordert er reine Reime. Mit Opitz erst findet die „deutsche Poeterei" wieder Anschluss an die bisher überlegene romanische, englische und holländische Dichtung, die als vorbildlich galten. Und durch ihn schien auch das Verhältnis zur Verskunst der „Griechen und Lateiner" geklärt: Nicht deren Länge und Kürze der Silben, sondern der eigene deutsche Wortakzent hat zu gelten.

Immer wieder neu aber wurde die **Antike** zum großen, unübertroffenen Vorbild, besonders in der Epoche der Renaissance und dann im Klassizismus des 18. Jahrhunderts. Das gilt zunächst für die Architektur und die Bildhauerei, aber auch, was weniger augenfällig ist, für die Dichtkunst. Die Mimesis, die Nachahmung der Natur, ist ein grundlegendes und über Jahrhunderte hin fruchtbares Konzept seit Aristoteles. Und so musste dann auch – wie man hoffte – die Nachahmung der Antike in der Moderne wieder zu vollkommenen Werken führen. Goethe sieht noch in seinem Aufsatz *Antik und modern* (1818) die alten Griechen als andauerndes, leuchtendes Vorbild und erklärt:

> [...] so wird man uns verstehen, wenn wir immer von dort ausgehen und immer dort hinweisen. Jeder sei auf seine Art ein Grieche! Aber er sei's. (HA 12, S. 176)

Das Wiederaufleben antiker Bildniskunst in der Zeit der Renaissance und des Klassizismus ist allgemein bekannt. Weniger im Bewusstsein der Gebildeten ist, dass auch die griechisch-römische Prosodie, die hochartifizielle Verskunst der Antike, wieder als absolutes Vorbild galt, das nachzuahmen hatte, wer Vollkommenes in der Poesie leisten wollte.

Klopstock war es, der (heute wohl fast nur noch Fachgelehrten näher bekannt) sich ebenso intensiv wie wirkungsvoll mit der griechischen Poetik beschäftigte, und zwar sowohl in der Theorie wie in der Praxis. Er verfasste zahlreiche Schriften zur griechischen und deutschen Metrik und war zugleich als „Lehrling der Griechen" ein seinerzeit hochberühmter Dichter, der schließlich die Freien Rhythmen erfand. (Davon handelt ausführlich die 8. Lektion.) Zuvörderst ist er von der Überzeugung durchdrungen, dass die Nachahmung griechischer Silbenmaße im deutschen Gedicht diesem erst Vollkommenheit versprechen dürfte. Er studierte genauestens die emotionalen Wirkungsmöglichkeiten der verschiedensten griechischen Metren, die ja die kunstvollsten überhaupt sind. „Seine Erkenntnisse aber sind schwer zu nutzen, weil er sie in die für uns untauglich gewordenen Schemata der griechischen Metrik presst", erklärt Friedrich Georg Jünger im Nachwort zu *Friedrich Gottlieb Klopstock. Ausgewählte Werke* (Darmstadt 1962). Diese aus dem Griechischen abgeleitete Terminologie hat „in der deutschen Metrik eine ungeheure Verwirrung angerichtet, und sie besteht noch" (a.a.O.).

Auch **Goethe**, dessen Verskunst als so vollkommen wie keine andere gilt, litt sehr unter der durch das übergroße griechische Vorbild bewirkten Verwirrung:

> Denn warum ich die Prosa seit mehreren Jahren bei meinen Arbeiten vorzog, daran war doch eigentlich schuld, dass unsere Prosodie in der größten Unsicherheit schwebt, wie denn meine einsichtigen, gelehrten, mitarbeitenden Freunde die Entscheidung mancher Fragen dem Gefühl, dem Geschmack anheimgaben, wodurch man denn doch aller Richtschnur ermangelte.
> „Iphigenia" in Jamben zu übersetzen, hätte ich nie gewagt, wäre mir in Moritzens „Prosodie" nicht ein Leitstern erschienen.
> (*Italienische Reise*. Rom, den 10. Januar 1787. HA 11, S. 157)

Ein Hauptgrund für die „größte Unsicherheit" ist die damals fast selbstverständliche Orientierung an der antiken Metrik und ihrem Grundelement der langen und kurzen Silben, aus denen griechische und lateinische Verse nun einmal gebildet werden. Daher beklagt Goethe an der gleichen Stelle,

> dass wir in unserer Sprache nur wenige Silben finden, die entschieden kurz oder lang sind. Mit den andern verfährt man nach Geschmack oder Willkür. (A.a.O.)

Karl Philipp Moritz, der u.a. auch Professor für Altertumskunde war, war in Italien mit Goethe eng befreundet und hatte kurz zuvor den *Versuch einer deutschen Prosodie* (1786) veröffentlicht. Goethe berichtet weiter:

> Nun hat Moritz ausgeklügelt, dass es eine gewisse Rangordnung der Silben gebe, und dass die dem Sinne nach bedeutendere gegen eine wenig bedeutendere lang sei und jene kurz mache, dagegen aber auch wieder kurz werden könne, wenn sie in die Nähe von einer andern gerät, welche mehr Geistgewicht hat. (A.a.O.)

Dass ein „Geistgewicht" Silben lang machen könne, ist doch wohl abwegig, auch wenn Goethe dies damals irgendwie für hilfreich hielt. Denn Tatsache ist: Im Gegensatz zur griechischen und römischen Verskunst mit ihren Längen und Kürzen spielen diese in deutschen Versen *gar keine* Rolle. Schon Opitz stellte, wie oben zitiert, eindeutig fest, „dass wir aus den Akzenten und dem Tone [d.h. der Betonung] erkennen, welche Silbe hoch und welche niedrig gesetzt soll werden".

Trotzdem kann man noch heute im Blick auf deutsche Verse unbeirrt von „Längen" und „Kürzen" lesen. Und diese werden traditionell mit einem Strich (–) für die Länge und einer Mulde, d.h. einer flachen Vertiefung (∪), für die Kürze schematisiert, also: – ∪ – ∪ – ∪ – ... Dies ist jedoch zweifellos ein

Irrweg. Ein paar einfache Beispiele können es zeigen. *Vater* ist lang, *Vetter* ist kurz; *haben* ist lang, *hatten* ist kurz; *Tal* ist lang, *Berg* ist kurz ... Die Tatsache, dass in der deutschen Sprache betonte Silben lang oder auch kurz sein können, hat im Versbau aber gar nichts zu bedeuten. Ausschlaggebend ist allein die Betonung, die im Deutschen (wie in allen germanischen Sprachen) generell auf der ersten Stammsilbe liegt, gleich ob sie lang oder kurz ist. Da es hier allein auf *betonte* oder *unbetonte* Silben und ihre Abfolge ankommt, sollte man jede zu sprechende Silbe durch ein neutrales Zeichen (x) und die Betonung durch einen Akzent (x́) markieren. Daraus ergibt sich: **Jambus x x́**, **Trochäus x́ x**, **Daktylus x́ x x**, **Anapäst x x x́**. Hinzu kommen senkrechte Striche (|), die die **Verstakte** (d.h. Jambus, Trochäus, Daktylus) sichtbar machen. Also ist z.B. ein dreihebiger/ dreifüßiger jambischer Vers so zu notieren: x x́ | x x́ | x x́.

Heute ist schließlich die übliche metrische Terminologie durchaus nicht mehr darauf zu befragen, was sie einst bedeutet haben mag in ganz anders gearteten Sprachsystemen vergangener Zeiten, aus denen sie bis heute tradiert worden ist. Die zwanghafte Retrospektive hat in der Tat zu maßloser Verwirrung geführt, noch bis zur Gegenwart. Von ihr gilt es sich entschieden zu befreien. Wenn wir andererseits z.B. *grammatische* Fachbegriffe wie *Verb*, *Nomen*, *Adjektiv* etc. heute einfach zweckentsprechend verwenden, muss es uns dabei keineswegs irritieren und interessieren, wie anders die lateinische Grammatik, aus der sie hergeholt wurden, einst funktioniert hat. Und ebenso sind die Namen für die Versfüße: *Jambus, Trochäus, Daktylus* nur einige der vielen antiken metrischen Termini technici, die wir – in Auswahl – ganz einfach zweckbestimmt, allein auf unsere deutsche Sprache bezogen verwenden sollten. Es sind vernünftigerweise für uns nur Etiketten, die einen jeweils definierten Inhalt benennen, und zwar eben in der *deutschen* Metrik. Welche Irrwege und Verwirrungen hätten sich unsere Metriker erspart, hätten sie sich an Opitz gehalten und nicht immer nur wie unter magischem Zwang auf die alten Griechen und Römer gestarrt, sondern zunächst einmal besonnen die einfachen Eigenheiten der eigenen Sprache zur Kenntnis genommen. Denn sie allein ist doch das Material, aus dem deutsche Verse gebaut werden müssen, wie auch immer die Vorbilder dafür beschaffen sein mochten. Die deutschen Hebungen und Senkungen können ganz unbesehen an die Stelle der antiken Längen und Kürzen treten. Ein langes „aber" und ein kurzes „alter" tragen z.B. den gleichen Akzent im Vers. Es ist jeweils ein Trochäus: x́ x. In einem Überblick über die *Messmethoden* lässt sich nun Folgendes festhalten:

Die griechische und lateinische Versdichtung beruht auf der einfachen Tatsache, dass deren Wörter grundsätzlich lange und kurze Silben haben. Ganz unabhängig vom Wortakzent werden diese im jeweiligen Versmaß angeordnet.

Die romanischen Länder folgen in ihrem Versbau einer festgelegten Silbenzahl, oft auch ohne Rücksicht auf den Wortakzent. Es werden also nur die Silben gezählt.

In der deutschen Sprache wird in der Regel die erste Stammsilbe eines Wortes deutlich betont. Sie trägt einen *Starkton,* andere Silben haben dann einen *Schwachton.* (Ganz anders sind dagegen die sprachlichen Betonungsregeln im Griechischen, wo ein Wort durchaus auch den Akzent auf der letzten Silbe tragen kann, wie beispielsweise griechisch „chorós" = „Chor". Im Französischen wird, geradezu im Gegensatz zum Deutschen, die letzte gesprochene Silbe des Wortes betont.) Den germanischen Sprachen ist der ausatmende, *exspiratorische Akzent* eigentümlich. Er ist ein *Druckakzent,* der beim Ausatmen aus der Tonstärke des Gesprochenen hervorgeht. Dadurch unterscheidet er sich deutlich von vielen anderen Sprachen und also auch von anderen Vers-Systemen. Er ist der Grundbaustein des deutschen Verses mit seinen Hebungen und Senkungen, Starkton und Schwachton. So ergibt sich folgende Übersicht (nach Ivo Braak: *Poetik in Stichworten,* a.a.O., S. 62):

Antike Dichtung:	silbenmessend, quantitierend
Romanische Dichtung:	silbenzählend, alternierend
Deutsche Dichtung:	silbenwägend und silbenzählend

In seinem *Sachwörterbuch der Literatur* (1955/1964) klagt Gero von Wilpert, wie schon in der Einleitung zitiert, in einem für ein Lexikon erstaunlichen Ton: „Die deutsche wissenschaftliche Metrik leidet besonders an einer erschreckenden Verwirrtheit der Terminologie und Zeichenschrift, die jedes System neu entwirft" (S. 425).

Einst führten im klassischen Weimar Wieland, Herder und Voß lange Dispute über den Umgang mit griechischen Versmaßen in der deutschen Sprache. Karl Philipp Moritz publizierte den *Versuch einer deutschen Prosodie* 1786, die, wie zitiert, Goethe beeinflusste. Johann Heinrich Voß, der verdienstvolle Homer-Übersetzer, veröffentlichte 1802 seine *Zeitmessung in deutscher Sprache.*

Wolfgang Kaysers weitverbreitete und immer wieder aufgelegte *Kleine deutsche Versschule* (Bern 1946/1999) verwendet zur metrischen Notation von Hebungen und Senkungen „Striche und Häkchen" (S. 32), die traditionell eigentlich Längen und Kürzen markieren. Und er kennt noch ein weiteres Zeichen: „v bezeichnet eine sprachlich nicht realisierte Silbe" (S. 33), die zwar tatsächlich gar nicht vorhanden ist, aber von Metrikern wie schon Andreas Heusler bisweilen für irgendwie passende Fälle erfunden wurde. Erwin Arndts *Deutsche Verslehre* (Berlin 1959/1996) markiert die Silben durch ein neutrales x. Ivo Braaks *Poetik in Stichworten* (Kiel 1969/1974) lehnt klar die Bezeichnung „Längen und Kürzen" für deutsche Verse ab, schematisiert aber die Taktarten eigenwillig durch die Zeichen / und ∪ für betonte und unbetonte Silben (S.

63). Die *Deutsche Metrik* von Christian Wagenknecht (München 1981) beschreibt die „metrische Notation" und die „metrische Typologie" ausführlich auf acht Seiten (S. 22 ff.) und erklärt: „Von den verschiedenen Notationsverfahren [...] ist kaum eines einer allgemeinen Anwendung fähig – und zwar vor allem deshalb, weil fast jedes sich zugleich auf eine besondere Prosodie bezieht" (S. 22 f.). Dies bestätigt er (unfreiwillig) selbst, denn er verwendet sowohl Längsstriche und Mulden für angeblich „schwere und leichte Silben" als auch Silbenzählung durch das neutrale Zeichen x; hinzu kommen sodann noch zahlreiche schwerlich nachvollziehbare änigmatische Strichsysteme. Es gibt also von allem etwas. Leif Ludwig Albertsen markiert in seiner *Neueren deutschen Metrik* (Frankfurt a.M. 1984) die Versfüße wieder, als wäre das selbstverständlich, durch die alten Längen und Kürzen: – ∪. Die *Einführung in den neueren deutschen Vers* von Alfred Behrmann (Stuttgart 1989) verwendet als Silbenschema konsequent das Zeichen x. Hans-Dieter Gelfert bleibt in seiner *Einführung in die Verslehre* (Stuttgart 1998) bei der alten, obsoleten Definition, der Jambus sei „lang – kurz" etc. (S. 33), und behauptet fälschlich, „unser modernes Ohr nimmt die Länge von Silben nicht mehr wahr. Wir sind so daran gewöhnt, in einem Vers nur auf die Betonung zu achten, dass wir automatisch die Längen durch Hebungen und die Kürzen durch Senkungen ersetzen [...]" (S. 35 f.). Sehr selten verwendet er Zeichen zur Versnotation, und zwar die obsoleten Längsstriche und Mulden, aber daneben promiscue auch x. Desgleichen benutzt Burkhard Moennighoff in seiner *Metrik* (Stuttgart 2004) ohne Begründung für deutsche Verse das eine Mal Zeichen für Längen und Kürzen (– ∪), ein ander Mal Zeichen für neutrale Silben (x). Andreas Thalmayr (das ist H. M. Enzensberger) schreibt 2004 eine gut gelaunte *Erste Hilfe für gestresste Leser* (vor allem für junge Leute) unter dem Titel *Lyrik nervt!* Auch hier wird ein metrisches Zeichensystem vorgeführt, nur dass es hier schlicht umgekehrt wie sonst üblich zugeht:

> Die kleinen v-Häkchen sollen uns zeigen, welche Silben wir betonen, und die Striche, wo wir die Stimme sinken lassen sollen. Manchmal wird einem die Sache auch mit Kreuzchen (einmal mit und einmal ohne ´ auf dem x) oder mit kleinen Schüsselchen (∪) und Gedankenstrichen über den Silben beigebracht, nur dass in diesem Fall die Striche lange und die Schüsselchen kurze Silben bedeuten. Ziemlich verwirrend, das Ganze. (S. 13)

In der Tat. Doch das muss doch nicht sein!

In seinem für die Verslehre höchst förderlichen Essay *Über reimlose Lyrik mit unregelmäßigen Rhythmen* (er wird in der 9. Lektion ausführlich dargestellt) verwendet Bertolt Brecht ebenfalls zur Notation die obsoleten Längsstriche und Mulden, um zu zeigen, wie z.B. eine Strophe aus seinen *Deutschen Satiren* zu lesen sei. Dieses hochrangige Angebot sollte nun auf seine Evidenz überprüft werden. Ich legte daher den Studenten zunächst einfach die vier Verse in Freien Rhythmen zum lauten Rezitieren vor, was natürlich mühelos gelang:

Ja, wenn die Kinder Kinder blieben, dann
Könnte man ihnen immer Märchen erzählen
Da sie aber älter werden
Kann man es nicht.

Brecht fragt nun: „Wie ist das zu lesen?" Und er unterlegt zu diesem Zweck den vier Zeilen „einen regelrechten Rhythmus" durch Längsstriche und Mulden.

— ⌣ — ⌣ — ⌣ — ⌣   — ⌣ — ⌣   — ⌣

Ja   wenn   die   Kin der   Kin der   blie ben,   dann

— ⌣—   ⌣   — ⌣   — ⌣—⌣—⌣   ⌣ — ⌣—⌣

Könn te man   ih nen   im   mer   Mär chen   er zäh len

— ⌣—⌣ — ⌣   — ⌣   —   ⌣

Da   sie a ber   äl ter   wer den

— ⌣ — ⌣—⌣ —

Kann   man   es   nicht.

Den Studenten fiel sofort auf, dass weitaus mehr Striche und Mulden verzeichnet waren als Silben vorhanden sind. Das erwies sich als nicht nachvollziehbar und machte ratlos. Da half auch nicht des Meisters Erläuterung (die von Andreas Heusler hergeholt ist): „Die fehlenden Versfüße müssen beim Sprechen durch Verlängerung des vorhergehenden Fußes oder durch Pausen berücksichtigt werden." Es blieb den Studenten unverständlich, wie man Nichtvorhandenes durch konventionelle Zeichen festschreiben kann für Silben, die hier irgendwie als vorhanden gedacht werden sollen. Anscheinend sollten jetzt noch einmal von einem Dichter der Moderne die alten einst griechisch-lateinischen langen Silben durch Dehnung oder Pausierung wiederbelebt werden, um so irgendwie den von ihm erfundenen „gestischen Rhythmus" zu begründen. Eine fachgerechte *Versanalyse* aber kann und darf nur vorhandene Silben des Verses aufzeichnen. Hinweise auf die Art und Weise einer erwünschten *Rezitation* dagegen wären etwas ganz anderes. Denn Rezitation ist immer individuelle Interpretation, ausgestaltet mit sinngemäßen stimmlichen Hervorhebungen sowie kunstvollen Phrasierungen und Pausierungen. Was Brecht hier aufzeichnet, ist also keine sachlich-fachliche Versanalyse der vorhandenen Silben mit ihren sprachgegebenen Hebungen und Senkungen, sondern eine von ihm so gewollte Rezitationsweise dieser Freien Rhythmen. Andere Rezitatoren freilich mögen sie mit gleichem Recht anders intonieren.

Zweifellos sind nicht alle metrischen Hebungen im Vers mit gleicher Stärke zu betonen, wenn man sie rezitiert. Wie in der Kurzen Versschule unter Punkt

1.0 gezeigt, kann man darum einfach *Hochton* und *Nebenton* unterscheiden und durch zwei unterschiedliche Akzente markieren: x́ und x̀. Also z.B.: „Es ist ein Schnée gefállen". Hier erscheint das Hilfsverb „ist" zweifellos nicht so gewichtig wie das Subjekt des Satzes „Schnee". Um die Rezitation genauer zu fixieren, hat man eine *vierstufige Akzentskala*, gesteigert von 1 bis 4, vorgeschlagen. Da hieße es z.B.:

2   4   3

Es ist ein Schnee gefallen.

Die Ziffern zeigen demnach variable Betonungs-*Einschätzungen* an, und nicht einfach die festen, deutlich zu skandierenden Vers*maße*. Diese kann man – das sagt schon das Wort – messen, wechselnde Betonungs-Intensitäten kann man – entsprechend der Sinnbetonung – nur schätzen. Eine solche Fixierung von Rezitationsweisen mag denen, die die Betonungen genauer festlegen wollen, tunlich erscheinen. Professionelle Rezitatoren dürften sie wohl kaum verwenden. Gewahrt man bei Wagenknecht (a.a.O., S. 32) z.B. acht Verszeilen, in denen jede einzelne Silbe mit einer Betonungszahl überschrieben ist (insgesamt wohl 88 Ziffern), dann glaubt man zu wissen: Dies ist eine esoterisch-sportive Übung im Ziselieren – allein von Metrikern für Metriker.

Bestimmte differenzierte Betonungsabfolgen vonseiten der Metriker vorschreiben zu wollen, ist also wohl vergebene Liebesmüh. Welcher Leser von Versen würde sich daran halten wollen? Stattdessen lohnt sich ein Blick auf die objektiven, von der deutschen Sprache vorgegebenen **Betonungsmöglichkeiten**, über die jeder Muttersprachler unbesehen verfügt. Die *Duden Grammatik* (1984) behandelt auf 25 Seiten (S. 730 ff.) die *„Klanggestalt des Satzes"*. Diese steht an der Schwelle von (objektiver) Sprache und (subjektivem) Sprechen. In unserem Zusammenhang ist nun am ehesten von Nutzen eine Konzentration auf drei einfache Arten der Betonung mit ihren wechselnden Intensitäten. Diese sind die **Wortbetonung**, die **Sinnbetonung** und die **Satzbetonung**.

Die **Wortbetonung** ist, wie jeder Native speaker weiß, mit dem Wort selbst gegeben. „Hin**áuf**" ist ein Jambus, „**áuf**wärts" ein Trochäus, „**Áb**fahrtslauf" ein Daktylus, „Schinder**éi**" ein Anapäst. In Wörterbüchern mit Angabe der Aussprache ist die Wortbetonung jeweils verzeichnet. Jedes Wort trägt also seinen Akzent, und so kann es ihn auch einbringen in metrisch geregelte Texte.

Wörter für sich allein gibt es freilich nur in Wörterbüchern. Im Kontext können sie eine jeweils verschiedene **Sinnbetonung** tragen und bekommen auf diese Weise einen dynamischen Akzent. Ein Beispielsatz kann das hörbar machen.

> **Ich** fahre nach München (und nicht meine Schwester).
> Ich **fahre** nach München (und fliege nicht).
> Ich fahre nach **München** (und nicht nach Stuttgart).

Die **Satzbetonung** erfordert jeweils eine eigene akustische Grundstruktur, je nach Satzart. Die folgenden vier Grundmuster sind natürlich nur schematische Abstraktionen des situativ Gesprochenen. Der einfache *Aussagesatz* bildet einen Spannungsbogen, bei dem sich die Stimme mäßig hebt und wieder zum Ausgangspunkt senkt. Im *Fragesatz* hebt sie sich im Bogen zum Ende hin ansteigend. Im *Befehlssatz* steigt sie geradewegs an. Im Satzgefüge z.B. aus Hauptsatz und eingeschobenem Gliedsatz wird dieser stimmlich – gewöhnlich etwas tiefer – abgesetzt.

Aussagesatz: .

Fragesatz: ?

Befehlssatz: !

Satzgefüge: .

Verse sind ursprünglich (und in gewisser Weise doch heute noch) Klangrede, ein Klangereignis. Das bedeutet hier konkret: **Die drei Betonungsstrukturen überlagern sich im Vers.** Die *Satzbetonung* ist jeweils eine im Deutschen angelegte Klanggestalt, in der wir die verschiedensten Sätze melodisch intonieren. Die *Sinnbetonung* fügt dann einen sinnbestimmten dynamischen Akzent hinzu. Die *Wortbetonung* ist im lexikalischen Muster phonetisch vorgegeben. Sie sollte darum beim Rezitieren von Versen in der *Betonungsüberlagerung* unaufdringlich, aber beständig als *metrische oder freirhythmische Grundierung* hörbar sein. Denn dieser Betonungsimpuls zeichnet den Vers aus gegenüber der (dichterischen) Prosa und ihren anders gearteten rhythmischen Klanggestaltungen.

Die Bausteine jedes Verses, die Wörter, müssen bisweilen, wo möglich, etwas passend gemacht, d.h. um eine Silbe verkürzt oder verlängert werden, um regelmäßige Hebungen und Senkungen oder rhythmische Wirkungen zu erzielen. Hierbei wird immer wieder der lautlich und bedeutungsmäßig schwächste Vokal, der im Deutschen zugleich der häufigste ist, (selten) hinzugefügt oder (häufig) weggelassen. Es ist der Vokal [e], der oft nur ein Murmellaut, ein sogenanntes Schwa ist. Vor allem die *e-Erweiterung* (altertümlich) und die *e-Tilgung* (modern) sind es, die es im Deutschen ermöglichen, im Wort eine Silbe mehr oder weniger zu haben. Und das kann rhythmisch wichtig sein. Des Öfteren können Laute, die gewöhnlich zu sprechen und zu schreiben sind, ausgelassen, *apostrophiert* werden, z.B. „ich hab' das getan." Auch ein unbetonter Vokal im Inneren eines Wortes kann ausgestoßen, *elidiert* werden, z.B. „ew'ger". Einige Beispiele mögen die **Erweiterung und Verkürzung von Wörtern** veranschaulichen.

Seid fruchtbar, und mehret euch, und füllet die Erde, und machet sie euch untertan. (*Genesis* 1.22)

[...]
Am Abendhimmel blühet [blüht] ein Frühling auf;
Unzählig blühn [blühen] die Rosen [...].
(Hölderlin: *Abendphantasie*)

[...]
Und so gleich ich dir vollkommen,
Der ich unsrer heil'gen Bücher
Herrlich Bild an mich genommen,
[...].
(Goethe: *Westöstlicher Divan. Buch Hafis: Beiname*)

Substantive können verkürzt werden: „der Wandrer"; „die Dämm'rung" (Goethe). Kasus können das End-e verlieren, z.B. im Nominativ: „Ein feste Burg ist unser Gott, / ein gute Wehr und Waffen [...]" (Luther); „das Gebirg" (Büchner). Im Genitiv: „dieses Baums Blatt" (Goethe). Im Dativ: „dem Mann(e)", „zu Haus(e)". Auch Verben können verkürzt werden, z.B.: „fliehn", „sehn". In der 1. Person Singular Präsens: „ich sag' nichts". Im Imperativ: „geh!". Mit neutralem Pronomen: „ich seh's". Auch Adverbien werden verkürzt, z.B.: „heut(e)", „trüb(e)".

Die Ausstoßung eines unbetonten Vokals oder einer unbetonten Silbe im Wortinnern kann auch *Synkope* (griech. „Zusammenschlagen") genannt werden. Schon Luther verwendet in seiner Bibelübersetzung Verkürzungen wie „drumb" statt „darumb" „drauf", „drüber" oder „du solltest mirs tun" und rechtfertigt diese und andere umgangssprachlichen Kurzformen sprachrhythmisch mit ausführlicher Begründung, indem er sich auch auf entsprechende Kontraktionen bei den Griechen und Römern beruft (vgl. D. Martin Luther: *Die gantze Heilige Schrifft Deudsch. Anhang und Dokumente.* Darmstadt 1972, S. 258* f. und 293*): „Siehe, wie gefällig die Synkopen sind und wie häßlich die starre Regelmäßigkeit" (Übersetzung aus einem lateinischen Brief Luthers).

Ein Sonderfall ist der *Hiatus* (lat. „der Spalt"). Er bedeutet das Aufeinandertreffen von zwei Vokalen am Wortende und Anfang des folgenden Wortes. Seit dem Althochdeutschen war er verpönt, und er ist es wohl noch in den romanischen Ländern. Von Opitz und Gottsched wurde er untersagt und durch Apostrophierung des Auslauts beseitigt. In der neueren deutschen Lyrik wird der Hiatus wohl gar nicht mehr beachtet. Als Beispiel für dessen bewusste Beseitigung diene die Überschrift zu Fontanes Ballade *Die Brück' am Tay*.

Welche klanglich-poetische Wirkung das ein- oder angefügte [e] haben kann, mag ein respektloses kleines Experiment zeigen, in welchem die letzten drei hochberühmten Zeilen aus *Wandrers Nachtlied* (II) von Goethe fünfmal um ein [e] gekürzt sind.

Die Vöglein schweigen im Wald.	Die Vögelein schweigen im Walde.
Wart nur, bald	Warte nur, balde
Ruhst du auch.	Ruhest du auch.

Wie das einige Wörter erweiternde [e] in den zitierten drei Zeilen klanglich-rhythmisch wesentlich ist, so ist auch die Verkürzung um ein [e] in der zweiten Zeile dieses Gedichts ein Klangwunder. Hier klingt in dem ganz kurzen, also von einer hörbaren Pause gefolgten Vers „Ist Ruh" das lange [u] nachtdunkel im Hauch aus. Das Wort „Ruhe" hätte den offen ausatmenden Klang von „Ruh" blockiert.

Ähnlich könnte man mit dem Kehrvers aus Eduard Mörikes Ballade *Schön-Rohtraut* experimentieren. Bei den folgenden Rhythmus-Variationen mit Tilgung oder Hinzufügung eines [e] wäre zu entscheiden, welche Zeile wohl original* ist.

Schweig still, mein Herz!
Schweige still, mein Herz!
Schweig stille, mein Herze!*
Schweige stille, mein Herze!

Fest steht: Jedes mehrsilbige Wort hat im Deutschen seinen Akzent, eine Hebung, und zwar in der Regel auf der ersten Stammsilbe, gleich, ob sie lang oder kurz ist. Wenn die Wörter entsprechend angeordnet werden, können sich Jamben, Trochäen, Daktyken oder (höchst selten) Anapäste ergeben. Einsilbige Wörter können im Vers-Kontext als Hebung oder auch als Senkung erscheinen, wobei einsilbige Funktionswörter (wie z.B. kurze Präpositionen und Artikel) in Senkungen erscheinen sollten.

Um die Zuordnung von mehrsilbigen Wörtern zu den vier möglichen Versmaßen zu trainieren, sollten Sie die folgende Wortliste ausfüllen.

Arbeitsanweisung: Bitte sprechen Sie jedes der folgenden Wörter laut und deutlich aus, notieren Sie dann jede Silbe mit einem **x**, kennzeichnen Sie die betonte Silbe durch einen Akzent: **x́,** und nennen Sie das Versmaß. Die ersten vier Beispiele sind schon ausgefüllt.

Gefahr	x x́ Jambus	alles	
fahren	x́ x Trochäus	zerstört	
sorgfältig	x́ x x Daktylus	Bücherei	
Element	x x x́ Anapäst	Buchtitel	
Verlust		herzliche	
Königin		Grüße	
Leben		Energie	

4. Lektion:
Wirkungsweisen von Versen

Die ganze Formenvielfalt der Metrik auszubreiten und all ihre Feinheiten im Einzelnen darzulegen, darin sehen wohl alle Vers*lehren* ihre verdienstvolle Aufgabe. Darum sind sie wohl auch besonders geeignet zum informativen Nachschlagen. Mithilfe von Verslehren kann man feststellen, dieses oder jenes Gedicht besteht aus Jamben, Trochäen oder Daktylen etc. Und wenn diese Formalia herausanalysiert sind, was dann? Was haben sie zu bedeuten? Ja, jetzt müsste eine Deutung der Verbindung von Inhalt und Form, Gehalt und Gestalt folgen. Solche Vers-*Interpretationen* sind freilich nicht einfach rasch und eindeutig zu leisten. Sie lösen Fragen an die Text- und Versgestalt aus. Und diese stehen nun in Rede. Hier soll es also darum gehen, *Wirkungsmöglichkeiten* von Versen in den Blick zu nehmen, eigene Erfahrungen im Beobachten von Vers-Gestaltungen zu ermöglichen und so einen gewissen Beitrag zu leisten zur nicht leicht zu verifizierenden *Wirkungsästhetik*. Davon war in den vorigen Lektionen und ist ebenso in den folgenden die Rede. Doch es lohnt sich wohl, in einer eigenen Lektion einige Wirkungsweisen von Versen im Überblick zu betrachten und in Übungen selbst zu erproben.

Prosa und Poesie – beide können auf ihre Weise Dichtung sein (oder auch lasches Gerede). Doch die rhythmisch-metrische Sprache befindet sich „unter einer ganz andern Gerichtsbarkeit" als die Prosa, schreibt Schiller am 24.11.1797 an Goethe, als er dabei ist, die anfängliche Prosa-Fassung seines Dramas *Wallenstein* umzuarbeiten in *Ein dramatisches Gedicht* (1798/1800). Nun erfährt er, „wie genau in der Poesie Stoff und Form, selbst äußere, zusammenhängen". Denn „der Vers fordert schlechterdings Beziehungen auf die Einbildungskraft, und so musste ich auch in mehreren meiner Motive poetischer werden."

Auch Goethe wandelt die „schlotternde Prosa" seiner Ur-*Iphigenie auf Tauris* (1779) in „einen gemessnern Schritt" um, das heißt in Blankverse (1787). (Vgl. Goethe an Herder. Rom, 13. Januar 1787.) Wer den jeweiligen Anfang beider Fassungen vergleicht, sieht Schillers Beobachtung (die schon in der 1. Lektion ausführlicher zitiert wurde) auch in Goethes poetischer Arbeit anschaulich bestätigt und kann wohl ermessen, wieviel reicher die Vers-Fassung in ihrem Rhythmus und in ihrer dichterischen Wortwahl wird.

> Iphigenie (allein). In eure Schatten, ewig rege Wipfel des heiligen Hains, wie in das Heiligtum der Göttin, der ich diene, tret' ich mit immer neuem Schauer, und meine Seele gewöhnt sich nicht hierher! So manche Jahre wohn' ich hier unter euch verborgen, und immer bin ich wie im ersten fremd, denn mein Verlangen steht hinüber nach dem schönen Lande der

Griechen, und immer möcht' ich übers Meer hinüber das Schicksal meiner Vielgeliebten teilen. [...]

IPHIGENIE. Heraus in eure Schatten, rege Wipfel
Des alten, heil'gen, dichtbelaubten Haines,
Wie in der Göttin stilles Heiligtum,
Tret' ich noch jetzt mit schauderndem Gefühl,
Als wenn ich sie zum erstenmal beträte,
Und es gewöhnt sich nicht mein Geist hierher.
So manches Jahr bewahrt mich hier verborgen
Ein hoher Wille, dem ich mich ergebe;
Doch immer bin ich, wie im ersten, fremd.
Denn ach! mich trennt das Meer von den Geliebten,
Und an dem Ufer steh' ich lange Tage,
Das Land der Griechen mit der Seele suchend;
[...].

Nehmen wir nun einmal einen Text wie diesen:

In allen Dingen sei ein Lied verborgen, das sozusagen schlafe und dabei immerfort träume. Wenn man nun aber ein geheimes Zauberwort treffen könnte, werde das schlafend träumende Lied der Dinge erklingen, und somit beginne die ganze Welt zu singen.

Es ist nicht schwer zu erraten, dass soeben ein sehr bekanntes vierzeiliges Gedicht von Joseph von Eichendorff paraphrasiert wurde. Das Gedicht mit dem Titel *Wünschelrute* (1835) lautet:

Schläft ein Lied in allen Dingen,
Die da träumen fort und fort,
Und die Welt hebt an zu singen,
Triffst du nur das Zauberwort.

Die Paraphrase mag den *Inhalt* der vier Verse einigermaßen wiedergegeben haben. Doch welch ein Unterschied! Zunächst fällt natürlich auf, dass die Inhaltsangabe viel umständlicher ist und viel mehr Worte zur Mitteilung braucht. Das *Gedicht* hingegen ist die *Verdichtung* eines wie auch immer gedachten Inhalts. Und es hat einen schwingenden Rhythmus, ein metrisches Gleichmaß im Auf und Ab der vier Trochäen je Zeile. Die Kreuzreime wechseln von weiblich-klingend zu männlich-stumpf hin und her. Ja, anscheinend ist dieses kleine Lied hier selbst Eichendorffs „Zauberwort", das einen in den Allerweltsworten verborgenen Klang zum Singen bringt und auf diese Weise zugleich die Welt, die sich in den Worten des Dichters offenbart.

Man könnte nun einmal versuchen, etwas von dem *ästhetischen Mehrwert* der Poesie zu beschreiben und einige wesentliche *Wirkungsweisen von Versen* zusammenzufassen als **Merkmale gebundener Sprache in der Lyrik:**

1. Verknappung des Sprachmaterials

So entsteht eine *Verdichtung*. Ezra Pound meint, das deutsche Wort „dichten" entspreche dem lateinischen „condensare". (Tatsächlich aber ist das althochdeutsche „dihton" = „schreiben, ersinnen" entlehnt von lateinisch „dictare" = „zum Schreiben vorsagen, verfassen".)

„Kunst ist Weglassen" (Leonhard Frank). Zugleich bedeutet Poesie auch Bereicherung..

2. Vermehrung der inneren Entsprechungen

So entsteht ein *enges Beziehungsgeflecht*

– von inhaltlichen Bezügen: z.b. Parallelismus membrorum, Entgegensetzungen, und

– von klanglichen Entsprechungen: Stabreime, Endreime, Assonanzen; Kehrverse.

3. Verstärkung der äußeren Strukturierung

So entsteht eine gewisse *formale Geschlossenheit*:

– Die Inhaltsstruktur ist überschaubar auf engem Raum;

– Versbildung durch Zeilenzäsur; Anfang und Ende der Verszeile sind oft verdeutlicht durch Großbuchstaben am Beginn und durch Endreim am Zeilenschluss;

– Strophenbildung, auch mit Kehrversen besonders bei Liedern.

Die Versbildung durch Zeilenbrechungen bewirkt zunächst einmal ein *gelenktes Lesen*. Es werden metrisch geprägte, überschaubare, meist gleich lange *Sinn-Einheiten* gebildet und schriftlich sichtbar gemacht. Die minimalen Pausen am *Zeilen-Ende* bilden einen kleinen Erwartungsstau, und es ergeben sich beim Pendeln vom Zeilen-Ende zum neuen Anfang *Positionseffekte* der auf diese Weise exponierten End- und Anfangswörter. Dies wirkt besonders prägend in den Freien Rhythmen. (Vgl. hierzu die 8. und 9. Lektion.) Die Vers-Anfänge werden oft durch *Großschreibung* ausgezeichnet und die Vers-Enden oft durch *Endreime* klanglich hervorgehoben. So entsteht eine ganz eigene, unverwechselbare *Klanggestalt von Versen*.

Die Metren von Versen haben generell ihre eigene Wirkung. Das Wiedererkennen geregelter akustischer Strukturen erzeugt offenbar ein *Wohlgefühl*, das mit dem von „klassischer" Musik verwandt ist, deren heilsame Wirkung durch die Musik-Therapie nachgewiesen und erprobt ist. Das halbbewusste Wahrnehmen erzeugt psychosomatische Reaktionen. Man denke etwa an die Wiederholungsfiguren im tiefen Tonbereich der linken Hand bei Beethovens sogenannter „Mondschein-Sonate" (Klaviersonate Nr. 27, op. 90). Hier sind es etwa 60 Schläge pro Minute. Dies entspricht auf besänftigende Weise unserem Ruhepuls, im Gegensatz zum aktiven Puls von ca. 70 bis 80 Schlägen in der Minute. Diese rhythmisch-metrischen Wirkungen werden zudem getragen von so nicht messbaren Melodiebewegungen.

In allen uns bekannten frühen Hochkulturen war Poesie stets mit Musik verbunden. Vergleicht man die Poesie-Sammlungen Mesopotamiens, Altägyptens, Altindiens, Altchinas, Altisraels und Altgriechenlands mit entsprechenden Aufzeichnungen heutiger Naturvölker, so ergibt sich ein **Grundbestand formaler Gestaltungsmittel in ursprünglicher Versdichtung:**

- Rhythmisierung, Metren
- Verszeilenbildung, Zäsuren
- Wiederholungen:
  - Wiederholungen ganzer Zeilen = Kehrverse (Refrains)
  - Anfangswiederholungen = Anaphern
  - Endwiederholungen = Epiphern
  - Parallelismus membrorum = Gleichlauf von Satzgliedern: Wiederholung der Aussage in zwei Versen durch Abwandlung der Formulierung.

Wirkungsmöglichkeiten der verschiedenen Metren werden in der Kurzen Versschule unter Nr. 2.3 kurz beschrieben. Josef Weinheber hat sie in Verse gefasst:

Jambus: „Der Menschenstimme das gemäße Maß,
           so setz ich ruhig gleichend Schritt vor Schritt."
Trochäus: „Mir befiehlt ein rasches Wesen.
           Wie ein Sprung bin ich zur Stelle."
Daktylus: „Schwebende Schönheit: So heißt meine Würde."

Aber lassen sich diese drei Metren tatsächlich jeweils einer bestimmten Wirkungsweise zuordnen? Man hat es immer wieder versucht und dies an bestimmten Beispielen vorgeführt. Um zu zeigen, dass der *Jambus* dynamisch sei, zitiert man gern die zwei Anfangszeilen aus Goethes *Willkommen und Abschied* (1771/1789):

Es schlug mein Herz, geschwind zu Pferde!
Es war getan fast eh gedacht.

Das klingt erregend. Doch die beiden folgenden gleichfalls jambischen Verse haben einen geradezu gegensätzlichen Charakter:

Der Abend wiegte schon die Erde,
Und an den Bergen hing die Nacht;
[...].

Nun sprechen die Worte eine andere Sprache: Der Abend wiegt die Erde, die Nacht hängt an den Bergen. Dies ist gegenüber dem lebhaften Tempo des Anfangs ein starkes Ritardando. Und beides ist im selben Versmaß gehalten: im Jambus. Was bedeutet das für eine Festlegung des Metrums auf eine bestimmte Wirkung? Eine solche Fixierung gibt es offenbar nicht. Es gibt allein Wirkungs*möglichkeiten*. Denn die rhythmische Wirkung entsteht erst im Zusammenwirken mit dem Inhalt der Verse. Ob es das lebhafte Schlagen des Herzens ist oder ein sanftes abendliches Wiegen – beides kann vom jambischen Versmaß getragen werden. Diese Schrittfolge kann „geschwind" sein oder auch wiegend.

Die folgenden vier Verse aus Schillers *Lied von der Glocke* (1800) werden gern zitiert, um die Wucht von *Trochäen* zu demonstrieren:

Von dem Dome,
Schwer und bang,
Tönt die Glocke
Grabgesang.
(Vers 244 – 247)

Rasch wie die Schläge einer Glocke folgen die Kurzverse aufeinander. Und in der Tat verstärken die Trochäen den schweren, dumpfen Klang der Glockentöne.

Und nun die erste Strophe von Goethes Ballade *Heidenröslein* (1771), die auf eine Volkslied-Anregung zurückgeht:

Sah ein Knab' ein Röslein stehn,
Röslein auf der Heiden,
War so jung und morgenschön,
Lief er schnell, es nah zu sehn,
Sah's mit vielen Freuden.
Röslein, Röslein, Röslein rot,
Röslein auf der Heiden.

Auch das sind Trochäen. Aber von Wucht und Schwere kann bei diesem Lied im Volkston gewiss nicht die Rede sein. Wären also vielleicht Jamben hier eher geeignet gewesen? Herder überlieferte in der Tat 1773 ein entsprechendes Volkslied in Jamben:

Es sah' ein Knab' ein Röslein stehn,
Ein Röslein auf der Heiden.
[...]

Herder, der bekanntlich Volkslieder sammelte und herausgab, schreibt nun hierzu an Goethe: „Und noch muss ich Ihnen eine Änderung des lebendigen Gesanges melden." Aus „deutschen und englischen alten Stücken" habe er gelernt, es sei besser, anders zu akzentuieren und z.B. „'s Röslein" zu schreiben. „Das Hauptwort bekommt auf solche Weise immer weit mehr poetische Substantialität und Persönlichkeit:

'Knabe sprach
'Röslein sprach, usw.

in den Liedern mit mehr Akzent ..." (Vgl. Goethe: *Gedichte.* HA 1, S. 509 f.)

Auch hier kann man also hörbar demonstrieren: Trochäen sind nicht allein für einen bestimmten Inhalt geeignet. Sie können sich ganz verschiedenen Inhalten anpassen.

Und dennoch: Gewisse Versmaße vermögen bestimmte Inhalte in besonderer Weise zu verstärken – wenn sie zu ihnen zu passen scheinen. Darum zwei weitere

Beispiele für die mögliche Wirkung von Versmaßen. Die beiden Gedichte *Meeresstille* und *Glückliche Fahrt* (wohl 1795) wurden auf Goethes Wunsch im Druck stets auf einer Seite zusammengestellt als eng verbundene Gegenstücke.

MEERESSTILLE

Tiefe Stille herrscht im Wasser,	x́ x |x́ x |x́ x |x́ x	w
Ohne Regung ruht das Meer,	x́ x |x́ x |x́ x |x́	a
Und bekümmert sieht der Schiffer		w
Glatte Fläche rings umher.		a
Keine Luft von keiner Seite!		b
Todesstille fürchterlich!		c
In der ungeheuern Weite		b
Reget keine Welle sich.		c

GLÜCKLICHE FAHRT

Die Nebel zerreißen,	x |x́ x x |x́ x
Der Himmel ist helle,	x |x́ x x |x́ x
Und Äolus löset	x |x́ x x |x́ x
Das ängstliche Band.	x |x́ x x |x́
Es säuseln die Winde,	
Es rührt sich der Schiffer.	
Geschwinde! Geschwinde!	
Es teilt sich die Welle,	
Es naht sich die Ferne;	
Schon seh' ich das Land!	

Skandiert man das Gedicht *Meeresstille*, erkennt man durchgehend vierhebige Trochäen mit abwechselnd weiblicher und männlicher Kadenz. Wer will, kann hier im Gleichmaß der Verse etwas von der Glätte und Regungslosigkeit des Meeres wahrnehmen. Es heißt, die Segler fürchten die Flaute mehr als den Sturm. Das Gedicht *Glückliche Fahrt* ist zweihebig im Daktylus mit Auftakt und locker reimfrei gestaltet: leicht beschwingt, rasch bewegt, in Kurzversen vorwärts drängend. Offenbar sind beide Gedichte in Inhalt, Klangsymbolik und Metren als Pendants angelegt. Die Versmaße Trochäen und Daktylen können die beiden konträren Lebenserfahrungen auf ihre gegensätzliche Weise wie zwei verschiedene Klangteppiche rhythmisch grundieren.

Auch Schiller nutzt die unterschiedliche Anlage von dreisilbigen Daktylen und zweisilbigen Trochäen, um z.B. das sanfte Weibliche mit dem harten Männlichen, so wie er es typisierend sieht, zu kontrastieren. *Würde der Frauen* (1800) heißt das neunstrophige Gedicht in abwechselnden Versmaßen. Die ersten beiden Strophen lauten:

Ehret die Frauen! sie flechten und weben	x́ x x | x́ x x | x́ x x | x́ x
Himmlische Rosen ins irdische Leben,	x́ x x | x́ x x | x́ x x | x́ x
Flechten der Liebe beglückendes Band,	x́ x x | x́ x x | x́ x x | x́

Und in der Grazie züchtigem Schleier
Nähren sie wachsam das ewige Feuer
Schöner Gefühle mit heiliger Hand.

Ewig aus der Wahrheit Schranken   x́ x | x́ x | x́ x |x́ x
Schweift des Mannes wilde Kraft,   x́ x | x́ x | x́ x | x́
Unstet treiben die Gedanken   x́ x | x́ x | x́ x | x́ x
Auf dem Meer der Leidenschaft.   x́ x | x́ x | x́ x | x́
Gierig greift er in die Ferne,
Nimmer wird sein Herz gestillt,
Rastlos durch entlegne Sterne
Jagt er seines Traumes Bild.

[...]

Die erste Strophe mit Versen zu je drei Daktylen und vier Hebungen ehrt die
Frauen, die in gewisser Weise auch das Versmaß abbilden soll: leicht beschwingt, harmonisch, glückstrahlend. Die folgende, auch im Druckbild ab-
gesetzte Strophe (und in dieser Weise geht es weiter bis zur neunten Strophe),
ist ebenfalls aus vierhebigen Versen gebildet, nun aber sind es Trochäen. Und
diese können hier etwas von „des Mannes wilder Kraft" auf ihre Weise hörbar
machen: kraftvoll, vorwärts drängend, ernst und leidenschaftlich.

Der Romantiker Clemens Brentano gestaltete auch ein Gedicht mit neun
Strophen in jeweils abwechselnden Versmaßen. Manches Mal blicken die
Deutschen mit Neid auf die wohlklingenden Sprachen der Italiener und Franzosen. Brentanos Verse zeigen nun, wie klangvoll auch die gern als herb
gescholtene deutsche Sprache zu klingen vermag.

Sprich aus der Ferne,   x́ x x |x́ x
Heimliche Welt,   x́ x x |x́
Die sich so gerne   x́ x x |x́ x
Zu mir gesellt!   x́ x x |x́

Wenn das Abendrot niedergesunken,   x x x́ | x x x́ | x x x́ | x
Keine freudige Farbe mehr spricht,   x x x́ | x x x́ | x x x́
Und die Kränze still leuchtender Funken   x x x́ | x x x́ | x x x́ | x
Die Nacht um die schattichte Stirne flicht: x x́ | x x x́ | x x x́ | x x́

Wehet der Sterne
Heiliger Sinn
Leis durch die Ferne
Bis zu mir hin.

Wenn des Mondes still lindernde Tränen
Lösen der Nächte verborgenes Weh,
Dann wehet Friede. In goldenen Kähnen

Schiffen die Geister im himmlischen See.

[...]

Ein „Nachtlied", frei von aller irdischen Schwere. Eine romantisch schwebende ferne und zugleich nahe „heimliche Welt" mit Sternen, Geistern und nächtlichem Frieden wird hier in traumhaften Bildern evoziert. Zu dieser alles andere als alltäglichen Welt gehört nun ein unübliches Versmaß, das diese nächtlich leuchtenden Bilder zum Schweben bringt. Es sind zwei einander entsprechende Metren jeweils mit der seltenen Doppelsenkung, die sich im Rhythmuswechsel jeweils ablösen. Sie lassen sich allerdings schwerlich in feste, gegebene Versmaße pressen, wie dies hier am Rande versuchsweise geschieht. Wesentlich ist in jedem Falle die rhythmische Bewegung mit ihren Doppelsenkungen. In der ersten Strophe steht am Beginn sicher jeweils ein Daktylus, in der zweiten könnte man (bis auf den vierten Vers) Anapäste herauslesen. Doch wie so oft in deutschen Versen sind die Metren mit Doppelsenkung frei, also nicht schematisch gestaltet. In der fünften Strophe des Gedichts spiegelt sich dann das Wunder dieses „Nachtliedes" selbst unübertrefflich in den Worten:

> Glänzender Lieder
> Klingender Lauf
> Ringelt sich nieder,
> Wallet hinauf.

Der „klingende Lauf" dieses glänzenden Liedes ist auch der rhythmisch schwingende Lauf der besonderen, miteinander spielenden Versmaße.

Wechselnde Versmaße in einem Gedicht sind nicht sehr häufig, aber auch nicht besonders selten. Es zeigt sich, dass etwa 11 % ein gemischtes Versmaß mit unterschiedlich langen Versen oder wechselnden Versarten aufweisen, und zwar besonders seit der Romantik. Damit spielt z.B. auch Schiller in seiner Ballade *Der Handschuh* (1798), vor allem aber im *Lied von der Glocke* (1800). Hier wechseln oft sprunghaft mittlere und kurze Zeilen, Jamben und Trochäen, regelmäßige und freie Taktfüllungen. Wie belebend das wirkt, wird erfahrbar, wenn man sich ein streng durchgehaltenes, eintöniges Metrum für dieses Großgedicht vorstellt.

In Goethes *Faust*-Dichtung findet sich eine kaum überschaubare Anzahl von Versformen. „Diese rauschende, wechselnde Fülle der rhythmischen Formen ist für ein Drama völlig ungewöhnlich", erklärt Erich Trunz in seinem *Faust*-Kommentar (HA 3, S. 483). Er stellt diese Formenvielfalt ausführlich dar und interpretiert sie in ihren inhaltlichen Bezügen überaus einfühlsam (a.a.O., S. 483 ff.).

Stellen wir uns nun einmal vor, ein Gedicht Goethes läge in zwei Fassungen vor: Wort für Wort gleich, jedoch einmal in vierhebigen, einmal in zweihebigen Zeilen, und es wäre jetzt zu entscheiden, welches das Original und welches die Fälschung ist.

Wie herrlich leuchtet mir die Natur!
Wie glänzt die Sonne! Wie lacht die Flur!

Es dringen Blüten aus jedem Zweig
und tausend Stimmen aus dem Gesträuch

und Freud und Wonne aus jeder Brust.
O Erd', o Sonne, o Glück, o Lust,

o Lieb', o Liebe, so golden schön
wie Morgenwolken auf jenen Höhn,

du segnest herrlich das frische Feld,
im Blütendampfe die volle Welt!

O Mädchen, Mädchen, wie lieb' ich dich!
Wie blinkt dein Auge, wie liebst du mich!

So liebt die Lerche Gesang und Luft,
und Morgenblumen den Himmelsduft,

wie ich dich liebe mit warmem Blut,
die du mir Jugend und Freud' und Mut

zu neuen Liedern und Tänzen gibst.
Sei ewig glücklich, wie du mich liebst.

Wie herrlich leuchtet
Mir die Natur!
Wie glänzt die Sonne!
Wie lacht die Flur!

Es dringen Blüten
Aus jedem Zweig
Und tausend Stimmen
Aus dem Gesträuch

Und Freud und Wonne
Aus jeder Brust.
O Erd', o Sonne,
O Glück, o Lust,

O Lieb', o Liebe,
So golden schön
Wie Morgenwolken
Auf jenen Höhn,

Du segnest herrlich
Das frische Feld,
Im Blütendampfe
Die volle Welt!

O Mädchen, Mädchen,
Wie lieb' ich dich!
Wie blinkt dein Auge,
Wie liebst du mich!

So liebt die Lerche
Gesang und Luft,
Und Morgenblumen
Den Himmelsduft,

Wie ich dich liebe
Mit warmem Blut,
Die du mir Jugend
Und Freud' und Mut

Zu neuen Liedern
Und Tänzen gibst.
Sei ewig glücklich,
Wie du mich liebst.

Ob in dieser oder jener Fassung: Dies ist das *Mailied* eines glücklich liebenden 21-jährigen Dichters. Auf der linken Seite finden sich vierhebige, meist jambische Verse, auch mit Doppelsenkungen, die paarweise männlich gereimt sind und aus zweizeiligen Kurzstrophen bestehen. Rechts sind es zweihebige Kurzzeilen in Jamben, wobei die erste und dritte Zeile ungereimt bleiben (außer in der dritten Strophe) und sich nur die zweite und vierte Zeile reimen. Die Strophen sind hier vierzeilig. Die relativ langen Verse links haben sozusagen Normalmaß. Die Kurzverse rechts dagegen scheinen rasch von Zeile zu Zeile zu springen – wie in einem schnellen Tanz. Und tatsächlich jubelt der junge Dichter in der letzten Strophe über seine „neuen Lieder / Und Tänze". Solche geradezu hüpfenden, fast atemlosen Kurzzeilen sind nun wirklich neu in ihrem Schwung und tänzerischen Klang. Kein Zweifel: Die kurzzeilige Fassung muss das Original sein. Das *Maifest* (1771/1775) gilt als der Höhepunkt von Goethes Sesenheimer Lyrik. Erich Trunz schreibt in seinem Kommentar: „Das Fest der Natur und der Seele wird Klang, jubelnd, leicht, tanzend und zugleich feierlich: Kurzverse mit zwei Haupthebungen, je zwei Verse treten klanglich zusammen wie Halbverse von Langzeilen." (HA 1, S. 462)

Die Form ist ein unabdingbarer Bestandteil jedes Gedichts, das nicht nur beiläufige Reimerei ist. Und jeder besondere Gehalt fordert seine eigene Gestalt. Eckermann notiert hierzu einen Gedanken Goethes unter dem 25.2.1824:

> [...] es liegen in den verschiedenen poetischen Formen geheimnisvolle große Wirkungen. Wenn man den Inhalt meiner „Römischen Elegien" in den Ton und die Versart von Byrons „Don Juan" übertragen wollte, so müsste sich das Gesagte ganz verrucht ausnehmen.

In ähnlicher Weise preist in Goethes *Torquato Tasso* (1,4; Vers 731 ff.) Antonio den großen Renaissance-Dichter Ariost, der den *Rasenden Roland* gedichtet hat:

> [...]
> Indes auf wohlgestimmter Laute wild
> Der Wahnsinn hin und her zu wühlen scheint,
> Und doch im schönsten Takt sich mäßig hält.

Um Schutz vor den Bedrängnissen der Nachkriegszeit im Jahre 1919 zu finden, zieht sich Thomas Mann zurück in die Idylle: Es war eine „idyllisch-menschliche Reaktion auf die Zeit", wie er selbst sagt. Während die Expressionisten und Dadaisten dabei sind, fast jede überkommene Form der Poesie zu zertrümmern, liest Thomas Mann Goethes Vers-Epen *Hermann und Dorothea* und *Reineke Fuchs*, um sich im Hexameter zu üben. Denn sein *Gesang vom Kindchen* sollte eine *Idylle* in klassischen Hexametern werden: eine

Flucht des Prosa-Schriftstellers ins poetisch Entlegenste (das älteste epische Versmaß) und zugleich ins Privateste (das *Kindchen* ist seine Lieblingstochter Elisabeth). Den Erfolgsschriftsteller und Verfasser der *Buddenbrooks* plagt jetzt als 44-Jährigen der Gedanke:

> [...] Und sollt' es dabei sein Bewenden
> Immer behalten? Schriftsteller bliebst du und Prosaerzähler?
> Dürftest nie als Poet dich fühlen, wie er im Buch steht?
> (*Gesammelte Werke in dreizehn Bänden*. Frankfurt a.M. 1990, Bd. VIII,
> S. 1069)

Nun also – „Lasst mich doch sehen!" – versucht er sich als „metrischer Dichter", und zwar im Gewande antiker Hexameter.

> Einen Silbenfall weiß ich, – es liebten ihn Griechen und Deutsche, –
> Mäßigen Sinnes ist er, betrachtsam, heiter und rechtlich;
> Zwischen Gesang und verständigem Wort hält er wohlig die Mitte,
> Festlich und nüchtern zugleich. Die Leidenschaften zu malen,
> Innere Dinge zu scheiden, spitzfindig, taugt er nicht eben.
> Aber die äußere Welt, die besonnte, in sinnlicher Anmut
> Abzuspiegeln in seinem Gekräusel, ist recht er geschaffen.
> (A.a.O.)

Doch der Hexameter kann, statt zur Idylle, andererseits auch dazu dienen, etwas sozusagen öffentlich zu verlautbaren. Das *Manifest der Kommunistischen Partei*, im Auftrag des „Bundes der Kommunisten" verfasst von Karl Marx und Friedrich Engels, anonym erschienen 1848 – diese epochemachende politische Programmschrift wollte Bertolt Brecht 1945 umdichten. Wolf Biermann berichtet in *Wie man Verse macht und Lieder. Eine Poetik in acht Gängen* (Köln 1997): „Damals lebte der arme BB noch im sonnigen Kalifornien, Pacific Palisades. Dort verpoetisierte er unter Palmen Marx' Prosa in deutsche Hexameter" (S. 136). Anscheinend wollte er so Marx/Engels einen ästhetischen Mehrwert verschaffen. Das brisante Kampf-Pamphlet sollte offenbar, umgeformt zu einem zeitlosen Menschheitsdokument, nunmehr sozusagen in den ehernen Lettern von Hexametern erscheinen. Biermann zitiert Brecht (a.a.O.):

> Kriege zertrümmern die Welt und im Trümmerfeld geht ein Gespenst um
> Nicht geboren im Krieg, auch im Frieden gesichtet, seit lange.
> Schrecklich den Herrschenden, aber den Kindern der Vorstädte freundlich.
> Lugend in ärmlicher Küche kopfschüttelnd in halbleere Speisen.
> Abpassend dann die Erschöpften am Gatter der Gruben und Werften.
> Freunde besuchend im Kerker, passierend dort ohne Passierschein.
> Selbst in Kontoren gesehn, selbst gehört in den Hörsälen, zeitweis
> Riesige Tanks besteigend und fliegend in tödlichen Bombern.
> Redend in vielerlei Sprachen, in allen. Und schweigend in vielen.

Ehrengast in den Elendsquartieren und Furcht der Paläste
Ewig zu bleiben gekommen: sein Name ist Kommunismus.

Oft ergaben unsere Beobachtungen und Erprobungen der Wirkungsweisen
von Versen ein Ja-Aber oder ein Sowohl-als-Auch. In Goethes *Willkommen
und Abschied* wirkten die Jamben anfangs erregend und gleich darauf be-
sänftigend. Die Trochäen in einer Stelle aus Schillers *Lied von der Glocke*
erschienen wuchtig, in Goethes *Heidenröslein* waren sie zart und volkslied-
haft. Hexameter dienten Thomas Mann zur *Idylle*, Bertolt Brecht benutzte sie
zur feierlichen Verewigung der kommunistischen Revolution. Schmiegen sich
also die Versformen liebedienerisch einfach jeweils jedwedem Inhalt an? Ist
es gleich, welches Versmaß der Dichter vielleicht zufällig wählt?

„Das W a s des Kunstwerks interessiert den Menschen mehr als das W i e;
jenes können sie einzeln ergreifen, dieses im Ganzen nicht fassen", erklärt
Goethe in seinen *Maximen und Reflexionen* (HA 12, Nr. 756). Die „vis super-
ba formae" (Nr. 755), die hervorragende, stolze Kraft der Form eines Kunst-
werkes oder poetischen Textes, können die Menschen „im Ganzen nicht
fassen", denn „die Form ist ein Geheimnis den meisten" (Nr. 754). Doch
Goethe ist zugleich überzeugt (wie schon zitiert): „Es liegen in den verschiedenen poetischen Formen geheimnisvolle große Wirkungen." Wir haben
oben an einer Reihe von Verstexten deren Wirkungen untersucht. Aber konnten wir das, was ja „ein Geheimnis den meisten" ist, klären? Nach unseren
bisherigen Beobachtungen sollte das „Geheimnis" mit seinen „großen Wirkungen" nun doch bis zu einem gewissen Grade durchschaubar oder zumindest beschreibbar werden.

Gewiss, die Versmaße sind keine sozusagen vorzuschreibende Uniform,
die den jeweiligen Träger in seiner Funktion eindeutig identifiziert, sondern
eher eine gewisse Tracht, die unterschiedlichen Trägern gut stehen kann.
Unsere Wirkungsanalysen formaler sprachlicher Mittel im poetischen Verstext
ergeben: Versrhythmus und Reim sind (wie andere Stilmittel) *ästhetische
Wirkstoffe*. Sie erzeugen *poetischen Mehrwert*. Die Produktionsformel lautet
nicht: Inhalt *plus* Form, sondern Inhalt *mal* Form, und ebendies erzeugt im
(geheimnisvollen) Zusammenwirken *Synergie-Effekte*. So entsteht eine *Wechselwirkung*, oder – mit einem chemischen Begriff gesprochen – : Gehalt und
Gestalt sind *ästhetische Reaktionspartner*. Das bedeutet: *Beide*, das „Was" *und*
das „Wie", verwandeln sich durch die „chemische" Verbindung, und so bildet
sich etwas vorher nicht Dagewesenes, Neues: *das sprachliche Kunstwerk*.

5. Lektion:
Vers- und Strophenformen im Überblick

Wie kurz und wie lang können Verse sein? Da sie ja aus Hebungen und Senkungen bestehen, könnten sie wohl ein- bis etwa achthebig sein, denn überlange Verse sind nicht mehr von Prosa zu unterscheiden.

Wohl die längsten und dazu noch kreuzgereimten Verse sind die des Expressionisten *Ernst Stadler* (1883 – 1914). Die erste Strophe seines Gedichtes *Vorfrühling* lautet:

> In dieser Märznacht trat ich spät aus meinem Haus.
> Die Straßen waren aufgewühlt von Lenzgeruch und grünem Saatregen.
> Winde schlugen an. Durch die verstörte Häusersenkung ging ich weit
> hinaus
> Bis zu dem unbedeckten Wall und spürte: meinem Herzen schwoll ein
> neuer Takt entgegen.

Der schwellende „neue Takt", von dem Stadler hier spricht, bedeutet konkret, dass diese *Freien Verse* jeweils unterschiedlich sechs bis elf Hebungen aufweisen. Das geht weit hinaus über den in unserem Gehirn einprogrammierten „Drei-Sekunden-Rhythmus", den Ernst Pöppel nachgewiesen hat. Dass die überlangen Verse am Ende Kreuzreime aufweisen, hat keiner der beobachtenden Studenten bemerkt, und das ist kein Zufall: Man kann sie nach einer so extrem langen Sprechstrecke (ohne Binnenzäsur) so gut wie nicht mehr als kleine Klangakkorde hören. Als Neuerung hat Stadler den gereimten Langvers vorgefunden bei Verhaeren, Whitman und Dauthendey.

Wie Ernst Stadler die Verslänge ins Extrem treibt, so gleichzeitig *August Stramm* (1874 – 1915) die Verskürze. Das folgende Gedicht ist überschrieben *Verzweifelt*.

> Droben schmettert ein greller Stein
> Nacht grant Glas
> Die Zeiten stehn
> Ich
> Steine.
> Weit
> Glast
> Du!

Beide, der überlange wie der kürzest mögliche Vers, mussten wohl einmal erprobt werden. Schule machten beide nicht. Als kürzeste und längste kommen, wenn auch äußerst selten, zweihebige und achthebige Verse vor.

Kann man den kurzen, mittleren und langen Versen jeweils bestimmte Wirkungsweisen zuschreiben? Auf keinen Fall schematisch und definitiv, denn – wie in der 4. Lektion mit Gründen dargestellt – Vers-Form und Text-Inhalt wirken nicht jeder für sich, additiv, sondern synergetisch und wie chemische Reaktionspartner, die im Zusammenwirken etwas Neues hervorbringen. Inhalt und Klang gehören zusammen; beide gemeinsam erst sagen das Ganze. Die Versformen sind also, wie schon erwähnt, keine Uniformen, die den Träger sozusagen vorschriftsmäßig identifizierbar machen.

Einhebige Verse sind eigentlich unmöglich, da *eine* Silbe schwerlich als Vers hörbar ist. Handelt es sich um zwei Reimwörter, so ist dies eben ein Schlagreim, also ein Gleichklang wie ein Echo unmittelbar aufeinander folgender Wörter, z.B. „Not, Tod". Beliebt ist diese schlagartige Reimfolge, allerdings meist als Binnenreim innerhalb einer Verszeile, nur in der mittelhochdeutschen Dichtung und im Barock.

Zweihebige Verse, Zweitakter, sind sehr selten. Sie schwingen schnell hin und her, und ebenso rasch ist die Reimfolge. Sie sind kurzschrittig, also sprunghaft bewegt, sozusagen ein Allegro als schnelles Zeitmaß, oder ein Allegro maestoso: majestätisch Schritt für Schritt voranschreitend. So kann eine impulsive, beschwingte oder auch beschwörende Wirkung entstehen. Und so dürfte auch mancher Zauberspruch formelhaft kurz sein, wie z.B. eine *Warzenbesprechung*:

> Was ich sehe,
> das vergehe!
> Was ich streiche,
> das entweiche!

Bisweilen könnte man Zweitakter auch als halbierte Viertakter ansehen, so z.B. in Goethes Gedicht *Maifest,* wie in der 5. Lektion gezeigt. Manchmal bilden sie auch einen gewollten Kontrast zu den gängigen, längeren Versformen, z.B. innerhalb von Goethes Ballade *Der Zauberlehrling,* in Schillers *Lied von der Glocke* oder in *Faust II* der *Chor der Insekten* (Vers 6592 ff.).

Nun die Beispiele für die drei Metren in Zweitaktern.

Jambus	Du bist die Ruh,
	Der Friede mild,
	Die Sehnsucht du
	Und was sie stillt.
	(Friedrich Rückert: *Kehr ein bei mir*)
Trochäus	Walle! walle
	Manche Strecke,

> Dass zum Zwecke
> Wasser fließe
> [...].
> (Goethe: *Der Zauberlehrling*)

Daktylus   Feiger Gedanken
　　　　　Bängliches Schwanken,
　　　　　Weibisches Zagen,
　　　　　Ängstliches Klagen
　　　　　Wendet kein Elend,
　　　　　Macht dich nicht frei.
　　　　　(Goethe)

Dreihebige Verse, Dreitakter, sind nicht besonders selten, denn sie bieten trotz ihrer beschwingten Kürze doch schon genügend Spielraum für das zu Sagende.

Jambus   Am Brunnen vor dem Tore,
　　　　Da steht ein Lindenbaum;
　　　　Ich träumt in seinem Schatten
　　　　So manchen süßen Traum.
　　　　(Wilhelm Müller: *Der Lindenbaum*)

Trochäus   Hoppe, hoppe Reiter,
　　　　　wenn er fällt, dann schreit er.
　　　　　(*Kinderlied*)

Daktylus   Sie saßen und tranken am Teetisch
　　　　　Und sprachen von Liebe viel.
　　　　　Die Herren, die waren ästhetisch,
　　　　　Die Damen von zartem Gefühl.
　　　　　(Heine)

Vierhebige Verse, Viertakter, sind die relativ häufigsten. Diese mittlere Verslänge ist offenbar vielfältig verwendbar. Viertakter sind Vielzweckverse. Sie sind durchgehend beliebt und volkstümlich. So wurde die drei- oder vor allem vierhebige Gedichtzeile zur **Volksliedzeile**, aus der die vierzeilige **Volksliedstrophe** besteht. Als Beispiel diene im Folgenden Heines Strophe „Berg' und Burgen schaun herunter [...]". (Siehe zur Volksliedstrophe in der Kurzen Versschule 3.6.1 und 6.1.)

Der Viertakter ist auch der Vers der großen **mittelhochdeutschen Epen** von Wolfram von Eschenbach, Gottfried von Straßburg, Hartmann von Aue ... mit Tausenden von Versen (die bisweilen auch manchmal dreihebig sein können). Zwei Beispiele.

Jambus Gedæhte man ir ze guote niht,   Gedächte man derer nicht gern,

von den der werlde guot geschiht,   von denen der Welt Gutes geschieht,

sô wærez allez alse niht,   so wäre alles, als wäre es nicht,

swaz guotes in der werlde geschiht.   was Gutes in der Welt geschieht.

(Gottfried von Straßburg: *Tristan und Isold.* Anfangsverse)

Guotiu wîp, hânt die sin,   Edlen Frauen, die Sinn [dafür] haben,

deste werder ich bin,   bin ich [jetzt] desto mehr wert

op mir decheiniu guotes gan,   – falls eine es gut mit mir meint –,

sît ich diz mær volsprochen hân.   seit ich diese Geschichte vollendet habe.

Ist daz durch ein wîp geschehn,   Ist das für eine Frau geschehen,

diu muoz mir süezer worte jehn.   muss die mir charmante Worte sagen.

(Wolfram von Eschenbach: *Parzival.* Schlussverse)

Nun drei weitere, neuzeitliche Beispiele.

Jambus Zum Kampf der Wagen und Gesänge,
Der auf Korinthus' Landesenge
Der Griechen Stämme froh vereint,
Zog Ibykus, der Götterfreund.
(Schiller: *Die Kraniche des Ibykus*)

Trochäus Berg' und Burgen schaun herunter
In den spiegelhellen Rhein,
Und mein Schiffchen segelt munter,
Rings umglänzt von Sonnenschein.
(Heine: *Buch der Lieder*)

Daktylus Ännchen von Tharau ist's, die mir gefällt,
Sie ist mein Leben, mein Gut und mein Geld.
(Simon Dach zugeschrieben)

Auch der unmetrische **Knittelvers** ist vierhebig. (Siehe hierzu die *Kurze Versschule* 2.5.1 und 6.2.) Er wurde bekannt vor allem durch Hans Sachs

(1494 – 1576), bei dem Vers- und Sinnakzent oft auseinandergehen. In *Dichtung und Wahrheit* berichtet Goethe über seine Entdeckung:

> Um jedoch einen Boden zu finden, worauf man poetisch fußen, um ein Element zu entdecken, in dem man freisinnig atmen könnte, war man einige Jahrhunderte zurückgegangen [...]. Hans Sachs, der wirklich meisterliche Dichter, lag uns am nächsten [...]. Wir benutzten den leichten Rhythmus, den sich bequem anbietenden Reim bei manchen Gelegenheiten. Es schien diese Art so bequem zur Poesie des Tages, und deren bedurften wir jede Stunde. (HA 10, S. 122)

Goethe beschreibt *Hans Sachsens poetische Sendung* (1776) und verwendet in seiner ursprünglichen *Faust*-Dichtung bekanntlich Knittelverse. Im *Wallenstein* reimt Schiller die „Kapuzinerpredigt" desgleichen in Knittelversen:

Knittel   Heisa, juchheia! Dideldumdei!
Das geht ja hoch her. Bin auch dabei!
Ist das eine Armee von Christen?
Sind wir Türken? sind wir Antibaptisten?
(Schiller: *Wallensteins Lager. 8. Auftritt*)

Fünfhebige Verse, Fünftakter, bieten reichlich Spielraum. Sie gehören noch zu den mittellangen Versen und sind wohl daher am zweithäufigsten vertreten:

Jambus   Der Morgen kam; es scheuchten seine Tritte
Den leisen Schlaf, der mich gelind umfing,
Dass ich, erwacht, aus meiner stillen Hütte
Den Berg hinauf mit frischer Seele ging;
[...].
(Goethe: *Zueignung*)

Der **Blankvers** ist ein fünfhebiger Jambus ohne Reim (das heißt englisch „blank"). Seit Lessing bis ins 19. Jahrhundert war der prosanahe Blankvers der deutsche Dramenvers schlechthin. (Siehe hierzu Kurze Versschule 6.3.)

Jambus   Es eifre jeder seiner unbestochnen
Von Vorurteilen freien Liebe nach!
Es strebe von euch jeder um die Wette,
Die Kraft des Steins in seinem Ring' an Tag
Zu legen! [...]
(Lessing: *Nathan der Weise*. III,7)

Trochäus Möwen sah um einen Felsen kreisen
Ich in unermüdlich gleichen Gleisen,
Auf gespannter Schwinge schweben bleibend,
Eine schimmernd weiße Bahn beschreibend,
[...].
(C. F. Meyer: *Möwenflug*)

Daktylus Anscheinend lässt sich hierfür kein Beispiel finden. Der Grund mag der sein, dass das Sechsmaß, der Hexameter mit seinen Daktylen, allzu nahe liegt.

Sechshebige Verse, Sechstakter, sind in der Lyrik nicht selten. Doch in der großen klassischen Epik ist der Hexameter (griechisch: das „Sechsmaß") der obligate Erzählvers mit Zehntausenden von gesungenen Versen. Er hat zwar nur eine Silbe mehr als der Fünftakter, ist aber somit ein Langvers, in dem sich eine Binnenzäsur einstellt, denn er überschreitet die von Ernst Pöppel nachgewiesene Wahrnehmungsgrenze von drei Sekunden. (Vergleiche hierzu die 2. und 8. Lektion.)

Im **epischen Hexameter** bieten die daktylischen Vers-Takte Raum für eine Fülle von Erzählgut. Die Langzeilen haben einen langen Atem und schwingen in unerschütterlichem Gleichmaß. Wegen ihrer epischen Breite fassen sie viel erzählbare Wirklichkeit und wahren dabei stets eine gleichmäßige und distanzierte Erzählhaltung. Alles hat hier sein Maß, seine durchgehende Grundmelodie. (Vgl. die Kurze Versschule 6.5.)

Daktylus Pfingsten, das liebliche Fest, war gekommen; es grünten und blühten
    Feld und Wald; auf Hügeln und Höhn, in Büschen und Hecken
    Übten ein fröhliches Lied die neuermunterten Vögel;
    Jede Wiese sprosste von Blumen in duftenden Gründen,
    Festlich heiter glänzte der Himmel und farbig die Erde.
    (Goethe: *Reineke Fuchs. Erster Gesang*)

Das Distichon (griechisch „Doppelvers") ist ein sechshebiges, aus je einem Hexameter mit einem Pentameter bestehendes Verspaar. (Vgl. hierzu *Kurze Versschule* 6.5.) Während hier der Hexameter anfangs gleichmäßig ansteigt, strebt der folgende Pentameter auf eine Pointe zu. Der Pentameter, der (im Gegensatz zu seinem Namen: das „Fünfmaß") ebenfalls sechs Hebungen aufweist, hat jedoch eine scharfe Mittelzäsur, in der zwei Hebungen zusammenstoßen und so einen Zwiespalt erzeugen. Als Zweizeiler wird das Distichon seit der Antike für Epigramme verwendet (z.B. die *Xenien,* von Goethe und Schiller), aber auch in größerem Zusammenhang für Elegien (z.B. Goethes *Römische Elegien,* Schillers *Der Spaziergang* oder Hölderlins *Brot und Wein*). Die *Xenien* (griechisch „Gastgeschenke") verfassten Goethe und Schiller gemeinsam. 414 von ihnen erschienen 1796 in Schillers *Musenalmanach,* und es entstanden zahlreiche weitere, insgesamt 926. Der satirische Zyklus enthält zweizeilige Epigramme, die, wie gesagt, jeweils aus einem Hexameter plus einem Pentameter bestehen. Die knappe poetische Form des Distichons bietet gerade genug Raum für einen einzelnen geschliffenen, poetischen Gedanken. Ein Beispiel:

Lebet, ist Leben in euch, und erzählt noch dem kommenden Alter,
Distichen, was wir geehrt, was wir gehasst und geliebt.
(HA 1, S. 234, Nr. 190)

Ein Beispiel für den Beginn einer Elegie:
Sei mir gegrüßt, mein Berg mit dem rötlich strahlenden Gipfel!
Sei mir, Sonne, gegrüßt, die ihn so lieblich bescheint!
Dich auch grüß ich, belebte Flur, euch, säuselnde Linden,
Und den fröhlichen Chor, der auf den Ästen sich wiegt,
[...].
(Schiller: *Der Spaziergang,* Anfang)

Der Alexandriner ist ein sechshebiger jambischer, paarig gereimter Vers mit
Zäsur nach der dritten Hebung (ähnlich wie der reimlose Hexameter). (Vergleiche hierzu die *Kurze Versschule* 6.4.) In der Barockzeit war er der klassische Vers der Tragödie, importiert aus Frankreich, dem großen Vorbild.
Schiller charakterisiert ihn in einem Brief an Goethe vom 15.10.1799:

> Die Eigenschaft des Alexandriners, sich in zwei gleiche Hälften zu trennen, und die
> Natur des Reims, aus zwei Alexandrinern ein Couplet zu machen, bestimmen nicht
> bloß die ganze Sprache, sie bestimmen auch den inneren Geist der Stücke, die
> Charaktere, die Gesinnung [...]. Alles stellt sich dadurch unter die Regel des Gegensatzes, und wie die Geige des Musikanten die Bewegungen der Tänzer leitet, so
> auch die zweischenklige Natur des Alexandriners die Bewegungen des Gemüts und
> der Gedanken. Der Verstand wird ununterbrochen aufgefordert und jedes Gefühl,
> jeder Gedanke in dieser Form wie in das Bette des Prokrustes gezwängt.

Ein Beispiel aus der Tragödie von Andreas Gryphius: *Catharina von Georgien*
(IV).

Jambus Wie wenn der Donnersturm der Wetter sich verzogen,
Wenn nach der Blitzen Knall der Wolken Nacht verflogen,
[...]
So hoffen endlich wir nach Schmerz und herbem Schmähn,
Nach Kerker und Verlust die freie Luft zu sehn.

Auch viele gedankenreiche Barock-Gedichte, zumal die vielen Sonette, sind
in Alexandrinern gestaltet, wie z.B. die erste Strophe eines Sonetts von Andreas Gryphius mit dem Titel *Abend*:

> Der schnelle Tag ist hin, die Nacht schwingt ihre Fahn
> Und führt die Sternen auf. Der Menschen müde Scharen
> Verlassen Feld und Werk; wo Tier und Vögel waren,
> Traurt izt die Einsamkeit. Wie ist die Zeit vertan!

Die sechshebigen, gereimten alexandrinischen Zweizeiler der *Geistreichen Sinn- und Schlussreime* von Angelus Silesius geben der Entfaltung von jeweils einem präzise gefassten, pointierten Gedanken den angemessenen Spielraum.

Jambus Es kann in Ewigkeit kein Ton so lieblich sein,
        Als wenn des Menschen Herz mit Gott stimmt überein.
        (Aus Angelus Silesius: *Cherubinischer Wandersmann*)

Siebenhebige Verse, Siebentakter, sind – als metrische Nachbarn der beliebten Hexameter und Alexandriner – extrem seltene Langverse. Dieser überlange Vers klingt wie eine abwechselnde Folge von vier- und dreihebigen Zeilen, von denen – was durchaus vorkommt – sich nur der zweite und der vierte Vers reimen. An dieser Stelle findet sich eine Binnenzäsur. Allein das Schriftbild zeigt die extra langen Verse.

Jambus Ein Mühlstein und ein Menschenherz wird stets herumgetrieben;
        Wo beides nichts zu reiben hat, wird beides selbst zerrieben.
        (Friedrich von Logau: *Ein unruhig Gemüte*)

Fontane benutzt den Siebentakter als Erzählvers mit langem Atem für seine Ballade *Der Tag von Hemmingstedt*:

Jambus Und über Johann von Dänemark kam seine finstre Stunde –
        Er murmelt: „Es brennt im Herzen mir die alte Ditmarsenwunde!
        Beim Himmel, es soll nicht Messer, nicht Scher' mir Bart und Haupt-
                                                            haar stutzen,
        Bis dass ich wieder ins Joch gebeugt dies bauernstolze Trutzen."

Achthebige Verse, Achtheber, sind gleichfalls höchst selten, denn das Verlangen nach einem Langvers hat sich offenbar in den nicht so seltenen Sechstaktern erfüllt. Auch dieser längste metrische Vers dürfte wohl eher *gehört* werden als eine Folge von vierhebigen mittellangen Zeilen, bei denen sich, wie so oft, jeweils nur der zweite Vers reimt – wäre da nicht das langzeilige Schriftbild. Auch hier zeigt sich eine Binnenzäsur.

Trochäus Dieser Monat ist ein Kuss, den der Himmel gibt der Erde,
        Dass sie jetzund seine Braut, künftig eine Mutter werde.
        (Friedrich von Logau: *Der Mai*)

Fontanes Ballade *Der letzte York* weitet den Erzählvers auf acht Takte.

Jambus Lancester herrscht, der Kampf ist aus, die rote Rose hat gesiegt,
        Die weiße Rose, Blatt um Blatt, auf zwanzig blut'gen Feldern liegt,
        Ein einz'ger nur, des Clarence Sohn, dess Herzblut nicht zu Boden floss,
        Im Tower sitzt *Graf Edward York*, des alten Hauses letzter Spross.

Mischformen, verschieden lange Verse, weisen Gedichte oft auf. Die Abwandlung der üblicherweise durchgehenden einheitlichen Versformen ist recht häufig. Dies geschieht anscheinend erst in den Epochen der Klassik und Romantik. Hier gilt der alte Spruch: Variatio delectat, Abwechslung erfreut. Eine geringe Verkürzung im Versschema bewirkt einen leichten Rhythmuswechsel, der offenbar besonders bei den häufigen gemischt vier- und dreihebigen Versen als reizvoll empfunden wird.

Zwei Beispiele sollen zunächst die besonders beliebte Verbindung vier- und dreihebiger Verse zeigen:

Trochäus Füllest wieder Busch und Tal
          Still mit Nebelglanz,
          Lösest endlich auch einmal
          Meine Seele ganz.
          (Goethe: *An den Mond*)

Daktylus Wir singen und sagen vom Grafen so gern,
          Der hier in dem Schlosse gehauset,
          Da, wo ihr den Enkel des seligen Herrn,
          Den heute vermählten, beschmauset,
          [...].
          (Goethe: *Hochzeitslied*)

Und ein Beleg für drei- und zweihebige Verse:

Jambus   Es läuft ein Frühlingswind
          Durch kahle Alleen,
          Seltsame Dinge sind
          In seinem Wehn.
          [...].
          (Hofmannsthal: *Vorfrühling*)

Freie Rhythmen gibt es erst seit ihrer Erfindung durch Klopstock Mitte des 18. Jahrhunderts. Eine erste Gruppe ist im Sinne des Erfinders hymnisch. Die zweite Gruppe gehört ins 20. Jahrhundert und ist prosanah. (Siehe Kurze Versschule 6.7 sowie die 8. und die 9. Lektion.)

Ein Beispiel für die erste, die hymnische Ausformung:

        Ihr wandelt droben im Licht
        Auf weichem Boden, selige Genien!
        Glänzende Götterlüfte
        Rühren euch leicht,
        Wie die Finger der Künstlerin
        Heilige Saiten.
        [...].
        (Hölderlin: *Hyperions Schicksalslied*)

Nun ein Beispiel für die zweite, die prosanahe Gestaltung:

        Die Schlechten fürchten deine Klaue.

Die Guten freuen sich deiner Grazie.
Derlei
Hörte ich gern
Von meinem Vers.
(Brecht: *Auf einen chinesischen Theewurzellöwen*)

Freie Verse (vers libres) erscheinen ausgesprochen selten. Sie sind zwar (wie die Freien Rhythmen) in der Zeilenlänge frei, aber (im Gegensatz zu den Freien Rhythmen) durch den Endreim gebunden. Die Reime sind freilich oft sprunghaft. (Zunehmend ersetzt der Begriff Freie Verse den Begriff Freie Rhythmen. Das ist nicht korrekt, weil auf diese Weise eine eigene Versform, der *vers libre*, ins Abseits gedrängt wird.) (Vgl. Kurze Versschule 6.6.)

Jüngst, als Lisettchen am Fenster saß,	a
Da kam Herr Filidor	b
Und küsste sie,	c
Umschlang ihr weiches, weißes Knie	c
Und sagt' ihr was ins Ohr,	b
Ich weiß nicht was.	a

(Novalis: *Ich weiß nicht was*)

Ganz im Gegensatz zu den Freien Versen im Rokoko-Stil steht ein Beispiel aus dem Beginn des 20. Jahrhunderts:

Der Schnellzug tastet sich und stößt die Dunkelheit entlang.	a
Kein Stern will vor. Die ganze Welt ist nur ein enger, nachtumschienter Minengang,	a
Darein zuweilen Förderstellen blauen Lichtes jähe Horizonte reißen: Feuerkreis	b
Von Kugellampen, Dächern, Schloten, dampfend, strömend ... nur sekundenweis	b
Und alles wieder schwarz. Als führen wir ins Eingeweid der Nacht zur Schicht.	c

[...]
(Ernst Stadler: *Fahrt über die Kölner Rheinbrücke bei Nacht*)

Die *Versformen* sind bestimmt durch die Zahl der *Versfüße*, die **Strophenformen** durch die Anzahl der *Verszeilen*. Verse können fortlaufend über Seiten hinweg aufeinander folgen, oder sie können in **Strophen** gegliedert sein, die ihrerseits verschieden lang sein können. Es gibt zwei-, drei-, vier-, fünf-, sechs-, sieben- und achtzeilige Strophen, abgesehen von den antiken Odenstrophen. Fast alle sind relativ seltene Sonderformen.

Auffällig sind die *Zweizeiler* wie z.B. das Epigramm als **Distichon** und als **Sinnspruch**, die oben besprochen worden sind.

Die verbreitetste Form aber ist die vierzeilige **Volksliedstrophe**. Sie kann in dreierlei Spielarten erscheinen: mit vier vierhebigen, vier dreihebigen und vier abwechselnd vier- und dreihebigen Versen. Das Reimschema ist meist der Kreuzreim mit abwechselnd weiblichen und männlichen Reimen. Auch dies ist zuvor schon besprochen worden.

Die kunstvollste Gedichtform mit ihrem streng geregelten Strophenbau ist ohne Zweifel das **Sonett**. (Vergleiche hierzu die Kurze Versschule Nr. 3.6.2.) Entstanden im Mittelalter um 1230 am Hofe Friedrichs II. in Sizilien, wurde es in der europäischen Literatur bald zu einer der beliebtesten, weil schwierigsten Gedichtformen. Die berühmtesten Sonette stammen von **Dante** (1265 – 1321), **Petrarca** (1304 – 1374) und **Shakespeare** (1564 – 1616). In Deutschland sind es besonders die Sonett-Zyklen von **Gryphius** und **Goethe**. „Das Sonett ist die einzige lyrische Form der Goethezeit, deren Länge von vornherein feststeht"; es ist sozusagen „randfest", erklärt Erich Trunz (HA 1, S. 672). Der Formwille und die Freude am hochartifiziellen handwerklichen Können lösen immer wieder eine „Sonetten-Wut" aus, einen Wettstreit unter den Sonett-Dichtern, nicht zuletzt auch in der Romantik. Manchmal werden auch mehrere Sonette zyklisch zu einem Sonetten-Kranz verknüpft. Dieser besteht meist aus fünfzehn Sonetten, wobei sich das letzte, das Meister-Sonett, aus den Anfangszeilen der vierzehn vorausgegangenen Sonette zusammensetzt.

Rilkes *Die Sonette an Orpheus* (1923) bestehen aus insgesamt 55 Sonetten und sind Lobgesänge auf die Gabe des dichterischen Gesanges. Etwas lockerer gehandhabt, reizt das alte Gestaltschema auch **Brecht** seit 1925 zu über zwanzig Sonetten mit unterschiedlichen Themen. Die Sonett-Zyklen von **Rudolf Hagelstange** (*Venezianisches Credo*, 1945), **Albrecht Haushofer** (*Moabiter Sonette*, 1946) und **Reinhold Schneider** (*Die neuen Türme*, 1946) entstanden in der NS-Zeit und stellen der Zerstörung abendländischer Werte bewusst die kunstvollste traditionelle Form dichterischen Ausdrucks entgegen. Auf seine Weise dichtet **Grass** sogar eine Art Sonetten-Kranz von 13 Sonetten mit seiner politischen Thematik: *Novemberland* (1992).

Das jahrhundertealte Gebiet der Sonett-Poesie zu überschauen ist schwerlich möglich und hier nicht nötig. Doch einige bemerkenswerte Beispiele sollen einen gewissen Eindruck vermitteln.

Zunächst das berühmte *Sonett 18* von **Shakespeare** (1609) in der am weitesten verbreiteten Übersetzung von Terese Robinson (1927). Es ist ein Sonett vom englischen Typ, das nach den zwei Quartetten die dialektische Wende („doch ...") exemplarisch zeigt und sich dann sozusagen selbst darstellt.

Soll ich dich einem Sommertag vergleichen,	a
Der du viel lieblicher und sanfter bist?	b
Durch Maienblüten raue Winde streichen,	a
Und Sommers Pracht hat allzu kurze Frist.	b
Oft fühlst zu heiß des Himmels Aug du brennen,	c
Oft hüllt zu dunkler Schleier den Azur,	d
Und stets muss Schönes sich vom Schönen trennen	c

Durch Zufall oder Wandel der Natur.   d

Doch deines Sommers Glanz wird nie ermatten,   e
Nie von dir fallen deine Herrlichkeit,   f
Nie wirst du wandeln in des Todes Schatten,   e
In ewigen Reimen strahlst du durch die Zeit.   f

Solange Menschen atmen, Augen sehn,   g
Wird dies mein Lied, wirst du in ihm bestehn.   g

Gryphius, der größte deutsche Barockdichter aus Schlesien, hätte – wäre Deutschland nicht im Dreißigjährigen Krieg verheert und zerstört worden – ein deutscher Shakespeare werden können. Zum Exempel diene sein Sonett von 1643:

AN DIE WELT

Mein oft bestürmtes Schiff, der grimmen Winde Spiel,   a
Der frechen Wellen Ball, das schier die Flut getrennet, b
Das über Klipp auf Klipp und Schaum und Sand gerennet, b
Kommt vor der Zeit an Port, den meine Seele will.   a

Oft, wenn uns schwarze Nacht im Mittag überfiel,   a
Hat der geschwinde Blitz die Segel schier verbrennet. b
Wie oft hab ich den Wind und Nord und Süd verkennet!   b
Wie schadhaft ist der Mast, Steuer-Ruder, Schwert und Kiel! a

Steig aus, du müder Geist! Steig aus! Wir sind am Lande. c
Was graut dir vor dem Port? Itzt wirst du aller Bande c
Und Angst und herber Pein und schwerer Schmerzen los. d

Ade, verfluchte Welt: du See voll rauer Stürme!   e
Glück zu, mein Vaterland, das stete Ruh im Schirme   e
Und Schutz und Frieden hält, du ewig-lichtes Schloss! d

Dies ist ein Sonett vom italienischen bzw. französischen Typ aus der Zeit des Barock. Diese Epoche ist, wie wohl keine sonst in Europa, zumal im kriegszerrissenen Deutschland, von der existenziellen Erfahrung der Antagonismen gezeichnet und zugleich getrieben von der Sehnsucht nach der Lösung der Widersprüche, ja, nach Erlösung von dem Bösen. Seit Heraklit und Aristoteles weiß die Philosophie: Im Widerstreit bedingen sich die Gegensätze, zugleich aber schließen sie sich aus. Wer nun die Synthese fände, der vermöchte das scheinbar Unmögliche: die schmerzenden Widersprüche „aufzuheben", und das hieße im Hegelschen Sinne ein Dreifaches: sie beseitigen, aufbewahren und auf eine höhere Ebene heben. Das Sonett kann man nun geradezu als ein strenges mathematisches Modell sehen, mit dessen formaler Hilfe scheinbar unlösbare Aufgaben gelöst werden können.

Gerade weil das Jahrhundert des dreißigjährigen Religions- und Macht-kampfes aus den Fugen war, strebten denkende Dichter nach dem gut Ge-fügten, nach einer festen Form, die das Chaos der Antagonismen durch Kosmos – das heißt wörtlich: durch „Ordnung" *und* „Schönheit" – zu bändi-gen versprach, zumindest im Reich der Kunst.

Es ist wohl alles andere als ein Zufall, dass in der Musik des Barock eben-falls ein besonders strenges Formprinzip herrschend wurde: **die Fuge**. Auch sie verspricht, die Gegensätze zusammenzuzwingen, sie zur Ordnung zu rufen und in Klangschönheit aufzuheben.

Die Fuge gilt seit dem 14. Jahrhundert und zumal seit J. S. Bach als die strengste und vollkommenste kontrapunktische Kompositionstechnik. Das Wesentliche am Kontrapunkt ist, dass die verschiedenen Stimmen eines Satzes in ihrer Bedeutung gleichgewichtig sind. Das Grundprinzip ist das „Kontra" von Thema und Gegenthema (im Sonett spricht man üblicherweise von The-se und Gegenthese). Wie Johann Sebastian Bach als der unbestrittene Meister der Fuge gilt, ist Andreas Gryphius der Meister des barocken Sonetts.

Das Sonett, das Gryphius hier *An die Welt* richtet, besteht wie alle Sonette aus 14 Versen. Hier sind es Langverse, die den Zeilenstil begünstigen: Fast jede Zeile endet mit einem Satzzeichen. Die Alexandriner bestehen aus sechs-füßigen Jamben mit Binnenzäsur. In dieser zweischenkligen Bauart sind sie generell disponiert für antithetische Inhalte. Ein Beispiel:

> Oft, wenn uns schwarze *Nacht* im *Mittag* überfiel [...].

Wie der Einzelvers des Alexandriners so bietet das Sonett in seiner Gesamt-struktur die Disposition zum Gegensätzlichen, und zwar im Schritt von den Quartetten zu den Terzetten. Auch wegen dieser formalen Zäsur, welche die inhaltliche herausfordert, ist das Sonett in besonderer Weise geeignet als Gefäß für antithetische Gedankendichtung, wie sie der barocken Weltsicht entspricht. In diesem Sonett zeigt sich dies im Gegensatz von stürmischer Bewegung und Fahrt (in den Quartetten) sowie dann im Zur-Ruhe-Kommen und der Landung des Schiffes (in den Terzetten).

Beide Quartette haben dasselbe Reimschema: den umarmenden Reim a b b a. Die Reimfolge der Terzette ist der Schweifreim: c c d und e e d. Die Folge der Kadenzen ist in beiden Quartetten: männlich, gleitend, gleitend, männlich; in den beiden Terzetten ist sie: weiblich, weiblich, männlich. Der umarmende Reim hält jedes Quartett in sich zusammen. Dass beide vom selben Inhalt, von der Lebensfahrt auf dem Meer der Welt, handeln, wird durch die Gleichheit der Reime in beiden Quartetten, also durch den Oktavreim, unterstrichen. Mit dem Wechsel des Aspekts von der Fahrt zur Landung wechselt auch das Reimschema. Die Terzette sind ebenfalls aneinander gebunden, und zwar durch den Schweif-reim, der jeweils auf die letzte Zeile des Terzetts (d) zielt und auf diese Weise das grandiose Schlussbild vom „ewig-lichten Schloss" hervorhebt.

Ein gedankliches und sprachliches Kunstwerk.

Das folgende Sonett von **Otto H. Kühner** (1921-1996) gehört zum französischen Ronsard-Typ mit umschlingendem Oktavreim und variierter Reimordnung der Terzette.

SONETT GEGEN SONETTE

Wir brauchen keine mehr, die Verse machen	a
Und ihre Ungeduld in Reime bringen,	b
Wir müssen jetzt in Manifesten singen,	b
Nicht mit Gedichten und mit Almanachen,	a
Und nicht von schönen Nebensachen	a
In Vers und Stabreim, gleich den Dichterlingen,	b
Von Seidelbast, Seerosen und Syringen,	b
Statt Trotz, Tumult und Taten anzufachen;	a
Nicht Enthusiasmus und Empörung zwängen	c
In Reim und Verse wie in ein Korsett,	d
Stilistisch ausgefeilt bis zum Tezett,	d
Nein, Barrikaden, Blut und Bajonett!	d
Die Welt lässt sich nicht ändern mit Gesängen,	c
Nicht mit Gedichten, Strophe und Sonett!	d

Dieses Sonett aus dem Jahre 1977 ist eine contradictio in adiecto, ein perfekt entfalteter Widerspruch in sich selbst. Das Sonett, das doch jahrhundertelang ein elegant geformtes Gefäß für das Geistreiche und Schöne war, wird hier zu dessen Widerruf und zur Forderung des blutigen sozialistischen Kampfes im Sinne der Achtundsechziger. Aber auch damit kann diese wunderbar geprägte Form sich füllen lassen, selbst wenn man sie sprengen will.

Robert Gernhardt (1937 – 2006) erdichtet 1981 perfekt gestaltet das total satirische, ultimative Gedicht über

MATERIALIEN ZU EINER KRITIK
DER BEKANNTESTEN GEDICHTFORM ITALIENISCHEN URSPRUNGS

Sonette find ich sowas von beschissen,	a
so eng, rigide, irgendwie nicht gut;	b
es macht mich ehrlich richtig krank zu wissen,	a
dass wer Sonette schreibt. Dass wer den Mut	b
hat, heute noch so'n dumpfen Scheiß zu bauen;	c
allein der Fakt, dass so ein Typ das tut,	b
kann mir in echt den ganzen Tag versauen.	c
Ich hab da eine Sperre. Und die Wut	b

darüber, dass so'n abgefuckter Kacker   d
mich mittels seiner Wichserein blockiert,   e
schafft in mir Aggressionen auf den Macker.   d

Ich tick nicht, was das Arschloch motiviert.   e
Ich tick es echt nicht. Und wills echt nicht wissen: f
Ich find Sonette unheimlich beschissen.   f

Das Haiku, das dreizeilige japanische Kurzgedicht, ist auch in Deutschland zunehmend bekannt und beliebt. Das japanische Volk ist wohl das einzige, in dem die Lyrik seit Jahrhunderten Volkssport ist. Noch heute gibt es am japanischen Kaiserhof ein Amt zur Pflege der Dichtkunst, und der Kaiser veranstaltet alljährlich zu Neujahr einen Wettbewerb für Kurzgedichte, zu dem stets einige Hunderttausend eingesandt werden. Es geht beim Haiku, der kürzesten Gedichtform überhaupt, darum, vollendet Schönes auf kleinstem Raum mit sparsamsten Mitteln aus dem Geiste des Zen-Buddhismus zu gestalten.

Das japanische Haiku ist ein Dreizeiler mit 17 Silben (nicht Hebungen!). Diese verteilen sich auf die drei Zeilen im Verhältnis 5 – 7 – 5.

	Silben
Alter Teich in Ruh –	5
Fröschlein hüpft vom Ufersaum.	7
Und das Wasser tönt.	5

Dieses Haiku von Bashô (1644 – 1694) kennt wohl jeder Japaner. Es besagt etwa: In die unendliche Ruhe der Zeitlosigkeit bringt der Mensch mit seiner Geschäftigkeit nur eine winzige Unterbrechung.

Das Tanka ist um zwei Zeilen länger. Im Fünfzeiler mit 31 Silben verteilen sich diese im Verhältnis 5 – 7 – 5 – 7 – 7.

	Silben
Wenn einer dich fragt,	5
was denn unsres Inselvolks	7
wahres Wesen sei,	5
zeig den Kirschenbaum am Berg,	7
der im Morgenwinde blüht.	7

Dieses Tanka von Motoori Norinaga (1730 – 1801) verweist darauf, dass die Kirschenblüte abfällt, ehe sie verwelkt. So ist sie ein Sinnbild des Samurai-Geistes.

Die beiden zitierten silbengetreuen Übersetzungen und die Deutungen stammen von Gerolf Coudenhove (*Japanische Jahreszeiten. Tanka und Haiku aus dreizehn Jahrhunderten.* Zürich 1963). In sonstigen Nachdichtungen oder eigenen Nachahmungen wird die strenge Silbenzählung meist vernachlässigt. Es bleiben drei oder fünf freirhythmische kurze Zeilen.

6. Lektion:
Metrum und Rhythmus

In seinem philosophischen Groß-Gedicht *Die Künstler* (1788/89) singt Schiller unter anderem ein Loblied auf „das Gleichmaß", also das **Metrum** in allem. Er sieht die Künstler auf einer „ehrenvollen Stufe, / Worauf die hohe Ordnung" sie gestellt hat (V. 99 f.), denn sie haben „das Gleichmaß in die Welt gebracht, / Dem alle Wesen freudig dienen" (V. 103 f.). Was in der Natur verstreut erscheint, wird im Schauspiel und im Gesang der Dichter „der Ordnung leicht gefasstes Glied" (V. 228). Der Künstler erschafft sein Werk also nicht willkürlich aus sich selbst, nein: der „fortgeschrittne Mensch" misst die Natur „mit *Maßen*, die sie ihm geliehn" (V. 281). „Und preiset er das Weltgebäude, / So prangt es durch die Symmetrie. // In allem, was ihn jetzt umlebt, / Spricht ihn das holde Gleichmaß an" (V. 286 ff.). Es sind die Künstler, also auch die Dichter, welche „die hohe Ordnung", „die Symmetrie", „das holde Gleichmaß" nach dem Bilde der Natur „in die Welt gebracht" haben. So preist Schiller die klassische Harmonie. Dementsprechend ist auch das Gleichmaß der Vers-Metren aus den Symmetriegesetzen der Natur selbst entliehen.

„Der Rhythmus ist in der Zeit, was im Raume die Symmetrie ist, nämlich Teilung in gleiche und einander entsprechende Teile [...]." Das erklärt Schopenhauer in seiner Abhandlung *Zur Metaphysik der Musik*. Diese Gleichung von Rhythmus und Symmetrie als Grundfigurationen in Zeit und Raum gilt generell für die Musik, aber auch für die Poesie. Im traditionellen Vers nennt man die „Teilung in gleiche und einander entsprechende Teile" das Metrum mit seinem gleichmäßigen Wechsel von Hebung und Senkung.

Friedrich Georg Jünger beobachtet in seinem Gedicht *Die Delphine* deren Spiel beim regelmäßig sich wiederholenden raschen Auf- und Abtauchen im Meer und sieht darin ein Bild für das Wechselspiel von Steigen und Fallen in dieser Welt:

> Hebung sind und Senkung eines,
> Und im Steigen wie im Fallen
> Spüre ich: ein Maß ist allen
> Dingen dieser Welt verliehen.
> (4. Strophe)

Das regelmäßige Auf und Ab der Metren erzeugt eine innere Einheit in der Vielfalt des Gesagten. Das „Silbenmaß" (Goethe) lenkt die Wortfolge in geordnete Bahnen. Es bringt den gedachten Text in eine Taktfolge und ist ein Taktgeber oder ein Schrittmacher in den Gangarten der verschiedenen Versmaße, die jeweils im Gleichtakt erklingen. Ist einmal der metrische Takt in der ersten Zeile angestimmt, schwingt sogleich das ganze System des Textgebildes in diesem Rhythmus. So entsteht ein hohes Maß an ästhetischer Ordnung. Doch es sind – wenn ein Dichter und kein Verseschmied am Werke ist – nicht etwa aufgepresste Formalstrukturen, denn Metren sind aus der Natur und ihren Symmetrien gewonnene verbale Ordnungssysteme. Für die Griechen waren einst in ihrem Wort „kósmos" die Bedeutungen „Ordnung" und „Schönheit" identisch: Ordnung ist Schönheit. Eben deshalb hatten die Griechen hierfür nur *ein* Wort. (Und die dritte Bedeutung von „kósmos" ist das „Weltall", denn dieses ist „Ordnung" und „Schönheit" insgesamt im Unendlichen.)

Indem Metren maß-gebend sind, zeigt sich in ihnen auch ein Moment des Ethischen. Das griechische Wort „éthos" (ebenso wie das lateinische Wort „mos, moris"; daher das Wort „Moral") meint ursprünglich das Geziemende, das Herkommen, den Brauch. Das Metrum sagt also von alters her: So ist all das Gesagte aufgehoben in einer höheren Ordnung; ja, das gehört sich so. Eben deshalb wurden seit den ältesten Zeiten in den traditionellen Gesellschaften Myriaden von Versen geformt, und deshalb auch verlieren sie sich schrittweise durch die stetige Auflösung der engen gesellschaftlichen Bindungen in der zunehmenden Individualisierung und Vereinzelung der Neuzeit.

Metrum und Rhythmus sind nun am konkreten Exempel zu beobachten und zu untersuchen. Als ein Beispiel für die **„rhythmische Analyse eines Gedichts"** kann zunächst ein Kapitel **Wolfgang Kaysers** dienen. Es findet sich in der weit verbreiteten *Einführung in die Literaturwissenschaft* (Bern und München 1948, S. 255-257) und wortgleich zuvor schon in seiner *Kleinen deutschen Versschule* (Bern 1946 u.ö., S. 108 – 111). Man sollte es gegebenenfalls zunächst einmal lesen.

Kayser wählt als Beispiel Clemens Brentanos kleines zweistrophiges *Wiegenlied*, dessen erste Strophe lautet:

> Singet leise, leise, leise,
> Singt ein flüsternd Wiegenlied,
> Von dem Monde lernt die Weise,
> Der so still am Himmel zieht.

Die *inhaltliche* Analyse zeigt, dass die Bedeutungen der Worte hier kaum festzulegen sind. Vorwiegend sind es harmonische Klänge. Kayser will sich sodann in den *Rhythmus* des kleinen Gedichts „einschwingen", ohne es freilich zu skandieren. Er unterscheidet unbetonte, betonte und leicht betonte Silben sowie Kola, die er als leichten oder deutlich merkbaren Einschnitt markiert (S. 253).

Wer dagegen – anders als Kayser – das Metrum der Verse einfach erst einmal *skandierend* feststellt, findet: Es sind eindeutig jeweils vierhebige Trochäen. In Kaysers Notierung ist von diesem gleichbleibenden Grundmuster der Verse nichts mehr zu erkennen, denn er will eben nicht das *Versmaß* exakt *analysieren*, sondern den *Rhythmus* nach seinem Empfinden *interpretieren*, sich in einen so erlebten Rhythmus gefühlsmäßig „einschwingen". Lässt man nun eine Gruppe Studenten diese Zeilen Brentanos skandierend analysieren, ergibt sich übereinstimmend das genannte Versmaß. Kaysers rhythmische Notierungen bleiben demgegenüber ganz subjektiv. Dies trifft insbesondere für seine Markierung der Kola zu.

Unter einem **Kolon** versteht man traditionell einen Sprechtakt als Gliederung in Prosa oder Vers, begrenzt durch leichte Atempausen oder merkliche Einschnitte beim Sprechen. Es gilt als kleinste rhythmische Sprecheinheit von einem oder mehreren Worten. So besagt es die antike Rhetorik, und in Verslehren spielen Kola noch immer eine Rolle. Versucht man jedoch in praxi mit einer Gruppe Studenten sich auf solche „leichte Atempausen" zu verständigen, ist in keinem Falle eine einheitliche Gliederung in Kola zu erhalten. Kaysers Notierungen werden nur als subjektiv, als eine von vielen Möglichkeiten verstanden und schulterzuckend hingenommen. Fazit: Kola sind nicht konsensfähig. Also sollte man ganz auf diesen Begriff verzichten!

Ausführlich setzt sich auch **Erwin Arndt** mit dieser Rhythmusinterpretation Kaysers auseinander in *Deutsche Verslehre. Ein Abriss* (Berlin 1996, 13. bearb. Aufl., S. 14 – 16). Er zitiert Kaysers Satz von „jener Ordnung, die den Vers beseelt", und fährt kritisch fort: „Kaysers Rhythmenbild aber überdeckt diese Ordnung, löst sie zugunsten einer rein subjektiv bestimmten einmaligen Interpretation auf. Gleichzeitig stellt er damit falsche rhythmische Ordnungen her [...] (S.16).

Will man in einer Vers*schule* das Lernbare in der Versanalyse und -interpretation erfassen und vermitteln, wird man auf das alte, aber nur völlig subjektiv verwendbare Interpretatonsinstrument „Kolon" gern verzichten. Stattdessen sollte man sich an Nachprüfbares halten! In der 3. Lektion wurde hier gezeigt: Zweifelsohne gibt es 1. die **Wortbetonung**, 2. die **Satzbetonung** (Modelle jeweils für Aussage-, Frage-, Befehlssatz) und 3. die **Sinnbetonung** (abhängig vom besonderen Sinn einer Aussage). Wer Verse liest und als Verse interpretiert, beobachtet nachprüfbar diese **drei sich überlagernden Betonungsstrukturen**.

Statt der traditionellen Verwendung des unfruchtbaren Begriffs „Kolon" ist es in diesem Zusammenhang wesentlich, die Verwandtschaft und den Unterschied zweier zentraler Begriffe zu erörtern und zu veranschaulichen: **Metrum** (wörtlich „das Maß") und **Rhythmus** (wörtlich „das Fließen", vom Verb *rhéein*). Schon in der Antike beginnt das rationale Messen der Töne nach Längen und Kürzen, das neben der Musik die Bildung der griechischen und lateinischen Verse bestimmt. Das Metrum (oder der Takt) lässt sich heutzutage am besten in der Musik beobachten, und zwar an einem praktischen Gerät, das den Takt schlägt: dem *Metronom*. (Auf Anregung Beethovens hat es Mälzel 1816 konstruiert.) Dieser uhrenähnliche Taktmesser gibt durch ein tickendes Pendel die eingestellte Anzahl der Schläge pro Minute an. Andererseits denke man an den *Dirigenten* eines Orchesters. Selbstverständlich muss er den Takt schlagen, Takt halten, im Takt bleiben. Aber diese Tätigkeit ist nicht identisch mit der des mechanischen Taktmessers, sonst könnte man ja den Dirigenten der Einfachheit halber durch das präzise Gerät ersetzen. Was der Dirigent gestaltet, ist – auf der Grundlage des festgefügten normativen Unterbaus der Takte – der Rhythmus, also die taktmäßige Gliederung eines beseelten Ton- oder Bewegungsablaufs. Erst die lebendigen Abwandlungen der Zeitverläufe ermöglichen die Vielfalt und relative Freiheit des Rhythmischen im Vergleich zur Einförmigkeit des Taktes, das heißt der Zuordnung frei wechselnder Dauern zu einem festen Grundmaß. In der Musik spricht man auch von der *Agogik*. Sie meint die in der Notenschrift nicht fassbaren, aber vom Interpreten bewusst eingesetzten Differenzierungen des Tempos zur Gliederung und Belebung des Vortrags.

Rhythmus als umfassender Begriff umschließt grundlegend auch die periodisch wiederkehrenden Natur- und Lebensvorgänge. Deren zeitliche Ordnung und Abfolge beruht einerseits auf **Wiederholung**, andererseits auf **Variation**. Zwar kehrt in unseren Breiten z.B. der Frühling regelmäßig wieder, aber kein Frühling ist identisch mit dem anderen. Der Mensch selbst ist ohne Rhythmus gar nicht lebensfähig. Zwei Rhythmus-„Motoren" halten uns am Leben: Herzschlag und Atem. Beide müssen in regelmäßiger Abfolge ihren Takt einhalten. Setzen sie für einige Zeit aus, tritt der Tod ein. Also: Kein Leben ohne Rhythmus. Allerdings stehen Herzschläge und Atemzüge zwar in taktmäßiger Abfolge (*Wiederholung*), aber sie sind auch wandelbar (*Variation*): Herzschlag und Atem können sich physischen und psychischen Vorgängen anpassen – schneller oder langsamer werden, also nicht nur im gleichen *Takt* bleiben, sondern sich in lebendigem *Rhythmus* bewegen. In meinem Essay *Rhythmus aus Herzschlag und Atem* wird genauer und ausführlich gezeigt, dass sie der Ursprung für alle rhythmischen Gestaltungen des Menschen sind, also auch für die rhythmische Formung von Sprache in der Poesie seit den ältesten Zeiten der Menschheit.

Wer *metrische* Verse analysieren will, muss zunächst einmal *skandieren*, also die Takte übertrieben schematisch betonen. So wird die systematische Struktur hörbar als Taktfolge. Das mag manchem abstoßend und vor allem unpoetisch vorkommen. Hier aber geht es darum, in einer Untersuchung sozusagen den Knochenbau im poetischen Gebilde zu durchleuchten. Ein Skelett freilich wirkt jedenfalls ziemlich ernüchternd. Aber ohne ein solches Skelett gäbe es gar keine feste Gestalt! Manche möchten sich dagegen wohl lieber nur sozusagen mit den schönen Rundungen des Fleisches, also den Klängen und Schwingungen des Poems befassen. (So verfährt offenbar, wie oben skizziert, Wolfgang Kayser.) Doch ohne Knochengerüst wäre das alles – zumindest bei einem Wesen wie dem Menschen – bloß ein formloser Haufen. Erst *beides* aber – die feste Taktstruktur *und* der inhaltlich-sinnbetonte Part – kann eine wunderbare, lebendige Gestalt ergeben. *Beides* ist jeweils nacheinander zu analysieren, also „auseinander zu nehmen", und sodann in einer Synthese zusammenfassend zu interpretieren, das heißt, nacherlebbar zu machen. Denn *beides* zusammen zeigt die sinnfällige Gestaltung des zeitlichen Verlaufs von Klangereignissen: die metrisch-rhythmische Schönheit eines poetischen Gebildes.

Wir sollten nun einmal das Zusammenwirken von **Metrum** und **Rhythmus** in einem kleinen **Experiment** erprobend beobachten. Eine Fernseh-Illustrierte bringt regelmäßig zur Unterhaltung zwei scheinbar gleiche Bilder. Eines ist das **Original**, das andere eine **Fälschung** mit Fehlern. So könnte auch hier eine Strophe eines romantischen Gedichts untersucht werden. Eines ist das Original, das andere eine Fälschung. Jeder Text muss zunächst einmal skandiert werden, wie das in einer früheren Lektion eingeübt wurde.

Text A
Es rauschen die Wipfel und schauern,   x | x́ x x | x́ x x | x́ x
Als machten zu so später Stund   x | x́ x x | x́ x x | x́
Um fast schon versunkene Mauern   x | x́ x x | x́ x x | x́ x
Die uralten Götter die Rund.   x | x́ x x | x́ x x | x́

Text B
Es rauschen die Wipfel und schauern,   x | x́ x x | x́ x x | x́ x
Als machten zu dieser Stund   x | x́ x x | x́ x | x́
Um die halbversunkenen Mauern   x x | x́ x | x́ x x | x́ x
Die alten Götter die Rund.   x | x́ x | x́ x x | x́

Die Versanalyse von Text A hat ein klares Ergebnis: Die vier Verse bestehen aus dreihebigen Daktylen mit Auftakt, und sie haben alternierenden Kreuzreim: weiblich, männlich. Bei Text B scheint zunächst alles gleich, bis auf einige Worte, aber das Metrum variiert dadurch beträchtlich. Dieser Text lässt, außer in der ersten Zeile, den Skandierenden metrisch stolpern. Hier sind es drei- und zweihebige Versmaße: Daktylen und Trochäen, gemischt. So lässt sich nur sagen: Alle vier Verse sind dreihebig mit Auftakt (in der 3. Zeile ist es zudem ein seltener doppelter Auftakt); teilweise haben sie Doppelsenkung, teilweise nur eine.

Die Frage, welcher der beiden Texte das Original ist, ist keineswegs aus der Luft gegriffen. Vor solchen Fragen stehen Herausgeber oft, da keineswegs immer vom Verfasser autorisierte Fassungen letzter Hand vorliegen. Von Walther von der Vogelweide z.B. gibt es gar kein Autograph. Seine Verse, wie wir sie in den heutigen Ausgaben lesen, finden sich so in keiner der variierenden Handschriften. Sie sind nach philologischen Gesichtspunkten rekonstruiert, wobei z.B. auch Abweichungen vom Metrum korrigiert wurden.

Welche der beiden soeben metrisch untersuchten Textfassungen ist nun das Original? In mehrfachen Tests mit Studentengruppen fiel die Zuordnung meist eher zugunsten des Textes A aus. Für diesen Text sprach vor allem, dass er metrisch rein und regelmäßig ist. Andere dagegen fanden Text A zu glatt und bevorzugten die etwas unregelmäßigen Metren von Text B. Er schien ihnen „interessanter", gerade wegen seiner metrischen Unebenheiten.

Tatsächlich ist Text B das Original. Es ist die 1. Strophe von **Eichendorffs Gedicht** *Schöne Fremde*. Text A dagegen wurde von mir durch einige wenige Wortveränderungen metrisch begradigt. Das bedurfte wahrlich keiner großen Kunst. Und das führt zu der Überlegung: Wenn es nun so leicht ist, Eichendorffs Text metrisch auf die Reihe zu bringen, warum hat der Dichter nicht selbst ein reines Versmaß gewählt? War es Nachlässigkeit? Einst entschuldigte man Nachlässigkeiten im Versbau mit dem Spruch: „Quandoque bonus dormitat Homerus." Manchmal schläft selbst der gute Homer (Horaz: Ars poetica 359 f.). Eichendorff kann sich nicht mehr dazu äußern. Doch wer der Frage nachgeht, wird derartige metrische Unregelmäßigkeiten bei ihm und bei seinen Zeitgenossen immer wieder finden. Sind sie alle nur ein wenig unachtsam?

Es gibt einen guten Grund für die Annahme, dass hier kein Dilettantismus, sondern höchster Kunstverstand am Werke ist. Denn wenn Verse nicht mehr wie in der Antike durch komplizierte strenge Metren und Gesang wirken können, dann ist das Gleichmaß nicht mehr ein Mittel zur Erzeugung einer gehobenen Stimmung in leichter Trance, sondern oft schlicht eintönig, etwas leiernd. (Dieses abwertende Wort ist nicht zufällig abgeleitet von Lyra = Leier, dem Begleitinstrument antiker Lyrik.) Hinzu kommt eine Besonderheit der Metrik der germanischen Sprachen, im Gegensatz zu der streng silbenzählenden im romanischen Bereich: Es ist die traditionelle Senkungsfreiheit, die sich im als besonders deutsch empfundenen *Knittelvers* erhalten hat. Auch um der Eintönigkeit der Versmaße zu entgehen, wurden – aus dem Geiste moderner Subjektivität – um die Mitte des 18. Jahrhunderts von Klopstock die *Freien Rhythmen* erfunden. Wer in der Neuzeit also noch Metren für seine Verse wählt, wird sie womöglich aufrauen, um allzu wohlfeile Glätte zu vermeiden. Zum Beispiel verspottet Heine die Verse Platens wegen ihrer auffallenden metrischen Perfektion. Während, pauschal gesagt, die klassische Antike dem Ebenmaß huldigte und das Mittelalter sich dem Ordo-Gedanken verpflichtet fühlte, kann in der revolutionär bewegten und von Subjektivität geprägten Neuzeit auch die Sprache der Dichtung nicht bedenkenlos das Silbenmaß pflegen.

Übrigens ist auch kein gotischer Dom des Mittelalters so perfekt und stilrein wie die neugotischen Nachahmungen des 19. Jahrhunderts. Das Echte ist selten perfekt glatt.

Nun ein weiteres Beispiel zur Frage: Original oder Fälschung?

Text A

Dieses Baumes Blatt, von Osten	x́ x ǀ x́ x ǀ x́ x ǀ x́ x
Meinem Garten anvertraut,	x́ x ǀ x́ x ǀ x́ x ǀ x́
Gibt geheimen Sinn zu kosten,	x́ x ǀ x́ x ǀ x́ x ǀ x́ x
Wie's den Weisen wohl erbaut.	x́ x ǀ x́ x ǀ x́ x ǀ x́

Text B

Dieses Baums Blatt, der von Osten	x́ x ǀ x́ x́ ǀ x́ x ǀ x́ x
Meinem Garten anvertraut,	x́ x ǀ x́ x ǀ x́ x ǀ x́
Gibt geheimen Sinn zu kosten,	x́ x ǀ x́ x ǀ x́ x ǀ x́ x
Wie's den Wissenden erbaut.	x́ x ǀ x́ x ǀ x́ x ǀ x́

Die Verse von Text A sind durchgehend reine Trochäen mit wechselnd weiblicher und männlicher Kadenz. In der ersten Zeile von Text B stolpert man womöglich über die kurze Genitivform „dieses Baums". Hierdurch stoßen gleich drei Betonungen aufeinander: „Dieses Báums Blátt, dér [...]". Man nennt dies einen *Hebungsprall*, und der ist selten. Sind das handwerkliche Fehler? Oder ist das Absicht? Die von mir stammende Glättung in Text A ist jedenfalls die Fälschung, die ungleichmäßige Formulierung in Text B ist die von Goethe. Es ist die erste Strophe seines Gedichts *Gingo Biloba* aus dem *West-östlichen Divan*. Nun wiederum die Frage: Wenn es so leicht ist zu glätten, warum hat es Goethe nicht selbst getan? Offenbar gefiel ihm die raue Fügung – ein *Stolpereffekt*, hier noch verstärkt durch Alliteration.

Die Werbefachleute haben etwas herausgefunden, wofür sie den Begriff **Stolpereffekt** verwenden. Auch in der Werbung muss man sich ja beim Formulieren der Slogans einerseits mit der gleichmäßig hämmernden Wirkung des Metrums und der Klangbindung des Reims beschäftigen, andererseits aber muss das allzu Glatte, am Ohr Vorbei-Gehende vermieden werden. Optisch geschieht dies z.B. im Firmennamen BRAUN. Diese merkwürdige Schreibung hat keineswegs einen tieferen Sinn; das herausragende A hat nichts zu bedeuten. Es dient nur als Stolpereffekt, der Aufmerksamkeit und Einprägsamkeit bewirken soll.

In unserer *Kurzen Versschule* lautet ein Abschnitt **2.4 Wechselnde Metren**. Man kann sie auch **gemischte Versmaße** nennen. Immer wieder überlagert hier ein eigener, eigenwilliger Rhythmus das durchaus mögliche gleichförmige Metrum. Gerade diese scheinbare handwerkliche Unvollkommenheit aber kann die poetische Kunst vollenden. Karl Kraus hat etwas Entsprechendes bemerkt, wenn er einmal sagt: „Ihr fehlte zur Vollkommenheit nur ein kleiner Fehler." So hielten es jedenfalls viele Dichter der klassisch-romantischen Epoche, z.B. Heine in seiner auch über Deutschland hinaus berühmten Ballade *Lorelei*, deren erste Strophe hier etwas genauer metrisch untersucht werden soll.

		Silben
Ich weiß nicht, was soll es bedeuten,	x ‖ x́ x x ‖ x́ x x ‖ x́ x	9
Dass ich so traurig bin;	x ‖ x́ x ‖ x́ x ‖ x́	6
Ein Märchen aus alten Zeiten,	x ‖ x́ x x ‖ x́ x ‖ x́ x	8
Das kommt mir nicht aus dem Sinn.	x ‖ x́ x ‖ x́ x x ‖ x́	7

Diese Verse sind verschieden lang: von 6 bis zu 9 Silben. Es gibt jeweils einen Auftakt und drei Hebungen, aber unterschiedliche Senkungen. Auch hier könnte ein „Merker" die zweisilbigen Takte bemäkeln und leicht zu dreisilbigen auffüllen. Und beim Singen geschieht das in der Tat oft in der dritten Zeile: „Ein Märchen aus **ur**alten Zeiten ..."

Ähnlich ist es z.b. auch in Heines Gedicht *Doktrin* („Schlage die Trommel und fürchte dich nicht [...]"). Auch hier erzeugen die purzelnden, sozusagen schadhaften, trochäisch gebremsten Daktylen eine ganz eigene Lockerheit und Freiheit. Und die Bremswirkung hebt durch den Stolpereffekt einzelne Worte hervor. Zweifellos sind diese scheinbar prosaischen Brechungen künstlerisch-rhythmische Berechnung.

Die ohnehin im Deutschen relativ seltenen Daktylen werden in der Tat sehr oft nicht durchgehalten. Verse mit unregelmäßigen Senkungen, also gemischte oder wechselnde Versmaße, finden sich vor allem für die Zeit zwischen Romantik und Realismus und im 20. Jahrhundert.

Dafür, dass er sich nicht an eine strenge Regelmäßigkeit des Metrums hält, wurde schon Wolfram von Eschenbach von seinem Zeitgenossen Gottfried von Straßburg heftig gescholten im sogenannten Literaturexkurs des Versepos *Tristan und Isolde*: Wolfram sei ein Dichter, der „des hasen geselle sî / und ûf der wortheide / hochsprünge [...]" (V. 4638 ff.): Er sei der Geselle eines Hasen, der auf der Heide der Worte herumspringt [...]. Was der sprachlich perfekte Gottfried als Wolframs Herumhoppeln kritisiert, lobt Dieter Kühn (in *Der Parzival des Wolfram von Eschenbach*. Frankfurt a. M. 1986, S. 245): „Wolfram hat gewusst, dass mechanische Regelmäßigkeit des Metrums sein Werk töten würde. Es lässt sich nicht über Hunderte von Druckseiten, über beinah fünfundzwanzigtausend Verszeilen hinweg im sturen Zweivierteltakt dichten; es darf kein Strafexerzieren von Hebungen und Senkungen stattfinden. Wolfram blieb (bis auf wenige Ausnahmen) bei den vier Versakzenten pro Zeile, aber in den nichtbetonten Verssilben war er variabel."

Jedenfalls bleibt zu bedenken: Gäbe es das Grundmuster des Metrums gar nicht, könnte man auch nicht davon abweichen und rhythmisch damit spielen. Auch hier gilt das Naturgesetz von *Wiederholung* und *Variation*.

Eine weitere Abweichung vom Gleichschritt des Metrums zeigt sich immer wieder einmal am Versanfang. In der *Kurzen Versschule* ist dies im Abschnitt 3.1 kurz dargestellt. Wenn das Versmaß eines Gedichts, wie so oft, der Jambus ist, beginnt es bekanntlich mit einer kurzen Silbe (x x́). Gerade weil die Anfangssilbe vom Taktschema her unbetont sein soll, kann durch einen Kunstgriff eine **Akzentverschiebung** nach vorn erzeugt werden, und zwar dann, wenn der Wortsinn – abweichend vom jambischen Versmaß – einen Sinnakzent am Anfang erfordert. Schillers *Wilhelm Tell* ist in Blankversen verfasst, also in fünfhebigen Jamben ohne Reim. Die Schlusszeile der 1. Szene im 1. Akt gipfelt in der Frage:

> Wann wird der Retter kommen diesem Lande? (V. 184)

Vom Taktschema des Jambus her ist die Fragepartikel „wann" anfangs unbetont, und das folgende Hilfsverb „wird" ist betont. Dies wäre jedoch offenbar sinnwidrig, denn das den Fragesatz eröffnende „wann" trägt zweifellos einen eigenen Sinnakzent, und dieser zieht die Betonung von der zweiten auf die erste Silbe (x́ x), oder es werden beide Silben in einem *Hebungsprall* betont (x́x́). So entsteht ein Widerspruch zwischen eigenrhythmischer und metrischer Betonung, was wohl eine schwebende Doppelbetonung hervorruft. Auf jeden Fall belebt, beseelt dies das generelle Metrum in der Spannung zwischen Sinnbetonung und Versschema. Denn eben weil die Anfangssilbe vom Taktschema her unbetont sein sollte, wird die vorgezogene Sinnbetonung nun ganz besonders hervorgehoben, zumal unmittelbar darauf die regelmäßige Hebung folgen sollte, so dass zwei Hebungen aufeinander prallen: ein unüberhörbarer Sinnakzent.

Für dieses Verfahren der relativ seltenen Akzentverlagerung finden sich um so mehr Fachbegriffe: Hervorhebung durch zusätzlichen Sinnakzent, Akzentverschiebung, versetzte Betonung, schwebende Betonung, metrische Drückung (Wilpert), verschleierter Takt (Staiger) oder schließlich Synkope. Dieser Begriff, der mir besonders geeignet scheint, bedeutet in der Musik, aber eben auch im Vers, eine rhythmische Verschiebung gegenüber der regulären Taktordnung. In der *Kurzen Versschule* wurde hierfür als einfaches, prägnantes Beispiel der Anfang des bekannten Gedichts von C. F. Meyer *Der römische Brunnen* zitiert:

> **Auf**steíǵt der Stráhl und fállend gíéßt
> Er vóll der Mármorschale Rúnd
> [...].

Zweifellos muss der Sinnakzent auf die erste Silbe gelegt werden – entgegen dem jambischen Versmaß des ganzen Gedichts. Diese auffallende und einprägsame synkopische Akzentuierung des Gedichtanfangs hat sich C. F. Meyer in über sieben vorausgehenden Fassungen erst über Jahre hin erarbeitet. Ursprünglich lauteten die beiden Anfangsverse schlicht jambisch:

> Es steigt der Quelle reicher Strahl
> Und sinkt in eine schlanke Schal'.

Nun zur Verdeutlichung ein weiteres Beispiel für den versetzten Sinnakzent. In Heines Ballade *Belsazar* ruft dieser:

„Jehóvah! dir künd' ich auf éwig Hóhn –
Ich bín der König von Bábylon!"

Natürlich muss hier das „Ich" des hoffärtigen Herrschers synkopiert hervorgehoben werden.

Goethes Gedicht der Italiensehnsucht, *Mignons* Lied (1783/95), ist durchgehend jambisch. Allein dessen Anfang muss zweifellos mit vorgezogenem Akzent gesprochen werden:

Kénnst dù das Lánd, wo díe Zitrónen blühn,
Im dúnkeln Láub die Góldorángen glühn
[...].

Das Gedicht *Vermächtnis* (1829) des späten Goethe ist wiederum insgesamt jambisch. Doch auch hier wird der Anfang durch die vom Sinn her notwendige Doppelbetonung besonders nachdrücklich hervorgehoben:

Kéin Wésen kánn zu Níchts zerfállen!
Das Éw'ge régt sich fórt in állen
[...].

Im großen Anfangsmonolog von *Faust II* ruft der aus dem Heilschlaf erwachte Faust in jambischen Versen:

Hinaufgeschaut! – Der Berge Gipfelriesen
Verkünden schon die feierlichste Stunde;
Síe dürfen früh des éwigen Líchts geníeßen
[...]. (Vers 4695 ff.)

Auch diese synkopische Doppelbetonung des Vers-Anfangs ist zweifellos ein Kunstgriff.

Gleich mehrere Akzentverschiebungen finden sich im Gedicht des jungen Goethe *Willkommen und Abschied* (1771/89) am Vers-Anfang:

Es schlúg mein Hérz, geschwínd zu Pférde!   *Jamben*
[...]
Dích sah ich, únd die mílde Fréude   *Synkope am Anfang*
Flóss von dem süßen Blíck auf mích;   *Synkope am Anfang*
Gánz war mein Hérz an déiner Séite   *Synkope am Anfang*
Und jéder Átemzúg für dích.   *Jamben*

Ein freirhythmisches, hymnisches Gedicht des jungen Goethe ist gerichtet *An Schwager Kronos* (1774). Hier kann man eine höchst eindrucksvolle rhythmische Besonderheit beobachten. Der junge Dichter ruft auf dem Höhepunkt begeistert aus (Vers 14 f.):

Wéit hóch hérrlich der Blíck
Rings ins Leben hinein
[...].

Die drei aneinander gereihten adverbialen Adjektive „weit hoch herrlich" (ohne korrekt gliedernde Kommata) gleichen wohl drei pausenlosen, schnellen Glockenschlägen. *Hebungsprall* nennt man ein solches Zusammentreffen von Hebungen ohne dazwischen liegende Senkungen. „Das war schon im altdeutschen Vers das Mittel, Höhepunkt, Majestät auszudrücken", erklärt der Herausgeber und Kommentator Erich Trunz in *Goethe. Gedichte.* (HA 1, S. 488. Man vergleiche dazu auch Andreas Heusler: *Versgeschichte* 3, 1929, S. 391 f.)

Gäbe es das bekannte, als Grundmuster von metrischen Versen natürlich erwartete alternierende Taktsystem nicht, könnte man auch nicht höchst wirkungsvoll durch Synkopen am Vers-Anfang und im Hebungsprall rhythmisch damit spielen.

Während sich die Prosa schrittweise von Satz zu Satz bewegt, ist die Poesie geprägt vom schwingenden Hin und Her der Verszeilen, also von *zwei Pendelpunkten*: dem Zeilen-Anfang und -Ende. So ergeben sich, Zeile für Zeile, jeweils *zwei Eckpositionen*. Am Anfang, wenn der Vers anhebt, schwingt sich der Hörer oder Leser ins Versmaß des Gedichts ein, es sei denn, dieses beginnt mit einer Synkope (wie soeben ausführlich besprochen). Als zweite Eckposition in der Verszeile steht dann das letzte Wort am Zeilen-Ende. Und eben darum soll es nun gehen. (Vgl. hierzu in der *Kurzen Versschule* Nr. 3.2 *Das Vers-Ende* sowie Nr. 5.2.1 *Die Reimkadenz*.)

Antike Verse wie z.B. der Hexameter haben ihre eigenen Regelungen des Vers-Schlusses, während er bei unmetrischen Versen wie den Freien Rhythmen nicht geregelt ist und nur durch die meist subjektiv gestaltete Zeilenbrechung bestimmt wird. Die metrische Form des Vers-Ausgangs heißt **Kadenz** (von italienisch „cadenza" = „das Fallen, der Tonfall"). Die Germanisten Lachmann und Heusler haben hierzu unterschiedliche, jeweils komplizierte Regelungen erdacht. Es genügt jedoch vollauf, drei Formen der **Reimkadenz** zu unterscheiden, wie in der *Kurzen Versschule* unter Nr. 5.2.1 gezeigt und in der 11. Lektion besprochen. Zu beachten ist dagegen der **katalektische Vers-Schluss** (von griechisch „verkürzt, unvollständig"). Hier fehlen dem letzten Versfuß eine oder zwei Silben, sodass er nur aus ein oder zwei Silben besteht. Die sprachliche Füllung eines solchen Verses bricht also ab vor dem regulären Ende der vorangehenden metrischen Reihe, und diese Unvollständigkeit, dieses vorzeitige Stillstehen, erweckt den Eindruck einer Pause. Hier handelt es sich also um ein kurzes Abbrechen eines durchgehenden Vers-Schemas am Wendepunkt des Vers-Endes. Am entgegengesetzten Pendelpunkt, der anderen Eckposition am Vers-Anfang, entspricht dem andererseits, wie besprochen, die bisweilen auftretende Synkope als Akzentverschiebung.

Nun zwei Beispiele für unvollständig (katalektisch) realisierte Metren. Daktylisch mit unvollständigem Vers-Schluss:

Nur wer die Leier schon hob	x́ x x │ x́ x x │ x́ _ _
auch unter Schatten	x́ x x │ x́ x _
[…].	

(Rainer Maria Rilke: *Die Sonette an Orpheus IX*)

Trochäisch mit unvollständigem Vers-Schluss:

Flackre, ew'ges Licht im Tal   x́ x | x́ x | x́ x | x́ _

[...].

(Gottfried Keller)

Wer Verse schreiben will, muss sich – abgesehen von metrischen Feinheiten – in einer rhythmischen Gestimmtheit befinden. Die Grunderfahrung beim Erfinden von Versen ist die des festen metrischen oder freien Rhythmus, den man geradezu körperlich erlebt. In einem ausführlichen Essay mit dem viel versprechenden Titel *Wie macht man Verse?* (1927) verrät der revolutionäre russische Dichter **Wladimir Majakowski** viel von seinem poetischen Schaffensprozess, über den wir von anderen Dichtern fast nie etwas erfahren. Im folgenden Abschnitt schildert Majakowski, der auch berühmt war für das öffentliche Rezitieren seiner Verse, **die Geburt des Gedichts aus dem Rhythmus**.

Beim Gehen mit den Armen schlenkernd, brumme ich, fast noch ohne Worte vor mich hin; bald verlangsame ich meine Schritte, um das Brummen nicht aus dem Takt zu bringen, bald brumme ich schneller im Takt mit den Schritten.

So wird am Rhythmus gefeilt, bis er sich endgültig herausbildet – er ist die Grundkraft jedes dichterischen Produkts, das er als ein Schwall von Tönen durchzieht. Mit der Zeit beginnt man damit, aus diesem Schwall einzelne Wörter herauszulösen.

Einige Wörter springen einfach weg und kommen nicht wieder zurück, andere bleiben haften, werden einige Dutzend Male hin- und hergewendet und herumgedreht, bis man spürt, dass das Wort an die rechte Stelle gelangt ist. (Dieses Hand in Hand mit der Erfahrung sich weiter entwickelnde Gespür nennt man auch Talent.)

Zuerst bildet sich meistens das wichtigste Wort heraus – das ist das Grundwort, das den Sinn des Verses trägt, oder ein Wort, welches sich aus dem Reimprinzip ergibt. Die übrigen Wörter stellen und fügen sich in Abhängigkeit zum Grundwort ein.

Wenn die grobe Arbeit getan ist, hat man plötzlich das Empfinden, der Rhythmus reiße ab – da stimmt etwas nicht: eine kleine Silbe, ein kleiner Ton. Man fängt von neuem an, die Worte umzuformen, und diese Arbeit versetzt einen in Raserei. Es ist wie bei einer Zahnkrone, die nicht sitzen will; man passt sie dem Zahn hundertmal an, und endlich, nach dem hundertsten Versuch, nachdem man sie noch einmal festgedrückt hat, bleibt sie haften. Die Ähnlichkeit wird für mich noch dadurch verstärkt, dass ich buchstäblich Tränen in den Augen habe, wenn die Krone endlich sitzt – Tränen des Schmerzes und der Erleichterung.

Woher jener grundlegende rhythmische Schwall von Tönen herrührt, weiß ich nicht. Für mich ist es jede innerliche Wiederholung eines Klanges, eines Geräusches, einer Schwingung und sogar allgemein die Wiederholung einer jeden Erscheinung, die ich als Klang empfinde. Das Getöse des wogenden Meeres vermag ebenso einen Rhythmus in mir hervorzurufen wie ein Hausmädchen, das jeden Morgen mit der Tür knallt, was mir in ständiger Wiederholung dumpf durchs Bewusstsein donnert, ja, sogar wie die Erdumdrehung, die bei mir lächerlicherweise untrennbar mit dem Auf- und Abschwellen des Windes verbunden ist, wie er erzeugt wird, wenn man im Physiksaal schnell an einem Modellglobus dreht.

Das Bemühen, Bewegung zu organisieren, um sich herum Klänge zu erzeugen und deren Charakter, deren Besonderheiten herauszufinden, gehört zu den wesentlichen ständigen dichterischen Beschäftigungen – das ist das rhythmische Vorfabrizieren.

Ich weiß nicht, ob der Rhythmus außerhalb oder nur innerhalb meiner selbst existiert, höchstwahrscheinlich innerhalb. Aber zu seiner Erweckung ist ein Impuls vonnöten – so verursacht etwa ein Klirren, gleichgültig, woher es stammt, im Innern eines Flügels anhaltendes Dröhnen, so bringt Gleichschritt eine Brücke ins Schwingen – bis zur Einsturzgefahr.

Der Rhythmus: er ist die Grundkraft, die Grundenergie des Verses. Erklären lässt er sich nicht, man kann über ihn nur so sprechen, wie man über Magnetismus oder Elektrizität spricht. Auch Magnetismus und Elektrizität sind Erscheinungsformen der Energie.

(Übertragen von Dierk Rodewald. In: *Formen der Lyrik*. Reihe *Textbücher Deutsch*. Freiburg o.J., S. 116 f.)

7. Lektion:
Mündliche Poesie mit Melodie

„Tief ist der Brunnen der Vergangenheit." So beginnt Thomas Manns großer Roman *Joseph und seine Brüder*. Es geht um die Vergangenheit des „Rätselwesens" Mensch und seine „Anfangsgründe". Zu diesen gehört gewiss auch die Poesie, denn diese gab es lange, bevor die Schrift vor etwa fünftausend Jahren erfunden wurde. Nicht die Schreiber, sondern die Analphabeten haben sie vor undenklichen Zeiten erfunden. (Mehr dazu in meinem Essay: *Zur Wirkungsweise mündlicher Poesie*.)

Goethe flüchtete sich 1814, als Napoléons Herrschaft zerbrach, vor den wirren Zeitläuften seiner Gegenwart in die entfernteste Vergangenheit, in den „reinen Osten" (*West-östlicher Divan. Hegire*):

Dort, im Reinen und im Rechten,
Will ich menschlichen Geschlechten
In des Ursprungs Tiefe dringen
[...].

Bei diesem Vorhaben wusste er sehr wohl Bescheid über die ursprüngliche Mündlichkeit der frühen Poesie des Orients:

Wie das Wort so wichtig dort war,
Weil es ein gesprochen Wort war.

Die ältesten schriftlich erhaltenen Werke der Dichtung haben alle eine meist jahrundertelange mündliche Vorgeschichte. (Diese wird dargestellt in meinem Essay: *Vorlauf. Die mündliche Vorgeschichte früher Texte*.) Das älteste bekannte Epos der Menschheit, das Zwölf-Tafel-Epos *Gilgamesch* vom Ende des 2. Jahrtausends v. Chr., besteht aus 3.600 Versen. Und die beiden Großepen am Beginn der abendländischen Dichtung, Homers *Ilias* und *Odyssee* aus dem 8. Jahrhundert v. Chr., bestehen aus zusammen etwa 28.000 Hexametern, einem komplizierten Versmaß.

Wie klangen Verse in der Frühe der Menschheit? So könnte eine weiterführende Frage lauten. Keiner kann es selbstverständlich genau sagen. Aber benutzen wir einmal den Kunstgriff der Ethnologen. Sie schließen oft von heutigen „primitiven", d.h. wörtlich „ursprünglichen" Formen auf die der Urzeit. Und in der Tat: Es gibt noch heute, im 20. und 21. Jahrhundert, Sänger, die Epen in Versen singen. Die *Oral Poetry*, das mündliche Epos, wird seit der ersten Hälfte des 20. Jahrhunderts in Feldforschungen untersucht. Zu nennen ist vor allem der Amerikaner Milman Parry, der die südslawischen Epen-Sänger, die Guslaren, beobachtete und deren Improvisations-Rhapsodik in Verbindung brachte mit der ursprünglich ebenfalls mündlichen Epik Homers. (Eine Einführung in die „Oral-Poetry"-Forschung bietet Edward R. Haymes: *Das mündliche Epos.* Stuttgart 1977.) Noch im 20. Jahrhundert gab es – und gibt es wohl noch heute – solche Epen-Sänger bei Slawen, Finnen, Esten, Kurden, bei den Turkvölkern Asiens, in Afrika (die Griots), in Indien, in Indonesien ... Sie waren und sind in der Regel Analphabeten, hauptberufliche Sänger oder als Bauern und Handwerker tätig. Ihre kürzeren oder auch sehr langen Epen haben sie aus uralter Tradition ererbt und erlernt: der Sohn vom Vater und so fort. Sie trugen und tragen ihre Erzählungen vor in einer monotonen Vortragsmelodie, meist begleitet von einem Saiteninstrument, das ebenfalls recht wenig bewegt gespielt wird. Das Singen hebt das Erzählte feierlich über die alltägliche Rede hinaus, auch akustisch: Ein Sänger ist stärker hörbar als ein Erzähler. Die getragen-rhythmische Grundmelodie des Gesanges ermöglicht es auch, aus dem Stegreif metrische Verse hervorzubringen. Der Sänger improvisiert also, er erzeugt seine Verse *live* (und trägt sie nicht auswendig gelernt oder gar vom Blatt vor). Eine wesentliche Rolle spielen hierbei *feste Versformeln*, die immer wieder eingefügt werden können (wie in Homers *Odyssee* der Vers „Und sie erhoben die Hände zum lecker bereiteten Mahle"; oder: „Als die dämmernde Frühe mit Rosenfingern erwachte ..."). Neben den Formeln gibt es *metrisch-syntaktische Modelle* – sowohl beim alten Homer wie auch bei den südslawischen Sängern des 20. Jahrhunderts. Auch sie gelten als Indiz der Mündlichkeit eines Textes. Zudem stehen *sprachliche Inhalte* in metrisch vorgeformter Gestalt bereit. Neben der metrisch festgelegten Formelsprache enthält die mündliche Epen-Tradition eine größere Menge *inhaltlich geprägter Episoden und Einzelszenen* wie z.B. Ankunft oder Abreise, Bewaffnung eines Helden, Versammlung, Zweikampf usw.

Der gesungene Vortrag der mündlichen Epen ist ein Ereignis (wie heutzutage etwa ein Konzert) in einer ganz eigenen Atmosphäre. Es ist eine Aufführung im Bannkreis der Hörer, ohne die das Erzählen des Sängers ja gar nicht denkbar wäre.

Milman Parry sammelte in den Jahren 1933 bis 1935 mehr als 12.000 Texte. Er wurde begleitet von seinem Schüler Albert B. Lord, der dann nach Parrys Tod (1935) die weitere Betreuung der Sammlung übernahm. Die uralte schriftlose Tradition der Epen-Sänger kommt mit der Verschriftlichung durch die Wissenschaftler an ihr Ende. Lord erklärt sogar: Die beiden Kompositionsarten, mündlich und schriftlich, schließen sich gegenseitig aus. Homer gelang im 8. Jahrhundert v. Chr. die erste Verschriftlichung mündlicher Epik, und sie trägt, wie vielfach nachgewiesen, noch zahlreiche Merkmale mündlichen Erzählens. Ohne den weiten Überblick der Schriftlichkeit wäre allerdings die geniale Komposition der beiden Groß-Epen nicht denkbar gewesen.

Doch noch heute gibt es *Oral Poetry*, noch heute singen in zahlreichen Ländern der Dritten Welt analphabetische Sänger ihre Vers-Epen im Kreise ihrer faszinierten Zuhörer. Nur wer dies selbst einige Male z.B. in Marokko, Iran oder Schwarzafrika still und lange zuhörend erlebt hat, kann wohl die hypnotisierende Wirkung des monotonen Singsangs ganz erfassen. (Vergleiche hierzu meinen Essay: *Zur Wirkungsweise mündlicher Poesie* mit den Kapiteln *Analphabeten erfanden die Poesie* und *Zur Trance in rhythmisch gesungener Poesie*.)

Von ähnlicher Trance-Wirkung ist *das sakrale Psalmodieren*, wie es im Buddhismus, im Islam und bei den (orthodoxen) Juden erlebt werden kann. Goethe nennt das einmal „der Priester summende Gesänge". Es gibt auch Tonbandaufnahmen vom *Sprechgesang buddhistischer Mönche* z.B. aus dem zentralen Kloster der Zen-Buddhisten Eiheiji in Japan. (Sie werden in Europa und Amerika gern verwendet zur Erzeugung von leichter Trance bei Meditationsübungen.) Die Mönche rezitieren Sutren Buddhas, sie psalmodieren. (Katholische Mönche bevorzugen den melodischen einstimmigen Gregorianischen Gesang.) Wer dies mit geschlossenen Augen hört, gerät – wenn ihn kein Widerwille stört – bald in einen sehr entspannten Zustand, in *leichte* Trance. Wie diese im Gehirn wirkt, ist im oben genannten Essay beschrieben.

Das traditionelle Rezitieren des *Korans* durch Muslime und der *Hebräischen Bibel* durch (orthodoxe) Juden ist immer rhythmisch und im Wesentlichen monoton. Sie psalmodieren nach liturgisch geregelter einfacher Melodie. In den masoretischen Texten der *Hebräischen Bibel* gibt es ein System von etwa einem Dutzend *kantilierender Zeichen*, die den Lese-Rhythmus und die Intonation beim Rezitieren regulieren, und zwar nicht nur bei den *Liedern* des Alten Testaments, den *Psalmen* und dem *Hohenlied*. Der Vorbeter in der Synagoge hält sich an die *Kantilierung*. Sie wird in der traditionellen jüdischen Ausbildung gelehrt. Im *Talmud*-Unterricht lernen die Kinder oft lange Texte auswendig, noch ohne sie zu verstehen, indem sie modulieren und kantilieren. Im *Talmud* heißt es:

> Du Scharfsinniger! Lies die Bibel mit geöffnetem Munde, lerne die Mischna mit geöffnetem Munde, damit dir die Frucht deines Lernens verbleibe!

Zum lauten Lesen gehören zudem Körperbewegungen, denn es heißt:

> Wird nicht gelehrt, dass sich, wenn du beim Lernen die 248 Glieder deines Körpers bewegst, das Ergebnis deines Studiums dem Gedächtnis einprägt, während es sich sonst verliert?

Es ist also eine organische Memoriertechnik, welche die gewaltigen Gedächtnisleistungen in der überlieferten Tradition ermöglicht. Und diese Technik ist, alles in allem, eine Kombination von Rhythmen: Die Texte selbst sind rhythmisch, das laute melodische Rezitieren ist es und desgleichen die dazugehörigen wippenden Bewegungen des Körpers.

Ursprünglich gibt es Poesie gar nicht als still rezipierten Text, wie das heute selbstverständlich ist. Sie war einst oft mit Bewegungen bis hin zum Tanz, und immer mit Melodien verbunden. Dichten und Singen gehörten untrennbar zusammen. Ja, ursprünglich war der Dichter der Sänger. Die beiden Groß-Epen Homers sind in *Gesänge* aufgeteilt; das Gleiche gilt für Vergils und für Dantes Welt-Epen. Noch Goethe gliedert seine Vers-Epen *Reineke Fuchs*, *Hermann und Dorothea* sowie die *Achileis* in Gesänge, auch wenn sie längst nicht mehr wie einst singend vorgetragen werden.

Wer sich auskennt, findet zahlreiche **Abbildungen von Sängern** schon aus den frühesten Zeiten. Eine der ältesten Darstellungen, die ich kenne, ist die einer Sängerin mit Tragleier aus Mesopotamien, der Wiege der Hochkulturen, um 2450 v. Chr. Weiter gibt es Reliefs von altbabylonischen Harfenspielern aus dem 2. Jahrtausend v. Chr. Auch in Ägypten wurden Harfenspieler in Reliefs oder Wandmalereien schon früh, um 2500 v. Chr., in der Pyramidenzeit dargestellt. Auf einer Kykladeninsel ist die Marmorfigur eines Lyraspielers, um 2300 v. Chr., gefunden worden. Und in den folgenden Jahrhunderten wurden in Griechenland sehr häufig Lyra spielende Männer und Mädchen, auch mit Namensangabe, auf Vasen abgebildet, darunter auch Orpheus, der sagenhafte Ur-Sänger und -Dichter, der nicht nur selbst entrückt scheint, sondern auch Menschen, wilde Tiere und Pflanzen, sogar Felsen verzückt und bewegt. Dem dunklen dionysischen Orgiasmus steht die apollinische Entrücktheit gegenüber. Sie steigt unter den spröden Klängen der Kithara ins helle Reich des Geistes und der Dichtung auf.

Einige der ursprünglich griechischen Begriffe, die wir heute unbesehen für Versdichtung verwenden, können uns, wenn wir sie ein wenig genauer anschauen, etwas vom Ursprünglichen verraten. Sie verweisen oftmals auf den **Ursprung in den drei Künsten**, durch welche die Menschen, seit wir von ihnen wissen, der verfließenden Zeit ein Maß geben, indem sie die Zeit gestalten durch die im Rhythmus vereinten drei Künste **Tanz, Musik, Poesie**.

Die *Lyrik* benennen wir noch heute nach der altgriechischen Lyra, der „Leier", mit der der singende Lyriker seine Verse begleitete. Sie bestand aus einer hautüberspannten Schildkrötenschale mit eingelassenen Tierhörnern oder Holzarmen, die oben durch ein Querjoch verbunden waren, und war mit sieben diatonisch gestimmten Darmsaiten bespannt. Auch die teils dreitausend Jahre alten *Psalmen* Israels heißen nach einem Instrument: dem begleitenden harfenähnlichen Saiteninstrument, dem Psalter (griechisch psaltérion).

Wenn wir von Epik und Lyrik sprechen, denken wir heute nur an Texte, ohne uns eigens daran zu erinnern, dass sie einst aufs engste mit Musik verbunden waren. Ebenso wie viele nicht wissen, dass die griechischen Tempel und Statuen einst leuchtend farbig waren, so ist ihnen nicht bewusst, dass es keine griechische Poesie ohne Musik gab. Beim Lesen und Bewundern alter Verse müssten wir eigentlich stets bedenken, dass wir nur eine Hälfte des Kunstwerks vor uns haben.

Unser gängiges Wort *Melodie* ist griechischen Ursprungs, kombiniert aus mélos (= das Lied) und o(i)dé (= das Singen). Der Begriff *Ode* (griechisch o(i)dé), den wir nach antikem Vorbild für erhabene, meist reimlose Lyrik verwenden, bedeutet, wie gesagt, nichts anderes als einfach „Gesang", und so hieß bei den Griechen ursprünglich jedes Lied. Dann benannte man mit diesem Wort speziell das Chorgesangstück der Tragödie oder das lyrische Strophengedicht über erhabene Themen. Auch die beiden Hauptgattungen des griechischen Dramas nennen sich selbst „Gesang": die *Tragödie* (von griechisch trágos, der Bock, und o(i)dé, also „Bocksgesang") und *Komödie* (von griechisch kômos und o(i)dé, d.h. „Umzug beim Zechgelage" mit „Gesang"). Andere Bezeichnungen, die für uns heute vor allem Musikalisches benennen, verraten überdies eine andere ursprüngliche Gestaltungsmöglichkeit in der Kunst der Musen: den Tanz. Unsere musikalischen Begriffe *Chor* und *Orchester* stammen aus dem altgriechischen Theater. Die orchéstra war der runde Tanzplatz, auf welchem vor dem Altar des Gottes Dionysos Theater aufgeführt wurde. Und das Wort *Chor* (griechisch chorós) meint ebenfalls zunächst den Tanzplatz, dementsprechend dann auch den von Flötenspielern begleiteten Chor, der mit einer Art Sprechgesang im Reigentanz die dramatische Handlung begleitete. Aus dem Versuch, die vermeintliche Form und den Geist der griechischen Tragödie wiederzuerwecken, entstand übrigens am Ende des 16. Jahrhunderts in Florenz die *Oper*, die Theater gestaltet mit musikalischen Mitteln: Gesang mit Orchester und bisweilen auch Tanz (Ballett). Der Begriff *Strophe* (griechisch strophé), der uns heute in der Lyrik und im Lied geläufig ist, stammt ebenfalls vom altgriechischen Theater. Hier meinte er ursprünglich die „Wendung" des Chors beim Tanz und dann eben auch beim jeweils dazu gesungenen Lied. Das Wort *Ballade* ist viel jünger, verweist aber gleichfalls auf einen unerwarteten Hintergrund. Es erinnert nicht zufällig an das Ballett und den Ball und kommt tatsächlich von ballare, das heißt tanzen. Die balada (provenzalisch) oder ballata (italienisch) meinte in den romanischen Ländern im Mittelalter zunächst ein volkstümliches strophisches Tanzlied. Von Frankreich kam das Wort dann über England nach Deutschland und nahm dabei die heute geläufige Bedeutung an.

Wenn wir Verse mit starker Betonung der Hebungen sprechen, nennen wir das *skandieren*. Dies dient dem Metriker zur Feststellung des Versmaßes. Rhythmisch skandiert werden auch – wir hören es fast täglich – Sprechchöre in Sportstadien oder bei Demonstrationen. Das lateinische Verb scándere (griechisch baínein) zeigt, dass es hier zunächst gar nicht um Silbenzählen, sondern um Beinarbeit geht. Es heißt nämlich wörtlich „einherschreiten", „auftreten". *Arsis* nannte man die „Hebung" des Fußes, *Thesis*, das „Niedersetzen". Aber was haben Verse mit Füßen und Füße mit Versen zu tun?

Wer das alte Vokabular durchgeht, stolpert sicher auch über das Wort *Versfuß* (griechisch poús, lateinisch metricus pes). Ist es nicht lächerlich zu denken, Verse könnten Füße haben? Oder ist das eben bloß eine etwas merkwürdige

Metapher? Nein. Vor einigen Jahren hat man in der Nekropole von Apollonia im heutigen Albanien etwas ausgegraben, was – wenn nicht ein Versfuß, so doch so etwas wie ein Vers-Schuh ist: eine gut erhaltene Bronze-Sohle aus dem 6. Jahrhundert v. Chr., auf der einst der Schuh aus Leder befestigt war. Solche Spezialschuhe trug der Koryphaîos, der Chorführer im Theater, der auf diese Weise mit dem Fuß die Vers-Takte skandierte. (In einer berühmten Ode des Horaz heißt es: „[...] nunc pede libero / pulsanda tellus" [...]: Nun können wir mit freiem Fuß die Erde [im Takt] stampfen.) In der Tat, die antiken Chorsänger standen nicht statuarisch aufgereiht, sie bewegten sich singend auf der Orchéstra, dem Tanzplatz, im gemessenen Schreittanz, wobei der Chorführer hörbar die komplizierten Rhythmen „steppte" – sozusagen auf Versfüßen. Und so bedeuten auch heute noch die Metren, das Heben und Senken des Versfußes mit der Stimme, ja nichts anderes als das, was beim Tanzen geschieht: nämlich dass die Worte und Sätze zu tanzen beginnen. Nietzsche nennt es in einem Gedicht sogar: *Mit dem Fuße schreiben*:

> Ich schreib nicht mit der Hand allein:
> Der Fuß will stets mit Schreiber sein.
> Fest, frei und tapfer läuft er mir
> Bald durch das Feld, bald durchs Papier.
> (*Die fröhliche Wissenschaft: „Scherz, List und Rache", 52*)

Merkwürdigerweise gab es einst im Griechischen kein eigenes Wort für „Musik" als Tonkunst, das auch auf rein instrumentale Musik anwendbar gewesen wäre. (Vgl. hierzu sowie zum Folgenden: Thrasybulos Georgiades: *Musik und Rhythmus bei den Griechen*. Hamburg 1958, S. 24.) Die „Kunst der Musen", die „Mousiké téchne", die sich erst seit Aristoteles zu unserem Wort „Musik" zu verengen begann (vgl. S. 110), bedeutete ursprünglich in *einem* ein Dreifaches: Vers-Melodie-Tanz. Weshalb? Alle drei sind Künste, welche die Zeit rhythmisch gestalten, und sie traten in der Regel auch gleichzeitig in *einer* Aufführung in Erscheinung. Platon in seinen Werken *Der Staat* und *Die Gesetze* sowie dann auch Aristoteles in seinem Werk *Die Politik* waren überzeugt, dass die dreifache Musenkunst „die Fähigkeit besitzt, eine bestimmte Beschaffenheit der Seele zu bewirken" (*Die Politik*, 8. Buch, 1340 a, zitiert a.a.O., S. 111). Ja, die Musenkunst ist göttlich. Die Götter sind, wie Platon schreibt, bei ihrer feierlichen Ausübung selbst anwesend:

> Die Götter, welche uns [...] als Mit-Tänzer gegeben sind, haben uns jenen mit Lust verbundenen Sinn für Rhythmus und Harmonie gegeben, insofern sie uns in Bewegung setzen und unsere Reigen anführen, dadurch dass sie uns durch Gesänge und Tänze miteinander zusammenreihen. (*Die Gesetze*, 653 C)

Die Begriffe Mousiké und Poíesis sind eng miteinander verbunden. „Wenn griechische Sprache in Versgestalt erklang, war das eine Art Musik" (S. 26).

„So ist der griechische Vers von Haus aus [...] gleichzeitig eine musikalisch-rhythmische Wirklichkeit" (S. 30). Man braucht also nicht erst, wie in der Neuzeit, Verse zu vertonen. Für die Griechen galt einst von vornherein die „Einheit von Musik und Vers" (S. 7). Und diese war gottgegeben: Die Musen, „des großen Zeus beredsame Töchter, [...] hauchten die gottbegeisterte Stimme mir ein [...]", singt Hesiod (*Theogonie*, Vers 29 ff.).

Wie wirkten einst die Dichter-Sänger der Frühzeit, und wie erleben sich demgegenüber die Dichter der Neuzeit? Einst, so heißt es, schenkte der Sänger den Hörern seine Götter- und Heldengeschichten, aber er bekam auch von den Hörern etwas zurück: die Emphase. Es war ein begeistertes gegenseitiges Geben und Nehmen, das es heute beim stillen Lesen so nicht mehr gibt. In diesem Sinne besingt **Schiller** mit seiner in antiken Distichen gestalteten Elegie *Die Sänger der Vorwelt* (1795/1800):

> Sagt, wo sind die Vortrefflichen hin, wo find ich die Sänger,
>   Die mit dem lebenden Wort horchende Völker entzückt,
> Die vom Himmel den Gott, zum Himmel den Menschen gesungen
>   Und getragen den Geist hoch auf den Flügeln des Lieds?
> Ach, noch leben die Sänger, nur fehlen die Taten, die Lyra
>   Freudig zu wecken, es fehlt, ach! ein empfangendes Ohr.
> Glückliche Dichter der glücklichen Welt! Von Munde zu Munde
>   Flog, von Geschlecht zu Geschlecht euer empfundenes Wort.
> Wie man die Götter empfängt, so begrüßte jeder mit Andacht,
>   Was der Genius ihm, redend und bildend, erschuf.
> An der Glut des Gesangs entflammten des Hörers Gefühle,
>   An des Hörers Gefühl nährte der Sänger die Glut.
> Nährt' und reinigte sie! Der Glückliche, dem in des Volkes
>   Stimme noch hell zurück tönte die Seele des Lieds,
> Dem noch von außen erschien, im Leben, die himmlische Gottheit,
>   Die der Neuere kaum, kaum noch im Herzen vernimmt.

Ein Bild des „göttlichen Sängers" zeichnet **Homer** selbst in der *Odyssee* (8. Gesang, Vers 62-74), und man hielt es schon in der Antike für ein Selbstporträt. Hier wird auch die Atmosphäre spürbar, in welcher der hochgeehrte Sänger vor dem König und seinem Gefolge in der hohen Halle seine Erzählungen in Versen singt.

> Und den geschätzten Sänger führend, nahte der Herold.
> Ihm war die Muse hold; sie gab ihm Gutes und Schlimmes:
> Nahm ihm das Licht seiner Augen und schenkte ihm süße Gesänge.
> Für ihn setzte Pontónoos nun einen silberbeschlagnen
> Thron inmitten der Schmausenden hin, an die Säule, die hohe,
> Lehnend, und hängte an einem Nagel die tönende Leier
> Über dem Kopfe ihm auf und wies, sie mit Händen zu greifen;

Stellte sodann vor ihn einen schönen Tisch und den Brotkorb
Und den Becher, um Wein zu trinken, sooft er begehrte.
Und sie erhoben die Hände zum Mahl, das ihnen bereitstand.
Aber nachdem sie sich dann am Trinken erquickt und am Essen,
Trieb die Muse den Sänger, den Ruhm der Männer zu singen
Aus dem Sang, dessen Ruhm den Himmel damals erreichte.
(Übersetzt von Roland Hampe. Stuttgart 1979)

Den „Ruhm der Männer" kündeten später auch germanische und keltische
Sänger. Die westgermanischen **Skops**, die altnordischen **Skalden** und die
keltischen **Barden** waren im frühen Mittelalter vorliterarische Sänger im Gefolge von Fürsten. Sie mögen Lieder gesungen haben wie das *Hildebrandslied*, das als einziges erhaltenes Heldenlied in deutscher Sprache um 840
aufgezeichnet wurde. Der Eröffnungsvers lautet: „Ik gihorta dat seggen [...]":
Ich hörte das [Folgende] sagen [...]. Es wird also früher als mündlicher Gesang
Gehörtes wiedergegeben. Ähnlich ist es mit dem *Nibelungenlied* bestellt,
das anonym um 1200 entstand. Auch hier verweist der erste Vers auf voran-
gegangene mündliche Überlieferung: „Uns ist in alten mæren wunders vil
geseit [...]": Uns ist in alten Erzählungen viel Wundersames gesagt worden
[...].
   Der **mittelhochdeutsche Minnesang** und die **mittelhochdeutschen
Epen** wurden zwar geschrieben, aber auch vor Publikum gesungen. Sie
waren Gesellschaftskunst. Doch neben den uns bekannten Texten gab es
weiterhin Formen der **mündlichen Dichtung**, die an den Höfen *live* gesungen wurde.

   Es gibt eine historische Folge der jeweils herrschenden **Medien**: von der
Mündlichkeit zur *Handschrift*, zum *Druck*, zum *Rundfunk*, zum *Fernsehen*,
zum *Internet*. Jedes dieser Medien bewirkt eine Änderung der menschlichen
Denk- und Erlebnisweise. Heute steht uns die uralte, nur in einigen abgelegenen Gegenden der Welt noch jetzt lebendige vorliterarische Kultur so fremd
gegenüber wie der Analphabet seinerseits der unseren. Um *mündliche* Dichtung verstehen oder nur gerecht bewerten zu können, muss man sich aus
unserer Kultur mit ihren unvorstellbar großen graphischen und elektronischen
Speichern und den Informationsmedien sozusagen herausdenken, zurück-
denken. So könnte man ihre ganz eigene frühe Erlebniswirklichkeit vielleicht
nachempfinden. Und dieser ist eben die Poesie eigen, die immer vom gesungenen und gehörten Rhythmus lebt. Verse, sprachliche und musikalische
Rhythmen, stehen am Anfang menschlicher Kultur. Fast jeder Fortschritt wurde dann auch mit dem Verlust wertvoller alter Kulturgüter erkauft.
   Verse sind also in keinem Fall nur für sich, als solche, zu sehen, sondern
immer auch im Zusammenhang mit ihren Adressaten, im Kommunikationsprozess. Einen kurzen Überblick gibt das folgende **Schaubild**.

VERSE IM KOMMUNIKTIONSPROZESS

Verse sind *Klangrede in Rhythmen*

Akustische Analogkommunikation: Es gibt unterschiedliche Hirnzentren für Hören und Lesen.

Rhythmisch gesprochenes Memorieren: by heart, par cœur, inwendig (statt „auswendig")

Sakrales Psalmodieren: rhythmischer Sprechgesang, oft mit Wippen des Oberkörpers

Oral Poetry: Vers-Rhythmen sind eine vor-literarische Erfindung der frühesten Menschheit.

Mousiké téchne: „die Kunst der Musen" war eine Einheit der drei rhythmischen Künste: *Tanz* (Körpersprache), *Melodie* (Tonsprache), *Vers* (Wortsprache).

Poetische Rhythmen
    als *Klangrede* in Epos, Drama, Lyrik der Antike: *Trance*
    als höhere objektive Ordnung seit der Antike bis heute: *Schönheit*
    als Freie Rhythmen seit der Mitte des 18. Jh.s bis heute: *Hervorhebung*

8. Lektion:
Die Erfindung der Freien Rhythmen

Es ist von großem Interesse, in den „Brunnen der Vergangenheit" hinabzusteigen und den Ursprung der Poesie, die frühen Sänger von Epen, Dramen und Lyrik, zu betrachten. Aber nicht minder interessant ist es, das Neue in den Blick zu nehmen. Ja, gibt es in der uralten Welt der Verskunst denn überhaupt etwas Neues? In der Tat, es gibt eine Neuerung, die die Poesie der Weltliteratur seit der Mitte des 18. Jahrhunderts verändert und bereichert hat. **Klopstock erfand 1754 die Freien Rhythmen.** „Der freie Rhythmus ist fast der einzige Beitrag, den die deutsche Lyrik zum Formenschatz der Weltliteratur geliefert hat." (Wolfgang Kayser: *Geschichte des deutschen Verses*. München 1960, 3. Aufl. 1981, S. 53)

Klopstock hat zuvor (und auch später) als „Lehrling der Griechen" zahlreiche Gedichte vor allem in höchst komplizierten antiken Versmaßen geschrieben und viele dichtungstheoretische Schriften über die Natur der Poesie, ja geradezu eine Metaphysik der Metrik verfasst: *Von der Nachahmung des griechischen Silbenmaßes, Neue Silbenmaße, Vom deutschen Hexameter* etc. (Vgl. Klopstock: *Gedanken über die Natur der Poesie. Dichtungstheoretische Schriften*. Hrsg. von Winfried Menninghaus. Frankfurt a.M. 1989.) Klopstock verwendet zahllose griechische, horazische und eigene Versmaße, die einer Ausgabe seiner Werke mit ihren Eigennamen einschließlich der Versschemata auf mehreren Seiten vorangestellt werden: erstes archilochisches, drittes und viertes asklepiadeisches, verkürztes alkmanisches Versmaß, alkäische und sapphische Strophe; dazu natürlich Jamben, Hexameter und Distichen ... Das klingt nach einer zwanghaften Wiederbelebung von Versmaßen, die vor vielen Jahrhunderten lebendig gewesen waren, aber längst abgestorben sind. „Wir tun gut daran, diese ganze Terminologie über Bord zu werfen, da sie die Einsicht in unser eigenes metrisches System versperrt", erklärt Friedrich Georg Jünger im Vorwort zu einer Klopstock-Ausgabe. Immerhin, von allem Bildungsballast abgesehen: Für Klopstock ist der Begriff der lebendigen „Bewegung" in allen seinen verstheoretischen Schriften zentral. Die endliche Erfindung der Freien Rhythmen kündigt sich bereits in einer seiner frühesten Oden klassischer Prägung an:

> Willst du zu Strophen werden, o Lied? oder
> Ununterwürfig, Pindars Gesängen gleich,
> Gleich Zeus erhabnem trunknem Sohne,
> Frei aus der schaffenden Seel enttaumeln?

Klopstock also schweben hier – noch fragwürdig – ganz neue liedhafte Verse vor. Sie unterwerfen sich nun nicht mehr den altüberkommenen, klar strukturierten, sozusagen apollinischen Regeln. Nein, sie wären nunmehr inspiriert vom trunkenen Dionysos (wie Apoll ein singender Sohn des höchsten Gottes Zeus). Im Schaffensprozess des modernen Dichtersängers und Genies sollen nun die Verse freirhythmisch wie trunken von Begeisterung hervortaumeln, statt wie bisher auf metrischen Versfüßen regelgemäß und gemessen voranzuschreiten. Als Gestalter Freier Rhythmen sieht Klopstock den hochberühmten altgriechischen Odendichter Pindar.

Theodor W. Adorno bringt die griechische Herkunft auf die Formel: „In den freien Rhythmen werden die Trümmer der kunstvoll-reimlosen antiken Strophen beredt." Und er markiert die Zeit ihrer ersten Blüte: „Nicht umsonst war die Epoche der freien Rhythmen die französische Revolution." (*Minima Moralia*. Frankfurt a.M. 1951, S. 296 f.)

Dem neuzeitlichen Dichter Klopstock geht es stets um die rhythmische Bewegung seiner Verse – anfangs um eine streng regulierte, in Versmaßen gemessene, dann aber ganz neu um eine „ununterwürfige", freirhythmische. Und er erlebt die freie, rhythmische Bewegung auch selbst am eigenen Leibe, ganz unakademisch, sehr sportlich: Klopstock, war ein begeisterter Reiter, Schwimmer und Schlittschuhläufer. In seinem Gedicht *Der Eislauf* ruft er sich selbst zu:

> Ich erfinde noch dem schlüpfenden Stahl
> Seinen Tanz!

Und er bemerkt zu *Braga*: „Ihr Silbenmaß bildete ich auf dem Eise nach meinen Bewegungen." Es ist eine Poetik des freien, gleitend schwebenden Tanzes, die hier ganz neu entsteht, nachdem weit über zweitausend Jahre zuvor bei den Griechen in der „mousiké téchne", der „Kunst der Musen", Tanz, Vers und Musik einmal eins gewesen waren. Durch Klopstock hatte sich der junge Goethe, wie viele andere Jünglinge, für das Schlittschuhlaufen begeistern lassen. Und so schildert er in *Dichtung und Wahrheit* (III,12; HA 9, S. 523), wie er mit anderen den ganzen Tag „bis spät in die Nacht" noch beim Schein des Vollmonds mit „immer neuer Schwungkraft" auf dem Eise gleitet, geistergleich schwebend. Doch da ist in der nächtlichen Stille etwas Merkwürdiges zu vernehmen:

> Bald dieser bald jener Freund ließ in deklamatorischem Halbgesange eine Klop-
> stockische Ode ertönen [...].

„Oden" bedeutet „Gesänge", als welche strophische Dichtungen im alten Griechenland vorgetragen wurden. Wie sie einst geklungen haben mögen, wissen wir kaum. Doch das interessierte die Jünglinge gewiss nicht, die schon den ganzen Tag lang bis tief in die Nacht auf den „Eisfeldern" sich in schwingenden Rhythmen bewegt hatten. Hier wird offenbar antikes Lebens- und Körpergefühl fern allem Bildungsballast in actu lebendig! Von den „Schlittschuhläufern" heißt es in Klopstocks *Die Kunst Tialfs*:

Sie tanzten Strophen und Antistrophen,
Ruhten selten Epoden aus.
Sie tanzten den ganzen Pindar durch.

In Goethes *Werther* (1. Buch, Brief vom 16. Junius) gibt es eine berühmte Szene am Fenster, die Klopstocks überragende Bedeutung für die jüngere Generation zeigt. Lotte

> sah gen Himmel und auf mich, ich sah ihr Auge tränenvoll, sie legte die Hand auf die meinige und sagte: „Klopstock!" – Ich erinnerte mich sogleich der herrlichen Ode, die ihr in Gedanken lag, und versank in dem Strome von Empfindungen, den sie in dieser Losung über mich ausgoss.

Gedacht ist in dieser „Losung" an Klopstocks freirhythmische Ode *Die Frühlingsfeier* (1759), eines der ersten großen Gedichte in Freien Rhythmen überhaupt. Und diese neu erfundenen Freien Rhythmen sind es, die die empfindsamen jungen Menschen damals aufs Tiefste berührten und bewegten. Ich zitiere einen kleinen Ausschnitt aus der großen Ode:

Mit tiefer Ehrfurcht schau ich die Schöpfung an,
Denn du,
Namenloser, du
Schufest sie.

Lüfte, die um mich wehn und sanfte Kühlung
Auf mein glühendes Angesicht hauchen,
Euch, wunderbare Lüfte,
Sandte der Herr, der Unendliche!

Klopstock selbst überlegt, als er die Freien Rhythmen erfindet, herkommend von den antiken Versmaßen:

> Vielleicht würde es dem Inhalt gewisser Gesänge sehr angemessen sein, wenn sie Strophen von ungleicher Länge hätten und die Verse der Alten mit den unsrigen so verbänden, dass die Art der Harmonie mit der Art der Gedanken beständig übereinstimmte.

Der Rhythmus der Verse soll also frei dem Strom der Gedanken folgen und – des Regelwerks der Metren und des Reimzwangs entledigt – ungehindert dahinströmen. Was aber ist nun das Wesen der neuen Versart, die noch keinen eigenen Namen hat? Der freie Rhythmus

> ist gekennzeichnet durch das Fehlen des Reimes, das Fehlen gleicher Strophen, Fehlen gleicher Zeilen, Fehlen gleicher Senkungen. (W. Kayser, a.a.O., S. 53)

Aber sind das nicht einfach bloß Merkmale der Prosa im Gegensatz zur Poesie? Goethe spricht im Rückblick hier in der Tat nicht von Gedichten, sondern von „poetischer Prosa". Wenn man Klopstocks dreißig Gedichte in Freien Rhythmen betrachtet, kommt man zu der Feststellung:

> Klopstock gebraucht dieses Versmaß da, wo er zu den höheren Mächten, besonders zu Gott, aufsingt. [...] „Die Frühlingsfeier" ist der Lobpreis Gottes aus der Natur. Ein solches Aufsingen zu Gott kennzeichnet also bei Klopstock die Sprechhaltung seiner Gedichte in freien Rhythmen. (W. Kayser, a.a.O.)

Dieser neue Rhythmus ist – in Klopstocks Worten – „mit der Entzückung Ton" weithin „hymnischer, überschäumender" als das streng Gemessene der metrischen Verse. Er ist freilich nicht ohne **zwei Vorbilder aus der Antike** zu denken: die biblischen **Psalmen** und die Hymnen **Pindars**. In Goethes freirhythmischer *Harzreise im Winter* heißt es:

> Winterströme stürzen vom Felsen
> In seine Psalmen.

In der Tat sind die hebräischen **Psalmen**, zumal in Luthers Übersetzung, mit ihren Versen uralte Freie Rhythmen. Ein Beispiel (aus D. Martin Luther: *Die gantze Heilige Schrifft Deudsch.* Wittenberg 1545, Psalm 137):

> AN den Wassern zu Babel sassen wir / vnd weineten / Wenn wir an Zion gedachten. // Vnsere Harffen hiengen wir an die Weiden / Die drinnen sind. // Denn daselbs hiessen vns singen / die vns gefangen hielten / vnd in vnserm heulen frölich sein / Lieber / Singet vns ein Lied von Zion. [...]

Und Klopstocks Schlittschuhläufer „tanzten den ganzen Pindar durch". **Pindar**, der im 5. Jahrhundert v. Chr. im griechischen Theben mit seinen Preisgesängen die Sieger im olympischen Wettkampf pries, galt schon im Altertum als unerreichter Meister des erhabenen Stils. Klopstock und der junge Goethe hielten seine kompliziert gebauten metrischen Verse für Freie Rhythmen. Der 24-jährige Goethe übersetzte sogar selbst Pindarische Oden – wie später Hölderlin –, um für sich selber als Dichter dessen Stil zu studieren. In *Wandrers Sturmlied* (1772) beschwört er ihn emphatisch, denn er ist in der Geniegeneration des Sturms und Drangs zum einzigartigen Vorbild des lyrischen Genies geworden, ähnlich wie Shakespeare als Dramatiker. Pindars *fünfte Olympische Ode* (1773) lautet in Goethes Übersetzung:

> Hoher Tugenden und
> Olympischer Kränze
> Süße Blüten empfange,
> Tochter des Ozeans,
> Mit freudewarmem Herzen [...].
> Der deiner Stadt Preis erwerbend,
> Bevölkertes Kamarina,

Auf sechs Zwillingsaltären
Verherrlichte die Feste der Götter
Mit stattlichen Rindopfern
Und Wettstreits fünftägigem Kampf
Auf Pferden, Mäulern und Springrossen,
Dir aber siegend
Lieblichen Ruhm bereitete [...].

Im Rückblick auf „die eigentliche geniale Epoche unsrer Poesie" war Goethe höchst irritiert, als er in *Dichtung und Wahrheit* auf die Poesie in den neuen Freien Rhythmen, für die er noch kein Namensetikett hat[1], zu sprechen kommt:

> Die Deutschen waren von den ältesten Zeiten her an den Reim gewöhnt, er brachte den Vorteil, dass man auf eine sehr naive Weise verfahren und fast nur die Silben zählen durfte. [...] Der Reim zeigte den Abschluss des poetischen Satzes, bei kürzeren Zeilen waren sogar die kleineren Einschnitte merklich, und ein natürlich wohlgebildetes Ohr sorgte für Abwechselung und Anmut. Nun aber nahm man auf einmal den Reim weg, ohne zu bedenken, dass über den Silbenwert noch nicht entschieden, ja schwer zu entscheiden war. Klopstock ging voran; wie sehr er sich bemüht hat und was er geleistet, ist bekannt. Jedermann fühlte die Unsicherheit der Sache, man wollte sich nicht gerne wagen, und aufgefordert durch jene Naturtendenz, griff man nach einer poetischen Prosa. [...] Unsicher aber blieb die Ausübung auf jeden Fall, und es war keiner, auch nicht der Besten, der nicht augenblicklich irre geworden wäre.
>
> (*Dichtung und Wahrheit*, 18. Buch. HA 10, S. 121)

Dennoch schrieb der junge Goethe seit 1772 begeistert seine großen freirhythmischen Hymnen in der Geniesprache des Sturms und Drangs: *Wandrers Sturmlied, Der Wandrer, Mahomets-Gesang, Prometheus, Ganymed, An Schwager Kronos, Harzreise im Winter.*

Neben den antiken Vorbildern der von Luther übersetzten **Psalmen** und den klassischen Hymnen **Pindars** gibt es aber offenbar noch **eine dritte Quelle der Zeilenbrechung in den Freien Rhythmen**, die bisher nicht beachtet wurde. Es ist die **Phrasierung**, die wir alle ständig in der Gebrauchssprache und auch in der Rhetorik vornehmen. Sie gehört zu den Konstituenten, den sprachlichen Grundgegebenheiten *aller* Verse, und diese müssen wir uns zunächst höchst einfach, elementar vorstellen. Rhythmus und Reim gehen hervor sozusagen aus dreierlei *Wortmolekülen:*

---

[1]   Üblicherweise wird das Attribut „frei" in „freie Rhythmen" klein geschrieben, da sich dieser wichtige Begriff anscheinend immer noch nicht durchgesetzt hat. Er sollte aber endlich zum Namen werden; daher sollte man: „Freie Rhythmen" groß schreiben.

- das *Metrum*: Hebung + Senkung (vgl. hierzu meinen Essay *Rhythmen aus Herzschlag und Atem*);
- der *Reim*: Vokale + Konsonanten (vgl. hierzu die 3. Lektion sowie meinen Essay *Reimklang, Einklang, Wohlklang*);
- die *Verszeilenzäsur* oder *Zeilenbrechung*: Pausen im Sprechfluss („versus" = die Wendung).

Nun ist das Phänomen *Zäsur* bzw. *Phrasierung* etwas genauer darzustellen. Phrasierungen sind ständig zu beobachten in der alltäglich gesprochenen Sprache, z.b. wenn man sie transkribiert. In besonderer Weise gilt dies für hervorragende Redner. Sie setzen die Phrasierungspause oft nicht da, wo die Syntax es erfordert und die Interpunktion es markiert. Anschaulich wird dies in einer Anekdote, die Winston Churchill von sich erzählt. Als junger Parlamentsredner habe er besonders gut sprechen wollen, also besonders glatt intoniert, dabei aber bemerkt, dass seine Zuhörer einnickten. Daraufhin habe er an unterschiedlichen Stellen unerwartete kleine Staupausen eingefügt, und siehe da: Die Zuhörer waren mitgerissen. In der Tat setzen viele Redner die Zäsur im Redefluss nicht in syntaktischen Sinnabschnitten; es werden vielmehr Stauungseffekte, Überraschungseffekte in die Stimmführung eingebaut. So sprach z.B. einst Bundeskanzler Schmidt als brillanter Redner bisweilen scheinbar stockend.

Dieses fast alltägliche Mittel der gesprochenen Sprache kann nun zur Kunst werden. Man denke dabei auch an die *Klangrede der Musik.* Die „*Phrase*" in der Musik ist eine „melodische Sinneinheit". (Auch hier zeigt sich die Verwandtschaft von Poesie und Musik: Die ersten Poeten waren Sänger!)

Gelernte Nachrichtensprecher heben wesentliche Worte in ihrem Text durch vorangehende *kleine Verzögerungen* hervor. Der Hörer nimmt dies nicht bewusst wahr. Der geringfügige Stau, der dazu dient, das folgende Wort herauszuheben, ist jedoch mindestens ebenso wichtig wie das auffälligere leichte Anheben der Stimme. Von manchen Sprechern weiß man, dass sie in der Vorbereitung zweierlei Markierungen im Text vornehmen: Unterstreichungen und Schrägstriche, um – musikalisch gesprochen – gut zu betonen *und* zu phrasieren.

Wir *schreiben* Wörter jeweils getrennt durch einen Leerschritt, aber kein Muttersprachler spricht so roboterhaft. Wir *sprechen* verbunden, mit gewissen Unterbrechungen: Da, wo ein Sinn-*Abschnitt* beendet ist, machen wir einen kleinen hörbaren *Einschnitt*, um das zu Sagende akustisch zu gliedern. Gesprochene Sprache besteht also nicht aus einer Reihe von Einzelwörtern, sondern – abgesehen von der Stimmführung mit ihren Betonungen – aus verbundenen *Abschnitten* und dementsprechend kurzen *Einschnitten*.

Wer Sprechende genau beobachtet, kann dies täglich wahrnehmen oder bei begabten Rednern studieren. Diesem Phänomen, das nur dem gezielt Hinhörenden erkennbar wird, liegt eine **Struktur unserer im Gehirn programmierten Wahrnehmungsweise** zugrunde. Ernst Pöppel hat dies neuerdings erforscht (*Grenzen des Bewusstseins*. Frankfurt a.M. 1997). Das Gehirn arbeitet nicht, wie wir meinen, kontinuierlich, sondern mit einem *zeitlichen Takt*. Zahlreiche Versuche zeigen, dass etwa 3 Sekunden die Grenze sind, über die hinaus wir Informationen nicht mehr zu Wahrnehmungsgestalten zusammenfassen können. Es gibt für optische und akustische Ereignisse jeweils ein *Zeitfenster von ca. 3 Sekunden*. Das gilt auch für das Sprechen: Wir sprechen – in allen Sprachen! – zeitlich gegliedert im Drei-Sekunden-Rhythmus. In Pöppels Kapitel *Die zeitliche Struktur in Gedichten* (a.a.O., S. 81 ff.) wird unser Sprechen in Drei-Sekunden-Intervallen erstmals als gültig auch für die Verse, also auch die Zeilenbrechungen in Gedichten, ausführlich nachgewiesen und demonstriert. So wird auch hirnphysiologisch begründet, weshalb Verse mit mehr als fünf Hebungen *Langverse* sind (so die germanische Langzeile, die Nibelungenstrophe, der Hexameter und der Alexandriner). Sie überschreiten die Drei-Sekunden-Einheit deutlich und *müssen* deshalb eine *Binnenzäsur* haben. Jeder kann dies laut sprechend mit einer Stoppuhr überprüfen.

Das ganz selbstverständliche, in allen Sprachen übliche *Mittel*, den Fluss des Redens zu strukturieren, kann also zum *Kunst-Mittel* werden, indem es bewusst und auffallend eingesetzt wird – im Schreiben und Sprechen von Versen. („Versus" bedeutet ja, wie gesagt, „die Wendung" der gesprochenen oder geschriebenen Zeilen, also jeweils eine kleine Staupause.) Optisch – dies ist nur ein relativ spätes, sekundäres Hilfsmittel – wird es sichtbar gemacht durch geschriebene Zeilenbrechung.

In metrischen Gedichten ist das Ende der Verszeile festgelegt durch das Metrum und seit dem Mittelalter oft markiert durch den Klang des Endreims. Wodurch aber wird das Zeilenende in den Freien Rhythmen festgelegt? Es kann in Sinnabschnitte eingeteilt werden wie z.B. in den *Psalmen* oder in manchen modernen freirhythmischen Gedichten. Oder die Zeilenbrechung kann unvorhersehbar und überraschend gesetzt werden, also subjektiv gestaltet sein. Das folgende Strukturschema zeigt dies im Überblick über objektiv und subjektiv begründete Vers-Enden.

DIE ZEILENBRECHUNGEN IM VERS

MARKIERUNG DER VERSGRENZEN

optisch:
1. Jeder Vers eine Zeile; sonst Leerstellen, Weißraum
2. Oft Hervorhebung des Versanfangs durch Großschreibung

akustisch:
3. Durch Leerstellen: kurze Pausen am Ende des Versschemas
4. Oft Hervorhebung des Vers-Endes durch Endreim

FUNKTIONEN DER ZEILENBRECHUNGEN
generell: Lenkung des Lesens und Sprechens. Zäsuren erzeugen einen kleinen Erwartungsstau: optisch bzw. akustisch markiert.

objektiv:
1. Sinneinheiten – inhaltlich, z.b. Zeilenstil
2. Feste Verslänge – formal, z.b. Blankvers; oder oft auch Endreim

subjektiv:
3. Positionseffekte – Aufwertung von Textsegmenten durch Erzeugung von Zeilenanfängen und –enden
4. Stolpereffekte – Überraschung, Aufmerksamkeit erregend

Der einzige Dichter, der (soweit ich sehe) selbst ausführlich über das Dichten in Freien Rhythmen geschrieben hat, ist Bertolt Brecht in seinem Aufsatz von 1939 *Über reimlose Lyrik mit unregelmäßigen Rhythmen.* Hier findet ein Dichter des 20. Jahrhunderts ganz neue Begründungen für Freie Rhythmen, die der hymnischen Emphase Klopstocks und der von ihm begeisterten Dichter geradezu entgegengesetzt ist. Weltenfern ist für Brecht die einstige Inspiration durch hebräisch-lutherische hochgestimmte Psalmen und Pindars griechische erhabene Hymnen. Denn nun geht es nicht mehr um hochpoetische, sondern um durchaus prosaische Empfindungen und Erfahrungen. Es geht um gesellschaftliche Widersprüche und gegenwärtige Disharmonien und dementsprechend im Vers um Nicht-Harmonisches wie etwa rhythmische Synkopen. Die verstreuten und nicht gerade systematisch dargestellten Prinzipien Brechts zur Frage der Freien Rhythmen habe ich im Folgenden thesenhaft kurz zusammengefasst zu Brechts A. Kritik an der traditionellen gereimten Poesie sowie zu seiner B. Konzeption der modernen gestischen Rhythmen.

A. Kritik: Verse mit festen Rhythmen (Metren) und Reimen sind harmonisch, konventionell und glatt:
1. Poesie mit Metren und Reimen hat eine gespreizte, papierene Sprache. Viele aktuelle Ausdrücke passen nicht hinein. Sie erzeugt eine alles nivellierende, verschleiernde, verwischende Stimmung und eher Assoziationen als Gedanken. Regelmäßige Rhythmen haben eine einlullende, einschläfernde Wirkung wie sehr regelmäßig wiederkehrende Geräusche, z.B. Regentropfen oder Motorensurren. Das bewirkt eine Traum- oder Trancestimmung, die einst erregend gewirkt haben mag.

2. Im **Theater** ist die ölige Glätte des fünffüßigen Jambus, des in Dramen traditionellen Blankverses, überholt. Es ist bloß das übliche Klappern. Diese regelmäßigen Rhythmen haken sich nicht genügend ein.
3. Der **Reim** hat etwas Geschlossenes, am Ohr Vorübergehendes. „In meinem Lied ein Reim / Käme mir fast vor wie Übermut." (Aus *Schlechte Zeit für Lyrik*, 5. Strophe.)

B. Konzeption: Gestische Rhythmen sind unregelmäßig und reimlos:
1. Der gestische Rhythmus entspricht der modernen **Lyrik**. Er ähnelt dem Tonfall der unmittelbaren Alltagsrede. So ist er natürliche und zugleich stilisierte Sprache. Auch eine nüchterne Redeweise hat ihre Poesie. Auch Gedanken erhalten so die ihnen eigene emotionelle Formung.
2. Der gestische Rhythmus entspricht dem modernen **Theater**. Es sind körperliche Bewegungen, die durch die gestische Sprache hindurchscheinen. So kann sie z.B. den stockenden Atem eines Rennenden wiedergeben, aber auch die widersprüchlichen Gefühle einer Person auf der Bühne.
3. Der gestische Rhythmus entspricht der heutigen **Gesellschaft** und damit den sozialen Funktionen der Lyrik und des Theaters. Seine Synkopen zeigen das Widerspruchsvolle, Gewalttätige der gesellschaftlichen Vorgänge, ihre Disharmonien und Interferenzen. So erweist sich diese Sprache als ein Werkzeug des Handelns, als ein Gegen-den-Strom-Schwimmen, als ein Protest gegen harmonisierende Verharmlosungen.
4. Der gestische Rhythmus verlangt ein gestisches **Sprechen**. Als Anregung hierfür können die kurzen, improvisierten Sprechchöre bei Demonstrationen dienen. Sie enthalten mehr Aufmerksamkeitssignale und sind einprägsamer als konventionelle Verse. Da auf die traditionellen poetischen Mittel Metrum und Reim verzichtet wird, ist für den Klang und die Pointierung des Verses die Zeilenbildung entscheidend. „Das Ende der Verszeile bedeutet immer eine Zäsur." Gestische Verse sind also niemals zu sprechen wie Prosa. Sie sind gehobene, poetische Sprache und halten Abstand zum gewöhnlichen Wort.
5. **Selbstkritik**. „Unsere Gedichte sind vielfach mehr oder minder mühsame Versifizierungen von Artikeln oder Feuilletons oder eine Verkopplung halber Empfindungen, die noch zu keinem Gedanken geworden sind."

Brecht hat übrigens bisweilen seine Prosatexte nachträglich in Freie Rhythmen übersetzt. So wird z.B. *Herrn K.'s Lieblingstier* zu *Das Lieblingstier des Herrn Keuner* in Freien Rhythmen. Hier kann man beobachten, wie Brecht aus einem eigenen Prosatext seine Verse durch Zeilenbrechung formt.

Es liegt nahe, lebende Autoren wegen der Zeilenbrechungen in den Freien Rhythmen zu befragen. Die Lyrikerin *Sarah Kirsch* (bekannt für ihren „Sarah-

Sound") sagte 1978 in einem Gespräch mit meinen Abiturienten, sie vertraue meist einfach ihrem Gefühl. In einem anderen Schülergespräch antwortete sie dementsprechend ganz unprogrammatisch auf die Frage, nach welchen Gesichtspunkten sie ihre Zeilen aufgeteilt habe:

> Das sind rhythmische Gesichtspunkte, die man sich im Lauf der Zeit beim Schreiben erwirbt, und man denkt, es ist richtig. Ich weiß nicht, ob es richtig ist. Es ist auch ein Zeitmaß, ein Tempo, das mit einem selbst verbunden ist. Es ist etwas Körperliches, wie schnell man atmet. Ich glaube, meine Sachen, wenn sie auch meistenteils ungereimt sind, sind sehr rhythmisch. Ich les das so gut, wie ich kann. Versuche aber zeilenweis zu lesen. Die Zeilenbrechungen sind auch eine Anleitung für den, der es liest. Es soll immer ein bisschen atemlos sein, deshalb sind auch wenig Zeichen gesetzt.
> (*Erklärung einiger Dinge* [...]. Ebenhausen bei München 1978, S. 7)

Günter Grass antwortete mir in einem längeren Brief vom 23.9.1997 zu meiner Frage nach einem Prinzip bei der Zeilenbrechung in seinen Gedichten mit Freien Rhythmen:

> Ihre Überlegungen zur Grenze zwischen Poesie und Prosa empfinde ich als anregend, wenngleich ich Ihnen kaum schlüssige Antworten geben kann. [...] Der freie Vers kann durchaus zu einer Verführung bis zur Beliebigkeit des Zeilenbruchs führen, eine Gefahr, der ich mir immer bewusst gewesen bin. Im Verlauf meiner lyrischen Produktion hat es bestimmte Phasen gegeben; nach den ersten drei Gedichtbänden – ich begann ja als Lyriker – habe ich versucht, die strenge Abgrenzung von Lyrik und Prosa aufzubrechen, indem ich in einige meiner Romane – „Der Butt", „Die Rättin" – Gedichte aufgenommen und zwischen die Kapitel gestellt habe. Manchmal leiten sie in einen Themenkomplex ein oder schließen ihn ab, gelegentlich stehen sie im Widerspruch zum Erzählten. Auf jeden Fall ist es auf diese Weise gelungen, die Exklusivität der Lyrik aufzuheben und eine Vielzahl von Prosalesern an Gedichte heranzuführen.

Häufig werden, wie soeben durch Grass, „Freie Verse" mit „Freien Rhythmen" gleichgesetzt bzw. verwechselt. Freie Verse (vers libres) sind Verse von beliebiger Länge, doch mit gleichbleibendem Metrum und mit Endreim in freier Reimstellung. Freie Rhythmen dagegen kennen kein Metrum und keinen Reim.

Die „Grenze zwischen Poesie und Prosa" hat natürlich nicht erst Grass mit seinen in einige Romane eingefügten Gedichten übersprungen. Schon in der berühmtesten Erzählungssammlung der Weltliteratur, in *Tausendundeine Nacht* (Endfassung vermutlich 16. Jahrhundert), die aus verschiedenen Ländern des Orients stammt, finden sich – neben Stellen in Reimprosa – über tausend eingestreute Gedichte und Verse sowie gereimte Anfangs- und Schlussformeln der einzelnen Märchen. Auch in Cervantes' *Don Quijote* (1605/15), der als der erste moderne Roman gilt, sind zahlreiche Gedichte und Lieder eingefügt. Ebenso enthält Goethes klassischer Roman *Wilhelm*

Meisters Lehrjahre (1795/96) Gedichte, die zum Teil so berühmt sind wie Mignons Lied *Kennst du das Land, wo die Zitronen blühn [...]?* Sodann haben die Romantiker, die ja – wie Friedrich Schlegel – die „Sympoesie" propagierten und „alle getrennten Gattungen der Poesie wieder zu vereinigen" suchten, in ihre Romane Gedichte eingestreut.

Die „Grenze zwischen Poesie und Prosa", von der Grass spricht, kann aber auch unmittelbar überschritten werden dadurch, dass Poesie und Prosa sozusagen changieren, verschiedenfarbig schillern, fließend werden. Die Franzosen sprechen vom „poème en prose". Das Kennzeichen der **Prosagedichte** ist ein besonderer Grad an Strukturierung, der Reduktion des Sprachmaterials, die entsprechende Vermehrung der inneren Korrespondenzen und eine formale Geschlossenheit. Diese Tradition beruft sich in Frankreich auf Baudelaire: *Spleen de Paris* (1869), Mallarmés Prosagedichte (1864-87), Rimbaud: *Illuminations* (1886), Claudel: *Connaissance de l' Est* (1894-1905).

Die **Prosa** kann, wenn sie wahrhaft poetisch ist, durchaus ihre eigenen Rhythmen haben. Besonders eindringlich klingt der rhythmische Elan etwa in den weitgeschwungenen Naturpsalmen von Goethes *Werther* (z.B. im Brief vom 10. Mai: „Wenn das liebe Tal um mich dampft [...]") oder in den langen lyrisch schwingenden Satzperioden in Hölderlins *Hyperion*. Hier steigert sich die Gefühlskraft der Sprache so sehr, dass sie zu rhythmischer Prosa wird. Man könnte viele Partien im *Werther* wie im *Hyperion* leicht in gebrochene Zeilen absetzen und das Schriftbild dadurch in das von Freien Rhythmen umwandeln. (Hölderlin hat übrigens in einem Fragment auch eine metrische Fassung seines Romans begonnen: in fünffüßigen jambischen Blankversen.) Die *Hymnen an die Nacht* von Novalis sind in der Fassung der Handschrift in Freien Rhythmen geschrieben, während die Druckfassung in der Zeitschrift *Athenäum* in Prosa gehalten ist. Dabei ergeben sich auch kleinere inhaltliche Änderungen.

HYMNEN AN DIE NACHT
Fassung der Handschrift

Welcher Lebendige,
Sinnbegabte,
Liebt nicht vor allen
Wundererscheinungen
Des verbreiteten Raums um ihn
Das allerfreuliche Licht –
Mit seinen Strahlen und Wogen,
Seinen Farben,
Seiner milden Allgegenwart
Im Tage.
[...]

Druckfassung im Athenäum

Welcher Lebendige, Sinnbegabte, liebt nicht vor allen Wundererscheinungen des verbreiteten Raums um ihn das erfreuliche Licht – mit seinen Farben, seinen Strahlen und Wogen, seiner milden Allgegenwart, als weckender Tag. [...]

Besonders berühmt wurde seinerzeit das schmale Insel-Bändchen von Rilke: *Die Weise von Liebe und Tod des Cornets Christoph Rilke* (1899, überarbeitet 1904 und 1906). Schon der Titel *Die Weise* [...] bedeutet so viel wie „das Lied". Die hohe lyrische Emphase dieser Prosadichtung wird bisweilen als fragwürdig empfunden. In der Schwebe zwischen Lyrik und Prosa finden sich häufig anaphorische und assonantische, ja gereimte Wortverknüpfungen: Reimprosa. Rilke selbst spricht rückblickend von „vers-infizierter Prosa".

Einst, im Mittelalter, wurden die großen Epen selbstverständlich in drei- oder vierhebigen Versen mit Reimpaaren gedichtet und gesungen. Inzwischen ist längst der Roman der Herrschaftsbereich der Prosaschriftsteller geworden. Wenn aber nun einer der großen wie *Thomas Mann* ein mittelalterliches Epos, *Der Erwählte* (1951), neu erzählen will, dann glaubt er wohl begründen zu müssen, warum er es nicht wie seine Quelle, Hartmann von Aues *Gregorius*, in Versen tut. Thomas Manns „Personifizierung des Geistes der Erzählung" erklärt daher in weit geschwungenen rhythmischen Satzperioden im 1. Kapitel:

Eines ist gewiss, nämlich dass ich Prosa schreibe und nicht Verselein, für die ich im ganzen keine übertriebene Achtung hege. [...] Ich höre zwar sagen, dass erst Metrum und Reim eine strenge Form abgeben, aber ich möchte wohl wissen, warum das Gehüpf auf drei, vier jambischen Füßen, wobei es obendrein alle Augenblicke zu allerlei daktylischem und anapästischem Gestolper kommt, und ein bisschen spaßige Assonanz der Endwörter die strengere Form darstellen sollten gegen eine wohlgefügte Prosa mit ihren so viel feineren und geheimeren rhythmischen Verpflichtungen, und wenn ich anheben wollte:

Es war ein Fürst, nommé Grimald,
Der Tannewetzel macht' ihn kalt.
Der ließ zurück zween Kinder klar,
Ahi, war das ein Sünderpaar!

oder in dieser Art – ob das die strengere Form wäre als die grammatisch gediegene Prosa, in der ich jetzt sogleich meine Gnadenmär vortragen werde, dass viele Spätere noch, Franzosen, Angeln und Deutsche, daraus schöpfen und ihre Rimelein darauf machen mögen.

9. Lektion:
Moderne Freie Rhythmen

Im 20./21. Jahrhundert ist die Zeilenbrechung oft das einzige, was einen Text zu einem Gedicht macht oder machen soll. Das ließe sich zunächst einmal überprüfen an einem Text von Karl Steinbuch:

Wer vor einer
lebensgefährlichen Bedrohung steht
und nicht von Sinnen ist,
beobachtet scharf,
überlegt seine Lage nüchtern
und handelt dann entschlossen.
Die menschliche Art
steht vor lebensgefährlichen Bedrohungen,
aber von schärfster Aufmerksamkeit,
nüchternem Nachdenken
und entschlossenem Handeln ist in diesem Lande wenig zu bemerken.
[...]
Dort, wo Bewegung ist,
da begreift man nicht,
dass das Thema unserer Zeit nicht
die unbegrenzte Emanzipation ist,
vielmehr die reflektierte Bindung,
die Unterwerfung unter Regeln,
welche die Erhaltung der menschlichen Art
ermöglichen.

Sind das Freie Rhythmen? Ist das ein Gedicht? Nein, es ist das Vorwort zu dem Sachbuch: *Mensch, Technik, Zukunft* (1971). Und wozu dann die Zeilenbrechung? Offenbar will der Autor auf diese Weise die Aufmerksamkeit des Lesers herausfordern und die Bedeutsamkeit der Zeilen steigern. Und warum ist das Ganze kein Gedicht? Alle zur Einschätzung gebetenen Studenten meinten, es liege vor allem am prosaischen Inhalt. Denn dies könnte auch ein Leitartikel sein – aber eben keine Lyrik, auch keine moderne. Es ist optisch gegliederte Prosa mit der Leseanweisung: Lies langsam. Spüre dabei einen gewissen Rhythmus, der eindrucksvoll wirken soll.

Nun ein Gedicht von Bertolt Brecht:

Erwartung des zweiten Fünfjahrplans [um 1932]

In der Zeit zunehmender Verwirrung über den ganzen Planeten hin

Erwarten wir den zweiten Plan
Des ersten kommunistischen Gemeinwesens.
Dieser Plan sieht nicht vor
Eine Rangordnung aller Stände für die Ewigkeit
Oder eine glanzvolle Organisation des Hungers
Oder die Disziplin der Ausgebeuteten
Sondern die restlose Befriedigung der Bedürfnisse aller
Nach verständlichen Gesichtspunkten.
[...]

Hierzu nun ein *Exkurs über den Verscharakter* dieses politischen Gedichts in Alfred Behrmanns *Einführung in die Analyse von Verstexten* (Stuttgart 1970, S. 63 ff.):

> Hier wird nicht ein ursprünglich strengerer Vers durch Auflockern der Prosa genähert, sondern umgekehrt ursprüngliche Prosa durch stilisierende Gliederung zum Vers überhöht. Die Abteilung des Verses in Verszeilen, der Einhalt am Ende jeder Zeile, der streng beobachtet ist, die Bündelung von Verszeilen zu deutlich gegliederten, d.h. rhetorisch durchgebildeten Partien – alles erzwingt eine Stimmführung und Atemgebung, die den Vortrag dieser ‚Rede‘ zu einem Vortrag von Versen macht: langsamer, nachdrücklicher, mit gleichmäßigeren Hebungsabständen und Tongipfeln und markanteren Zäsuren, als es beim Prosavortrag der Fall wäre. Wie theoretisch unbefriedigend der Befund auch sein mag: es gibt Fälle, in denen die graphische Darbietung auf dem Papier darüber entscheidet, ob etwas Prosa ist oder Vers. Freilich gilt das nicht für alle Fälle, in denen dergleichen geschieht. Die graphische Darbietung muss die Möglichkeit eines entsprechenden Vortrags gewährleisten. Andernfalls kommt man zu Einsichten wie dieser von Friedrich Torberg:
>
> Seit ich
> In einem literaturkritischen Aufsatz
> Ein Zitat von Peter Weiss gelesen habe
> Welches besagt
> ‚... dass in einem zurückgebliebenen Kolonialland
> das Proletariat eher die Macht ergreift
> als in den entwickelten
> westlichen Ländern‘
> Und seit ich
> Demselben Aufsatz entnommen habe
> Dass es sich hier um Verse handelt
> Schreibe ich nur noch
> Verse.

Peter Weiss (1916-1982) schreibt allerdings keineswegs nur, wie andere, seine Stücke in zu Zeilen gebrochener Prosa. Einige seiner Stücke sind sogar in verschiedenen Versarten gehalten, u.a. in Knittelversen mit Paarreimen (*Marat/Sade*) oder in Freien Versen, Freien Rhythmen oder Paarreimen, alles ohne Satzzeichen (*Hölderlin*), andere mit „Gesängen" in Freien Rhythmen ohne Zeichensetzung (*Die Ermittlung*, *Viet Nam Diskurs*), wieder andere in Prosa (*Trotzki, Der Prozess*).

Thomas Bernhard (1931-1989) verfasst alle seine Stücke ohne jedes Satzzeichen und in kurzen gebrochenen Zeilen, die wie im Flattersatz angeordnet sind und formal wie Freie Rhythmen erscheinen, aber keine erkennbare Auswirkung auf den Sprechrhythmus haben. Bei Bühnenaufführungen ist jedenfalls nichts davon zu hören. (Anders als Bertolt Brecht es für seine Freien Rhythmen gefordert hat.)

Rolf Hochhut (geb. 1931) schreibt in poetisch anspruchsloser Sprache, die der eines Journalisten entspricht, allerdings in gebrochenen Zeilen. So möchte das Häckseln in kurze Zeilen (wie Schnittstroh) offenbar einen poetischen Anspruch signalisieren – freilich ein müheloses Verfahren. Diese Art des kurzzeiligen Textens wirkt sich bei Aufführungen nicht als Sprechanweisung aus.

Wie steht es um die **zeitgenössische Lyrik**? Zeitweise ist sie reimlose, in Zeilen gebrochene *Alltagslyrik* (ganz im Gegensatz zur „hymnischen Schönheit" der frühen Freien Rhythmen). Als Beispiel diene ein Gedicht von Nicolas Born (1937-1979).

Marktlage
[...]
Auf dem Markt ist Leben
all die frischen Gemüse und Kräuter
sollen gekauft werden.
Der Fischstand geschlossen
das Angebot an Frischfleisch groß
Südfrüchte billiger
Schlangengurken Kopfsalat billiger
erstaunlich wie Bananen
verschleudert werden.
Kohl billig Tomaten teuer
Paprikaschoten gehen aus
Chicorée erst in 14 Tagen.
[...]
(Aus Nicolas Born: *Gedichte 1967-1978*. Reinbek 1981, S. 10)

„Alltagslyrik" ist die totale Rebellion gegen „die Poetologien der Altvordern", erklärt Nicolas Born, als sich um 1975 das Alltagsgedicht öffentlich etabliert. Durch Verzicht auf ein organisierendes poetisches Ich verharrt die seinerzeit neue „Alltagslyrik" in Eindimensionalität. Die Kritik sprach von „Stammel-Look" (Peter Wapnewski), „Wegwerflyrik" (Hans-Jürgen Heise) oder „Laberlyrik" (Roman Ritter). „Alltägliche Gedanken und Erfahrungen, Stimmungen und Gefühle" werden in der „Unmittelbarkeit der gesprochenen Sprache" transportiert (Michael Braun) und sollen so „demokratisiert" werden. Diese „unartifizielle" Sprache wird allein durch die subjektive Zeilenbrechung zum Gedicht hochgeschrieben. Sie bleibt als alleiniges Mittel der Versifizierung übrig, das diese Texte von Kürzestprosa unterscheiden soll.

Im 20. Jahrhundert lassen zahllose Gedichte mit ihren kurzen, reimlosen, unregelmäßigen Zeilen die einstige ästhetische Differenz zwischen Prosa und Poesie nicht mehr erkennen. Das kritisieren viele moderne Autoren. Der große Lyriker Gottfried Benn, der ebenso Freie Rhythmen wie gereimte Gedichte schrieb, klagt, „dass die freien Rhythmen, die Klopstock und Hölderlin uns einprägten, in der Hand von Mittelmäßigkeiten noch unerträglicher sind als der Reim". (*Probleme der Lyrik* [1951]. *Gesammelte Werke 4*, S. 1078) Der Freie Rhythmus könne „durchaus zu einer Verführung bis zur Beliebigkeit der Zeilenbrechung führen", schreibt Günter Grass in einem Brief an mich (am 23.9.1997). Botho Strauß (geboren 1944) notiert: „Dass die hymnische Schönheit [...] zu jeder Zeit das höchste Ziel der Dichtung sei, die das Gerümpel sichtende Schönheit, davon möchte man sich immer aufs Neue überzeugen, wenn man den Angstträumen des Alltags entfliehen will, in den geschredderten Formen der Gegenwartslyrik keinen Halt findet, wohl aber in den Rilkeschen Elegien." (*Paare, Passanten*. München 1984, S. 119) Hans Magnus Enzensberger (geboren 1929) nennt in einem *Lexikoneintrag* (2003) das heutige Gedicht einen „Allesfresser im Flattersatz". Diese Textsorte sei nur noch „erkennbar an einem linksbündigen Zeilenfall, der rechts weite Teile der Druckseite freilässt". Gedichte haben sich „jedoch als überraschend zählebig erwiesen. Die Ethnologie ist nach langwierigen Forschungen zu dem Schluss gekommen, dass eine Gesellschaft, in der Gedichte unbekannt wären, nie und nirgends existiert hat. Befürchtungen, dass ihr Aussterben bevorstehen könnte, sind schon deshalb wenig plausibel."

Doch immer wieder stellt sich die Frage: Gibt es überhaupt noch ein wesentliches Unterscheidungsmerkmal, das Versdichtung von Prosa trennt? Was sind bloß geschredderte Texte, Kurztexte im Flattersatz, die den Anspruch erheben, Verse zu sein, und was ist dagegen in Wahrheit Poesie? Aber diese Entgegensetzung löst gleich die weitere Frage aus: Was wäre denn wahre Poesie? Was sie einst war, glaubt man bei der Betrachtung zeitüberdauernder, berühmter Exempel zu wissen. Aber heute? Seit dem 20. Jahrhundert, im 21. Jahrhundert? Ja, ist diese Frage nicht längst sinnlos geworden? In der modernen Bildenden Kunst ist zumindest seit Marcel Duchamp (1887-1968) und seinen „ready made" alles das Kunst, was der Künstler dazu erklärt, *weil* er Künstler *ist*. Sein in einem Fachgeschäft gekauftes und unverändert in einer Kunstausstellung präsentiertes Urinal aus Keramik (1917) wurde im Jahre 2004 in Großbritannien von Kunstexperten sogar zum „einflussreichsten Kunstwerk der Moderne" gewählt. So ist auch im heutigen Theater z.B. „die

Kunst des Urinierens auf der Bühne", wie in Zeitungen berichtet, höchstrichterlich ausdrücklich als Kunst anerkannt. Mit welcher Begründung? Es handelt sich hier eindeutig um Theater, und dieses ist de jure Kunst, was auch immer vorgeführt wird. Und weshalb ist es Kunst? Weil der Regisseur von Berufswegen ein Künstler ist und es eo ipso zum Kunstwerk erklärt hat. Und dementsprechend ist auch das öffentliche Kotzen, Koten, Kopulieren, Masturbieren etc. in Deutschland häufig ausgeübte, staatlich anerkannte und subventionierte Kunst. Was auch immer „Kunst" seit Platon und Aristoteles und etwa in der Geniezeit Deutschlands bedeutet haben mag, das Lexikon erklärt immer noch, dass sie sich „auszeichnet als Ausdruck der Besonderheit" und ein „hohes und spezifisches Können" voraussetzt. Kant sprach einst sogar von einer besonderen Erkenntnisform, die er das „ästhetische Vermögen des Menschen" nennt. Dieses hat sich inzwischen aufgelöst in einen unbegrenzten, also nicht mehr definierbaren Kunstbegriff, der alles umfasst, was vom Erzeuger dazu erklärt oder von beliebigen Rezipienten dafür gehalten wird. Der „erweiterte Kunstbegriff" ist gänzlich pluralistisch, also demokratisch geworden. Es gilt keine Autorität mehr, die unbezweifelt als Kunstrichter in Erscheinung treten könnte. Hier herrscht totale plurale Beliebigkeit. Der Markt muss es richten.

Längst gibt es dementsprechend auch keine verbindliche Vers-Poetik mehr. Nach der Abdankung der Form entscheidet – im speziellen Falle – oft allein eine gewisse graphische Anordnung der Zeilen auf dem Papier darüber, ob etwas Prosa sein soll oder Vers. Wenn keine weiteren Kunstmittel als eben die Zeilenbrechung feststellbar sind, bleibt es dem Gefühl des Lesers überlassen, ob er wenigstens einen gewissen Rhythmus (einen jedenfalls freien) heraushören will oder ob er nur einen Stotterstil registriert.

Robert Gernhardt (1937 – 2006) erinnert daran, dass die Dichter im Laufe des 20. Jahrhunderts so gut wie alle Regelsysteme über Bord geworfen haben.

> Als ich zu dichten begann, Anfang der 60er, war *das* Gedicht eine relativ kurze reimlose Mitteilung, die aus meist unerfindlichen Gründen nicht in durchlaufenden, sondern vielfach zerstückelten Zeilen abgesetzt wurde, von Leerzeilen unterbrochen und auf möglichst viel umgebendem Weiß [...]. Da nun konnte nichts so richtig schief gehen, aber auch nichts so recht gelingen.
>
> (*Reim und Zeit. Gedichte.* Stuttgart, S. 78 f.)

(Siehe auch meinen Essay: *Drei Paradigmen der Verskunst. 3. Das moderne Paradigma.*)

Greifbare Kriterien für eine *Wirkungsanalyse* zeitgenössischer Verstexte in Freien Rhythmen gibt es nicht, da ja formbildende Poesiemerkmale wie Metrum und Reim entfallen sind. Also bleibt nur noch, die Leser zu befragen. Und da die Reaktionen individuell verschieden sein dürften, müsste man eine ausreichend große Menge kompetenter Rezipienten um ihr Urteil bitten. Hier sind es insgesamt in verschiedenen Seminaren an der Freien Universität Berlin über 200 Germanistikstudenten. Auf deren Aussagen stützen sich viele der folgenden Feststellungen.

Um nun zu beobachten, welche Wirkung die Zeilenbrechungen in modernen Gedichten haben können, lege ich zunächst vier freirhythmische Gedichte ohne Verfasserangabe vor.

Prinzipien

Es ist Krieg im
Frieden der Nachbarsjunge trägt
ein Holzgewehr schon mit drei, und
wird älter werden es
ist Frieden im
Krieg ein zu großes Wort für den vorübergehenden Zustand der Ruhe
gegenwärtig nur,
wozu sich sorgen noch
sind die sieben fetten Jahre und
das Nachher gehört den Holzgewehren wie
früher wie
immer.

Der erste Text *Prinzipien* findet bei den Studenten keinen Anklang. Die meisten Zeilenbrechungen erscheinen willkürlich, gewollt und nicht gekonnt. Die Zeilen stammen von einem Schüler, veröffentlicht in einer Tageszeitung.

Inventur

Dies ist meine Mütze,
dies ist mein Mantel,
hier mein Rasierzeug
im Beutel aus Leinen.

Konservenbüchse:
Mein Teller, mein Becher,
ich hab in das Weißblech
den Namen geritzt.

[...]

Die Bleistiftmine
lieb ich am meisten:
Tags schreibt sie mir Verse,
die nachts ich erdacht.

[...]

Der zweite Text *Inventur* ist eine nüchterne Bestandsaufnahme, ohne lyrische Allüren, lakonisch, karg. Nur Naheliegendes und Unbedeutendes wird knapp aufgereiht. Der Verfasser, Günter Eich (1907 – 1972), gilt als einer der Begründer der „Kahlschlagliteratur" nach 1945. Für dieses 1948 veröffentlichte Gedicht erhielt er 1950 den Preis der Gruppe 47. Die Zeilen sind regelmäßig zweihebig, also kurz, die Zeilenbrechungen sind nicht willkürlich oder originell, sondern entsprechen der katalogartigen Aufzählung. So stimmen der Inhalt und die Form in ihrer Nüchternheit und Einfachheit zusammen.

Narrenlied

Woher hab ich's gewusst?
Von einem Stein auf der
Brust. Hab ihn in den
Himmel gehoben.

Das dritte kurze Gedicht *Narrenlied* bringt – nach der ersten Zeile mit dem Fragesatz – geradezu einen kleinen Gag. Das Reimwort auf „gewusst" wäre „Brust". Aber eben dies wird durch Verschiebung in die nächste Zeile vermieden: eine kleine Narretei im Narrenlied. Dieses kurze „Lied", das allerdings keineswegs liedhaft ist, veröffentlichte Sarah Kirsch (geboren 1935) im Jahre 1992.

Ich kann Dich noch seh'n: ein Echo
Ertastbar mit Fühl-
Wörtern, am Abschieds-
Grat.
[...]

Der vierte Text, die erste von zwei Strophen eines Gedichts von Paul Celan (1920 – 1970), zeigt eine Hauptwirkung der Zeilenbrechung: das übliche gleitende Lesen zu verlangsamen und durch Unterbrechung Positionseffekte am Ende sowie dann am Anfang der folgenden Zeile zu erzeugen. Das lässt aufhorchen. Die beiden neu gebildeten Komposita „Fühl-Wörter" und „Abschieds-Grat" werden jeweils aus ihrer Verbindung gelöst und so in ihrer Einmaligkeit und Bedeutsamkeit herausgehoben.

Warte
bis die Buchstaben heimgekehrt sind
aus der lodernden Wüste
und gegessen von heiligen Mündern
Warte
bis die Geistergeologie der Liebe
aufgerissen
und ihre Zeitalter durchglüht
und leuchtend von seligen Fingerzeigen
wieder ihr Schöpfungswort fand:
da auf dem Papier
das sterbend singt:

Es war
am Anfang
Es war
Geliebter
Es war –

Dieses Gedicht der Nobelpreisträgerin Nelly Sachs (1891 – 1970) ist ganz und gar nicht prosaisch, es sind vielmehr Freie Rhythmen in feierlichem, hohem Ton: Verse über das „Schöpfungswort". Die Zeilenbrechungen finden sich – wie in den ihr als Vorbild vertrauten Psalmen und den frühen hymnischen Freien Rhythmen Klopstocks – stets, ganz ungekünstelt, bei Sinnabschnitten. Hier ist die scheinbar nur formale Gliederung in Zeilen ein wesentlicher Bestandteil der inhaltlichen Aussage. In den stufenweise immer mehr eingerückten, zurückgenommenen Versen der Schlussstrophe gibt Nelly Sachs im Nicht-Aussprechen dem Wort die letzte Bedeutung – es ist das Wort jenseits der Sprache. Das „Schöpfungswort" war „am Anfang". Mit der Anrede an den wartenden „Geliebten" führt es am Ende ins Offene, ins Sprachlose. Die geöffneten, weit zurückgezogenen Zeilen zeigen es.

Das Gedicht *Sprachgitter* von Paul Celan wird hier zunächst – absichtlich verfremdet – fortlaufend geschrieben (also ohne Zeilenbrechung) vorgelegt.

SPRACHGITTER
Augenrund zwischen den Stäben. Flimmertier Lid rudert nach oben, gibt einen Blick frei. Iris, die Schwimmerin, traumlos und trüb: der Himmel, herzgrau, muss nah sein. Schräg, in der eisernen Tülle, der blakende Span. Am Lichtsinn errätst du die Seele. (Wär ich wie du. Wärst du wie ich. Standen wir nicht unter *einem* Passat? Wir sind Fremde.) Die Fliesen. Darauf, dicht beieinander, die beiden herzgrauen Lachen: zwei Mundvoll Schweigen.

Kann man diesen Text verstehen? Der erste Eindruck der Studenten ist: unverständlich oder kaum verständlich. Hat man dann das Originalgedicht mit Zeilenbrechungen und Strophengliederung vor sich, scheint diese Schreibung eher zu einem gewissen Verständnis zu führen.

SPRACHGITTER

Augenrund zwischen den Stäben.

Flimmertier Lid
rudert nach oben,
gibt einen Blick frei.

Iris, Schwimmerin, traumlos und trüb:
der Himmel, herzgrau, muss nah sein.

Schräg, in der eisernen Tülle,
der blakende Span.
Am Lichtsinn
errätst du die Seele.

(Wär ich wie du. Wärst du wie ich.
Standen wir nicht
unter *einem* Passat?
Wir sind Fremde.)

Die Fliesen. Darauf,
dicht beieinander, die beiden
herzgrauen Lachen:
zwei
Mundvoll Schweigen.

Das Ganze wirkt nun auf diese Weise offenbar übersichtlicher und strukturiert. Dies ist sicher *eine* Funktion der Schreibung in Verszeilen und Strophen. Und der Text gliedert sich so in Rhythmen; er beginnt zu schwingen, auch wenn es immer noch schwierig scheint, ihn zu verstehen.

Ganz im Gegensatz zur Alltagslyrik ist dies *hermetische Dichtung*. Sie ist absichtlich verschlossen. Zugänglich wäre sie nur für Eingeweihte, Wissende. Bei Goethe heißt es im *West-östlichen Divan*:

Sagt es niemand, nur den Weisen,
Weil die Menge gleich verhöhnet
[...].
(*Selige Sehnsucht*)

Auch die *Mystik* meint seit jeher etwas Entsprechendes: Das griechische Verb „myein" bedeutet „[Augen und Mund] verschließen". Das „Mysterium" ist ein Geheimnis, und darum geht es hier. In Mysterienkulten spielte einst Hermes, nach dem man die hermetische Dichtung benennt, als Seelengeleiter von dieser zur jenseitigen Welt eine Rolle. Mallarmé sagt: „Ein Gedicht ist ein Geheimnis, dessen Schlüssel der Leser suchen muss." Paul Celans Gedicht bietet in der Tat zahlreiche *Chiffren*, verschlüsselte Zeichen. Daher ist es sinnvoll, *Schlüsselwörter* hervorzuheben, mit denen der Text zu erschließen wäre. Es sind dies zunächst die Chiffren „Augenrund – Lid – Blick – Iris". Dem Sprachbild vom *Auge* folgt das vom *Licht* so, als entspräche dies einem Spruch Jesu: „Das Auge ist das Licht des Leibes" (Mt 6,22; Lk 11,34): „der blakende Span – Lichtsinn – Seele". Und schließlich die Zweiheiten „ich – du", „die beiden Lachen – zwei Mundvoll Schweigen". Ursprünglich sind „Sprach-gitter" – dies ist auch der Titel des Gedichtbandes von 1959 – die Gitter, durch die hindurch in Nonnenklöstern Besucher von draußen zu einer in Klausur befindlichen Ordensfrau sprechen konnten. Es sind Stäbe, die Sprechende trennen und verbinden („Augenrund zwischen den Stäben"). So wird Unvereinbares verbunden, wie dies geschieht im Paradox, im Rätsel oder im „offenbaren Geheimnis" (wie der späte Goethe oft sagt). Schon Gottfried Benn erklärte: „Das lyrische Ich ist ein durchbrochenes Ich, ein Gitter-Ich" (in *Probleme der Lyrik*).

Das erste Wort des Gedichts ist „Sprache", das letzte „Schweigen". So sind letztlich wohl alle Gedichte Celans Sprache an der Grenze zum Schweigen. Und so sind auch diese Worte im Gedicht von Wortlosem umgeben: von Weißraum, einem Hallraum für die geheimnisvollen Worte in Freien Rhythmen, die ihnen eine ganz eigene Aura eröffnen. (Vgl. hierzu auch meinen Essay: *Der Vers braucht Stille. Die Leerstellen und die Aura von Versen.*)

ÜBUNGEN ZUR ZEILENBRECHUNG

Es folgen zwei Gedichte aus den achtziger Jahren des 20. Jahrhunderts. Ich habe die Zeilenbrechungen beseitigt und sie fortlaufend geschrieben. Bitte markieren Sie durch Schrägstriche *mögliche* Zeilenbrechungen.

1. Beispiel

Schneefall im März

Schnee fällt im März die Weiden rollen die Kätzchen ein braunes Gras duckt sich im Wind läuten Schneeglöckchen Sturm

Alle Knospen schlagen zurück in die Zweige die Bäume legen die Äste an in den Vorgärten zucken die Sträucher zusammen.

Kein Mensch in Sicht.

2. Beispiel

mai

treibt grüne nägel durch pflaster sohlen der schlag von unten blüht im kopf das herz ein knopf zu weit jeder kann es holen

Fast alle Leser setzen beim ersten Beispiel Schrägstriche für Zeilenbrechungen da, wo wenigstens beim zweiten Blick ein Sinnabschnitt zu erkennen ist.
Beim zweiten Beispiel ist es unmöglich, Sinnabschnitte zu finden und zu markieren, da keine Syntax zu erkennen ist.

Ulla Hahn

Schneefall im März

Schnee fällt im März die Weiden
rollen die Kätzchen ein braunes Gras
duckt sich im Wind
läuten Schneeglöckchen Sturm

Alle Knospen schlagen zurück
in die Zweige die Bäume legen
die Äste an in den Vorgärten
zucken die Sträucher zusammen

Kein Mensch in Sicht.

(1983)

Doris Runge

mai

treibt grüne nägel
durch pflaster sohlen
der schlag von unten
blüht im kopf das herz
ein knopf zu weit
jeder kann es holen

(1988)

Ulla Hahn (geboren 1946) ist die erfolgreichste Lyrikerin der achtziger Jahre. Sie setzt hier so gut wie nie eine Zeilenbrechung an der Stelle eines Sinnabschnitts. Auf diese Weise wird der Sinn verrätselt. Sie macht es dem Leser bewusst schwer, auch indem sie auf die Sinn stiftende Interpunktion verzichtet (abgesehen vom Schlusspunkt).

Noch deutlicher wird bei Doris Runge (geboren 1939), dass die gewählte Zeilenbrechung ganz eigenwillige Sinnsegmente erzeugt, die – ebenso wie der eine Reim – alle unerwartet sind, also bewusst gegen den Strich geschrieben und zu lesen sind. Durch ständiges Abbrechen und Zertrümmern von denkbaren Zusammenhängen bewirkt sie immer wieder Stolpereffekte. Dies erscheint geradezu als ein häufiges Kennzeichen zeitgenössischer Lyrik. Hier gibt es zudem konsequenterweise nun gar keine Interpunktion. Die prätentiöse Kleinschreibung erschwert noch weiterhin ein flüssiges Lesen und soll offenbar eigenwillig wirken. Die sprachlichen Bilder sind nicht konturiert, sondern assoziativ aufgelöst und erschienen den Studenten fast ganz unverständlich. Sie entsprechen in keiner Weise den bekannten einprägsamen Bildern früherer Frühlingsgedichte, die gewiss als abgenutzt und überholt angesehen werden. Der seit jeher auch emotional und hormonell am ganzen Leibe erlebte (Vor-) Frühling wird in zeitgenössischen Gedichten wohl eher abstrakt berührt. Zum Mitjubeln und -singen bietet sich – anders als in traditionellen Frühlingsgedichten – kein Anlass. Generell ist es ja ein Problem aller neueren Natur-Dichtung, dass in diesem Phänomenbereich schon so vieles so gut und glänzend gesagt und gestaltet worden ist. Man denke nur an Mörikes

> Frühling lässt sein blaues Band
> Wieder flattern durch die Lüfte;
> [...].

Ähnliches kann man nicht noch einmal so gelungen schreiben, ohne als epigonal verachtet zu werden. Die in Anthologien versammelten Naturbilder waren und sind vielen aus dem Herzen gesprochen; viele finden in ihnen ihre undeutlich erlebte Stimmung angesichts der Natur in leuchtenden Bildern zu klingender Sprache geworden. Eben deshalb sind sie ja so liebenswert und berühmt. Mancher kann sie auswendig, viele sind singbar. Heutige Dichter dagegen wollen offenbar den Einklang, die Harmonie mit der Natur *und* den Lesern bewusst vermeiden oder zerstören. Statt metrischer Verse mit klangvollen Reimen finden sich „unregelmäßige Rhythmen" (wie Brecht sagen würde) und ein Verzicht auf den Reim. Es gibt keine sinnentsprechenden Zeilenbildungen mehr, sondern ein undeutliches Hinübergleiten von einem Naturbild ins andere, das nicht zuletzt auch durch die subjektive, willkürlich erscheinende Zeilenbrechung bewirkt wird.

Dies sind also keine Frühlingslieder, die traditionell gesungen werden könnten, denn dazu bedürfte es fester Vers-Takte. Selbst wer es wollte, könnte sie (ohne die Wohltat von Versmaß und Reim) kaum mehr auswendig lernen. Sie sind nicht mehr memorabel, und sie sind so individuell, dass sie – nach Meinung der Studenten – wohl nur vereinzelte Individuen ansprechen, schwerlich aber begeistern können.

Moderne Freie Rhythmen könnten wohl zu atonal Gesungem verarbeitet werden. Dagegen wurden Gedichte von Eichendorff, Mörike und vor allem auch Heine in ihrer metrisch klingenden, schwingenden Sprache als reiner Ausdruck des Lyrischen unzählbare Male als Lieder vertont und gesungen. Es sind Gedichte, die als gedruckte Verse oft von vornherein schon vom Dichter Lieder genannt wurden wie etwa Eichendorffs *Wanderlieder* und *Zeitlieder* oder Heines überaus erfolgreiches *Buch der Lieder*, dessen Gedichte – man mag es kaum glauben – beinahe zehntausendmal vertont wurden (wie Reich-Ranicki berichtet).

In seinem schon in der 1. Lektion zitierten Buch *Das Spiel* spricht der Nobelpreisträger Manfred Eigen im Kapitel *Mit der Schönheit spielen* im Hinblick auf eine „Theorie der ästhetischen Information" und der „ästhetischen Ordnung" über traditionelle und Neue Musik. Er erklärt, dass „die Neue Musik bewusst auf das Element der Harmonie verzichtet, das physikalisch definiert ist und als solches unmittelbar sensorisch perzipiert wird. Nahezu alle abstrakten Elemente der Neuen Musik dagegen können erst über den Verstand aufgenommen werden. [...] Die Rezeption der ‚neuen' im Vergleich zur ‚alten' Musik wird damit zweifellos auf andere Zentren unseres Gehirns verlagert." (A.a.O., S. 355 f.) Entsprechendes gilt für den Klang des „alten" metrischen Verses mit oder ohne den Einklang des Reims. Auch diese regelmäßig getaktete Klangrede ist offenbar eindeutig „physikalisch definiert" und wird daher „unmittelbar sensorisch perzipiert". Die unregelmäßigen neueren Freien Rhythmen dagegen können nur vorwiegend „über den Verstand aufgenommen werden" und sprechen „andere Zentren unseres Gehirns" an.

Liest man große Gedichte von Walther von der Vogelweide, Gryphius, Goethe, Hölderlin, Rilke und vielen anderen Meistern der Poesie, gewinnt jeder Verständige den unabweisbaren Eindruck: Das *muss* so sein, daran könnte man kein Wort ändern, das ist einmalig, das hat den Glanz des Schönen und Vollkommenen. Dieses Stück Poesie ist so unverbesserbar gelungen wie ein Stück der Natur, wie eine Blüte oder eine reife Frucht. Die Lektüre gelungener *zeitgenössischer* Lyrik erzeugt dagegen einen anderen Eindruck: Das kann man so sagen, das könnte man wohl auch ganz anders formulieren; das klingt ganz unerwartet, rätselhaft, vielleicht interessant. Für große *ältere* Poesie mag Goethes Diktum gelten: „Da ist die Notwendigkeit, da ist Gott" (*Italienische Reise*. Rom 6.9.1787). Für *moderne* Poesie kann man im positiven Falle Gottfried Benns Satz in Anspruch nehmen: „Die Bruchflächen funkeln lassen" (*Nietzsche – nach fünfzig Jahren*). Frakturen freilich sind meist eher zufällig, doch können sie eben daraus auch ihren poetischen Reiz gewinnen – oder sie verebben im prosaisch Belanglosen oder im geheimnislosen, einfach Unverständlichen.

10. Lektion:
Der Reim – seine Anfänge

Versrhythmen muss es gegeben haben, seit Menschen überhaupt sprechen und singen konnten. Wer Worte singt, muss sie in irgendeiner Weise rhythmisch singen, das erfordert schon die Melodie. Vom frei akzentuierten Wort-Rhythmus zu festen Vers-Rhythmen war es wohl nur ein Schritt. All dies muss in jahrtausendelangen Zeiträumen mündlich vor sich gegangen sein; denn was wir als früheste Poesie verschriftlicht vorfinden – wie das metrische akkadische *Gilgamesch-Epos* (um 1200 v. Chr.) und die beiden Vers-Epen Homers (im 8. Jahrhundert v. Chr.) –, das hatte einen unvorstellbar langen Vorlauf mündlicher Poesie. (Vergleiche hierzu den Essay: *Vorlauf. Die mündliche Vorgeschichte früher Texte.*)

Der Reim aber, der für uns Heutige eigentlich mehr oder weniger selbstverständlich zur Poesie gehört, war der gesamten altorientalischen und antiken griechisch-römischen Verskunst unbekannt. Im Gegensatz zum in der Frühe der Menschheit gesungenen Vers-Rhythmus muss der (End-)Reim als poetisches Prinzip einen einigermaßen fixierbaren Anfang gehabt haben.

Den Ursprung des Reims zu suchen, das ist aber so eine Sache wie das *caput Nili quaerere:* die einst aussichtslose Suche nach der Quelle des Nils. Wer weit genug forschend zurückgeht, findet für den Nil aber nicht einen einzigen Quellgrund, sondern einzelne Quellbäche, die durch Seen strömen. Wie aber finden sie zusammen? Und woher kommt die mächtige Strömung der Reim-Poesie?

Fest steht immerhin: Der Reim als Dichtungsprinzip wurde an der Epochen-Grenze vom Ende der Antike zum Beginn des Mittelalters erfunden. Aber von wem? Anscheinend gibt es nicht nur *einen* Fixpunkt, sondern einige Ansätze – im gleichen Zeitraum: etwa im 4. und 5. Jahrhundert n. Chr.

> Alte persische Überlieferung erzählt, der Sassanide *Behramgur*, der im Jahre 440 starb, habe seine Sklavin und Geliebte *Dilaram* mit glühenden Worten angesprochen. Sie, seine Liebe erwidernd, habe im gleichen Rhythmus und Endklang geantwortet, und so seien die ersten Reimverse entstanden. (Erich Trunz: Kommentar zu Goethes *West-östlichem Divan. Buch Suleika.* HA 2, S. 572)

> B e h r a m g u r, sagt man, hat den Reim erfunden,
> Er sprach entzückt aus reiner Seele Drang;
> D i l a r a m schnell, die Freundin seiner Stunden,
> Erwiderte mit gleichem Wort und Klang.

> Und so, Geliebte, warst du mir beschieden,
> Des Reims zu finden holden Lustgebrauch,

Dass auch Behramgur ich, den Sassaniden,
Nicht mehr beneiden darf: mir ward es auch.

[...]

Eine sagenhafte Episode nur, natürlich, doch sie mag, wie jede Sage, auch eine tiefere Wahrheit bergen. Das Phänomen der Wechselseitigkeit des Reims ist einzigartig: *Einen* Reim für sich allein gibt es nicht, denn ein Wort wird zum Reim erst durch ein anderes, entsprechendes: Ein in besonderer Weise Ähnliches kommt hier, in leichter Verschiedenheit, zur Übereinstimmung mit dem Einen, wie wohl auch zwei Liebende sich vereinigen – als Menschen verschieden, im Glücksgefühl des Einsseins gleich.

Goethe greift dieses geheimnisvolle Vereinigungs-Motiv der Reimworte noch einmal auf in *Faust II*, als sich der mittelalterliche fränkische Ritter Faust und die begehrenswerteste antike Schönheit Helena liebend begegnen. Helena, die ja als Griechin den Reim nicht kennt, hat soeben das gereimte Lied des Türmers Lynkeus gehört und wundert sich nun darüber, „warum die Rede / Des Manns mir seltsam klang, seltsam und freundlich":

Ein Ton scheint sich dem andern zu bequemen,
Und hat ein Wort zum Ohre sich gesellt,
Ein andres kommt, dem ersten liebzukosen.
FAUST. Gefällt dir schon die Sprechart unsrer Völker,
O so gewiss entzückt auch der Gesang,
Befriedigt Ohr und Sinn im tiefsten Grunde.
Doch ist am sichersten, wir üben's gleich;
Die Wechselrede lockt es, ruft's hervor.
HELENA. So sage denn, wie sprech' ich auch so schön?
FAUST. Das ist gar leicht, es muss von Herzen gehn.
Und wenn die Brust von Sehnsucht überfließt,
Man sieht sich um und fragt –
HELENA.   wer mitgenießt.
FAUST. Nun schaut der Geist nicht vorwärts, nicht zurück,
Die Gegenwart allein –
HELENA.   ist unser Glück.
(Vers 9369 – 9382)

In den *Noten und Abhandlungen zu besserem Verständnis des West-östlichen Divans* schildert Goethe ein anspruchsloses orientalisches Spiel Liebender, „Blumensprache" genannt (HA 2, S. 190 ff.):

Wenn ein Liebendes dem Geliebten irgendeinen Gegenstand zusendet, so muss der Empfangende sich das Wort aussprechen und suchen, was sich darauf reimt, sodann aber ausspähen, welcher unter den vielen möglichen Reimen für den gegenwärtigen Zustand passen möchte. Dass hiebei eine leidenschaftliche Divination obwalten müsse, fällt sogleich in die Augen.

Es geht also um einen angedeuteten Begriff und den im Reim dazu passenden Echo-Effekt, ohne höheren poetischen Sinn. Goethe selbst listet spielfreudig tatsächlich 48 Reimpaare auf wie die folgenden: „Amarante / Ich sah und brannte"; „Raute / Wer schaute?"; „Haar vom Tiger / Ein kühner Krieger"; „Haar der Gazelle / An welcher Stelle?" [...]

In der Klangsymbolik des Reimes vollzieht sich die hochzeitliche Vereinigung des Paares – im Reimpaar. Ihre Stimmen finden sich im seelischen Zusammenklang und umarmen einander. In der Tat dürfte dieses liebevolle Wechselspiel in Wortklängen – über die von Goethe gestalteten Reimfindungs-Episoden hinaus – generell ein Glücksgefühl hervorrufen. Und eben das löst das Finden von *Reimklang, Einklang, Wohlklang* (vergleiche dazu den Essay mit diesem Titel) zweifellos immer wieder aus, denn seit gut anderthalbtausend Jahren werden mit Begeisterung Myriaden von Reimen gesucht und gefunden.

Die kleine Ursprungs-Sage von der Reim-Erfindung durch einen Sassanidenkönig und seine Geliebte spielt in der ersten Hälfte des 5. Jahrhunderts in Persien. Im alten Arabien gibt es nun frühe Belege für Reimpoesie von Dichtern, die der zweiten Hälfte des 6. Jahrhunderts angehört haben dürften, jedoch aus langer mündlicher Tradtition analphabetisch dichtender Beduinen hervorgegangen sein müssen, da die altarabische Poesie erst in islamischer Zeit (also etwa seit der ersten Hälfte des 7. Jahrhunderts) zum Teil schriftlich fixiert wurde. Die Überlieferung berichtet, es seien sieben hervorragende gereimte Gedichte an der Kaaba in Mekka ausgehängt und als *„Muallaqat"* („Aufgehängte") hoch gepriesen worden. Diese Verse sind *Kassiden (Qasiden)*, die gekennzeichnet sind durch einheitliches Metrum und Reim in der Form des *Ghasels* („Gespinst"). Deren erstes Verspaar (Beit, Königshaus) ist gereimt und bestimmt als Monoreim alle geraden Zeilen, während die ungeraden reimlos (Waisen: w) bleiben: aa wa wa wa ... Der durchgehende, aber jeweils kurz unterbrochene Gleichklang gibt dem Ghasel eine Gleichförmigkeit, die uns orientalisch anmutet wie etwa arabeske Ornamente. So sagt Goethe im *West-östlichen Divan* (im Gedicht *Unbegrenzt*) über die von ihm aufs Höchste bewunderten Ghaselen des Persers Hafis:

> Dein Lied ist drehend wie das Sterngewölbe,
> Anfang und Ende immerfort dasselbe,
> Und was die Mitte bringt, ist offenbar
> Das, was zu Ende bleibt und anfangs war.

Friedrich Schlegel, Rückert und Platen dichteten Ghaselen; doch diese wurden im Deutschen nicht heimisch. Ein Beispiel von Friedrich Rückert, *nach Dschelaleddin Rumi*:

Wohl endet Tod des Lebens Not,	a
doch schaudert Leben vor dem Tod.	a
Das Leben sieht die dunkle Hand,	w

den hellen Kelch nicht, den sie bot.	a
So schauert vor der Lieb ein Herz,	w
als wie von Untergang bedroht.	a
Denn wo die Lieb erwachet, stirbt	w
das Ich, der dunkele Despot.	a
Du lass ihn sterben in der Nacht,	w
und atme frei im Morgenrot.	a

Es wird erzählt, die oft langen gereimten Kassiden seien entstanden während des wochenlangen Reitens der Beduinen in Karawanen auf dem Rücken der Kamele, die im wiegenden Rhythmus des gleichseitigen, hin und her schaukelnden Passgangs scheinbar unaufhaltsam gelassen dahinschreiten. Goethe imaginiert im *West-östlichen Divan* (im Gedicht *Hegire*) den Karawanenführer, wie er Ghaselen von Hafis

> Singt, die Sterne zu erwecken
> Und die Räuber zu erschrecken.

Arabienkenner wie Werner Daum sind überzeugt: „Im Mittelalter übernahm Europa [...] den Endreim, der in den Wüsten der Arabischen Halbinsel erfunden worden war." (*Jemen. Das südliche Tor Arabiens*. Tübingen 1980, S. 242) Die Araber sehen bis heute die gereimte Dichtkunst als ihren Beitrag zur Kultur der Menschheit an und erklären stolz: „Die Griechen haben der Welt die Wissenschaft gegeben, die Perser die Kunst, wir Araber aber haben ihr die Dichtung geschenkt." (A.a.O., S. 51)

Der **Koran**, das früheste Prosawerk und zugleich das Hauptwerk der arabischen Literatur (redigiert unter dem Kalifen Utman Mitte des 7. Jahrhunderts), ist in *Reimprosa* verfasst. Seine Sprache gilt als so vollendet, dass sie als Wunder und Erweis der Prophetengabe Muhammads betrachtet wird. Die einzelnen Koran-Verse haben Reime, die teilweise frei behandelt werden, jedoch – im Unterschied zur damaligen Poesie – keine metrische Gliederung kennen. Dies entspricht der gereimten Redeweise der vorislamischen Wahrsager. Friedrich Rückert, der große nachdichtende Orientalist, gestaltet (anders als die wortgetreuen Übersetzungen) in seiner Koran-Übertragung die Klangwirkung der Reimprosa des Korans nach. Ein kurzes Beispiel.

> Soll ich schwören bei dieser Stadt? Denn du wohnst in dieser Stadt. Beim Säemann und seiner Saat! Wir erschufen den Menschen zu harter Tat. Meint er, dass niemand Gewalt auf ihn hat? Er spricht: O wie vieles Gut ich zertrat! Meint er, dass niemand gesehn ihn hat? Wer hat ihm die Augen bereitet? Und die Lippen ihm geweitet? (Sure 90, 1-9)

Der Koran, dessen poetische Wirkung sich erst im Klang der Rezitation entfaltet, muss im ganzen arabischen Sprachraum die Freude am Reimklang verbreitet haben. So ist auch die in Europa bekannteste arabische Erzählungssammlung *Tausendundeine Nacht* (8./16. Jahrhundert) immer wieder durch Stellen in Reimprosa und eingefügte gereimte Gedichte ausgeschmückt (am besten wiedergegeben in der Übersetzung von Enno Littmann). Aus Freude am gewählten und wohlklingenden Ausdruck fand die Reimprosa sogar in die wissenschaftliche arabische Literatur Eingang.

In der griechisch-lateinischen Antike gibt es vereinzelt Reimformeln als Redeschmuck (wie z.B. „nolens volens" / nichtwollend wollend oder „nomen est omen" / der Name ist ein Vorzeichen), und seit dem 1. Jahrhundert n. Chr. finden sich in den Gebeten der jüdischen Synagoge mitunter auch einmal Reime. Doch das Reim*prinzip* als durchgehender Gleichklang am Vers-Schluss wird erstmals nachweisbar erfunden in der zweiten Hälfte des 4. Jahrhunderts – also deutlich früher als in Persien und Arabien. Der heilige Bischof und Kirchenvater **Ambrosius von Mailand** (geboren in Trier um 339, gestorben 397) führt den wohl aus Syrien stammenden hymnischen Chorgesang in die abendländische Kirche ein und dichtet selbst berühmt gewordene lateinische Hymnen. Und in diesen findet sich erstmals immer wieder der Endreim. Der himmlische Klang der hymnischen Gesänge ist Ambrosius offenbar nicht genug. Die Worte selbst sollen am Vers-Ende in einer eigenen kleinen Harmonie erklingen. Dadurch werden die Verse melodisch gegliedert und als Sinn- und Klangeinheiten akustisch abgegrenzt. So wird der Mann aus Trier zum europäischen Erfinder des Reimprinzips. Der schon zu seiner Zeit berühmte Bischof der römischen Metropole Mailand ist durch seine gereimten Hymnen der früheste Initiator der reichen gereimten lateinischen Hymnendichtung im Raum der katholischen Kirche des folgenden Mittelalters, vor allem seit dem 10./11. Jahrhundert. Und vom lateinischen Hymnus aus dringt der Reim in die volkssprachlichen Dichtungen ein. Als Beispiel diene ein zweistrophiger ambrosianischer Hymnus.

AD VESPERAM	ABENDLIED (VESPER)
O lux beata, trinitas	O sel'ges Licht, Dreifaltigkeit
Et principalis unitas,	Und allerhöchste Einigkeit,
Iam sol recedit igneus:	Schon sinkt der Sonne Feuerschein:
Infunde lumen cordibus!	Dein Licht gieß uns ins Herz hinein!
Te mane laudum carmine,	Dich bitte morgens unser Sang,
Te deprecemur vespere,	Dich abends unsres Lobes Klang,
Te nostra supplex gloria	Dir soll auch unser preisend Flehn
Per cuncta laudet saecula!	Durch alle Zeiten hin ergehn!

Die früheste deutsche Dichtung der *karolingischen Zeit* im 9. Jahrhundert wird beherrscht von zwei Reimprinzipien: dem germanischen **Stabreimvers** und dem neu geschaffenen althochdeutschen **Endreimvers**.

Als germanisches Erbe ragen *altdeutsche Stabreimverse* in das karolingische Zeitalter hinein. Sie werden jedoch bald von der etwa zur gleichen Zeit entstehenden *neuen Endreim-Dichtung* verdrängt. Beide Reimweisen werden durch zwei überragende Werke repräsentiert: Es sind jeweils zusammenfassende Nacherzählungen der vier Evangelien, sogenannte „Evangelienharmonien". Den Namen **Heliand** erhielt die *altsächsische Stabreim-Dichtung* eines unbekannten Mönchs um 825; *Liber Evangeliorum*, *Evangelienbuch*, nennt der Mönch **Otfried von Weißenburg** (Elsass) seine *althochdeutsche Endreim-Dichtung*, geschrieben 863/70. Vermutlich haben beide Evangelienharmonien ihren Ursprungsort in Fulda, der Gründung des Bischofs Bonifatius, des Apostels der Deutschen. Hier wurde wohl auch das *Hildebrandslied* um 810/20 aufgeschrieben, das einzig erhaltene althochdeutsche Heldenlied in 68 Stabreimversen.

Als kurzes Beispiel für beide Evangelienharmonien eignet sich der Beginn der Weihnachtsgeschichte, denn beide Fassungen stützen sich hier auf Lukas 2,1: „Es begab sich aber in jenen Tagen, dass ein Erlass des Kaisers Augustus ausging, den ganzen Erdkreis aufzeichnen zu lassen."

AUS DEM HELIAND (um 825)

Thó uuarô fon **R**úmuburg **r**íkes mannes	Da war von **R**omaburg / des **r**eichen Herrschers
obar **a**lla thesa **i**rminthiod, **O**ctauiânas,	**ü**ber **a**ll dies **E**rdenvolk, / **O**ktavians,
ban endi **b**odskepi obar thea is **b**rêdon giuuald **c**uman fon them **k**ésure **c**uningo gihuilicun [...].	**B**ann und **B**otschaft / über sein **b**reites Reich ge**k**ommen, von dem **K**aiser / zu den **K**önigen allen [...].

AUS OTFRIED VON WEIßENBURG: EVANGELIENBUCH (863/70)

Wúntar ward thó m**áraz** joh filu sélts**ânaz**, gibót iz ouh zi w**áru** ther kéisor fona Rú**mu**. Sánt er filu w**îse** selbes bóton s**îne**,	Ein Wunder geschah da, ein berühmtes und sehr seltsames: Es gebot fürwahr der Kaiser von Rom: Er sandte seine kundigen Boten selbst,
sô wíto sôsô in wórol**ti** man wári búen**ti** [...].	soweit wie in der Welt Menschen ansässig waren [...].

Stabreim bedeutet Gleichklang der Laute am Wortanfang. Da Laute weitgehend den Buch*staben* entsprechen, leitete man daraus den Namen *Stab*reim ab. Die gleich klingenden Anfangslaute nennt man daher auch *Stäbe*, und man sagt, zwei entsprechende Wörter staben. „Littera" ist das lateinische Wort für Buchstabe; „ad" (hier angeglichen zu „al-") heißt „zu". Daher spricht man auch von **Alliteration**, das heißt wörtlich etwa: Buchstabe zu Buchstabe. Ein weiterer Name ist **Anlautreim**. Steht im Anlaut des Reimwortes ein Konsonant, wird derselbe im anderen Reimwort wiederholt („**M**ann und **M**aus"). Steht ein Vokal im Anlaut, stabt dieser mit jedem anderen Vokal („**A**nfang und **E**nde"), denn jeder Vokal beginnt – man spürt das beim Sprechen in der Kehle – mit demselben Glottisschlag (Stimrilzenverschlusslaut).

Im *Hildebrandslied* bestehen die Langzeilen aus zwei Kurzzeilen, *Anvers* und *Abvers*, die durch *Binnenzäsur* getrennt und durch Rhythmus und Stabreim klanglich zusammengefasst sind. Jede Kurzzeile ist ihrerseits in zwei Takte gegliedert, und jeder Takt ist in sich durch eine Haupt- ($'$) und Nebenbetonung ($`$) unterteilt. Zwei Zeilen des *Hildebrandliedes* (Zeile 13 und Zeile 48) sollen die Struktur von Metrum und Stabreim veranschaulichen.

(*Auftakt*)	*Anvers*		*Abvers*	
	x́ x x̀	x x́ x x̀	x́ x x̀ x	x́ x
	Hádubrànt	gimáhaltà	**H**íltibràntes	súnu
	Hadubrand	*begann,*	*Hildebrands*	*Sohn*
	Wélagà nu	**w**áltant gòt	**w**éwurt	skíhit
	Wahrlich nun,	*waltender Gott,*	*Wehgeschick*	*geschieht*

Auftakt und Senkungen können fehlen oder sich mehr oder weniger ausdehnen. In jedem Fall aber bilden die vier starken Hebungen ($'$) das Gerüst. Die inhaltlichen Schwerpunkte sind im Text so verteilt, dass sie mit den vom metrischen Schema vorgegebenen Betonungsstellen übereinstimmen. Diese sind zudem durch Stabreim hervorgehoben. Es herrscht strenger Zeilenstil: Die Langzeile ist zugleich eine syntaktische Einheit, d.h., Satz-Ende und Zeilen-Schluss sind identisch.

Während die germanische Stabreim-Dichtung mit einem großen Werk, dem *Heliand*, in karolingischer Zeit endet, beginnt fast gleichzeitig etwas Neues. Das poesievolle und hochgelehrte althochdeutsche *Evangelienbuch* ist erstmals in Endreimen geschrieben nach dem Vorbild der lateinischen ambrosianischen Hymnen, nun erklärtermaßen aber zum ersten Mal „in frenkisga zungun", also in fränkischer, deutscher Sprache. Und hier kennen wir zum erstenmal den Verfasser. Es ist der Mönch **Otfried von Weißenburg** im Elsass (um 800 bis um 870), der erste namentlich bekannte deutsche Dichter! Er war es, der den folgenreichen Neubeginn bewirkte. Sein – im Vergleich zu den kaum eine Seite langen lateinischen Hymnen – gewaltiges Werk von Tausenden gereimter Langverse ist die erste größere hochdeutsche Dichtung! Sein mühsam erarbeitetes Werk ist eine einzigartige und unabsehbar folgenreiche formale Leistung. Sie hat das, was wir heute Dichtung nennen, grundlegend verändert. „Otfrieds Reimvers [...] wurde der Keim einer Kunst, die bis zu Wolframs *Parzival* und Goethes *Faust* reicht" (de Boor).

Die Langzeilen mit Binnenzäsur bestehen aus je zwei binnengereimten Halbzeilen. Zur Einführung des Endreims gehört auch das – wenn auch noch nicht streng durchgeführte – Alternieren von Hebung und Senkung. Der althochdeutsche Endreim darf noch grundsätzlich allein in der — auch unbetonten – Endsilbe bestehen. Es reimt sich z.B. „wá**ru**" auf „Rú**mu**" (wie oben in der 2. Zeile des Zitats). Aber es entsteht bei Otfried auch schon als weiterführende Neuerung der zweisilbige, weibliche Reim, der den ganzen Wortteil von der letzten Hebung an umfasst, z.B. **gâhi** und gi**sâhi**. Otfrieds Paarreim-Vers wurde schließlich zum deutschen Erzähl-Vers, in dem die großen höfischen Epen um 1200 geschrieben sind, und letztlich stammt von daher auch jeder Reim eines jeden heutigen deutschen Schlagertextes.

Die Erfindung des deutschen Endreim-Verses bedeutet eine ganz neue Formbindung und stellt die bedeutendste Neuerung dar, die es auf formalem Gebiet geben konnte. Die altsächsische und althochdeutsche Stabreim-Dichtung starben ab; der *Heliand* und das *Hildebrandslied* fanden formal keine Nachfolger (wenn man von Richard Wagners Stabreimen absieht). Die damals von Otfried geschaffene Endreim-Dichtung dagegen beherrscht die deutsche Dichtung bis heute.

11. Lektion:
Der Reim – seine Geschichte

1. Zur Geschichte des Reims

Angeführt von den klangvollen lateinischen *Hymnen* des heiligen Bischofs Ambrosius († 397) und dem großen althochdeutschen *Evangelienbuch* des Mönchs Otfried von Weißenburg († um 870), bringen die vielen klassischen mittelhochdeutschen *Epen* und die vielstimmige *Minnelyrik* um 1200 die Reimkunst zu höchster Vollendung. Zur Veranschaulichung diene zunächst ein Beispiel vom Anfang des Epos *Der arme Heinrich* des Hartmann von Aue (um 1195):

Ein ritter sô gelêret was,	Ein Ritter war so gebildet,
daz er an den buochen las,	dass er in den Büchern lesen konnte,
swaz er daran geschriben vant;	alles was er darin geschrieben fand.
der was Hartman genant.	Er wurde Hartmann genannt.
[...]	

Und nun der Anfang der ersten Strophe eines berühmten Minneliedes von Walther von der Vogelweide (um 1205):

„Nemt, frouwe, disen kranz!"	„Nehmt, Herrin, diesen Kranz!",
alsô sprach ich zeiner wol	sprach ich zu einem schönen
getânen maget,	Mädchen,
„sô zieret ir den tanz,	„so ziert ihr den Tanz
mit den schœnen bluomen,	mit den schönen Blumen, die ihr
als irs ûffe traget."	auf dem Kopf tragt."
[...]	

Von nun an also herrscht der Reim unbeschränkt in der deutschen Dichtung bis in die Barockzeit mit ihrer reichen Lyrik sowie den großen Dramen, vor allem von Gryphius, die (nach französischem Vorbild) alle in langzeiligen, gereimten Alexandrinern gestaltet sind. Noch die ersten beiden Rokoko-Theaterstücke des jungen Goethe sind in Alexandrinern geschrieben: Der Erstling des 18-Jährigen, *Die Laune des Verliebten. Ein Schäferspiel,* und *Die Mitschuldigen. Ein Lustspiel.*

Doch es kommt auch immer wieder zur Ablehnung, ja Bekämpfung des Reims – nicht erst seit dem 20. Jahrhundert. Im Zeitalter des Humanismus und seiner neuen Klassikrezeption, im Italien des frühen 16. Jahrhunderts, nannten einige (im Lande Dantes und Petrarcas!) den Reim einen „barbarischen Singsang" mit einer „Monotonie der Gleichlaute", und auch in England verwahrte man sich gegen „the barbarous and crude Ryming". Claus Schuppenhauer berichtet in seinem Buch *Der Kampf um den Reim in der deutschen*

Literatur des 18. Jahrhunderts (Bonn 1970) z.b. über Johann Jakob Bodmers poetische Streitschrift *Die Discourse der Mahlern* von 1722. Hier ist der Reim nur noch „ein kahles Geklapper gleichtönender End-Buchstaben, welches uns von der barbarischen Poeterei unserer Alten angeerbt ist". Wolfgang Kayser stellt schließlich fest:

> Der Kampf um den Reim, von Klopstock so lebhaft geführt, hat damals für kurze Zeit tatsächlich mit dem Sieg der Gegner des Reims geendet. (*Geschichte des deutschen Verses.* München 1960, S. 56)

Man beruft sich bei der neuerlichen Entdeckung der Antike, die als unbedingt anzustrebendes Vorbild gilt, auf die Reimlosigkeit der griechisch-lateinischen Dichtung, während der Reim das Gehör betäube und die Gedanken fessle. (Ganz entsprechend kritisch sagt es später Brecht. Vergleiche die 9. Lektion.) Klopstock und dann auch Hölderlin formen komplizierte griechische Versmaße nach, und Klopstock erfindet die (natürlich reimlosen) Freien Rhythmen. (Vergleiche hierzu die 8. Lektion.)

> Es ist dann den späteren Anakreontikern und vor allen Dingen dem jungen Goethe und der Gruppe des Göttinger Hains zu danken, dass [...] das deutsche Lied wieder den Klang des Reimes zurückgewonnen hat. (A.a.O.)

Und das gilt nicht zuletzt auch für die Poesie der Romantik. Ludwig Tieck (1773 – 1853) erklärt begeistert, der Reim diene dazu, „die Poesie in Musik, in etwas Bestimmt-Unbestimmtes zu verwandeln". In der durchgehend musikalischen Organisation liegt für ihn die wahre „Seele des Gedichts", und je mehr der Dichter „die harten Worte seiner Sprache immer wieder in Reime" umbeugt, desto stärker tritt im Klangspiel der Reime auch „der Gedanke des Gedichts", die Offenbarung der Tiefen des menschlichen Gemüts, hervor. Und so wird die Bewegung der Klänge, der Hall und Widerhall der Laute zugleich zur Stimme des menschlichen Gemüts, das im Reimspiel als zartester „Laut menschlicher Sehnsucht", als „Echo aus dem menschlichen Gemüte" widerhallt, das sich aber auch in der Natur, wenn die Wellen des Baches „freudig zusammenklingen", wiedererkennt. Das Klangphänomen des Reims sieht Tieck also ganz romantisch im Zusammenspiel von Mensch und Natur. Es sind Verlautbarungen einer das menschliche Gemüt bestimmenden Sprache der Natur, der die Seele antwortet, weil sie sich mit allem Lebendigen im Einklang wie im Reimklang fühlt. Natur und Seele, Seele und Sprachlaut schwingen so in Harmonien ineinander. (Ludwig Tieck: *Kritische Schriften.* Leipzig 1848, Bd. 1, S. 200 f.)

Auch Hegel zeigt in seiner *Ästhetik*, Band II (1842), *Dritter Teil. Die Poesie, b. Der Reim* (Berlin und Weimar 1965, S. 387), ein eindringliches Verständnis für den romantischen Reim:

> [...] so vertieft sich nun auch die *romantische* Poesie, da sie überhaupt verstärkter den Seelenton der Empfindung anschlägt, in das Spielen mit den für sich

verselbständigten Lauten und Klängen der Buchstaben, Silben und Wörter und geht zu diesem Sichselbstgefallen in ihren Tönungen fort, die sie teils mit der Innigkeit, teils mit dem architektonisch verständigen Scharfsinn der Musik zu sondern, aufeinander zu beziehen und ineinander zu verschlingen lernt. [...] Das Bedürfnis der Seele, sich selbst zu vernehmen, [...] befriedigt sich in dem Gleichklingen des Reims, das [...] nur darauf hinarbeitet, uns durch Wiederkehr der ähnlichen Klänge zu uns selbst zurückzuführen.

Goethe, der in seiner Lyrik und im Riesenwerk des *Faust* Tausende von Reimen in jeder denkbaren Spielart gefunden hat, spricht einmal, wie schon zitiert, beglückt von „des Reims [...] holdem Lustgebrauch" (*West-östlicher Divan: Behramgur, sagt man [...]*). An anderer Stelle (*Torquato Tasso* I, 1, Vers 134 ff.) lobt er die sanft harmonisierende Wirkung:

Und dann [...]
Ruht unser Ohr und unser innrer Sinn
Gar freundlich auf des Dichters Reimen aus [...].

Doch der späte Goethe ist auch skeptisch:

Ein reiner Reim wird wohl begehrt,
Doch den Gedanken rein zu haben,
Die edelste von allen Gaben,
Das ist mir alle Reime wert.
(*Sprüche IV*, HA 1, S. 320)

Heinrich Heine, der seine Reime mit Leichtigkeit fügt, findet einmal den Lobspruch von „des Reimes goldnem Faden" (*Romanzero, 3. Buch, Jehuda ben Halevy, III*). Doch ihm scheint seine Reimkunst auch nicht unbedenklich, denn bisweilen „überschleicht einen unversehens die klingelnde Gewohnheit des Reims und Silbenfalls, und siehe!, es sind Verse [...]." (*Vorrede zur dritten Auflag des Buchs der Lieder*)
Die Poesie Baudelaires (1821 – 1867) gilt allgemein als „der Auftakt zur modernen Lyrik" (Hugo Friedrich). Um so erstaunlicher ist, dass er entschieden am altüberkommenen gereimten Alexandriner festhält und sogar überwiegend die alte, strenge Sonettform verwendet. Er erklärt:

Ganz offensichtlich sind metrische Gesetze keine willkürlichen Tyranneien. Sie sind Regeln, die vom Organismus des Geistes selbst gefordert werden. Niemals haben sie der Originalität verwehrt, sich zu verwirklichen. Das Gegenteil ist unendlich viel richtiger: dass sie immer der Originalität zur Reife verholfen haben.
(Zitiert nach *Kindlers Neues Literatur-Lexikon* 1996, Bd. 2, S. 312.)

Anscheinend ermöglicht hier gerade die Verbindung einer traditionellen Vers- und Reimform mit neuen, überraschenden Inhalten jene Spannung, die Baudelaire immer wieder dem Phänomen der Modernität zuschreibt.

Im deutschen Theater wird der wuchtige, von Frankreich übernommene gereimte Alexandriner des barocken Dramas seit Wieland und Lessing – das Vorbild ist nun Shakespeare – ersetzt durch geschmeidige fünffüßige Jamben ohne Reim, das heißt: den Blankvers. Auch die Epen sind nun zum großen Teil reimlos und werden durch eine Fülle von Romanen (natürlich in Prosa) verdrängt.

Seit der Wende vom 19. zum 20. Jahrhundert wird dem Reim in der Lyrik erneut der Kampf angesagt, und zwar nun mit einem neuen Argument, das Arno Holz vorbringt: Heutzutage sei der Reim völlig abgenutzt. Und in der Tat. Wem fallen da nicht solche abgedroschenen, unmöglich gewordenen Paarreime ein wie „Herz/Schmerz", „Sonne/Wonne", „Brust/Lust" ...? Morgenstern scherzt in seinen *Galgenliedern* (1905) über *Das ästhetische Wiesel*:

> Ein Wiesel
> saß auf einem Kiesel
> inmitten Bachgeriesel.
>
> Wisst ihr
> weshalb?
>
> Das Mondkalb
> verriet es mir
> im Stillen:
>
> Das raffinier-
> te Tier
> tats um des Reimes willen.

Und Fred Endrikat stellt mokant fest:

> Nicht alles, was sich reimt, ist ein Gedicht;
> Nicht alles, was zwei Backen hat, ist ein Gesicht.

Bertolt Brecht ist bekannt für seine Verse in Freien Rhythmen, die er auch ausführlich theoretisch begründet, wie in der 8. Lektion dargestellt. Er erklärt im Blick auf seine *Deutschen Satiren*:

> Der Reim schien mir nicht angebracht, da er dem Gedicht leicht etwas in sich Geschlossenes, am Ohr Vorbeigehendes verleiht. (*Über reimlose Lyrik mit unregelmäßigen Rhythmen*)

In seinem Gedicht *Schlechte Zeit für Lyrik* (1938/41) bekennt er:

> In meinem Gedicht ein Reim
> Käme mir fast vor wie Übermut. (5. Strophe)

Und doch hat Brecht oft und gern gereimt. Er schrieb sogar über zwanzig wohlgereimte Sonette. In der noch zu seinen Lebzeiten erschienenen Auswahl *Hundert Gedichte 1918 – 1950* ([Ost-]Berlin 1951) finden sich etwa zur Hälfte (53 %) oft locker, mit zahlreichen Waisen durchgesetzte gereimte Gedichte neben den freirhythmischen.

Der „Lustgebrauch" des Reims war – obwohl er vielen als verschlissen und erschöpft galt – noch eine ganze Zeit lang nicht erledigt. W. Kayser berichtet mit prozentualen Angaben zunächst über die Epoche des Expressionismus (1910 – 1925):

> In der repräsentativen Sammlung *Menschheitsdämmerung*, herausgegeben von Kurt Pinthus [1919], sind 56 % der Gedichte noch gereimt, 44 % sind nicht mehr gereimt. In den nächsten Jahren […] verschiebt sich das Verhältnis zugunsten des Reimes. In der *Arbeiterdichtung*, einer repräsentativen Anthologie von Karl Bröger von 1925, sind 74 % gereimt und dementsprechend 26 % nicht gereimt. 1927 geben Fehse und Klaus Mann ihre *Anthologie junger Lyrik* heraus, 77 % gereimt, 23 % nicht gereimt. Wie ist die Situation nach dem 2. Weltkrieg? 1946 erschien eine Anthologie *De Profundis*, darin zählten wir 89 % gereimte, 11 % nicht gereimte Gedichte. (A.a.O., S. 56 f.)

Gottfried Benn, der selbst anfangs einer der berühmtesten expressionistischen Dichter ist und große gereimte und ungereimte Gedichte geschaffen hat, ist überzeugt:

> Der Reim ist auf jeden Fall ein Ordnungsprinzip und eine Kontrolle innerhalb des Gedichts. Dass Verlaine und Rilke, die beide grundsätzlich sich des Reims bedienten, als letzte noch einmal den ganzen Reiz des Reims zum Ausdruck zu bringen vermochten, scheint mir auf der Hand zu liegen, hier wird manchmal das Raffinierte und das Sakrale des Reims zur Wirkung gebracht. Seitdem liegt vielleicht eine gewisse Erschöpfung des Reims vor, man kennt ihn zu sehr aus all den tausend Gedichten, den Reim und die Antwort des nächsten Reims; einige Autoren versuchen ihn durch Einbeziehung von Eigennamen und Fremdworten aufzufrischen, aber das gibt ihm seine frühere Stellung nicht zurück. […] Der lyrische Autor selbst […] wird ihn immer besonders prüfend betrachten und oft zögernd vor ihm stehen. (*Probleme der Lyrik. Gesammelte Werke in acht Bänden*, Band 4, S. 1078 f.)

Rilke überspringt die „Erschöpfung des Reims" häufig durch unerwartete Reimfindungen. Im folgenden Beispiel (*Archaïscher Torso Apollos*, 1908) reimt sich z.B. die gängige Partikel „aber" auf das seltene Substantiv „Kandelaber", das Nomen „Haupt" auf das Verb „zurückgeschraubt".

> Wir kannten nicht sein unerhörtes Haupt,
> darin die Augenäpfel reiften. Aber
> sein Torso glüht noch wie ein Kandelaber,
> in dem sein Schauen, nur zurückgeschraubt,
>
> sich hält und glänzt. […]

Ein Jahrzehnt nach dem Zweiten Weltkrieg scheint es, als ob der Weg nun endgültig zum reimfreien Gedicht führte und der Reim kaum noch Chancen habe.

> In *Transit* [1956], einer Sammlung, die ja beansprucht, einen Querschnitt durch die Lyrik der Jüngsten zu geben, ist das Verhältnis [...] etwa: 33% gereimt, 67% nicht gereimt, Zahlen also, die in der Ablehnung des Reimes weit über den Expressionismus hinausgehen. (W. Kayser, a.a.O., S. 57)

1995 gibt Jörg Drews eine Anthologie heraus unter dem (zu) viel versprechenden Titel *Das bleibt. Deutsche Gedichte 1945 – 1995* (Reclam Leipzig). Zwischen dem traditionellen Glauben an das exemplarische Meisterwerk und der Auswahl nach Lust und Laune bewegt sich hier das Tasten nach dem Rang von Gedichten, freilich in dem Wissen, „dass ‚große' Lyrik ohnehin nicht mehr existiert" (S. 246).Trotzdem geht es dem Herausgeber um eine „Epoche, deren große Gedichte unsere Auswahl versammeln will" (S. 254), wenngleich viele anerkannte Namen fehlen, andere überrepräsentiert und gänzlich unbekannte vertreten sind. Von den 248 Gedichten sind 57 gereimt. (Allerdings stellt fast ein Viertel hiervon allein der völlig überrepräsentierte H. C. Artmann.) Insgesamt also sind 23% gereimt: immerhin noch unerwartet viele. Oft allerdings klingen die Reimfolgen eher zufällig. Entsprechendes zeigte sich hier schon in der 1. Lektion, wo u.a. die neueren Gedicht-Bücher von Grass, Enzensberger und Grünbein durchgesehen wurden. Bei ihnen finden sich einige wenige wie beiläufig gereimte Gedichte unter der Überzahl der freirhythmischen.

Im gleichen Jahr 1995 erscheint, herausgegeben von Joachim Sartorius, ein *Atlas der neuen Poesie*, der 65 Lyriker aus 36 Ländern im Original mit deutschen Übersetzungen versammelt. Von diesen sind 10 deutschsprachig, und von ihren 55 Gedichten sind 2 gereimt (das sind 3,6%). Wohl alle Gedichte dieser Anthologie sind, soweit das aus den 22 Sprachen zu erahnen ist, freirhythmisch und reimlos wie schon in dem bekannten, von Enzensberger eingerichteten *Museum der modernen Poesie* von 1960, das mit dem Epochenbruch 1945 abschließt. Der Herausgeber stellt hier 96 Autoren aus mehr als 20 Ländern vor und erklärt, dass sich eine „poetische Weltsprache" entwickelt habe. Der Reim als Formprinzip gehört freilich nicht mehr dazu. „Destruktion" sei „das Gesetz, nach dem sie angetreten". Doch deren „Kehrseite" sei „der Aufbau einer neuen Poetik". Poesie und Poetik aber für wen?

Benn nennt 1951 die moderne Lyrik „eine anachoretische Kunst" (a.a.O., S. 1066). Er lebt allein in seiner „Ausdruckswelt" (S. 1064) und sucht Vollendung in der „Form" – „formstill sieht ihn die Vollendung an" (*Wer allein ist* –). Seinerzeit konnten viele Leser die formvollendeten Gedichte mit ihrem „Big-Benn-Sound" memorieren und zitieren.

Doch gegen Ende des 20. Jahrhunderts verschärft sich die Lage. Statt Enzensbergers „Weltsprache der Poesie" präsentiert Sartorius einen „Zerfall in zahllose Sprachen und Sprechweisen" (S. 10). Er spricht nun – ganz im Widerspruch zum Form-Ideal Benns – von der „Abdankung der Form" und stellt fest: „Der Leser hat wie in einem Puzzle die Sprachbeziehungen neu zu klären" (S. 9). Als „Seismograph unserer Zeit" misstraut die neue Poesie „der alten, memorablen Rede" (S. 15) und natürlich, so darf man hinzufügen, nachdem sich zahllose gesellschaftliche Bindungen längst gelöst haben, auch der traditionellen Klangbindung des Reims, die ja generell Bindung und Übereinstimmung symbolisiert. Und so zitiert Sartorius (S. 14) offenbar nicht ohne Hintersinn Lawrence Ferlinghettis Verse:

> Wir haben gesehen, wie die Besten unserer Generation
> bei Dichterlesungen vor Langeweile zugrunde gingen.

Warum wohl? Die „neue Poesie" säubert das Gedicht von fast allem, was einmal – von den Inhalten abgesehen – die formalen Konventionen von metrischer Gliederung, Reim und Strophe waren. Für die deutsche Bildungsschicht gab es einst als geistigen Besitz etwas, was die 1926 von Rudolf Borchardt herausgegebene Anthologie einmal *Ewiger Vorrat deutscher Poesie* nannte. Man kannte viele liebgewordene Gedichte, ihr eingängiger Rhythmus und die harmonischen Reime legten das Auswendigkönnen nahe, und das gilt auch noch für Verse von Rilke, Benn oder Brecht. Die Lyrik in der zweiten Hälfte des 20. Jahrhunderts löst dagegen „die alten Verbund- und Gliederungssysteme" auf (Rühmkorf). Ja, an die Stelle von Gedichten sollen erklärtermaßen nun vielfach „Texte" oder „Konstellationen" treten. Oft geht es nur noch darum, „wie Sprachmaterial methodisch nach den Rändern zu bewegt werden könne [...]. Die ‚gegebene' Wirklichkeit wird neu ausgewürfelt, im Wortsinn dekonstruiert, durchkreuzt gegen ihre leere Mitte zu [...]." (K. Briegleb in: *Gegenwartsliteratur seit 1968.* München 1992, S. 48 f.) Die „geschredderten Formen der Gegenwartslyrik" (Botho Strauß: *Paare, Passanten.* München 1984, S. 119) werden vorwiegend von Spezialisten rezipiert. Keiner kann sie mehr memorieren, kaum einer will sie lieben. Als Beispiel mag ein Lyrik-Text von Franz Mon (geboren 1926), einem anerkannten Vertreter der Konkreten Poesie, dienen:

> entwicklung einer frage
>
> will wer will
>   wer geht wer ging
>   wer kam doch
> wer kam – wer ging doch
>   wer ging
>   wer ging aber war doch
>   aber war denn
>   zufall zufrüh zukam er
>   war doch er ging
>   er ging doch

> oder ging er
> oder ging oder ging oder kam
> oder ging oder war oder was

(Zitiert nach *Das bleibt*, a.a.O. S. 170)

Ohne Frage: Ein bewusst kalkulierter Wortwirrwarr ohne Anspruch auf Sinn und Klangreiz, der wohl auch den Gutwilligen und Lesefreudigen frustriert zurücklässt.

Im Kontrast hierzu seien die Verse mit dem gleichen Thema der „Frage" von Robert Gernhardt (1937 – 2006) zitiert, die – eine tiefironische contradictio in adiecto – in schlichten Paarreimen durch ein Gedicht vehement das Dichten verneinen:

> Frage
>
> Kann man nach zwei verlorenen Kriegen,
> Nach blutigen Schlachten, schrecklichen Siegen,
>
> Nach all dem Morden, all dem Vernichten,
> Kann man nach diesen Zeiten noch dichten?
>
> Die Antwort kann nur die folgende sein:
> Dreimal NEIN!

Gerade in der Gegenüberstellung fällt auf, wie unirritiert Gernhardt reimt und metrisch spricht. Also ein konventionelles, ja altmodisches Gedicht, das so nicht in die Zeit am Ende des 20. Jahrhunderts gehört? *Reim und Zeit* (Stuttgart 1990) nennt Gernhardt seine Auswahl der *Gedichte* und macht sich im *Nachwort* (wie sonst wohl keiner außer Rühmkorf) Gedanken über den *Reim* in der heutigen *Zeit*. Nicht zuletzt, um nicht der Lächerlichkeit ausgesetzt zu sein, warfen, so sagt er, „die Ernst-Dichter im Laufe dieses Jahrhunderts immer entschlossener immer mehr Regelsysteme über Bord": zumal Metrum und Reim (S. 78). Allerdings wendet er als selbstbewusster Sprach-Artist ein: „Künstler, die Regeln verwerfen, gleichen Jongleuren, die sich von ihren Kugeln befreien." (S. 79) Und er fährt fort:

> Ich brauchte die Regel, solange ich eindeutig auf Komik oder Nonsens aus war – Komik lebt von der Regelverletzung, und Nonsens ist nicht etwa jener hausbackene Unsinn, der ungeregelt in launigen Lautgedichten, krausen Collagen und absurden Verbalautomatismen wuchert, sondern konsequent, also regelmäßig, verweigerter Sinn – , und ich liebe die Regel nach wie vor, weil sie beides ist, Widerstand und Wegweiser [...]. (S. 79)

Gernhardt hält nichts vom „wehleidigen Gegensatz Komik – Ernst" (S. 73). Der Phänomenbereich des Komischen – mit „Scherz, Satire, Ironie und tieferer Bedeutung" (Grabbe) – ist zwar schon seit Platon und Aristoteles immer wieder neu theoretisch durchdacht worden, doch zumal in Deutschland gilt all das zunächst einmal eher als unseriös und muss sich rechtfertigen – so wie auch der Reim in der Moderne. Und beide sind seit langem eine enge spielerische Verbindung eingegangen Da ist der Reim sozusagen als Spielregel keineswegs abgestorben.

Am Rande der vielgestaltigen und von den zuständigen Stellen gewiss mit guten Gründen anerkannten und hochgelobten literarischen Welt der „neuen Poesie" schlängelt sich eine Nebenwelt, die weniger hohe Ansprüche stellen darf. Sie erhält kaum Beachtung von den Autoritäten, erfreut sich aber stattdessen – im Gegensatz zur „neuen Poesie" – der Anerkennung und Zuneigung, ja oft der Liebe erstaunlich großer Teile der lesenden Bevölkerung. Man mag es der „leichten Muse" zuschreiben: das Einfache, das (nach Brecht) so schwer zu machen ist. Es beherrscht jedenfalls eine Reihe im Geiste Verwandter, deren erster und populärster im Todesjahr Goethes geboren wurde. Da sind: **Wilhelm Busch** (1832 – 1908), dessen pointierte, humorvolle Verse noch heute zum Teil sprichwörtlich sind und von vielen auswendig rezitiert werden können. **Christian Morgenstern** (1871 – 1914) ist mit seinen grotesken und geistvollen Nonsens-Versen ebenfalls beliebt. **Kurt Tucholsky** (1890 – 1935) hat sozusagen nebenbei oft vorgetragene zeitkritisch-satirische Gedichte und witzige Chanson-Texte geschrieben. **Eugen Roth** (1895 – 1976) ist für seine heiter-melancholischen „Ein-Mensch"-Gedichte noch immer bekannt. **Erich Kästner** (1899 – 1974) schrieb u.a. treffsichere zeitkritische Gedichte, die noch viele kennen. **Peter Rühmkorf** (geboren 1929) gelingen sprachartistische Gedichte, die er selbst sogar – mit Musik – auf Marktplätzen vortrug. **Wolf Biermann** (geboren 1936) weckt mit seinen polemisch-kritischen Liedern, die er vor großem Publikum singt, in ganz Deutschland Begeisterung. **Robert Gernhardt** (1937 – 2006) wird mit dem artifiziellen Sprachwitz und Raffinement seiner Verse weithin bewundert. Außerdem gab und gibt es bisweilen noch in den zeit- und sozialkritischen Texten des Kabaretts gereimte Songs sowie auch in einigen gereimten Büttenreden beim Karneval.

Im weiten Bereich des im Ernst Komischen haben, wie man sieht, Metrum und Reim also durchaus nicht ausgespielt. Diese gewitzten, satirischen oder humorvollen Dichter sind – erfreulicherweise – im besten Sinne populär, ihre Verse sind (im Gegensatz zur reimlosen „neuen Poesie") memorabel, ja zum Teil sogar sprichwörtlich, denn sie bereiten ästhetisches und kritisches Vergnügen. Hier ist also kein Beispiel als Zitat vonnöten, denn da so viele Verse volkstümlich geworden sind, kennen viele Vieles auswendig, wenngleich diese Gattung in der Regel selten für wert befunden wird, in Gedicht-Anthologien zu erscheinen. Sie gilt als Gebrauchs-Lyrik – wohl weil sie sich nicht als unbrauchbar erweist. Immerhin, ihr Esprit beruft sich oft im Sinne der Aufklärung z.B. eines Georg Christoph Lichtenberg darauf, eben gewitzt (das heißt ursprünglich: „wissend") zu sein, was aber leicht den Vorwurf mangelnder Ernsthaftigkeit zur Folge haben kann.

So mag Heines revolutionäre Kritik in den *Zeitgedichten* (1844) z.B. stellenweise nur als witziger Spott durchgehen (im Gedicht *Zur Beruhigung*):

Ein jedes Volk hat seine Größe;
In Schwaben kocht man die besten Klöße.
Und
[...] dasjenige Land,
Das erbeigentümlich gehört den Fürsten;
Wir lieben auch Sauerkraut mit Würsten.

„Größe" und „Klöße", die „Fürsten" mit „Würsten" schlagartig zu verkuppeln, das ist eine zusammengereimte Mesalliance mit Sprengkraft: ein satirisches Reimspiel. Hier geht es Knall auf Fall: Ja, das stimmt zusammen, sagt der Reim; der Kontrast ist wirklich komisch, sagen die Reimwörter. Und das ist Lächerlichkeit, die töten soll, wenn auch in anderer Weise als der Cäsar-Mörder Brutus, auf den sich das Zeitgedicht beruft.

Mag die komisch-ironisch-satirisch-groteske Reimkunst schon literarisch nicht für voll genommen werden, so erst recht die Gebrauchslyrik der **Schlagertexte**, die nun wirklich zur Sparte U (wie Unterhaltung) gehören. Bis in die 60er Jahre des 20. Jahrhunderts sind sie meist tasdellos gereimt, und zwar – neben unsinnigen Reimercien – oft mit Witz und Pfiff. Natürlich gilt auch hier die alte Belcanto-Regel: „Prima la musica, poi le parole." Wegen der eingängigen Melodien, aber auch wegen der geschickt gereimten Texte wurden viele zu von Tausenden mitgesungenen Schlagern. Zwei Beispiele. Zunächst ein dreisilbiger, gespaltener und rührender Reim.

Ach, du liebe Zeit, ach, du liebe Zeit,
keiner hat mehr für die Liebe Zeit.
[...]

Im Erfolgsfilm *Die Drei von der Tankstelle* von 1930 sangen die Stars Willy Fritsch und Lilian Harvey einen Text (in Freien Versen) von Robert Gilbert – ein Liebeslied, das weltberühmt wurde:

Liebling, mein Herz lässt dich grüßen,
Nur mit dir allein
Kann es glücklich sein.
All meine Träume, die süßen,
Leg ich in den Gruß mit hinein.
Lass nicht die Tage verfließen,
Bald ist der Frühling dahin.
Liebling, mein Herz lässt dich grüßen
Und dir sagen, wie gut ich dir bin.

Wenn die Definition des Romantikers Novalis zutrifft, „Poesie = Gemüterregungskunst" (*Fragmente und Studien II*, Nr. 292), dann darf man wohl

auch unbefangen sagen: Viele gelungene oder weniger gelungene Schlagertexte erregen sehr viele Gemüter (von der Musik einmal abgesehen) und sind
dazu kommerziell oft höchst erfolgreich. Natürlich besteht ihr Charme meist
in ihrer Unbedarftheit.

Um die Wende zum neuen Jahrtausend werden nun die Texte weit weniger
präzise in Metrum und Reim. Das über tausend Jahre beständige Ordnungsprinzip des Versmaßes ist nun prosaisch aufgelöst oder verschludert, allein der
Reim ist bemerkenswerterweise geblieben, wenn auch oft als unreiner Reim
oder als bloße Assonanz. Die Massen wollen in der Popmusik nicht mehr wie
in der ersten Jahrhunderthälfte melodienselig metrisch mitwippen, sondern
sich lieber irgendwie, bedröhnt durch Großlautsprecher, mitreißen lassen. Der
wohl erfolgreichste Popsänger zurzeit, Herbert Grönemeyer (geboren 1956),
der von der seriösen Tages-Presse merkwürdigerweise auch wegen der hohen
Qualität und Authentizität seiner Texte belobigt wird, textete (in sehr Freien
Versen) und sang 1982 den Erfolgs-Song (mit 13 Strophen) *Anna*:

> Anna, es fällt mir furchtbar schwer
> alle Beschreibungen wirken leer
> Du bist nichts, was man so sagt.
>
> Du hast kein freundliches Naturell
> Deine Launen wechseln schnell
> Du küsst mich nur, wenn ich dich frag.
>
> Du kannst mit deinen Maschen
> einen ganz schön überraschen.
> [...]
>
> Anna, meine Poesie
> die mochtest Du noch nie
> jetzt siehst Du, was Du davon hast.

Als einer der (wieder auch kommerziell) erfolgreichsten Liedertexte des Jahres
2006 wurde der folgende anerkennend im *Tagesspiegel* anonym veröffentlicht:

SONNENLISCHT

> Baby, du bist die, von der isch immer geträumt hab,
> deine Lippen schmecken mir wie Eis an einem hitzigen Sonntag.
> Hör gut zu, weil isch dir sag, dass du die Welt für misch bist.
> Wenn du nicht mehr hier bist, dann hält misch hier nichts.
> Es war Liebe auf den ersten Blick,
> dein Respekt ist für misch so groß unersetzlich.
> Wir liefen Hand in Hand
> am großen Meeresstrand.
> [...]

2. Vom Urreim zum modernen Reimgedicht

Manche meinen, sie könnten mit Gedichten gar nichts anfangen. Doch sie irren. In jedem Gedächtnis schwirren zahllose Reime herum: Vom Abzählvers, dem Sprichwort und Werbespruch bis zum Schulbuch-Gedicht, vom Kinderliedchen, Volkslied, Kirchenlied, Song und Schlager bis zur Nationalhymne – alles ist gereimt. Und den (End-)Reim – wir haben es in der vorigen Lektion gezeigt – gibt es zwar nicht seit jeher, aber doch immerhin seit über anderthalbtausend Jahren, und das inzwischen weltweit: Myriaden von Reimfindungen und -bindungen – bis zur Erschöpfung.

Die Entdeckung des Reimklangs kann also schwerlich *allein* auf ein scheinbar künstliches Konstrukt aus dem 4./5. Jahrhundert zurückgehen. Sollte es „Urreime" in den menschlichen Sprachen nicht schon seit Anbeginn geben? Zumindest in jeder individuellen Menschwerdung sind Klangverdoppelungen unüberhörbar: „Mama", „Papa", „Hamham" etc. Dies sind Echowörter, die das Kleinstkind mit hörbarem Vergnügen hervorbringt und die die Ammensprache gern wiederholend verstärkt. Diese Lall- und Lustlaute stehen am Anfang des menschlichen Spracherwerbs als eine Art rudimentärer Naturpoesie, die jeder kennt, denn sie ist zweifellos genetisch vorprogrammiert. Herder sprach einst von unserem „Sensorium commune", also (so würden wir heute sagen) den allen Menschen gemeinsamen Spezialbereichen der Großhirnrinde, in denen Sinnesreize lokalisiert sind. **Peter Rühmkorf** spricht in diesem Falle von den „menschlichen Anklangsnerven". Sein Buch – beruhend auf einer Poetik-Vorlesungsreihe – trägt den (leider änigmatischen) Titel: *agar agar – zaurzaurim. Zur Naturgeschichte des Reims und der menschlichen Anklangsnerven* (Reinbek 1981). Dies ist das einzige Buch zu einer *Naturgeschichte des Reims*. Das heißt aber auch: Dessen historische Entwicklung und Formenvielfalt werden nicht systematisch dargestellt. Rühmkorfs munter und virtuos durchgespielte Beobachtungen seien im folgenden kurz referiert, strukturiert, zitiert und ein wenig kritisiert. Rühmkorf beobachtet,

> dass gewisse Silbenwiederholungen, Zweiklänge, Konsonantengeminationen, Reime und gelegentlich auch unbedarfte Assonanzen einen heimlichen Schwingboden unserer Seele in Bewegung setzen können, eine genetisch eingezogene oder über den langen Weg des sozialen Anklangstrainings zurechtgedrillte Resonanzsaite, die bei Zuruf vibrieren und nachhallen muss, ob wir wollen oder nicht. Die Bereitschaft, auf Reime zu reagieren, aufreizende oder einlullende, scheint jedenfalls in allen uns bekannten Kulturen angelegt und die Lust an verbalen Echoeffekten sehr allgemein in Literatur und Umgangssprache nachzuweisen. (S. 37)

Auf der „Suche nach dem Urreim" (S. 43) findet man leicht gewisse Silbenwiederholungen, die überall – auch in anderen Sprachen – nachzuweisen sind. Von den frühkindlichen Doppelungen wie „Mama" und „Papa" war schon die Rede. Rühmkorf nennt sie „Kloninge". Ich füge einige hinzu:

„Popo", „Pipi", „Aa", „aua aua", „Wehwechen", „dada", „Blabla", „gaga", „ha ha", „dalli dalli", „Kuckuck", „Wauwau", „Chow-Chow", „Hummel Hummel", „Bonbon", „Jojo", „Fifi", „Pinkepinke", „Killekille", „Tamtam", „plemplem", „Froufrou", „Tutu", „toi, toi, toi!", „husch husch", „bye bye" … Was hier zunächst meist läppisch, eben als Baby-Sprache erscheinen mag, hat, wie Rühmkorf berichtet (S. 43 f.), längst zahlreiche Völkerkundler beschäftigt, die dieses Doppelungsphänomen des Urreims selbst in den entlegensten Sprachen ausfindig gemacht haben. Im Indonesischen nennt man ein Algengelee „agar agar", und „zaurzaurim" ist bei den alten Letten etwas, was „durch und durch" geht (S. 65 f.). Solche Geminationen von Lauten haben auch so etwas wie einen kindlichen Zauberklang, ähnlich wie generell der Anblick von Zwillingen oder Spiegelungen.

Die akustischen Zwillingsformeln sind – nach meiner Überzeugung – kleine Teilaspekte des großen, weltumfassenden Phänomens der **Symmetrie**. Ob es ein Baumblatt ist, ein Menschenkörper oder ein Schrank – fast alles in der Welt ist hälftig gespiegelt. Und deshalb gehört die ursprungsnahe Laut-Doppelung zu diesem Urphänomen. Sie ist offenbar der gesuchte **Urreim**, die noch unvariierte atavistische Klangsymmetrie im Wort, in den Worten. Darin sehe ich, anders als Rühmkorf in einigen seiner vielfältigen, recht spekulativen Begründungen, die *eine* Grund-Ursache. Ich möchte das den **Stimmt-so-Effekt** nennen: Das stimmt eben so wie alles in der Welt, was *symmetrisch* übereinstimmt. Und ein Zweites fällt auf: Alle diese Doppelmoppel haben etwas Verspieltes, Spielerisches an sich, was Rühmkorf kaum beachtet. Es sind **Spielformen**, die Spaß machen, die spielerische Freude am perfekt symmetrischen Klangbild im ganz Kleinen bereiten. Das legt natürlich eine Unterschätzung nahe. Doch seit Schiller und vor allem Huizinga wissen wir, dass der *Ursprung der Kultur im Spiel* zu finden ist. So stehen am Anfang des Reims zwei Urphänomene: die **Symmetrie** und das **Spiel**. Und die sind verborgen in der individuellen Kindheit wie in der der Völker.

Rühmkorf tastet sich in mehreren Anläufen zurück zum „genetisch veranlagten Drang des Kindes zur Lautwiederholung" (S. 56) und zeigt facettenreich, „dass unsere erste Sprache und ihre zaubermächtig erlebten Reduplikationen in unserem Unterbewusstsein weiter leben" (S. 62). Da das Bindeverfahren des Reims auf keine Weise rational zu begründen ist, muss es hervorgegangen sein aus irrationalen Ursprüngen. Diese sind einerseits – ontogenetisch – die Periode der infantilen Lautbildung sowie andererseits – phylogenetisch – die frühen Sprachformen der verschiedensten Völker. Die überall zu entdeckende Lust an geklonten Lauten verweist letztlich zurück auf „eine paradiesische Einheit-in-der-Zweiheit" (S. 52), die in der Magie, im Bindezauber des Reims, ursprünglich zum Laut wird.

Kinder können auch selbst Reime erfinden, z.B. indem sie Namen verbiegen und verhohnepipeln: „Renate – Tomate", „Walter – Kapalter" etc. Solche elementaren, geradezu atavistischen Reimspiele finden sich in den Briefen eines 22-jährigen Kindskopfs, der einer der weltgrößten Komponisten ist. Es sind Mozarts höchst private verliebte Briefe an sein „Bäsle". Ein Beispiel vom 5.11.1777:

> Allerliebstes Bäsle Häsle! Ich habe dero mir so wertes Schreiben richtig erhalten falten, und daraus ersehen drehen, dass der Herr Vetter Retter, die Frau Baas Has, und sie wie, recht wohl auf sind hind; wir sind auch Gott Lob und Dank recht gesund Hund. Ich habe heut den Brief schief, von meinem Papa haha, auch richtig in meine Klauen bekommen strommen. [...]

Nur ein blödelnder Nonsens? Nun, das alles ist wohl eine Zufallskomik des Wort-Klangmaterials, mit dem der junge Komponist in Schlagreimen herumspielt, eine Lust weniger an Versformen als am Verformen. Natürlich geht es hier nicht um irgendeine ästhetische Qualität, sondern um übermütig-unsinnige Freude am Klingklang, um das reine Lustprinzip der Klangverdoppelungen.

Wenn wir vom Ursprung, der atavistischen Doppelung bzw. dem geklonten Laut, in einem weiten Sprung zum Endreim kommen wollen, stellt sich schließlich und endlich die Frage: Ist **das moderne Reimgedicht** noch möglich? Viele zeitgenössische Poeten haben diese Frage mit guten Gründen von vornherein mit Nein beantwortet und sich für reimlose Freie Rhythmen entschieden. Bei vielen bedeutet dies freilich eine Entscheidung gegen die Form und für Formlosigkeit. Rühmkorf gehört zu den wenigen, die den Reim für die moderne Poesie zu retten gedenken, und zwar natürlich hochreflektiert. Doch wie wäre das moderne Reimgedicht denn zu rechtfertigen? Nach allem, was Rühmkorf über den „Urreim" im infantilen Stadium des Kindes und von Völkern zu berichten hatte, ist „die Herkunft aus einem Lustprinzip" (S. 112) offensichtlich sowie „dass der Reim in jedem Fall in geselligem Vergnügen wurzelt" (S. 114). Auch eine erotische Vereinigung im Reimklang, wie sie Goethe geschildert hat, ist zutiefst begründet. Doch die Abhandlung *Der Reim* (1927), in der Karl Kraus „das letztlich erotische Geheimnis der Reimpaarung mit unvergleichbarem Fingerspitzengefühl ertastet hat" (S. 110), führt, wie Rühmkorf schon 1964 in seinem Aufsatz *Die soziale Stellung des Reims* gezeigt hat, nur zu einer „restaurativen Harmonielehre" (S. 110). Eine „zeitgenössisch-zeitgemäße Harmonielehre" dagegen hätte „noch im lieblichsten Zusammenhang Entzweiung anzuzeigen" und als „Entfremdungszeuge" aufzutreten (111 f.). Denn der Reim ist – außer im Kunstgewerbe – gewiss nicht allein „ein zierliches oder indezent aufdringliches Läutewerk des Zeilenendes" (S. 107), sozusagen ein ständig wiederholtes Happy End. Rühmkorf sucht vielmehr die „Anstoßstellen des modernen Reimgedichts", das „auf Konfrontationskurs" geht (S. 111), denn „auch das Reimgedicht kann die ungeratene Welt nicht einfach wieder zusammenreimen" (S. 108).

Rühmkorf berichtet als „Reimartist" aus seiner Werkstatt, dass er sich „einige sechs- oder siebentausend Paarungskandidaten" als „Reimpotentiale" zurechtgelegt habe, die unverbraucht sind wie z.b. „Dom" – „Wirbelstrom", „Vergegenwärtigung" – „geht in die Fertigung" ... (S. 125). So könnten ein „individuelles Reimprofil" und „Energiepotentiale" entstehen. Und dabei gelingt dem „größten lebenden Vers-Virtuosen Deutschlands" (Enzensberger über Rühmkorf) z.b. ein bekanntlich bisher als unauffindbar geltender Reim auf „Menschen":

> Die schönsten Verse des Menschen
> (nun finden Sie mal einen Reim!)
> sind die Gottfried Bennschen:
> Hirn – lernäischer Leim.

Dem seit Langem beklagten Verschleißproblem der uralten Anklangkünste und den Banalitäten der Konventionalreimer stellen sich die Reimfahnder und -finder Peter Rühmkorf wie auch Robert Gernhardt und Wolf Biermann entgegen als „Reimartisten", unter Berufung auf „unser aller Ahnherrn Heinrich Heine" (S. 135). Ja, man fahndet, wenn möglich, nach dem ausgefallenen „Sensationsreim", wie ihn z.b. Heine fand in „Menschen / abendländschen", „Deutsche / Peitsche". Solch ein Reim hat, laut Rühmkorf, sozusagen einen „Einmaligkeitsanspruch" und sollte unter „Patentschutz" stehen.

Der Reim ist in neuerer Zeit etwas für unbefangene und unbedarfte Schlagertextdichter oder – im Gegenteil – etwas für „aus dem Gleis geratene Balancevirtuosen" (S. 146). Rühmkorf zitiert hierfür Oskar Loerke:

> Was das Menschengeschlecht auch tue, immer bezwingt es die Notwendigkeit, Ungeschlichtetes zu schlichten, in den Widerspruch einzusprechen, Ungereihtes zu reihen, – Ungereimtes zu reimen.

Auch ein weiteres, älteres Zitat von Friedrich Schlegel aus den *Literarischen Notizen* von 1781 klingt paradox:

> Der Reim muss so chaotisch und doch mit Symmetrie chaotisch sein als möglich.

Rühmkorf schreibt dementsprechend dem modernen poetischen Reim eine innere Beziehung „zu tief erlebten Ungleichstellungen" zu (S. 146), die das Ausgleichsvermögen des Reimgedichts ins Lot zu bringen versucht. „In eine einigermaßen ernst zu nehmende Reimverbindung sollte Hoffnung und Schwindel einkomponiert sein [...]" (S. 148).

Was ist der Reim doch nicht alles, den die meisten Poeten längst weggeworfen haben wie ein altes, kaputtes Kinderspielzeug. In einem zusammenfassenden Überblick greife ich noch einmal auch Formulierungen Rühmkorfs auf. Das Kind bringt auf der frühesten Lautbildungsstufe so etwas wie den

Urreim lallend hervor. Und der beruht auf dem allgemeinen Prinzip der lustvollen Wiederholung, das in allen Sprachen verbreitet sein dürfte – ein Vergnügen aus Schall und Widerhall. Die atavistischen Doppelungen sind zugleich ein klingendes Einprägemittel, wie manche Merkverse und die zahllosen auswendig gesungenen Lieder belegen, denn der Reim ist in seinem harmonischen Klang ja selbst ein ganz kleines Stück Musik. Auch als Reim-Magie wurde er zum bewährten Beschwörungsmittel durch die uralt magische Einheit von Zusammenklang und Zusammenhang. Im klingenden Sprachspiel kann er auch zum sinnreich-spaßigen Sport werden, wie wir seit Heine und Busch wissen. Als weltweit verbreitetes Gestaltungsmittel ist die Auslautkonkordanz ein Inbild von Symmetrie und Spielfreude, ein Wiedererkennungssignal wie Anruf und Echo. In der neuzeitlichen Welt der Widersprüche freilich, in der man sich auf nichts mehr einen Reim machen dürfte, müsste das moderne Reimgedicht mehr leisten als bislang. Es müsste das von Natur und Gesellschaft Getrennte erkennbar und hörbar auf einen klingenden Nenner bringen.

Der Lyriker Rühmkorf erlebte, wenn er mit oder ohne Musikbegleitung seine Reime öffentlich, auch auf Marktplätzen, vortrug, „ein allgemein bemerkenswertes Wohlgefallen am Reim" (S. 119), und den Studenten in meinen Seminaren ging es mit diesen Gedichten nicht anders. „Der Reim hat etwas Geselliges", sagt Oskar Loerke. Und die in unser aller Kindheit lustvoll gebrabbelten „Urreime" sprechen, zu artistischen Überraschungsreimen hochstilisiert, zu uns wie ein Wiedererkennungssignal für die jedem von uns angeborenen „Anklangsnerven".

12. Lektion:
Der Reim – seine Vielfalt

1. Zur Vielfalt des Reims

Seit über hundert Jahren erklärten viele, die mit Poesie zu tun haben, der Reim habe sich erschöpft, sei erledigt. Angesagt seien jetzt allein noch Freie Rhythmen, die leichthin und locker auf den Reim und gleich noch auf das eigentlich unerschöpfliche Versmaß verzichten. Die wenigen Reimartisten wie Rühmkorf legen sich in ihrer Werkstatt Listen mit einigen tausend „Paarungskandidaten" an, die unbekannte Überraschungsreime herbeizaubern sollen. Aber ist es denn wirklich wahr, dass das deutsche Reimrepertoire gänzlich ausgebucht ist? Gibt es denn so überschaubar wenige Reimpaarungen? Das Gegenteil lässt sich heutzutage beweisen. Schon 1826 erschien ein *Allgemeines deutsches Reimlexikon* von Peregrinus Syntax (das ist der Schriftsteller F. F. Hempel). 1891 veröffentlichte Willy Steputat sein *Reimlexikon*. Es hatte die Absicht, die Fülle der Möglichkeiten vorzuführen, das Klangempfinden zu klären und zu schärfen sowie die Beweglichkeit in der Reimwahl zu fördern. Bei Reclam erschien es mehrfach neu bearbeitet. Und seit 1999 gibt es *Reclams elektronisches Reimlexikon*. Die CD-Rom bietet immerhin ca. 80.000 Reimwörter mit einem speziellen Textverarbeitungsprogramm. Es verspricht, laut Verlagsanzeige:

- Reimen einfach während des Schreibens
- entweder durch Markieren eines Wortes oder nach Voreinstellungen für Strophen- und Reimformen (Paarreim, Kreuzreim, umarmender Reim, Sonett, Limerick, Terzine oder selbstdefiniert)
- Eingabemöglichkeit eigener ergänzender Reimwörter
- Fachwörterbuch mit allen einschlägigen Begriffen und Beispielen rund ums Gedicht und Schmuckelemente für den selbstgestalteten Ausdruck.

Was will man mehr – mehr als 80.000 paarungsbereite Reimwörter?

Ein Reimlexikon kann keinen zum Dichter machen, doch jedem, der nach dem passenden Reim sucht, Anregung und Hilfe bieten. Dies gilt vor allem für die **Gelegenheitsdichtung**. Sie ist ein Seitenarm der mächtig dahinströmenden großen Reimposie: anspruchslos und zweckdienlich. Man braucht(e) sie bei gesellschaftlichen Anlässen oder beim geselligen Beisammensein. Denn der Reim ist ja selbst ein geselliges Phänomen: Indem er ständig Verse im Klang verbindet, ist er selbst verbindlich, und er ist zugleich etwas Besonderes, ja Feierliches. Daher ist er heute, wo Redeanlässe meist locker gehandhabt werden, fast ganz aus der Mode gekommen. Im Barock z.B. gab es zahlreiche gereimte Hochzeitsgedichte, Begräbnislieder, Scherzgedichte sowie Trink- und Tabakslieder. Weitere Gelegenheiten sind Geburtstag, Taufe, Jubiläum usw. Goethe hat gern zahlreiche gereimte Verse dieser Art geschrieben: *An Personen* (Motto: „Vieles reicht' ich meinen Lieben; / Weniges ist mir geblieben"), *Gesellige Lieder* (Motto: „Was wir in Gesellschaft singen, / Wird von Herz zu Herzen dringen") sowie *Kantaten, Stammbuchblätter* und dergleichen. Ausführlich hat sich damit beschäftigt Wulf Segebrecht: *Das Gelegenheitsgedicht. Ein Beitrag zur Geschichte und Poetik der deutschen Lyrik* (Stuttgart 1977).

Weitab von der hohen Dichtung bewegen sich die **Gebrauchsreime** in der Alltagssprache und in der Werbung. Beliebt ist dabei auch der Stabreim.

Der **Stabreim** war einst, seit dem 5. Jahrhundert bis zum *Heliand* (um 830), ein wirkmächtiges Gestaltungsmittel der altgermanischen Poesie. (Vgl. hierzu auch die 10. Lektion.) Die Ursprünge reichen wohl noch in Zeiten zurück, als das Los-Orakel und die Runen-Magie zu Rate gezogen wurden. Der Priester warf die mit Runen-Ritzungen versehenen Buchenstäbe auf ein weißes Tuch, griff mit erdabgewandtem Gesicht einen Runenstab heraus, die sogenannte „Nota", die den Ton angibt, und begann das Gefundene durch stabende Wörter zu ergänzen, die den angedeuteten Götterbescheid in eine sinnvolle Ordnung überführten. Wahrsagekunt und Dichtertum vereinigten sich einstmals also in einer Person. Der Dichtermagier verwandelte die bruchstückhaften Götterwinke zu einsichtigen Stabreim-Sprüchen. Diesen Bindezauber finden wir z.B. in den stabgereimten *Merseburger Zaubersprüchen* (aus der Zeit vor 750), die mit dem Spruch enden:

ben zi **b**ena, **b**luot zi **b**luoda,	Knochen zu Knochen, Blut zu Blut,
lid zi ge**l**iden, sose ge**l**imida sin!	Glied an Glied, so als ob sie zusammengeleimt wären!

Buchstaben-Orakel und Stabreim-Poesie sind seit dem 9. Jahrhundert Vergangenheit. Richard Wagner versuchte sie erneut zu beleben:

Weia! Waga! Woge, du Welle!
Walle zur Wiege! Wagalaweia!
Wallala weiala weia!
Woglinde, wachst du allein?
(Rheingold)

Im Strom der großen Lyrik tauchen Stabreime nur selten auf als Klangverstärkung, so etwa in Hölderlins *Abendphantasie*:

[...] und möge droben
In **L**icht und **L**uft zerrinnen mir **L**ieb und **L**eid!

Es sei übrigens daran erinnert: Beim Reim kommt es generell auf den Laut an, nicht auf den Buchstaben, z.B. „**Vielf**alt". Zudem staben bei zusammengesetzten Wörtern die Anfangsbuchstaben der Stammsilben, also z.B. „Vers-**r**hythmus und **R**eim" und „**W**onnen der Ge**w**öhnlichkeit" (Thomas Mann). Zudem staben alle Anfangsbuchstaben untereinander, z.B. „**a**lle für **e**inen". Der Grund hierfür ist, dass alle Vokale mit dem Glottisschlag, einem kaum hörbaren Knacklaut, beginnen.

An die Stelle der uralten Zaubersprüche sind zahllose einprägsame hämmernde Schlagworte, Werbe- und Merksprüche getreten:

World **w**ide **w**eb. **W**issen, **w**as **w**ar. Der **W**ind **w**eht, **w**o er **w**ill (Bibel). **W**enn **W**ünsche **w**ahr **w**erden ... **M**ehr **M**ilch **m**it **M**ozart. **L**ässige **L**ang-**l**äufer **l**eben **l**änger. **L**aptop und **L**ederhosen (Spruch für Bayern). **T**itel, **T**hesen, **T**emperamente (TV). **P**leiten, **P**ech und **P**annen (TV). **D**eutschland **d**eine **D**enker (Buchtitel). **G**ötter, **G**räber und **G**elehrte (Buchtitel). **K**alter **K**rieg.

Sodann einige Stab-Schlagreime in *einem* Wort:

Stern**st**unden. **Sch**lamm**sch**lacht. **S**enioren**s**ex. **M**assen**m**edien. **T**ages-**t**hemen. **Sp**ort-**Sp**iegel. **Z**eit**z**eichen. **M**ainzel**m**ännchen. **K**ultur**k**alender. **M**edia**m**arkt.

Der **Schlagreim** verbindet schlagartig zwei unmittelbar aufeinander folgende Wörter oder Silben, z.B. „Sonne, Wonne". In der mittelhochdeutschen Dichtung und im Barock war er beliebt; in der modernen Poesie ist er selten.

„Grillen und Pillen", „Hui und Pfui der Welt" (Abraham a Sancta Clara). „Küsse, Bisse! / Das reimt sich [...]" (Kleist: *Penthesilea*). *Irrungen, Wirrungen* (Fontane: Romantitel). *Lichte Gedichte* (Gernhardt: Buchtitel). „Wer schreibt, bleibt, / Wer spricht, nicht" (Gernhardt). „[...] als ob es tausend Stäbe gäbe [...]" (Rilke: *Der Panther*). „Quellende, schwellende Nacht" (Hebbel). „Und die Farben starben". „[...] blühn in holden Dolden" (Erich Kästner).

In unserer **Alltagssprache** gibt es heute zahllose Doppelformeln mit Endreim. Ich stelle als Beispiele für dieses Phänomen eine kleine Kollektion von wortspielerisch einprägsamen **Schlagreimen** vor, die beim Lesen wie eine kleine Vokalmusik klingen mögen.

Schlagreime in einem Wort:

Schickimicki, Klimbim, Picknick; Bergwerk, Herzschmerz, Jetset, Heckmeck, Techtelmechtel, Remmidemmi; Einstein; Barbar, Handstand, Sandstrand, Papperlapapp, Rambazamba, Abrakadabra, Wackeldackel; maulfaul, Dauerpower; Lodenmoden, Exportrekord, Doppelmoppel, Holterdipolter, Hokuspokus, Tohuwabohu (Gen 1,2); Multikulti, Lustverlust, Kuddelmuddel.

Schlagreime in Fremdwörtern:

Blackjack, avanti dilettanti, totaliter aliter, Trouble couple; Braindrain, maybe, baby; prima Klima, Dream-Team; Prime Time, hire or fire; Top

Job, total normal, nolens volens; Natur pur, tutti frutti, goodie-goodie, Woodoo.
Weitere Schlagreime:
Die wilde Hilde, in stillen Villen, tief depressiv, billig will ich, wer beginnt, gewinnt; wer nicht wirbt, stirbt; wer nichts wird, wird Wirt; vom Fleck weg, ich lerne gerne, recht schlecht, schnelle Welle, 'ne nette Brünette; meine Kleine, unbeschreiblich weiblich, mit den Reizen geizen, gemeinsam einsam, die Bayern feiern; Leute heute; danke, Anke, zum Jagen tragen; Nordsee – Mordsee; man muss gönne könne; Mut tut gut, ruck zuck!

Alltagsreime gibt es seit je ungezählte. Viele aufmüpfige hat Peter Rühmkorf gesammelt: *Über das Volksvermögen. Exkurse in den literarischen Untergrund* (Reinbek 1967). Ich stelle hier eine kleine Übersicht aus meiner Kollektion zusammen.
Popularreime:
Sport ist Mord. Ohne Moos nix los. Außer Spesen nichts gewesen. Schlimmer geht's nimmer. Keine Panik auf der Titanic. Nicht so hektisch übern Ecktisch.
Abzählreim:
Ene mene mu, und raus bist du.
Kinderreim:
Eine kleine Dickmadame
fuhr in einer Eisenbahne.
Dickmadame lacht,
Eisenbahne kracht.
Kindergebet:
Ich bin klein,
mein Herz ist rein,
soll niemand drin wohnen
als Jesus allein.
Sprichworte:
Kindermund tut Wahrheit kund.
Gefahr erkannt, Gefahr gebannt.
Ist der Ruf erst ruiniert, lebt man völlig ungeniert.
Sinnspruch:
Der hat sein Leben am besten verbracht,
der die meisten Menschen hat froh gemacht.
Bauernregel:
Regnet es im Mai, ist der April vorbei.
Eselsbrücke:
Isar, Iller, Lech und Inn fließen zu der Donau hin.
Altmühl, Naab und Regen fließen ihr entgegen.

Politische Parole:
    Frieden schaffen ohne Waffen.
Werbespruch:
    Harribo macht Kinder froh und Erwachsne ebenso.
Anti-Werbeslogan:
    Sterben muss man sowieso, schneller geht's mit Marlboro.
Spottvers:
    Hoppe, Hoppe, Gründgens,
    wo bleiben eure Kindgens?
    Und kriegt die Hoppe Kindgens,
    dann sind sie nicht von Gründgens!

Die meisten der im Bereich der Poesie möglichen Reimarten sind in der *Kurzen Versschule* (5.2.2 ff.) zusammengestellt. Hier einige Ergänzungen, die interessieren könnten.

Der **Binnenreim** ist ein Reim innerhalb einer Verszeile, also auch verwandt mit dem oben dargestellten Schlagreim. Beliebt war er vor allem in der mittelhochdeutschen und barocken Poesie. Er festigt die Struktur eines Gedichts durch Klangverdoppelung. Ein Alterslied Walthers von der Vogelweide ist ein Reimkunststück:

Ich minne, sinne, lange zît:	Ich minne, sinne lange Zeit:
versinne Minne sich,	Bedenke die Minne sich,
wie si schône lône mîner tage.	wie sie richtig lohne meinen Dienst.
Nû lône schône, dêst mîn strît:	Sie lohne richtig, fordere ich:
vil kleine meine mich,	Gar wenig denke sie an mich,
niene meine kleine mîne klage.	sie denke aber nicht wenig an meine Klage.
[...]	
Wære mære stæter man,	Wäre geschätzt ein treuer Mann,
sô sollte, wollte si, mich an	so sollte, wollte sie, mich an-
eteswenne denne gerne sehen,	sehen bisweilen dann doch auch gerne,
sô ich gnuoge fuoge kunde	wenn ich richtig zu sehen verstehe,
spehen.	was sich schickt.

Friedrich von Spee, die letzte Strophe des *Trauergesangs von der Not Christi*:

    Kein Vogelsang noch Freudenklang
    Man höret in den Lüften,
    Die wilden Tier traurn auch mit mir
    In Steinen und in Klüften.

Lautmalerisch klingen die Binnenreime in Brentanos *Die lustigen Musikanten*:

Es brauset und sauset
Das Tamburin.
Es prasseln und rasseln
Die Schellen darin.

Und verspielt mit Witz klingt es in Robert Gernhardts *Schwanengesang*:

Was wollen die Schwäne uns sagen?
Wir leben und schweben
wir kreisen und weisen
wir finden und binden
wir ketten und retten
wir halten und walten
wir schlichten und richten
wir sind überhaupt ganz tolle Vögel –
das wollen die Schwäne uns sagen.

Der **identische Reim** reimt dasselbe Wort und wird deshalb, außer im Orient, eigentlich nicht als Reim empfunden, obwohl er dem Gleichklang des Urreims (wie „Mama") sehr nahe ist. Gottfried von Straßburg beginnt den Prolog zu *Tristan und Isolde* mit den Versen:

Gedæhte mans ze guote niht,	Gedächte man derer gerne nicht,
von den der werlde guot geschiht,	von denen der Welt Gutes geschieht,
so wærez allez alse niht,	so wäre alles, als wäre es nicht,
swaz guotes in der werlde geschiht.	was Gutes in der Welt geschieht.

Die erste Strophe von F. L. von Stolbergs dreistrophigem *Lied, auf dem Wasser zu singen,* lautet:

Mitten im Schimmer der spiegelnden Wellen
Gleitet wie Schwäne der wankende Kahn;
Ach, auf der Freude sanftschimmernden Wellen
Gleitet die Seele dahin wie der Kahn;
Denn von dem Himmel herab auf die Wellen
Tanzet das Abendrot rund um den Kahn.

Theodor Storm malt in seinem bekannten dreistrophigen Gedicht *Die Stadt* das Eintönige der Atmosphäre durch identische Reime:

Am grauen Strand, am grauen Meer
Und seitab liegt die Stadt;
Der Nebel drückt die Dächer schwer,
Und durch die Stille braust das Meer
Eintönig um die Stadt.

Georg Trakls 18-strophiges Gedicht *Die junge Magd* beginnt:

> Oft am Brunnen, wenn es dämmert,
> Sieht man sie verzaubert stehen
> Wasser schöpfen, wenn es dämmert.
> Eimer auf und nieder gehen.

In den orientalischen Ghaselen bestimmt, ausgehend von den ersten beiden gleich gereimten Zeilen, der Monoreim identisch alle geraden Zeilen, während die ungeraden als Waisen reimlos bleiben. (Vgl. hierzu die 10. Lektion.) Ein Ghasel von August von Platen:

> Der Strom, der neben mir verrauschte, wo ist er nun?
> Der Vogel, dessen Lied ich lauschte, wo ist er nun?
> Wo ist die Rose, die die Freundin am Herzen trug,
> Und jener Kuss, der mich berauschte, wo ist er nun?
> Und jener Mensch, der ich gewesen, und den ich längst
> Mit einem andern Ich vertauschte, wo ist er nun?

Der dem identischen sehr nahe verwandte **rührende Reim** verbindet zwei gleichlautende Wörter nicht gleicher Bedeutung. Ein Gedicht Eichendorffs beginnt:

> Ich hör ein Bächlein <u>rauschen</u>
> Im Walde her und hin,
> Im Walde in dem <u>Rauschen</u>,
> Ich weiß nicht, wo ich bin.

Unter **Reimhäufung** oder **Haufenreim** versteht man die mehr als zweimalige Wiederholung des gleichen Reims. Dies gilt freilich als ermüdend und ist daher selten. Matthias Claudius symbolisiert in seinem Gedicht *Der Mensch* durch Reimhäufung das Immer-Gleiche des Lebens. Allein der Tod, den das abschließende Reimpaar anspricht, bedeutet einen tiefen Einschnitt. Auf ihn kann man sich nicht den gleichen Reim machen.

> Empfangen und genähret
>   Vom Weibe wunderbar,
> Kömmt er und sieht und höret
>   Und nimmt des Trugs nicht wahr;
> Gelüstet und begehret
>   Und bringt sein Tränlein dar;
> Verachtet und verehret,
>   Hat Freude und Gefahr;
> Glaubt, zweifelt, wähnt und lehret,
>   Hält nichts und alles wahr;
> Erbauet und zerstöret
>   Und quält sich immerdar;

Schläft, wachet, wächst und zehret,
Trägt braun und graues Haar.
Und alles dieses währet,
Wenn's hoch kömmt achtzig Jahr.
Dann legt er sich zu seinen Vätern nieder,
Und er kömmt nimmer wieder.

Erich Kästner markiert auf seine Weise ebenfalls Gleichbleibendes als *Das Verhängnis*:

Das ist das Verhängnis:
Zwischen Empfängnis
und Leichenbegängnis
nichts als Bedrängnis.

Beim **gespaltenen Reim** oder **Spaltreim**, einer Sonderform des zwei- oder mehrsilbigen reichen Reims, bestehen die Reimsilben aus zwei (oder mehreren) kurzen Wörtern, die identisch reimen. Als Redensart: „Herr Richter, was spricht er?" Im Schlager: „Was macht der Mann da auf der Veranda?" Im Spruch: „Nimm dieses und lies es." Goethe weiß (im *West-östlichen Divan. Hegire*), „Wie das Wort so wichtig dort war, / Weil es ein gesprochen Wort war". Und im Gedicht *Dreistigkeit* (a.a.O.) reimt er dreist „überall an" auf „Schall an", „Lauf stört" auf „aufhört", „Erzklang" auf „Herz bang". Heine spielt gern und witzig mit dem Spaltreim. Er reimt z.B. „Tochter" auf „vermocht er", „des Jahres" auf „da war es", „Lichter" auf „spricht er". Nietzsche dichtet:

Wer viel einst <u>zu verkünden hat</u>,
schweigt viel in sich hinein.
Wer einst den Blitz <u>zu zünden hat</u>,
muss lange – Wolke sein.

Erich Kästner trumpft mit Binnen- plus Spaltreim auf in seinem szenischen Gedicht *Der Hauptmann von Köpenick*:

Wilhelm Voigt, dem Hauptmann, glaubt man
zwar bei Tageslicht enorm.
Aber glaubt man und erlaubt man
dies und jenes diesem Hauptmann
gänzlich ohne Uniform?

Unter dem **unreinen Reim** versteht man eine nur angenäherte Gleichheit der Konsonanten (z.B. Heine: „Haus" / „schaust") und besonders der Vokale in den reimenden Silben (z.B. bei Schiller: „See" / „Höh", „kühn" / „hin"). Besonders Schiller und Heine gehen mit der Forderung nach reinen Reimen oft nachlässig um. Z.B. Schiller (Konsonanten betreffend): „Der Drache, der das Land veröd<u>e</u>t, / Er liegt von meiner Hand getö<u>t</u>et [...]". Oder (Vokale betreffend): „'Dies alles ist mir untertänig', / Begann er zu Ägyptens König [...].“ Auch Goethe reimt (mit höchstem Anspruch im *Chorus mysticus* von *Faust II*): „Glei**ch**nis“ auf „Ere**ig**nis“, was man gern dem Frankfurter Dialekt des Dichters zuschreibt. Unreine Reime wie der von Matthias Claudius sind häufig: „So legt euch denn ihr Br**ü**der / In Gottes Namen n**ie**der [...].“ Heine setzt, so ist man überzeugt, unreine Reime bewusst als Stilmittel ein. Das folgende sehr bekannte Lied bringt in beiden Strophen nur unreine Reime:

> Leise zieht durch mein Gem**üt**
> Liebliches Gel**äu**te.
> Klinge, kleines Frühlings**lie**d,
> Kling hinaus ins W**ei**te.
>
> Kling hinaus, bis an das H**aus,**
> Wo die Blumen spr**ie**ßen.
> Wenn du eine Rose sch**aust**,
> Sag, ich lass' sie gr**üß**en.

Generell ist wohl kein Purismus angebracht, wie das Attribut „unrein“ nahelegt. Oft ist es eher als leichte Dissonanz und lockere Klangvariation wahrzunehmen. Ein gelungener Scherz aber ist sicher der beliebte Reim: „Dem Ingeni**eur** / ist nichts zu schw**er**.“

Auf eine kleine Besonderheit sei noch kurz hingewiesen: Der **Fehlreim** kann wegen des Reimzwangs bisweilen ins Aus führen. So reimt z.B. Benn „Begriffsman**ie**“ auf „Histor**ie**“ (in *Schädelstätten*) oder „Aug**ust**“ auf „Asphodelentr**ust**“ (in *Selbsterreger*). Besonders gelungen ist das Spruchband einer LPG von August 1987:

> Wir ziehen all an einem T**au**
> und kämpfen für das Weltnive**au**.

Scherzhaft ist die Vermeidung des naheliegenden Reims etwa im Vers: „Einem geschenkten Barsch / schaut man nicht in die Kiemen.“

Tief anrührend ist dagegen das folgende Beispiel. Im *West-östlichen Divan* nennt sich Goethe mit dem orientalischen Namen „Hatem“. „Spielerisch verhüllend und bekenntnishaft zugleich“ (Trunz) versteckt der 66-jährige liebende Dichter seinen eigenen Nachnamen Goethe in einem gewollten Fehlreim: „Morgenr<u>öte</u>“ – „Hatem“ (*Buch Suleika*).

> Du beschämst wie Morgenr<u>öte</u>
> Jener Gipfel ernste Wand,
> Und noch einmal fühlet <u>Hatem</u>
> Frühlingshauch und Sommerbrand.

Schließlich gibt es auch den Nicht-Reim in Gesellschaft von Reimen, genannt die **Waise** (w). Sie erwächst meist nicht aus einem Unvermögen, genügend passende Reime zu finden. Vielmehr ist sie ein Stilmittel, um der vielleicht aufdringlichen Klangfülle durchgehender Reime zu begegnen. Als bekanntestes Beispiel hierfür kann Heines satirisches Vers-Epos *Deutschland. Ein Wintermärchen* (1844) gelten. Die über 500 vierversigen Strophen bestehen aus abwechselnd jeweils zwei Waisen und zwei (weiblichen) Reimen. Dadurch entgehen die vielen Verse dem Reimzwang und gewinnen einen lockeren Erzählton. Als Beispiel für die Waise wurde die erste Strophe in der *Kurzen Versschule* zitiert (Nr. 5.46). Ein achtstrophiges Gedicht von Karl Kraus, in dem verfremdende Waisen einen Paarreim in die Mitte nehmen, beginnt so:

> Bevor wir beide waren,
> da haben wir uns gekannt,
> es war in jenem Land,
> dann schwand ich mit dem Wind.

Eine reimlose Zeile innerhalb einer Reimreihe prägt das Rubâi, den beliebten altpersischen Vierzeiler mit dem Reimschema a a w a. Hier z.B. eine neue Strophe:

> Ich sitze allein
> bei meinem Glas Wein.
> Niemand, der mit mir trinkt.
> Nur der Mond scheint herein.

2. Zur Assonanz, dem Halbreim

Die **Assonanz**, der **Halbreim**, verdient ein eigenes Unterkapitel, denn dieses halblaute Klangspiel wird allzu leicht überhört und übergangen. Ansatzstellen für Reimklang sind, wie wir sahen, sowohl der Wortanfang als auch das Wortende. So gibt es den *Anfangsreim* (den Stabreim) und den *Endreim*. Und die Position *innerhalb* des Wortes? Ja, auch hier kann schließlich – als dritte Möglichkeit – Einklang erreicht werden. Man spricht in diesem Falle von Assonanz. Das lateinische Verb „assonare" heißt „anklingen". In der Poesie (davon später) ist dies ein vokalischer Halbreim.

Es gibt nicht, wie meist angenommen, nur die Alternative *Vokale* (klingende Selbstlaute) oder *Konsonanten* (nicht selbst klingende Mitlaute wie z.B. die Verschlusslaute p, t, k). Wir verfügen auch über *Sonanten* (hörbar stimmhafte Laute, die keine Vokale sind; z.B. die Mediae b, d, g sowie n, m, w ...). Und auch diese können hörbar „anklingen" (was regelmäßig übersehen wird). Die Worte „Asson**an**z" oder „**An**klang" realisieren schon selbst das Phänomen im Wort auf engstem Raum. Eine Formulierung wie etwa „Fü**ll**e des Woh**ll**auts" wird klanglich verbunden durch die sanften Fließlaute des L. In Mozarts *Zauberflöte* gehören die Namen T**amin**o und P**amin**a – nomen est omen – von vornherein zusammen. Dass die beiden für einander bestimmt sind, verrät allein schon der innige Anklang auf wortmusikalische Weise. Auch einfache fomelhafte Wendungen wie „Wa**ld** und Fe**ld**" oder „Nor**d** und Sü**d**, Ost und West" sind (wie viele andere) durch Assonanz verbunden. In der Alltagsfloskel „mit besten W**ü**nschen und Gr**ü**ßen" sind die betonten Vokale gleich; so finden beide Wörter unauffällig Anklang. Die Redewendung „**ang**st und b**ang**e" wurde wohl fest wegen der Assonanz.

Oft finden sich Assonanzen in Personennamen, z.B. auch in **Namen von Dichtern.** Einige weisen zudem noch Stabreim auf: **B**ert(olt) **B**recht, Hermann Hesse, Heinrich Heine. Nur mit Assonanz: Abraham a Sancta Clara, Franz Kafka, Hans Sachs, Clemens Brentano, Heinrich von Kleist, Friedrich Nietzsche, Friedrich Schiller, Christoph Martin Wieland, Wolfgang Borchert, Theodor Storm, Theodor Fontane, Hans Fallada; Hannah Arendt, Immanuel Kant.

Überhaupt sind sehr viele **Vornamen** in Assonanz selbst ganz auf *einen* der Vokale gestimmt. Ich wähle aus meiner Sammlung die Namen aus, die allein auf **a** anklingen. Denn das **a** ist nach Jacob Grimm der erste und edelste Vokal. Anspruchsloser gesagt: Er bildet zwischen den hellen Vokalen **i** und **e** sowie den dunklen **o** und **u** die Mitte. So ist dieser Vokal, weil er der offenste ist, ganz zwanglos zu artikulieren. Und daher tönt er auch lallend und plappernd schon im Mund der Kleinstkinder: „Mama, Papa, dada ..." Nun also einige **Vornamen**: Adam, Abraham, Ahab, Nathan, Harald, Ansgar, Kaspar, Hassan, Sascha; Sara(h), Marjam, Magda, Jana, Nadja, Katja, Tanja, Karla, Clara, Natascha, Tamara, Lara, Sandra, Alma, Amanda, Barbara ...

Auch bei **geografischen Namen** in aller Welt ist der reine **a**-Klang sehr häufig. Daher wähle ich hier nur Namen mit vier- oder dreifachem **a** aus. Sie hören sich, in der Folge gelesen, an wie eine kleine Welt-„Sonate", das heißt ein „Klangspiel" in A-Dur: Adana, Alabama, Atlanta, Alaska, Ankara, Asmara, Atacama, Allahabad, Alhambra, Akaba, Alcalá, Alcantara, Alma-Ata, Abadan, Havanna, Kamtschatka, Trafalgar, Bahamas, Kandahar, Kanada, Kasachstan, Malaga, Casablanca, Sahara, Caracas, Salamanca, Panama, Samarkand, Granada, Kalabscha, Massada, Ramallah, Rajastan ...

Wie es Schlagreime und Schlagstabreime gibt, so gibt es auch **Schlagassonanzen.** Einige Beispiele in *einem* Wort aus der Alltagssprache: startklar, glasklar, hammerhart, Mahnmal, Allmacht, Plauderlaune, Frauenpower, Edelfeder, Karteileiche, Weichei, Trickkiste, Lichtblick, Papierkrieg, Hummelflug, Schmusekurs, Topform, Wonneproppen ...

Und nun einige Redewendungen mit Assonanz: Schl**uss** mit L**us**tig, doppeltes L**o**ttchen, auf h**o**hem R**o**ss, S**ei**n und Z**ei**t; fe**sche** Bur**schen**, **schreck**liches **Knirsch**en; L**a**chen m**a**cht Sp**aß**. W**ie** d**ie** Z**i**cke am Str**i**ck. Ein Schritt in d**ie** r**i**chtige R**i**chtung. **Ich** l**ie**be d**ich**. R**und** **um** die **Uhr**. Hans D**a**mpf in **a**llen G**a**ssen ...

Schließlich einige Stellen aus Gedichten, die eine Klangverstärkung durch Assonanzen zeigen: „Zwei **a**lte **Tan**ten **tan**zen **Tan**go in der Nacht" (Georg Kreisler). „Klingt **i**m W**i**nd ein W**ie**genl**ie**d" (Storm). „Es **or**gelt im R**o**hr, und es klirrt im Schilf" (Mörike). „[...] tauberauscht"; „schlummertrunken" (Brentano). „O Brunnen-Mund" (Rilke). „Lass mich nicht Ach, nicht Pracht, nicht Lust, nicht Angst verleiten!" (Gryphius). „[...] alles Drängen, alles Ringen" (Goethe). „Das alte Wahre, fass es an!" (Goethe). Sein Gedicht *Grenzen der Menschheit* beginnt mit den feierlichen Versen:

> Wenn der uralte
> Heilige Vater
> Mit gelassener Hand
> Aus rollenden Wolken
> Segnende Blitze
> Über die Erde sät [...].

Klangverstärkungen durch Assonanzen finden sich also stellenweise in der Alltagssprache und desgleichen in der Dichtung. Sie können aber auch zum **Prinzip des Halbreims am Vers-Ende** werden. Dann ist die Assonanz ein vokalischer Halbreim, getragen vom Gleichklang der Vokale vom letzten Akzent der Verszeile an, bei Verschiedenheit der Konsonanten; z.B. assoniert „schlafen" auf „sagte". Die Assonanz findet sich zuerst im Althochdeutschen bei Otfried von Weißenburg neben dem gelungenen Endsilben-Reim als Vorstufe des reinen Reims. Als (Halb-)Reimprinzip entstand die Assonanz einst in Spanien und in der altfranzösischen Dichtung. Deutsche Romantiker führten sie in Übertragungen aus dem Spanischen ein und verwendeten sie verschiedentlich für eigene Dichtungen, wie beispielhaft Clemens Brentano in den *Romanzen vom Rosenkranz*. (Dieser Titel ist, neben dem Stabreim (**r**), selbst Assonanz von **o** und **anz**, wie ja auch im Namen Ass**o**n**anz** selbst.) Brentano war – nach Gottfried von Straßburg – wohl der musikalischste deutsche Dichter. Emil Staiger spricht im Blick auf Brentano vom „Wunder der Assonanzen": Hier „klingen die Vokale als die zwischen allen Dingen schwebende ätherleichte Musik" an. (*Die Zeit als Einbildungskraft des Dichters*. München 1976, S. 31)

Assonanzen können auch als Stilmittel den ganzen Text mit Vokalen *und* Sonanten zum Klingen bringen. Die erste der beiden Strophen von **Clemens Brentanos** *Frühes Liedchen* (1802) lautet

> Frühling soll mit süßen Blicken
> Mich entzücken und berücken,
> Sommer mich mit Frucht und Myrten
> Reich bewirten und umgürten.

Die ganze erste Strophe bleibt nach der ersten Zeile mit den Assonanzen und dann weiter mit End- und Binnenreimen auf die benachbarten Tonstufen der Vokale **ü** und **i** gestimmt, die in den Assonanzen durch den Fließlaut **L** – legato – zum Gleiten gebracht werden. Ein kleines Klangwunder vielfältiger leiser Anklänge, unauffällig und nicht für jeden hörbar: Worte als leise Musik.

Eine Strophe aus Brentanos *Feuersklage* (der 13. *Romanze*) kann die Assonanz im Kreuzreim als Halbreim zeigen:

> Fern schon ziehn die dunklen W**o**lken,
> Die geübt die böse R**a**che,
> Und die Sterne vor dem M**o**nde
> Ziehn heran, unschuldig fr**a**gend: [...]

Liest oder hört man **Heinrich Heines** Romanzen *Donna Clara* oder *Almansor*, findet man keinen (End-)Reim. Die vierzeiligen, vierhebigen Trochäen mit stets klingenden weiblichen Endungen sind anscheinend reimlos. Aber irgendwie glaubt man so etwas wie einen dauernden wohlklingenden Anklang zu hören. Und in der Tat: Nach spanischem Vorbild sind diese Romanzen (mit spanischer Thematik) in jedem zweiten und vierten Vers jeder Strophe mit Assonanzen geziert:

> In dem abendlichen Garten
> Wandelt des Alkalden T**o**chter;
> Pauken- und Drommetenjubel
> Klingt herunter von dem Schl**o**sse.

> „Lästig werden mir die Tänze
> Und die süßen Schmeichelw**o**rte,
> Und die Ritter, die so zierlich
> Mich vergleichen mit der S**o**nne.

> Überlästig wird mir alles,
> Seit ich sah beim Strahl des M**o**ndes
> Jenen Ritter, dessen Laute
> Nächtens mich ans Fenster l**o**ckte."

In allen 22 Strophen von *Donna Clara* haben der 1. und 3. Vers jeweils Waisen, der 2. und 4. Vers dagegen **Assonanzen** bzw. **vokalische Halbreime**, und zwar hier *alle* durchgehend (also 44 mal!) auf den einen Vokal **o**. In der Romanze *Almansor* sind es in I zehn Strophen mit Assonanzen jeweils in der 2. und 4. Zeile auf den Vokal **u** (20 mal), in II zehn Strophen mit Assonanz auf den Vokal **a** (20 mal) und in III neun Strophen mit Assonanz auf den Vokal **i** (18 mal).

Die durchgehenden Assonanzen können leicht überhört werden, zumal wir im Deutschen nicht, wie in der altspanischen und altfranzösischen Dichtung mit ihren voller klingenden Wort-Endungen, daran gewöhnt sind. Sie sind ja auch nicht so unüberhörbar klangstark wie Endreime. Stattdessen haben sie eher etwas unbestimmt Wohlklingendes, nur leicht Anklingendes. Es sind eben permanent viele allein vom Gleichklang der Selbstlaute getragene vokalische Halbreime.

Auch **Rainer Maria Rilke** (1875 – 1926) war ein Wortklang-Künstler. In seinem unregelmäßig gereimten Gedicht *Herbst* (Paris, 1902) erklingt ein ganzes Konzert der Sprachlaute. Wer dieses Gedicht laut liest, vernimmt gewiss – halbbewusst – eine betörende, überreiche Fülle des Wohllauts.

HERBST

Die Blätter fallen, fallen wie von weit,
als welkten in den Himmeln ferne Gärten;
sie fallen mit verneinender Gebärde.

Und in den Nächten fällt die schwere Erde
aus allen Sternen in die Einsamkeit.

Wir alle fallen. Diese Hand da fällt.
Und sieh dir andre an: es ist in allen.

Und doch ist Einer, welcher dieses Fallen
unendlich sanft in seinen Händen hält.

Unüberhörbar sind die verteilten Wortwiederholungen des Schlüsselwortes „fallen" (fünfmal) und „fällt" (zweimal). Ich werde nun die Klangmittel Stabreim (Stabr.), Reim (R.) und Assonanz (Asson.) im Folgenden im Text markieren und daneben benennen.

Die Blätter **fallen**, **fallen w**ie von weit,	Identischer R., Stabr. (**w**), R
als **w**elkten in den Himmeln **fer**ne	Stabr. (**w**, **f**), Asson. (**er/**
Gärten;	**är**), Waise
sie **fallen** mit **v**erneinender Geb**ärde**.	Stabr. (**f/v**), Asson. (**är**), R.
Und in den Nächten **fä**llt die schw**ere**	Asson. (**ä**, **er**), Stabr. (**f**), R
Erde.	
Aus allen St**er**nen in die **Ein**sam**keit**.	Asson. (**er**, **ei**), R.
Wir **alle fallen**. Diese Hand da **fällt**.	Assonan. (**i**, **all**, **a**), Stabr. (**f**), R.
Und s**ie**h d**i**r andre an: es **i**st in **allen**.	Asson. (**ie/i**, **a**), R.
Und doch **i**st Einer, welcher d**ie**ses	Asson. (**i/ie**), Stabr., R.
Fallen	
unendlich **s**anft in **s**einen **H**änden **hält**.	Stabr. (**s**, **h**), Asson. (**a**, **ä**), R.

Assonanzen können auch, wie **Ernst Jandl** (1925 – 2000) auf ergötzliche Weise zeigt, lebendig werden in Klangassoziationen und im Sprachwitz des Laut- oder Sprechgedichts, das sich eigentlich erst ganz im Sprechen und

Hören realisiert. Eines seiner bekanntesten Gedichte, *ottos mops*, besteht aus einer Kette von Assonanzen, das heißt hier der Persistenz des im Sprachspiel repetierten Vokals **o**. (Es lassen sich übrigens nach diesem Modell von Studenten und Schülern mit Lustgewinn locker und leicht solche Assonanz-Klanggebilde auch auf die übrigen Vokale verfertigen, so z.B.: Elkes Esel ..., Viele Igel ..., Alle Aale ..., Nur Uhus ...)

ottos mops trotzt
otto: fort mops fort
ottos mops hopst fort
otto: soso

otto holt koks
otto holt obst
otto horcht
otto: mops mops
otto hofft
ottos mops klopft
otto: komm mops komm
ottos mops kotzt
otto: ogottogott

Selber dichten ?

Nach all der Belehrung über Verse – sollte man da nicht auch einmal selber dichten? Zu einem solchen unbefangenen Versuch könnte einen eine Bemerkung Goethes ermutigen:

> Übrigens ist mir alles verhasst, was mich bloß belehrt, ohne meine Tätigkeit zu vermehren oder unmittelbar zu beleben. (Brief an Schiller, 19.12.1798)

Im „Land der Dichter und Denker" überlässt man das Dichten freilich meist respektvoll den hauptamtlichen Poeten. In Japan dagegen ist das Dichten von Dreizeilern, den Haikus, seit Jahrhunderten Volkssport. (Vgl. hierzu die 5. Lektion am Schluss.) Wer es als Lehrender erprobt, erlebt aber auch hierzulande, dass junge Menschen, ob Schüler oder Studenten, gern und unverkrampft Verse formen. Allerdings genügt es nicht zu verkünden: „Nun sind wir alle mal schön kreativ! Zu Montag schreibt jeder ein Gedicht." Nein, im Vorlauf müssen (professionelle) Vorbilder für Gestaltungsmöglichkeiten und Anregungen gezeigt werden. Die meisten Dinge im Leben lernen wir ja durch Nachahmen: sprechen, singen, schwimmen, tanzen ... Könnte es da nicht auch beim Dichten so sein? Übrigens sollte, wenn in einer Lerngruppe jeder sein Gedicht schreibt, der Lehrende sich nicht davor drücken, auch seines einzubringen. Zudem kann oder sollte man die gesammelten Gedichte vervielfältigen und binden, um sie allen zugänglich zu machen. Im Folgenden werden einige Beispiele kurz vorgestellt.

Rasch Erfolg versprechend sind die ungereimten, kurzzeiligen **Haikus** (Dreizeiler) und **Tankas** (Fünfzeiler). Der Einfachheit halber wird auf die in Japan traditionell festgelegte Zahl der Silben verzichtet und freirhythmisch geschrieben, so wie es auch in unmetrischen Haiku-Übersetzungen zu lesen ist. Inhaltlich sollte ein Gefühle auslösendes Naturbild gewählt werden. An einigen Beispielen kann man den speziellen Charakter dieser Gedichtart ablesen, auch wenn der Geist des Zen-Buddhismus nicht übertragbar ist.

Haikus
Ein entlaubter Zweig,
ein Rabe hockt darauf.
Abend im Herbst.
(Basho, 1644 – 1694)

Auf der Tempelglocke
ließ er sich nieder und schläft –
o dieser Schmetterling!
(Basho)

Tankas
Im Hof liegen rings noch
die abgefallenen Nadeln
der alten Kiefer.
Kein Staub ist aufgewühlt,

Wie soll ich den Fuji beschreiben
denen, die nie ihn erblickt?
Nie ist er zweimal der gleiche,
so find ich nicht *einen* Weg,

und still ist mein Herz.
(Rikyu, 1521 – 1591)

seinen Anblick zu schildern.
(Date Masamune, 1565 – 1636)

Jahreszeitengedichte können auch 13-jährige Schüler mit Begeisterung schreiben, wenn man es richtig einfädelt. Reimen sollte untersagt sein, da allzu viele banale und unreine Reime nahe liegen. Als Beispiele werden für die gewählte Jahreszeit leicht verfügbare freirhythmische Gedichte vorgestellt. Zuvor aber sammelt die Lerngruppe zahlreiche Stichworte, z. B. für den **Herbst**.

Bäume: Blätter: rot, gelb, braun gefärbt, raschelnd; kahle Äste, Kastanien, Früchte, Eichhörnchen, Vögel.

Wetter: windig, stürmisch, regnerisch, kalt, neblig, teilweise sonnig und mild, rau, grau, nieselig, feucht, trüb, Smog; Raureif, Bodenfrost, kurze Tage, lange Nächte, Herbstwind, Drachensteigen.

Felder: Stoppelfelder, pflügen, Wintersaat, Kartoffeln ernten, Kartoffelfeuer, Erntedankfest.

Garten: Verwelkte Blumen, Astern, Äpfel, Birnen, Beeren, Nüsse, Igel, Herbstfeuer.

Jagd: Reiter, Jäger, Jagdhorn, Hunde, Wild.

Kleidung: Pullover, Schal, Mütze, Regenschirm, Anorak, dicke Socken, Stiefel.

Totensonntag, Allerseelen, Buß- und Bettag. – Zugvögel, Krähenschwärme.

Daniela (13)

    Nebel legt sich über das Land,
    Sturm und Regen peitschen durch die Straßen.
    Doch die Häuser strahlen Wärme und Geborgenheit aus
    gegen die kalten, dunklen Herbstnächte.
    Die bunten Blätter der Bäume bedecken die Erde,
    und rotbäckige Kinder freuen sich beim Drachensteigen.

Jens (13)

    Der Smog wird immer häufiger,
    der Nebel immer dichter,
    der Regen immer stärker.
    Die Tage werden kürzer,
    die Bäume immer kahler.
    Es ist kalt.
    Der Winter ist nahe.

Naturphänomene wie **Fluss** oder **Baum** können ebenfalls, auch für ältere Schüler und für Studenten, Anregungen zu freirhythmischen Versen sein. Im Vorgespräch stellt man sich jeweils das Phänomen vor Augen.

Beim **Fluss**: die schmale Quelle, der anschwellende Strom mit Nebenflüssen, Schiffe, Städte am Ufer, das Münden im Meer. Goethes frühes Gedicht *Mahomets-Gesang* (1772/3), das mit dem Propheten in Wirklichkeit nichts zu tun hat, sondern den Lauf eines Flusses von der Quelle bis zur Mündung in begeisterten Freien Rhythmen schildert, sollte vorgelegt und vorgetragen werden.

Auch der **Baum** wird zunächst vorgestellt: Wurzel, Schößling, Stamm, Zweige, Laub, Blüten, Früchte, Vögel in der Krone ... Baum-Symbole: Der Baum des Lebens im Paradies, die germanische Welt-Esche Yggdrasil, die Dorflinde; Charakterbäume verschiedener Länder (Deutschland: Eiche, Japan: Kiefer, Italien: Zypresse und Pinie, Kanada: Ahorn, Libanon: Zeder ...). Als professionelle Vorbilder mögen zwei Gedichte dienen.

Eugen Roth

> Zu fällen einen schönen Baum,
> braucht's eine halbe Stunde kaum.
> Zu wachsen, bis man ihn bewundert,
> braucht er, bedenkt es, ein Jahrhundert.

Georg Thurmair

> GLEICHNIS
> Ach, könnte man so werden
> wie dieser gute Baum,
> so fest und tief in Erden,
> so groß und frei im Raum,
> so grünend und so blühend,
> so fruchtbar in der Zeit,
> im Morgenlichte glühend
> und still zur Abendzeit.
> [...]

Eine Reihe von **Dada-Gedichten**, die man in Anthologien findet, wird vorgestellt, und die Machart wird analysiert. Nach diesem Muster können Schüler und Studenten mit Vergnügen selbst Dada-Gedichte schreiben. Ähnlich ist es mit frei zu erfindenden **Nonsens-Gedichten**. Hier kann man z.B. Werbe-Verse schreiben für das neueste Waschmittel Wishy Washy.

Gefühle aussprechen in freirhythmischen Versen, das spricht viele als Möglichkeit an. Nahe liegen Empfindungen wie **Sehnsucht, Freude** oder **Angst**. Zu letzterem kann man die Reproduktion eines berühmten Bildes von Edvard Munch *Der Schrei* (1893) vorlegen sowie das Gedicht von Federico García Lorca (1898 – 1936): *El Grito / Der Schrei* (1921):

> Die Ellipse eines Schreis
> geht von Berg
> zu Berg.
>
> Von den Oliven her
> wird er zum schwarzen Regenbogen
> über der blauen Nacht.

Ay!

Wie unter einem Geigenbogen
bebten unter dem Schrei
die langen Saiten des Winds.

Ay!

(Die Leute in den Höhlen
halten ihre Ampeln hinaus)

Ay!

Einfache Vorbilder für die Gestaltung sind **serielle Gedichte**, z.B. von
Heißenbüttel, Brecht oder Benn.

Helmut Heißenbüttel

HEIMWEH
nach den Wolken über dem Garten in Papenburg
nach dem kleinen Jungen der ich gewesen bin
nach den schwarzen Torfschuppen im Moor
nach dem Geruch der Landstraßen als ich 17 war
[...]
nach dem Geschrei der Möwen
nach den schlaflosen Nächten
nach den Geräuschen der schlaflosen Nächte

nach den Geräuschen der schlaflosen Nächte

Bertolt Brecht (1954)

VERGNÜGUNGEN
Der erste Blick aus dem Fenster am Morgen
Das wiedergefundene alte Buch
Begeisterte Gesichter
Schnee, der Wechsel der Jahreszeiten
Die Zeitung
Der Hund
Die Dialektik
Duschen, Schwimmen
Alte Musik
Bequeme Schuhe
Begreifen
Neue Musik
Schreiben, Pflanzen
Reisen

Singen
Freundlich sein.

Gottfried Benn (1953)

WAS SCHLIMM IST

Wenn man kein Englisch kann,
von einem guten englischen Kriminalroman zu hören,
der nicht ins Deutsche übersetzt ist.

Bei Hitze ein Bier sehn,
das man nicht bezahlen kann.

Einen Gedanken haben,
den man nicht in einen Hölderlinvers einwickeln kann,
wie es die Professoren tun.

Nachts auf Reisen Wellen schlagen hören
und sich sagen, dass sie das immer tun.

Sehr schlimm: eingeladen sein,
wenn zu Hause die Räume stiller,
der Café besser
und keine Unterhaltung nötig ist.

Am schlimmsten:
nicht im Sommer sterben,
wenn alles hell ist
und die Erde für Spaten leicht.

Ein entsprechender Vorschlag für ältere Schüler kann lauten: Benn zählt nur
Schlimmes auf. Nun sollten Sie einmal etwas Ähnliches schreiben, aber unter dem
Titel: *Was schön ist.* Hierfür zwei Beispiele von 18-jährigen Schülerinnen.

Britta

Zehenwühlen in der warmen, dunklen Sommererde.
Denselben Geist in anderen Augen finden.
Auch mit dem Bauch lachen.
Zu fünft im Regen tanzen.
Lang im Warmen liegen, wenn es draußen stürmt.
Sonnenblumen.
Du.
Und dann noch warmer Apfelkuchen.

Helene

Heimlich ist Selbstmitleid schön und Halleluja.
Ganz unten sitzen und hochschauen

ist wieder schön
und noch schön ist
Erkenntnis, wenn sie aufhört weh zu tun.
Mit ein wenig Mühe bist es sogar
Du
hassgeliebtes Jetzt und Hier.
Mut Mut
Mut ist schön und
Staunen.
Nun staun doch!
Den Kopf in den Nacken gelegt,
sehe ich Flugzeuge durch den
Himmel
schwimmen.
Wer hat nach Schönheit gefragt?
Mit großen Gesten lege ich ein Mosaik und nehme mir vor
nicht mehr zu fragen.

Test B (Klausur)

Die angegebenen Punkte (P.) entsprechen Informations- und Bewertungsein-heiten. Arbeitszeit insgesamt 90 Minuten.

Aufgaben

A. Informeller Leistungstest Vers und Reim (Max. 49 P.) (20 Min.)

I. Vers

Nennen Sie auf Ihrem Lösungsblatt den Namen des Metrums (= des Versmaßes = der Taktart [z.B. Jambus]), und schreiben Sie daneben das Versschema mit den Zeichen x und x́. (Sie müssen die folgenden Wörter sowie die danach folgenden Verse skandieren!)

  1. Lehrerin   **2.** Lehrer   **3.** gelehrt   **4.** Malerei   **5.** Maler

Nennen Sie die Namen der folgenden Verse (z.B. Hexameter, aber nicht „Lang-vers") und ihre Standard-Merkmale. (Die Wirkungsmöglichkeiten sind hier nicht gefragt.)

  6. Freund, so du etwas bist, so bleib doch ja nicht stehn:
      Man muss von einem Licht fort in das andre gehn.

  7. Dem Geier gleich,
      Der auf schweren Morgenwolken
      Mit sanftem Fittich ruhend
      Nach Beute schaut,
      Schwebe mein Lied.

  8. Ich rechte mit den Göttern nicht; allein
      Der Frauen Zustand ist beklagenswert.

  9. Das Stück unter der Leitung des Herrn de Sade
      lassen wir stattfinden in unserm Bad
      und hierbei sind uns nicht im Wege
      die technischen Errungenschaften der Körperpflege

10. Jetzt aber kam auch der Herold und führte den lieblichen Sänger,
      Diesen Vertrauten der Muse, dem Gutes und Böses verliehn ward;
      Denn sie einst nahm ihm die Augen und gab ihm die süßen Gesänge.

11. Nicht sehr ergiebig im Gespräch,
Ansichten waren nicht seine Stärke,
Ansichten reden drum herum,
wenn Delacroix Theorien entwickelte,
wurde er unruhig, er seinerseits konnte
die Notturnos nicht begründen.

II. Reim

Nennen Sie den <u>Namen des</u> jeweiligen <u>Reims</u>.

12. Sie lauschten und plauschten,
debattierten und applaudierten.

13. Entfremdet früh dem Wahn der Wirklichkeiten [...]

14. Und der Huber / bläst die Tuba.

15. Holze / stolz / Morgen / Gold

Nennen sie den <u>Namen der</u> folgenden drei <u>Reimkadenzen</u>.

16. Brot / Not   **17.** Liebe / bliebe   **18.** bannende / spannende

*Nennen Sie den <u>Namen der Reimstellung</u>, und schreiben Sie das <u>Reimschema</u>
(a b c ...) daneben auf Ihr Lösungsblatt.*

19.	**20.**	**21.**	**22.**
– blaue	– verloren	– aufgegangen	– Tod
– Schein	– Neid	– prangen	– Not
– Aue	– Leid	– klar	– Messer
– mein	– verschworen	– schweiget	– besser
		– steiget	
		– wunderbar	

B. Nennen Sie die Merkmale eines Sonetts. (Max. 14 P.) (10 Min.)

C. Freie Rhythmen. Nennen Sie 1. den deutschen „Erfinder". 2. Charakterisieren Sie kurz den unterschiedlichen Charakter a) der älteren und b) der meisten neueren Freien Rhythmen, und nennen Sie hierzu jeweils einige bekannte Dichter. (Max. 10 P.) (10 Min.)

D. Die ersten beiden Verse der *Odyssee* übersetzt Schadewaldt wörtlich so: „Den Mann nenne mir, Muse, den vielgewandten, der gar viel umgetrieben wurde, nachdem er Trojas heilige Stadt zerstörte." Formen Sie daraus zwei Hexameter. Natürlich müssen Sie hierfür Wörter umstellen, ändern, ersetzen oder weglassen. (Max. 8 P.) (10 Min.)

E. Eduard Mörike: *Um Mitternacht* (40 Min.)

UM MITTERNACHT

 1 Gelassen stieg die Nacht ans Land,
 2 Lehnt träumend an der Berge Wand,
 3 Ihr Auge sieht die goldne Waage nun
 4 Der Zeit in gleichen Schalen stille ruhn;
 5   Und kecker rauschen die Quellen hervor,
 6   Sie singen der Mutter, der Nacht, ins Ohr
 7   Vom Tage,
 8   Vom heute gewesenen Tage.

 9 Das uralt alte Schlummerlied,
10 Sie achtet's nicht, sie ist es müd;
11 Ihr klingt des Himmels Bläue süßer noch,
12 Der flücht'gen Stunden gleichgeschwungnes Joch.
13   Doch immer behalten die Quellen das Wort,
14   Es singen die Wasser im Schlafe noch fort
15   Vom Tage,
16   Vom heute gewesenen Tage.

1. Nennen Sie auf Ihrem Antwortblatt die Metren und die Reimstellungen der **ersten** Strophe. (Die zweite Strophe dient nur zur allgemeinen Information.) (Max. 15 P.)
2. *Interpretieren* Sie Metrum und Reim als Gestaltungsmittel dieses Gedichts in zusammenhängenden Sätzen. (Max. 16 P.)

Summe der Punkte: Maximal 112

Lösung Seite 259-260

ESSAYS

1. Lyrik lesen, Verse verstehen

> Was ist das Schwerste von allem? Was dir das Leichteste dünkt:
> Mit den Augen zu sehn, was vor den Augen dir liegt.
> (Xenie von Schiller/Goethe)

1

Lyrik lesen, das ist zunächst eine Sache der Einstellung. Am besten, Sie richten gar keine bestimmten Erwartungen an den Text, der vor Ihnen liegt, und haben keine festen Vorstellungen von dem, was da auf Sie zukommt. Man sollte nicht gleich etwas in den Text hineinlesen wollen. Das bringt nichts. Nein, es lohnt sich, am Text zu bleiben, nicht zu phantasieren und zu spekulieren, sondern einfach genau hinzuhören.

> Ich will [...] die Augen auftun, bescheiden sehen und erwarten, was sich mir in der Seele bildet,

notiert Goethe auf seiner Romreise in einem Brief (an Herder am 2.12.1786).

Offen sein, empfänglich werden: So entsteht vielleicht ein weiter Empfindungsraum in Ihnen. So können Sie etwas Neues aufnehmen. Und so lassen Sie sich durch die Antriebskraft des sprachlichen Kunstwerks vielleicht hineinführen in die Empfindungs- und Gedankenwelten eines anderen Menschen, sein *„lyrisches Ich"*. Dessen intensives Fühlen und Denken, dessen Bedeutung und Größe (wenn es denn etwas Bedeutendes und Großes ist) kann man sich aneignen. Es wird Ihnen mitgeteilt, also können Sie daran teilhaben. So erfahren Sie etwas, was Sie zwar irgendwie wohl längst schon gefühlt oder gedacht haben (sonst könnten Sie den Text, wäre er völlig fremd, nämlich gar nicht verstehen). Jetzt aber entfaltet es sich in Ihnen, Sie selbst gewinnen an Weite, erleben Tiefen und Höhen, entfalten sich selbst, erweitern sich – vielleicht. Ihre *Wahrnehmungsbereitschaft und Erlebnisfähigkeit* verändert, steigert sich – vielleicht. Sie erleben eine *éducation sentimental*. Doch das heißt nicht, sentimental werden, sondern seine Gefühle entfalten, sich sensibilisieren.

2

Das Wort des Dichters ist die einzige persönliche, intime Verständigungsmöglichkeit auch über große Zeiträume hinweg: zeitüberwindend, zeitübergreifend. Gefühle aber sind meist flüchtig – kaum erlebt, schon vergessen. Verflogen sind

> Freude und Traurigkeit,
> Lieben, Geliebtwerden und Verlassensein, Einsamkeit,

Erfülltsein von Göttlichem und Leersein in nihilistischem „Verharren vor dem Unvereinbaren" (Benn) ...

Jeder erlebte Augenblick ist flüchtig; und jedem erscheint er wohl einmalig. Jedem? Also werden die scheinbar so persönlichen Gefühle milliardenfach erlebt: Liebe und Frühling – selbst die Kater und Katzen verspüren's ... Tod und Trauer – in jeder Sekunde sterben auf der Welt Tausende ... Und doch darf Eduard Mörike sagen:

> Lasst dies Herz alleine haben
> Seine Wonne, seine Pein!

Aber zugleich will dieses Herz, dieses lyrische Ich, sich offenbar mitteilen, und wenn es nur im aufgeschriebenen Gespräch mit sich selbst wäre.

> Allein: du mit den Worten
> und das ist wirklich allein [...]. (Benn)

Als Leser aber können wir teilhaben über Zeiten und Länder hinweg. Was der jüdische König David vor dreitausend Jahren gläubig sang, was die griechische Dichterin Sappho vor zweieinhalbtausend Jahren liebend fühlte, was der Deutsche Walther von der Vogelweide vor achthundert Jahren als Minnesänger und politischer Dichter zu sagen wusste: all das kann ich mir aneignen, zu eigen machen. Es gehört mir, wenn ich will.

3
Auf welche Weise geschieht das? Wie können solche intensiven, aber doch flüchtigen Gefühle und Gedanken eines dichtenden lyrischen Ichs transportfähig gemacht werden? Wie kann die einmalige Erfahrung des Dichters von ihm zu mir, dem Leser oder Hörer, transportiert werden – oft über den Zeitraum von Jahrhunderten oder gar Jahrtausenden hinweg? Was macht das Vergängliche so haltbar, dass es so lange frisch bleiben kann?

Es ist das Geheimnis der Form. Und dafür lautet die Hauptformel: **sprachliche Bilder** und **klangliche Rhythmen**.

Diese zwei Mittel sind es vor allem, deren *Wirkstoffe* dies bewirken können. Und das ist kein Zufall. Beide entsprechen ganz ursprünglichen und wesentlichen Fähigkeiten und Tätigkeiten unseres Gehirns. (Das kann man im einzelnen nachweisen.) Alle Menschen denken zunächst in *Bildern* (und erst später in Begriffen). Ja, jede Nacht laufen im Kopf jedes Menschen prälogische Bildergeschichten ab, die wir Träume nennen. Und alle Menschen lieben – wie schon die höheren Tiere – *Klang* und *Rhythmus*.

Worte können in unserem Kopf Vorstellungen hervorzaubern, Bilder evozieren. In den ältesten Zeiten traute man dem Wort magische Kraft zu, es war auch Zauberwort. Zur Wortmagie aber gehört der feste Rhythmus. Nur was geformt ist, kann Beschwörungsformel sein.

Das älteste Verfahren der Menschen, die verfließende Zeit zu gestalten, ist **Tanz**, **Musik** und **Vers**. Und diese *dreifache Kunst der Musen* war ursprünglich eine Einheit, denn ihnen allen ist eines gemeinsam: der **Rhythmus**. Jedes Wort hat seinen eigenen Klang, jeder Satz hat einen gewissen Rhythmus – auch in der Alltagssprache. In der **Lyrik** aber kommen, wenn sie gelingt, *die Klänge der Worte zum Klingen* und *die Rhythmen der Sätze ins Schwingen*. Denn sie sind „geprägte Form" (Goethe).

Natürlich ist nicht alle Lyrik so, wie sie Goethe gestaltet. Doch bei ihm kann man etwas Wichtiges beobachten. Er berichtet in *Dichtung und Wahrheit* (7. Buch):

> Und so begann diejenige Richtung, von der ich mein ganzes Leben über nicht abweichen konnte, nämlich dasjenige, was mich erfreute oder quälte oder sonst beschäftigte, in ein Bild, ein Gedicht zu verwandeln [...]. (HA 9, S. 283)

Für viele freilich sind sprachliche Bilder sowie Rhythmus und Reim bloß *Verpackung*. Doch auch die schönste Geschenkverpackung wirft man in den Papierkorb, um an den Inhalt, an das, was nur attraktiv verhüllt war, heranzukommen. In der Tat können sprachliche Bilder, Versrhythmen und Reime bloß als formale Zutaten, als hübsche Verpackung für einen banalen Inhalt dienen. Wenn man z.B. *Gelegenheitsverse* für festliche Feiern schmiedet, etwa zu Geburtstagen oder Hochzeiten, dann wollen Freunde nur etwas Nettes und Lustiges sagen, und das wird gern in Reime verpackt; munter werden Verse geschustert nach dem Motto: „reim dich oder ich fress dich!" Man denke zudem an die oft unsagbar trivialen, kommerziell aber höchst erfolgreichen Reimereien vieler *Schlagertexte*.

Doch im *sprachlichen Kunstwerk* sind Form und Inhalt, Inhalt und Form untrennbar eins. Gerade darin erweist sich die poetische Qualität: dass man es nicht anders sagen kann. Und das sollte man deutlich machen, wenn man Lyrik analysiert, das heißt wörtlich: „auseinandernimmt". Zu zeigen wäre nicht zuletzt **die inhaltliche Funktion der Form**.

Auf solche Zusammenhänge verweist Goethes Maxime (HA 12, S. 471, Nr. 754):

> Den Stoff sieht jedermann vor sich,
> den Gehalt findet nur der, der etwas dazu zu tun hat,
> und die Form ist ein Geheimnis den meisten.

Ja, aber was ist der *„Stoff"* z.B. von Gedichten? Liebe, Tod, Natur, Jahreszeiten; Gedankliches, Politisches ... Und das eben kennt „jedermann". Was aber ist dessen *„Gehalt"*? Den finden etwa Kinder und zum Teil auch Jugendliche nicht, weil ihnen die Erfahrung von Liebe, Tod, Natur ... noch fehlt. Nur wer aufgrund eigener Erfahrungen eine Ahnung davon hat, ist einer, „der etwas dazu zu tun hat". Erst so erhält der oberflächlich bekannte „Stoff" einen konkreten, persönlichen „Gehalt"; erst dann sagt mir der „Stoff" etwas. Doch wie gelangen „Stoff" und „Gehalt" zu mir? Wie können sie mich erreichen? Entweder durch die allgemein zugängliche Welterfahrung oder durch die künstlerische *„Form"*, die allein der Dichter dem „Stoff" und dem „Gehalt" gibt. Der „Stoff" ist, wie gesagt, meist generell bekannt, den „Gehalt" kann individuelle Erfahrung erschließen; die „Form" aber, in der sie gestaltet sind, *„ist ein Geheimnis den meisten"*. Von ihr muss man, will man Dichtung verstehen, eben auch etwas verstehen. *Rhythmus* und *Reim* etwa, zwei Grundformen der Poesie, kann man als Klang, als Sprachmusik auch unreflektiert wahrnehmen. Sie wirken auf geheimnisvolle, halb unbewusste Weise. Und so bleiben sie „ein Geheimnis den meisten". Doch wer Lyrik *mit Versrhythmus und Reimklang* zu analysieren und zu interpretieren gelernt hat, gehört zu den wenigen, denen die „Form" kein undurchschaubares „Geheimnis" mehr ist. So führt das Verstehen der „Form" zum vertieft erkennenden Erlebnis von Poesie.

2. Der Vers braucht Stille

Die Leerstellen und die Aura von Versen

> [...] die ununterbrochene Nachricht, die aus Stille sich bildet.
> (Rilke: *Duineser Elegien. Die erste Elegie*)

Verse als Klangereignis

Ursprünglich, in den ältesten Zeiten vor der Verschriftlichung der Poesie, aber auch noch lange Zeit danach, wohl etwa bis zum Buchdruck und dem allmählichen Beginn einer massenhaften Lesekultur – ursprünglich waren Verse kein Lesestoff, sondern ein Klangereignis, meist mit Musik verbunden (man denke etwa an die Lyrik, die einst von der Lyra begleiteten Verse). Natürlich musste, bevor Verse erklangen, zunächst einmal Stille herrschen, wie heute etwa vor dem Beginn eines Konzerts oder in der Kirche. Verse wurden in die Stille hineingesprochen oder -gesungen. Dies gilt insbesondere für die Lyrik, die monologische, die persönlichste Form der Poesie. Ja, zum Klang von Versen gehört die Stille, eine hörbare Stille, ein Hallraum, der ihren leisen, intimen Klang erst bedeutend werden lässt – vorausgesetzt, ihre Worte haben etwas zu sagen. Ihrem Sinn und Klang kann sich die sanfte Gewalt der Stille zwingend mitteilen und so sich dem Hörer vermitteln. Klopstock weiß:

> Überhaupt wandelt das Wortlose in einem guten Gedicht umher wie in Homers Schlachten die nur von wenigen gesehenen Götter.

Typographische Gestaltungsmöglichkeiten

Was unterscheidet Verse von Prosa? Ganz einfach: Man braucht nur zwei entsprechend beschriebene Blätter oberflächlich anzuschauen. Die unvollständig gefüllten Zeilen, die Leerstellen, kennzeichnen den Verstext.

Doch einst war das anders. Als Papyrus und Pergament kostbare Schriftträger waren, konnte man es sich schwerlich leisten, Zeilen teilweise unausgefüllt zu lassen. Also schrieb man in der Regel fortlaufend wie Prosa und fügte, um Vers-Ende und -Anfang zu markieren, jeweils einen hochgestellten (roten) Punkt ein als visuelle Anweisung für den Vortrag. So geschah es zum Teil in altägyptischen Versen (den ältesten, die wir kennen), und so finden wir es auch, Jahrtausende später, etwa in der Manessischen Handschrift mittelhochdeutscher Lieder der Minnesänger.

Seit – offenbar im Zusammenhang mit dem Beginn des Buchdrucks – zunehmend genügend Papier zur Verfügung steht, ergeben sich einige einfache typographische Gestaltungsmöglichkeiten, die nun selbst zu wesentlichen Aussagen der Verstexte werden können. Abgesehen von den Versen der *Bibel*, z.B. auch den *Psalmen,* kennen wir Verse heute nur mit den Leerstellen nicht ausgefüllter Zeilen. Die Worte gehen – jetzt unübersehbar – nicht mehr laufend geradeaus (wie das lateinische Wort „prosa" besagt). Sie folgen von einem Vers zum anderen der „Wendung" (das bedeutet das Wort „versus"). So nun wird etwas von der Stille, die im mündlichen Vortrag dem Klangereignis die Aura eröffnet, visuell als Freiraum erfahrbar. Stille wird als Leere sichtbar, Leere wird als Stille hörbar. „Die Stille machet Erhabenheit", sagt Hölderlin.

In besonderer Weise kann diese Stille erlebt werden zwischen den Strophen: als ein tieferes Atemholen.

Verse als Refugium des Wortes

Allein in einer Kultur der Stille wird die sanfte Gewalt des Wortes sich entfalten. Auf diese Weise können Worte heute womöglich etwas von der ursprünglichen Bedeutung wiedergewinnen, die sich – bedrängt und bedroht durch massierten Gebrauch und Missbrauch – in ihren Kern zurückgezogen oder fast verflüchtigt hat.

„Wir bringen unsere Jahre zu wie ein Geschwätz", weiß schon der Psalmist (Ps 90,9). Wer aber heute durch die Programmskalen der elektronischen Massenmedien Radio und Fernsehen zappt oder im Internet surft, vernimmt – neben der allgegenwärtigen Bilderflut und der betäubenden Bedröhnung durch Rhythmen und Melodien – ein unablässiges globales babylonisches Gerede. Auch aus den Printmedien reden Myriaden von Wörtern pausenlos auf uns ein. Wie aber sollte in diesem Wellen- und Wörtergewirr, in diesem weltweit den Äther durchschwirrenden, kaum noch decodierbaren verbalen Rauschen das Wort noch zu Wort kommen? Wie könnte es sich Gehör verschaffen? Allein wenn man ihm Stille schenkte; wenn man es in Leerstellen stellte und es so freistellte; wenn man es zurücknähme aus dem Lärm der Phonstärken, deren Mitteilungen wir dauernd überhören, und dem nivellierenden Druck der Massenmedien, die wir täglich überfliegen.

Die Texte mancher zeitgenössischer Autoren freilich sind bisweilen recht dünn und kurz geraten und werden deshalb, um ihnen ein wenig Bedeutung einzuhauchen, in Zeilen gebrochen. Texte dieser Art, die kaum etwas zu sagen haben, verbreiten jedoch durch die Zeilenbrechung nichts anderes als die Leere der unausgefüllten Seite um sich. Solche prätentiös in Verszeilen herausgestellten Worte klingen in dieser Leere so hohl, wie sie sind, und so finden sie wohl wenig Widerhall.

Verszeilen dagegen, die selbst etwas bedeuten (wodurch: das bleibt ihr Geheimnis), gewinnen dadurch, dass sie die Seite nicht füllen, einen Raum, der ihren Klang weiterträgt. Sie stehen nicht im *Leeren*; sie sind umgeben von *Stille*. Beides zu unterscheiden dürfte nicht leichter sein als etwa die Unterscheidung von „Einfachheit" und „Banalität". Schlichte Verse und schlechte Verse mögen einander auf den ersten Blick ähneln wie eine Volkslied-Zeile der eines Schlagers (der längst das kommerzielle „Volkslied" geworden ist). Lernen mag man die Kunst der Unterscheidung beispielsweise bei japanischen Kurzgedichten, dem dreizeiligen Haiku und dem fünfzeiligen Tanka, die aus einer Kultur der Stille erwachsen sind und mit sparsamsten Mitteln vollendete Prägnanz erreichen können. Hier, in der vorgegebenen Kürze, gilt das Andeuten statt des Ausdeutens, das Verschweigen statt des Zerredens. Unscheinbares kann bedeutungsvoll werden; Unausgesprochenes ist Bestandteil poetischen Sprechens. Nur wer schweigt, hört Gesagtes. So soll das Schweigen der Leerstellen am Ende der Verszeilen ein genaues und aufmerksames Hören der relativ wenigen Worte bewirken. Denn hier sieht man sozusagen, was alles durch den Verdichtungsprozess, die Konzentration auf Wesentliches, weggefallen und frei geworden ist. Die Printmedien-Designer sprechen einfach von „Weißraum".

In den Reflexionen Mallarmés, der mit Baudelaire und Rimbaud am Beginn der modernen Lyrik Europas steht, bildet „Schweigen" einen der häufigsten Begriffe. Für ihn wäre das Idealgedicht letztlich „das schweigende Gedicht, aus lauter Weiß". (Zitiert nach Hugo Friedrich: *Die Struktur der modernen Lyrik*. Hamburg 1968, S. 118.)

Verse fordern generell besonnenes Lesen, gemessenes Sprechen. Hier darf nichts flüchtig überlesen und überhört werden. Abseitig, gewiss, aber möglich ist auch heute im Raum der Poesie eine Kultur der Stille, in der das Wort zu sich selbst findet, in der es – bewusst sperrig gemacht und zu wenigen Zeilen verdichtet – vom Allerwelts-Kommunikationsmittel vielleicht auch wieder hie und da zum Wort im Anfang wird. Im Rückzugsgebiet des weißen Blattes, das sich nur mit wenigen Verszeilen füllt, könnte das Wort wohl – fern der dröhnenden Phrase – mit leiser und fester Stimme sagen, was es vermag, noch immer vermag. Im Hallraum um die Verse können Klang und Rhythmus, Sinn und Substanz sich vernehmlich machen: in der Stille als dem verborgenen Ursprung von Sinn und Klang.

3. Rhythmen aus Herzschlag und Atem

Welches ist wohl der erste Laut, den der werdende Mensch im Mutterleib wahrnimmt? Es ist der mütterliche **Herzschlag**, den er hört, ununterbrochen, Tag und Nacht. Schon der sechs Monate alte Fötus erlebt den Herzschlag der Mutter: 28 Millionen Mal hört er das Mutterherz schlagen. Er gewöhnt sich auf diese Weise an die rhythmische Akustik der mütterlichen Herzfrequenz – ein Rhythmus, der den Menschen für sein Leben prägt. Und ein Zweites hört der Embryo. Es sind die Sprachlaute der Mutter, denn der ganze Leib dient als Resonanzkörper der beim Sprechen erzeugten Schallwellen. Deshalb erkennt dann das Neugeborene schon in den allerersten Tagen eindeutig die Stimme der Mutter – weil es sie ja schon seit drei Monaten kennt. Lange bevor das Menschenkind die Welt zu sehen bekommt, ist es also umgeben von einer akustischen Welt: vom unablässigen Rhythmus des lebendigen, Leben in Bewegung haltenden Pulsschlags sowie vom sporadischen Lautschwall der „Muttersprache" (im wahren Sinne) und ihrer Rhythmen. Ja, das erste Erlebte im Leben eines jeden Menschen sind Rhythmen, das Pulsen des animalischen wie auch des gesprochenen, geistigen Lebens: beharrlich (fast) gleichbleibende und auch sich frei bewegende Herz- und Sprech-Rhythmen. Bis dann bei der Geburt der neue Rhythmus des Atems als erste eigene Aktivität einsetzt und ein neues Leben frei wird.

Herzschlag und **Atemtakt** hängen zusammen. Das wurde bei Forschungen zur Nichtlinearen Dynamik 1998 entdeckt. Zunächst sieht man beiden keine Synchronizität an, doch lässt sich ein komplexes Wechselspiel nachweisen. Atmen ist ein unbewusster Vorgang, der ja auch im Schlaf funktioniert. Beim Atmen wirken das vegetative System, emotionaler Antrieb und bewusstes Handeln zusammen. Der Atem hat an allen Regelkreisen des Organismus teil.

Im **Atem** haben die Sprachen der alten Völker geradezu *den* psychophysischen Beweggrund gesehen, der den Menschen – als ein Wesen zwischen Tierheit und Gottheit – zum Menschen macht: Das altindische *atmán* (es ist verwandt mit unserem Wort Atem), das hebräische *ruach*, das griechische *pneuma*, das lateinische *anima* oder *spiritus* – sie alle benennen den animalischen Lebenshauch *und* den göttlichen Geist *monistisch* mit *einem* Wort. In seinen *Gesprächen in Tusculum* (I, 19) sagt Cicero: „Manche verstehen die Seele als einen Hauch, so etwa die Römer, wie es das Nomen bezeugt: [...] Die Seele (animus) selbst ist nach [dem Wort für] Hauch (anima) benannt." Und ganz ähnlich erklärt Seneca (*Briefe an Lucilius*, 50. Brief): „Was ist denn die Seele (animus) anderes als ein sich auf bestimmte Weise verhaltender Lufthauch (spiritus)?" Was wir heute einerseits – im Atem – bloß als vitalen Sauerstoffaustausch und andererseits – im Geist – letztlich als immaterielle höchste Stufe des Seins *dualistisch* ohne jeden Zusammenhang wahrnehmen oder gar theologisch als Gegensatz sehen – „das Fleisch begehrt wider den Geist und der Geist wider das Fleisch" (*Gal* 5,17) –, das wurde ursprünglich offenbar so selbstverständlich und intensiv als ein und dasselbe erlebt, dass in ebendemselben Wort zur Sprache kam, was erst viel später streng in getrennte Seinsstufen aufgeteilt wurde.

Aber was war es denn, was in vielen frühen Kulturen so urtümlich als in Wirklichkeit identisch erfahren wurde, dass sich jeweils nur *ein* Wort dafür bildete?

Lebenshauch und lebendiger, gar göttlicher Geist sind offenbar seit dem Beginn unseres Auf-der-Welt-Seins erlebbar als innere rhythmische Bewegung. Der Rhythmus ist es, der ursprünglich unser animalisches Leben antreibt im dumpfen Schlag des Herzens, wie er dann auch unser geistiges Leben bewegt im Sprechen von Sprache. Sprachlaute, klingende, sinntragende Schallwellen, werden über die Stimmorgane hervorgebracht durch den Atem. Er ist der rhythmische Motor, der den Prozess vorantreibt, der Geistiges in Gesprochenes verwandelt. Über „Sprache und windhauchartige Gedanken" verfügt allein der Mensch, sagt Sophokles (*Antigone*, Vers 353 f.).

Dass hörbare Rhythmen uns Menschen körperlich und seelisch stimulieren – vom passiven akustischen Erleben im Mutterleib bis zum aktiven phonetischen Hervorbringen von Sprachlauten durch den Motor des Atemrhythmus –, das ist also kein Wunder. Oder nicht gerade doch? Ja, es ist in der Tat eine wunderbare Rückkopplung. Was uns vom frühesten Menschsein an von vornherein im Innersten bewegt, das kann uns im Nachhinein – künstlich, kunstvoll, also bewusst gestaltet – in einem höheren, doch immer noch ganzheitlichen Sinne bewegen: durch die drei ursprünglichen rhythmischen Künste der Menschheit – die Körperrhythmen des *Tanzes*, die Schallrhythmen der *Musik* und die Sprachrhythmen der *Poesie*. Dass diese drei wiederum ein und denselben Ursprung und somit ebendasselbe Wesen – Rhythmus – haben, das zeigen (wie viele andere alte Kulturen) die Griechen, die für alle drei ursprünglich nur *einen* Namen kennen: Mousiké téchne – die Technik, die Kunst der Musen. Erst im 4. Jahrhundert vor Christus, seit Aristoteles, löst sich aus dieser anfänglichen Einheit durch Ausgrenzung und Einengung der Begriff der Musik als Tonkunst.

Jeder alltäglich dahingeredete Satz hat irgendeinen Rhythmus. Sprachkunst nun bringt ihre höhere, geistige Ordnung in die zufällige Rhythmik der täglichen Rede. Die Dichtkunst bemächtigt sich des Lebensrhythmus als eines Naturprinzips, wie er im Herzschlag und im Atem das Leben jedes Menschen in Bewegung hält. Sie verfügt nun bewusst und frei darüber. Die Herz- und Atemfrequenzen sind uns von Natur gegeben, sind nacheinander von Anfang an in uns. Doch nun machen wir selbst etwas daraus, das Menschenmögliche – selbstbewusst, mit eigener Wirkung –, doch hergeholt aus unserem Innersten. Unsere Tanz-, Musik- und Vers-Rhythmen wirken daher – wie Puls und

Pneuma – aufs Vegetativum, *und* zugleich bewirken sie Geist. Sie atmen Geist, und sie kommen vom Herzen; sie gehen zu Herzen, und sie können begeistern.

Der Poet belebt die Wortfolgen mit dem lebendigen Metrum des Herzschlags, und er haucht ihnen den geistigen Rhythmus des Atems ein. So kommt das Metrum des Verses vom variablen Pulsen des Herzens, wie wohl die Wende von einem Vers zum anderen aus der Atemwende herkommt. Erwachsen aus den Lebensrhythmen, wurden sie zu selbstgewollten, selbstbewussten animalisch-geistigen Rhythmen: pulsierend, atmend – geistig lebendig. So nennt Ossip Mandelschtam seine Gedichte „herrliche Atemübungen". Und Rilke findet die Verse:

> Atmen, du unsichtbares Gedicht!
> [...] Gegengewicht,
> in dem ich mich rhythmisch ereigne.
> (*Die Sonette an Orpheus. Zweiter Teil, I*)

Die beherrschende Idee in der Frage des Kunstursprungs war seit Platon und Aristoteles von der Antike bis weit in die Neuzeit hinein die Mimesis, das Nachahmungsprinzip: die bewusste Nachahmung des vielgestaltigen äußeren und inneren Daseins des Menschen und der Natur durch die Künste. Hierfür dürfte es nun partiell einen ursprünglicheren Ansatz geben. Er liegt offenbar in unseren allerursprünglichsten Lebensrhythmen, die wir – vom Körper inspiriert – als bewusst gewordene Menschen aus uns selbst heraus nachahmen und frei gestalten in den Rhythmen von Tanz, Musik und Vers.

So wie der Schöpfergott einst Adam, dem Erdenkloß, seinen „Lebenshauch in die Nase blies" (*Gen* 2,7), wie Athene den Geschöpfen des Prometheus erst Leben einhauchte, so kann wohl auch der Wortschöpfer seinem Sprachkunstwerk Herzschlag und Atem verleihen – im Rhythmus, vor allem im Rhythmus der Verse. Das Geschöpf kann, sein eigenes Lebensprinzip nachahmend und neu gestaltend, selbst schöpferisch werden. Und das Leben so belebter, d.h. rhythmisch geformter Verse kann – als geprägte Form – schließlich sogar das Erdenleben seines Schöpfers womöglich um Jahrhunderte, vielleicht Jahrtausende überdauern.

Offenbar ist es nicht zuletzt der Wortklang, der rhythmisch geordnete Klang der Worte, der Derartiges bewirken kann. In ihm offenbart sich, wie es scheint, ein wesentliches Geheimnis der Sprachkunst. Zwar war sie ursprünglich gewöhnlich verbunden mit den sich gegenseitig stimulierenden und verstärkenden Rhythmen von Tanz und Musik, und das jahrtausendealte Zusammenspiel vor allem von Musik und Sprache klingt von fern sogar noch in den Rhythmen heutiger Verse nach. Doch ist nicht jedes Wort selber an und für sich schon Klang, ein Takt Musik? Ja, auch in den Worten unserer Alltagssprache verbergen sich melodischer Klang und rhythmische Struktur. Beides wird nun, wenn Verse geformt werden, nach Regeln herausgearbeitet, hörbar und später auch im Schriftbild durch Zeilenbrechung sichtbar gemacht.

Die Abfolge von betonten und unbetonten Silben kann metrisch geordnet werden. Dieser Wechsel entspricht im Prinzip der Systole und Diastole unseres Herzschlags. Das Pulsen, unser animalisches Antriebssystem, ist jedoch, wie jeder spürt, keineswegs ein mechanisches Ticktack, kein schematisches Auf und Ab. Nein, innerhalb gewisser Grenzen ist es, gesteuert durch mannigfaltige innere und äußere Einflüsse, variabel; es folgt dem Gefühl, es ist *lebendiger* Rhythmus. So gehorchen auch die ältesten Versformen, die wir kennen, zwar dem geistigen Ordnungsprinzip des Regelmaßes, des Metrums, doch dieses ist in sich selbst variabel, also rhythmisch-lebendig.

Neben dem Herzschlagprinzip, das sich im deutschen Vers als Hebung und Senkung artikuliert, gehört zu jeder Verssprache die Versgrenze, die „Wende" von einer rhythmischen Einheit zur nächsten. Von daher – das lateinische Verb „vertere" heißt „wenden" – hat die Verskunst ihren Namen. In der Verslehre wollte man hierbei an das Wenden, das Umsetzen des Pfluges beim Ziehen der Ackerfurchen denken. Doch das entspricht nicht der Erfahrungswelt der viel früheren nomadischen Poeten. Unmittelbar und jederzeit erfahrbar ist dagegen, neben dem Pulsen des Herzens, das Atemholen der Lunge – *beide* verborgen in unserer Brust, dem seit je beschworenen Innenraum unserer Gefühlswelt. So realisiert sich das Atemprinzip in der Wende von einem Vers zum andern. Der fast unmerklichen, aber lebensnotwendigen *Atemwende* entsprechen die *Zeilenbrechungen*, die regelmäßigen Zäsuren im fortlaufenden „Rhythmus", das heißt wörtlich: im „Fließen" der Verse. Auch dies gehört zum vielfältigen Phänomen des Wortklangs: die minimale Pause als ständig pendelnd wiederkehrende niedrige Stauschwelle im wellenförmig strömenden Auf und Ab der Wortklänge, der pulsierenden Verse.

4. Reimklang, Einklang, Wohlklang

Gewiss, Versrhythmen erweisen sich offenbar als bewusst und frei mit Worten gestalteter Herzschlag und Atemtakt. Aber letztlich muss das Proprium von Rhythmus und Reim doch im Wortklang selbst, ja, es könnte also schon im einzelnen Wort in nuce verborgen sein.

Ziel aller (Natur-)Wissenschaft ist es, möglichst viele Fakten aus einer möglichst geringen Zahl von Grundtatsachen zu erklären. Um hier eine solche Entdeckung zu machen, bedarf es der Beobachtung einfachster Eigenschaften des Wortes sowie der Hypothese, dass allein diese wenigen Elementareigenschaften es sein könnten, die sich zur vielgestaltigen Kunst des Rhythmisierens und Reimens entfalten. Doch welches sind die molekularen Eigenschaften des Wortes, auf die sich die beiden sprachlichen Kunstmittel Rhythmus und Reim letztlich wohl zurückführen lassen? Es ist, wie sich herausstellen wird, für jedes der beiden ein binäres Merkmal.

Jedes deutsche Wort kann eine Betonung tragen. Mehrsilbige Wörter haben daneben unbetonte Silben. Allein aus Betonung und Nichtbetonung oder, anders gesagt, aus *Hebung* und *Senkung* kann eine regelmäßige Abfolge, die Ordnung von Versen gestaltet werden.

Neben dieser elementaren Tatsache, dass deutsche Wörter Hebungen und Senkungen aufweisen, gibt es noch eine zweite Grundtatsache: Wörter haben Klang. Und dieser bildet sich aus *Vokalen* und *Konsonanten*. Natürlich hat jedes Wort seinen eigenen Klang. Es gibt allerdings auch ähnliche, bisweilen sogar weitgehend gleiche Wortklänge. Daraus lässt sich der Einklang von Reimen bilden.

Vers-Rhythmus und Reim beruhen also auf zwei elementaren Eigenschaften des Wortes, die ihrerseits, wie man sieht, binär sind: *Hebungen* und *Senkungen* im **Rhythmus**, *Vokale* und *Konsonanten* im **Reim**. Das Pulsen des Rhythmus kann quantitativ, das Klingen des Reims kann qualitativ erfasst werden. Metren kann man schematisch skandieren oder an den regelmäßigen Ausschlägen eines Oszillographen ablesen, Reime kann man nur als Klänge artikulieren und wahrnehmen.

Der Reimklang ist eo ipso binär, denn einen singulären Reim kann es nicht geben (im Reimschema wäre es die „Waise"), so wie es auch einen Vers an sich nicht gibt, sondern nur – wie der Name sagt – die „Wendung" vom einen zum anderen. Rhythmus wie Reim sind also, um es noch einmal zusammenzufassen, von vornherein etwas Binäres. Die Klangmerkmale sind:

- beim **Rhythmus**: Betonung und Nichtbetonung bzw. Hebung und Senkung in den Wortfolgen: *quantitativ;*
- beim **Reim**: Verschiedenheit und Gleichheit von Konsonanten und Vokalen in zwei (oder mehreren) Worten: *qualitativ.*

Beide Grundeigenschaften des Wortes repräsentieren seine akustische, musikalische Seite. Mit dem sinnlichen Klang aber ist auf geheimnisvolle Weise Sinnbedeutung verbunden. Und beides ist lebendige Bewegung. Es ist nicht mathematisch festzuschreiben: Sinn und Klang repräsentieren im Wort osmotische, bewegliche Ordnungen.

Was tut nun die Poesie? Jedes Sprechen, auch das alltägliche, hat seine situativ und spontan sich aussprechenden Wort-Rhythmen und -Klänge. Poesie bringt sie in ihre eigenen, bewusst gesetzten geistigen Ordnungen: Die Hebungen und Senkungen der Worte werden zu Bausteinen metrischer Strukturen, die Vokale und Konsonanten der Worte werden zu Klangelementen von Reimbindungen.

Die rhythmische Anordnung von Wortfolgen zu Versen ist weltweit verbreitet und reicht in unvordenkliche Zeiten zurück. Erst wesentlich später kam es zu der Entdeckung, dass Wortklänge stellenweise zur Übereinstimmung in Reimen gebracht werden können. Dass der Rhythmus primär ist und der Reim sekundär, hat freilich seinen guten Grund.

Vorbilder für die vom Menschen gewollte Rhythmisierung seiner Wortfolgen bietet die gesamte Welt. Das Urphänomen Rhythmus erfüllt das All wie das Atom. *Zeit-Rhythmen* gliedern die gesamte Natur des Planeten Erde in die Zyklen von Jahreszeiten, Tag und Nacht, Ebbe und Flut ... *Gestalt-Rhythmen* formen die Fülle der Symmetrien im hälftigen, achsensymmetrischen Körperbau der Lebewesen, im Männlichen und Weiblichen, in Land und Meer, Berg und Tal ... (Die Chinesen nennen dieses universale Wechselspiel Yin und Yang.) Der menschliche Geist, der sich selbst im Laufe seiner Evolution diesem Weltprinzip entsprechend entwickelt hat, erlebt und begreift ebendeshalb die Rhythmen der Welt – und gestaltet sie selber schöpferisch in seinen Künsten. Herzschlag und Atemtakt, die Rhythmen in seiner eigenen Brust, haben, wie gezeigt, offenbar ursprünglich seine Vers-Rhythmen inspiriert.

Vorbilder für das Klangphänomen, das im Reim Gestalt wird, finden sich in der Weltwirklichkeit dagegen weit weniger. Anregend dürfte die als wohltuend empfundene Gestaltwahrnehmung der Symmetrien sein, von der alle höheren Lebewesen geprägt sind. *Gestalt-Symmetrien* sind in der Natur allgegenwärtig; *Klang-Symmetrien* – wie etwa das Echo – sind ungleich seltener. Ovid erzählt von einer Nymphe namens Echo:

> [...] Auf Klänge
> ist sie zu harren bereit, auf die ihre Antwort sie schicke.
> (*Metamorphosen* III, 377 f.)

Dass man aus diesem kleinen Klangwunder der Schallreflexion eine eigene Struktur zur Klanggestaltung machen könne, darauf ist man im Altertum nicht gekommen, abgesehen von Klangspielen und Binnenreimen wie z.B. in Kaiser Hadrians Gedicht:

Animula, vagula, blandula,	Seele, du schweifende, zärtliche,
Hospes comesque corporis,	Des Leibes Gefährtin und Gast,
Quae nunc abibis in loca	Nun führt ins düstere Reich
Pallidula, rigida, nudula,	Fröstelnder Schatten dein Weg,
Nec, ut soles, dabis iocos ...	Und du scherzest nimmer wie einst ...

Es ist wohl kein Zufall, dass die Nachtigall seit je vom Orient bis zum Okzident von so vielen Dichtern besungen wurde. In den über zweihundert Strophen, die diese Meistersängerin der Natur zu singen vermag, zeigt sich in geradezu artistischer Könnerschaft und Vielfalt das Grundprinzip der Wiederholung und Variation, das – von Natur aus – zu einem Vorbild, zu einem Vorklang werden konnte für Klangvariationen und -symmetrien in Musik und Poesie.

Die einfache Regel für das so erfolgreiche Phänomen des (End-)Reims lautet: *Der Endreim resultiert aus dem Gleichklang zweier oder mehrerer Wörter vom letzten betonten Vokal an.*

Auf den ersten Blick mag die Spielregel für den Reim zufällig und willkürlich erscheinen wie so manche Regel in zahllosen Spielen. Doch es verbirgt sich in ihr ein Geheimnis, das Weltwirklichkeit strukturiert. Reimwörter, die zusammengehören, müssen einen ungleichen und einen gleichen Bestandteil aufweisen. Die Wörter „Wonne" und „Sonne" sind anfangs ungleich („W" / „S"), im Übrigen aber gleich. Eine Banalität? Die Alltäglichkeit der strengen Kombination von Ungleich und Gleich hat dieses Phänomen mit einem Weltphänomen gemeinsam: der Natur-Erfindung **der Zweigeschlechtlichkeit**. Männchen und Weibchen sind als Angehörige der jeweils gleichen Gattung gleich; andererseits sind sie, wie oft leicht zu sehen, verschieden. Der Grund sind die Geschlechts-Chromosomen. Die Frauen haben die Kombination X X, die Männer tragen jeweils ein X- und ein Y-Chromosom in ihren Zellkernen. Und dieses Prinzip von **Wiederholung und Variation**, das auch ansonsten die gesamte Natur bestimmt, steckt auch im molekül-kleinen Gebilde, dem Lautmuster, das wir Reim nennen. Wie die Chromosomen-Kombination X X und X Y ist der Reim *allein* undenkbar; er ist auf ergänzende Vereinigung angewiesen. Auch dies ist wohl ein Grund für seine myriadenfache Verbreitung in aller Welt.

Das Klangmaterial der Dichter sind Worte, bestehend aus Vokalen und Konsonanten, Hebungen und Senkungen. Das ist, nimmt man das Pausensetzen beim Phrasieren hinzu, alles. Was sich dem akustischen Material der Vokale und Konsonanten als Klangspiel entlocken lässt, ist – betrachtet man die allerersten Versuche der Reimkunst im frühen Mittelalter – sehr viel mehr, als anfangs zu vermuten stand.

Man kann zunächst einmal die *Anlaute* bestimmter Wörter zur Übereinstimmung bringen. Als *Anlautreim* ist der *Stabreim* oder die *Alliteration* die Wiederholung derselben Konsonanten oder beliebiger Vokale am Wortanfang. Einst war der Stabreim das vorherrschende Gestaltungsprinzip der germanischen Dichtung. Er ist mit ihr zusammen untergegangen, und zwar bemerkenswerterweise in Deutschland zur gleichen Zeit – im 9. Jahrhundert –, als der *Endreim* seinen Siegeszug antrat. Dieser ist längst so selbstverständlich mit der Versdichtung verbunden, dass er regelmäßig einfach nur *Reim* genannt wird.

Im Mittelhochdeutschen nannte man das Dichten anschaulich auch „rîme binden". Und in der Tat handelt es sich um eine Art Binden oder Flechten. Denn hierzu braucht man sich wiederholende Längsstreifen und sich herumschlingende Querstreifen. Entsprechende Arbeitsmaterialien bieten sich tatsächlich in jedem einzelnen Wort an. Es sind die Vokale und Konsonanten zweier oder mehrerer Wörter, die nach bestimmten Mustern verflochten, verbunden werden. Man kann mit Friedrich Georg Jünger sagen: Es wird mit den Konsonanten auf Vokale gereimt.

Durch die Endreime werden nun sozusagen die Kanten der Verse bündig gemacht, es entstehen, handwerklich gesprochen, Bindungen, d.h. glatte Zusammenfügungsstellen von Bauteilen. Bei fast endlos gereihten Paarreimen, wie etwa im mittelhochdeutschen Epos, mag dies wie das mechanische Prinzip des Reißverschlusses funktionieren, oder aber es kann die immer wieder verblüffende Präzision des Artisten erreicht werden. So beschreibt Gottfried von Straßburg es im sogenannten literarischen Exkurs des *Tristan*, wo er Bligger von Steinach preist als Wortmaler („verwære") und Wortmagier („wortwîse"), ja geradewegs als Artisten:

wie er diu mezzer wirfet	Wie er die Messer wirft
mit behendeclîchen rîmen!	mit treffsicheren Reimen!
wie kan er rîme lîmen,	Wie kann er Reime zusammenleimen,
als ob si dâ gewahsen sîn!	als ob sie so gewachsen wären!
(Vers 4714 ff.)	

Höchste Treffsicherheit also und höchste Natürlichkeit im bündigen Fügen von Reimen, dies ist das Ideal Gottfrieds, der selbst der musikalischste Dichter und Reimkünstler des deutschen Mittelalters war.

Der Reim ist hier das Einende, das alles Verbindende. Im „vermittelnden Band" sah man seit der Antike überhaupt das Geheimnis von Schönheit: „Von allen Bändern aber ist dasjenige das schönste, welches [...] die verbundenen Gegenstände zu *einem* macht", sagt Platon (im *Timaios*, 31 c). Verbunden sind zwei oder mehrere Menschen oder Dinge nur aufgrund von Gemeinsamkeiten. Das Wort „Bund" meint daher meist eine enge Beziehung oder auch eine Zusammenfügungsstelle von Bauteilen. Dem enstpricht auch die Reim-Bindung. Sie ist kurz und bündig. Der Reim, den die Antike nicht kannte, bedeutet nun die Eroberung einer bisher nicht dagewesenen ästhetisch nutzbaren Harmoniebeziehung. Es wird Harmonie, Wohlklang im Wortklang erzeugt, und der wird seit seiner Entdeckung ungezählte Male gesucht und gefunden.

Der auf ein Wort am Vers-Ende im nächsten Vers an gleicher Stelle antwortende Reim wirkt (wenn er nicht schon abgenutzt ist) oft überraschend. Wie hat der Dichter nur dieses passende Reimwort gefunden, ohne seine Textaussage durch Reimzwang zu vergewaltigen – so, als müsste das selbstverständlich so sein? Hier zeigt sich im Kleinen das gleiche Phänomen wie beim **Evolutionsprinzip** des (sinnfreien) Zufalls, der schließlich höchst Sinnvolles bewirkt. Bei der gelingenden Antwortreim-Suche „stellt ein Wort zur rechten Zeit sich ein", ein Wort, das „zufällig" bestens bündig zum vorhergehenden passt. Es ist zugleich das **Weltprinzip des Spiels**, wie es Manfred Eigen und Ruthild Winkler vielfältig beschreiben (*Das Spiel*. München, Zürich 1985). Der Untertitel fasst es programmatisch zusammen: „Naturgesetze steuern den Zufall". Naturgesetze werden hier abgeleitet als *Spielregeln* u.a. auch für Symmetrien oder ästhetische Information. So heißt z.B. das letzte Kapitel „Mit Schönheit spielen". Was Zufall war oder schien, wird im Spiel zu anscheinend notwendiger Ordnung. Man kann sich, um es simpel zu sagen, passgenau einen Reim darauf machen.

Natürlich kann der Reim auch zuweilen spielerisch aufgesetzter Wortschmuck, Wortgeklingel, Aufputz sein wie in zahllosen Gelegenheitsversen oder Schlagertexten. Andere Reime haben den unschlagbaren Sound des Einverständnisses, der Selbstverständlichkeit, den von mir so genannten **Stimmt-so-Effekt**, wie z.B. im Bereich des Komischen von Wilhelm Busch bis zu Robert Gernhardt. Immer wieder gelingen Klang-Gleichungen, die aufgehen und so ins Ohr gehen. Es sind sozusagen vertraute Töne, die wiederholt unseren Klang-Sinn anrühren. Im Reim erklingt ja zunächst ein Klang-Signal, dem erwartbar ein Klang-Echo antwortet. So kann in der Abfolge der Reime eine vertraute Zwiesprache ertönen, die wohltuend erlebt wird als Klang-Harmonie.

5. Zur Wirkungsweise mündlicher Poesie

Analphabeten erfanden die Poesie

Unser deutsches Wort „Dichter" kommt vom lateinischen „dictare" = diktieren, schreiben. Daher sprechen wir auch vom „Schriftsteller", französisch „écrivain", englisch „writer", italienisch „scrittore", spanisch „escritor", polnisch „literat". Was die Schreibenden produzieren, ist „Literatur" = lateinisch „litteratura" = Buchstabenschrift, Schrifttum. „Poesie" dagegen heißt etwas ganz anderes. Es kommt vom griechischen „poieîn" = machen, herstellen. Der Poet ist also einer, der – aus der täglich gesprochenen Sprache – etwas macht, ein Gestalter.

Die Poesie – die haben nicht die Schreiber, sondern die Analphabeten erfunden! Die elementaren Formen der Poesie sind alle älter als die Schrift: ob Mythos oder Märchen, Legende oder Hymnus, lyrisches Lied, epische Erzählung oder dramatisches Theater. Ohne mündliche Überlieferung gäbe es keine Poesie!

Der Analphabet braucht kein anderes Medium als eine Stimme und Ohren. Und für die Ohren haben die Analphabeten etwas erfunden, was noch heute, besonders im romanischen Sprachraum, als gleichbedeutend mit Poesie gilt: den *Vers*. Verse sind ursprünglich nicht in Zeilen gebrochene Texte, wie wir sie heute wahrnehmen, sondern *Klangrede!* Verse sind also nicht allein, wie die Metriker zu meinen scheinen, mehr oder minder komplizierte Schemata, schlichte oder raffinierte Regeln, eine Sache pedantischen Skandierens und buchhalterischen Zählens von Silben. Nein, sie sind ursprünglich erlebte, innerlich bewegende Wirklichkeit, ein Zaubermittel, das älteste Tiefenschichten in uns zum Schwingen bringen, das begeistern, das göttlich inspirierte Bilderwelten evozieren kann. Ja, Verse sind die ureigene Sprache der Götter – sie reden in Versen. Und daher wird der epische Sänger zu Recht göttlich genannt; denn er ist „den Göttern an Stimme vergleichbar" (*Odyssee* I,371; IX,4).

Leichte Trance in rhythmisch gesungener Poesie

1

Ist es nicht manchem schon so ergangen? Es heißt, man solle, will man zum Kreis der humanistisch Gebildeten gehören, auch einmal Homer gelesen haben. Die Allerwenigsten werden sich heute mit dem Lesen des griechischen Originals abmühen. Es gibt eine altehrwürdige Übersetzung von Johann

Heinrich Voß sowie auch neuere Übertragungen in deutschen Hexametern. Doch bei allem redlichen Bildungswillen: Wirkt das ewige Gleichmaß Tausender von Langversen nicht bald langweilig, ermüdend? Man wagt es kaum auszusprechen, aber es ist doch immer dieselbe Leier. Ermüdung? Dieselbe Leier? Ja, diese Verse wirken wohl heute noch ein wenig wie einst – beinahe. In der Tat wurden sie von einer „helltönenden Leier", der mit vier Saiten bespannten Phorminx, recht monoton begleitet, und so *sollten* sie auf ihre Weise ermüdend wirken. Dem heutigen stillen Leser bleibt aber nur noch das leichthin Einschläfernde der Verse, denn er hört längst nicht mehr den einst hypnotisch wirkenden eindringlichen Ton des Sängers. Er gehört nicht mehr zum eingeweihten Kreis der – im wahren Sinne des Wortes – *gebannt* Lauschenden. Durch den unablässigen, schwingenden Singsang verfielen sie einst nicht in Schlaf, sondern in eine *leichte Trance*, die das Tagesbewusstsein ausblendete und eine innere Bilderwelt heraufbeschwor. Der *Erzählkreis* war ein *Bannkreis*. Er schloss die Alltagswelt aus und schloss auf geheimnisvolle Weise, das heißt auf rhythmischem Wege, die Welt der Helden und Götter auf.

Gewiss könnte man die alten Geschichten vom „Ruhm der Männer" auch „frei von der Leber weg" in nicht gebundener Sprache spannend erzählen. Und so mögen des Abends die Frauen am Spinnrocken und die Männer beim Wein sich oft mancherlei erzählt haben. Der homerische Sänger aber hat mehr und anderes zu bieten als die spontane und profane Prosa des üblichen Erzählens am Feierabend.

2

Bertolt Brecht schreibt im *Nachtrag* zu seinem Aufsatz *Über reimlose Lyrik mit unregelmäßigen Rhythmen* zur Wirkung älterer Poesie:

> Sehr regelmäßige Rhythmen hatten auf mich eine mir unangenehme einlullende, einschläfernde Wirkung wie sehr regelmäßig wiederkehrende Geräusche (Tropfen aufs Dach, Surren von Motoren), man verfiel in eine Art Trance, von der man sich vorstellen konnte, dass sie einmal hatte erregend wirken können; jetzt tat sie das nicht mehr. [...] In der mir unangenehmen Traumstimmung, die durch regelmäßige Rhythmen erzeugt wurde, spielte das Gedankliche eine eigentümliche Rolle: Es bildeten sich eher Assoziationen als eigentliche Gedanken; das Gedankliche schwamm so auf Wogen einher [...].

In der Tat. Der monotone Rhythmus erzeugt einen Zustand eingeengten Bewusstseins. Die Welt ringsum versinkt, und eine imaginäre Welt entsteht. Wir sprechen von *leichter Trance*. Dieses Wort kommt vom lateinischen „transire" über das altfranzösische „transe" zu uns als „Trance" und heißt wörtlich: das „Hinübergehen". Fragt sich nur: wohin? Es ist jedenfalls sicher, dass „eine Art Trance", wie Brecht schreibt, „einmal hatte erregend wirken können". Erlebt wird sie meist abends, wo jeder ohnehin empfänglicher ist und die sichtbare Umwelt verdämmert. Der Weg in die *leichte Trance* gleicht dem Verlöschen des Tageslichts. So erst kann man – in der Dunkelheit – das Leuchten der Sterne am Himmel wahrnehmen. Doch eigentlich leuchten die Sterne ja stets und ständig, auch wenn man sie beim Tageslicht nicht sieht. Durch ein Abblenden der Sinne von der Alltagswelt kann man sich vom Wachbewusstsein lösen, um in ein anderes Bewusstsein einzutauchen – ein Schweben zwischen Traum und Wirklichkeit, in dem man das Leuchten der ewigen Sterne wahrnimmt. In diesem Schwebezustand ist man nicht ganz bei sich, sondern in anderen Sphären. Man gerät in eine veränderte, die freie Willensbestimmung begrenzende Bewusstseinslage, die sich bei dafür empfänglichen Menschen auf suggestivem Wege erzeugen lässt. Ein solcher Zustand kann unter anderem durch Drogen, Atemtechniken, Hypnose, Autosuggestion, aber auch durch Tanz, Musik und Psalmodieren herbeigeführt werden. So werden unterbewusste Fähigkeiten und mentale Kräfte freigesetzt.

Der hier in Bezug auf die rhythmisch gesungene Poesie gebrauchte Terminus „*leichte Trance*" könnte missverständlich sein, denn der Begriff „Trance" wird üblicherweise in einem weiten und ungenauen Sinne für durchaus unterschiedliche, stets freilich außerwache Zustände gebraucht. Bei den asiatischen Schamanen, die noch heute in Zuckungen völlig außer sich geraten können und entrückt scheinen, oder aber bei der großen Mystikerin Teresa von Avila und ihrer einsamen Gottesschau in höchster Verzückung sollte man statt von Trance besser und genauer von *Ekstase*, das heißt: von „Außer-sich-Sein", sprechen. In der stillen, meditativen Versenkung dagegen befindet sich z.B. der mittelalterliche Mystiker Meister Eckhart im göttlichen Einssein, der unio mystica, oder der indische Yogi ebenfalls in Trance, einem außerwachen, nun aber zutiefst verinnerlichten, beruhigten Zustand. Vom ekstatischen Rasen oder der Verzückung, dem *Außer-sich-Sein*, bis zum meditativen Versinken, dem ganz *In-sich-Sein*, reicht also die Spanne außerwacher Zustände. Und es gibt zahlreiche Zwischenstufen. Eine davon, eine sanfte, ist die hier so genannte „*leichte Trance*", die z.B. durch das rhythmische Psalmodieren im Chor betender Mönche oder durch den lang anhaltenden metrischen Singsang der in der Runde singenden Erzähler oder erzählenden Sänger erlebt werden kann.

In der rhythmisch erzeugten leichten Trance kommt es zu einer anderen Art der Informationsverarbeitung im Gehirn. Regelmäßige Geräusche synchronisieren physiologische Funktionen. Sämtliche Lebensvorgänge im Körper werden ja durch rhythmisch ablaufende Aktivitätsveränderungen in unserem Nervensystem gesteuert. Deshalb ist auch der rhythmisch wummernde Beat in der Popmusik so „wahnsinnig" begehrt und bietet die Basis für eine milliardenschwere Industrie. Akustischer Rhythmus setzt an in Bereichen des Gehirns, wo die *rhythmischen* vegetativen Funktionen von Herzschlag und Atmung reguliert werden.

Wirkungen der Rhythmen wurzeln in der menschlichen Biologie:

> Durch ständige Wiederholung eines Rhythmus oder einer Melodie können Zustände der Trance [...] bewirkt werden. Vermutlich geraten bei dem dauernd wiederholten gleichen Reizanstoß Neuronenkreise ins Schwingen, wobei in Resonanz immer größere Neuronenpopulationen erfasst werden [...]. Auf diese Weise entstehen veränderte Bewusstseinszustände. (Irenäus Eibl-Eibesfeld: *Die Biologie des menschlichen Verhaltens.* München, 5. Aufl. 2004, S. 939 f.)

Aber Trance ist auch ein *bildgebendes* Verfahren. Wie wir aus der Oberstufe des autogenen Trainings wissen, kommt es in diesem außerwachen Zustand zur „autogenen Imagogik" oder Bilderschau, zum „katathymen Bild-Erleben". (Vgl. Klaus Thomas: *Praxis der Selbsthypnose des autogenen Trainings.* Stuttgart 1969, S. 100 ff. „Bilderschau und Erlebnisse in seelischen Sonderzuständen" werden hier in einer großen Tabelle aufgelistet.)

Wenn einst der vorhomerische und homerische Sänger seinen stundenlangen monotonen metrischen Singsang ertönen ließ, wurden die Hörer in seinem Bannkreis in einen außerwachen, tranceähnlichen Zustand versetzt. *Hierfür* wurden in grauer Vorzeit die Verse erfunden! Daher *spricht* der Dichter nicht in Prosa, sondern er *singt* in Versen, begleitet von der Phorminx, der „helltönenden Leier". Die Taten der Götter und Helden erscheinen so in einem eigenen Licht! Es ist ein „katathymes Bild-Erleben", eine Bilderschau in leichter Trance!

Aber was ist das: „katathymes Bild-Erleben"? Man kann es am sprachlichen Bild einer *brennenden Kerze* exemplifizieren. Jeder vermag sie sich vorzustellen, sich einen Begriff davon zu machen, selbstverständlich. In der leichten Trance des autogenen Trainings aber leuchtet etwas anderes auf vor dem inneren Auge: ein Bild von ganz eigenartiger, authentischer Intensität. In der durch die monotonen Vers-Rhythmen des epischen Sängers erzeugten leichten Trance erscheint nun die erzählte Geschichte, erscheinen die Helden und ihre Taten in einer Bilderschau von unvergleichlicher Erlebnistiefe.

Beim stillen, einsamen Lesen eines Buches läuft die Story ab wie ein mehr oder weniger deutlicher innerer Film im Kopf. Durch den *live* dargebotenen rhythmischen Gesang des erzählenden Sängers vor dem Kreis der gebannt lauschenden Hörer erschien dagegen einst die Heldengeschichte in einem durch die leichte Trance ausgestrahlten ganz anderen Licht: in „katathymem", ja in göttlichem Licht. Daher heißt der singende Epen-Erzähler auch zu Recht „der göttliche Sänger". Denn er kann rhythmisch-metrisch ein Bild-Erleben erzeugen, das anscheinend nicht von dieser Welt ist.

3

„M e t r a müssen b e g e i s t e r n. Eigentliche Poesie." So notiert Novalis in den Aufzeichnungen zur Fortsetzung des *Heinrich von Ofterdingen.* Ja, Metren sind das Geheimnis der „eigentlichen Poesie". Und dieses verbirgt sich tatsächlich in den Worten: sie „müssen b e g e i s t e r n". Doch wie ist das zu verstehen? Metren *können* „b e g e i s t e r n", denn Verse haben – so empfinden wir noch heute – etwas Besonderes, Feierliches. Sie heben sich ab von der Prosa des Alltags. Sie unterstehen eigenen Gesetzen. Sie sind gebundene Sprache. Aber ist dies nicht nur artistische Sprachspielerei, die zudem großenteils veraltet, also im Wesentlichen nutzlos geworden ist? Und in der Tat, wer umfangreiche Artikel in Literaturlexika über *Ilias* und *Odyssee* nachliest, findet (z.B. in *Kindlers Neuem Literatur Lexikon* von 1996) nur die trockene, formale Feststellung, sie seien in Hexametern geschrieben. Doch was soll das besagen? Was bedeutet das für ihre ursprüngliche Realisierung im Vortrag des Sängers? Sprache, gesprochene, gar gesungene Sprache, verwirklicht sich nicht durch Buchstaben in Büchern. Sie lebt als *Klangrede* im *Hörerkreis*. Sie ist ursprünglich nicht Literatur (das heißt wörtlich: „Buchstaben"-Kunst), sondern Poesie (also „Gestaltetes"). Gebundene Sprache bindet auch die Hörer!

„M e t r a müssen b e g e i s t e r n", sagt Novalis. Doch weshalb *muss* das so sein? Es ist eine Erfahrung, die jeder täglich beim Musikhören machen kann: Durchgehenden ostinaten Rhythmen kann sich keiner entziehen. Wo sie sich hören lassen, zwingen sie Körper und Geist in ihren Bann. So fesselt die gebundene Sprache den Dichtersänger ebenso wie den Hörer. Dieses Phänomen wurde einst als etwas Göttliches erlebt. Wir meinen, es heute hirnphysiologisch erklären zu können.

Die erzählten *Inhalte* werden in einem Teil des Großhirns, im meist linksseitig gelegenen Sprachzentrum rezipiert. Die Wahrnehmung von *Rhythmen* dagegen ist in einem Millionen Jahre älteren Hirnteil lokalisiert. Akustisch wahrgenommene durchrhythmisierte Sprache spricht also einerseits, vom *Inhalt* her, unser evolutionsgeschichtlich jüngstes Organ, das Großhirn mit seinem Sprachzentrum an, andererseits, vom *Metrum* her, die ältesten Schichten unseres Gehirns. Die Rhythmisierung von Sprache stellt demnach eine ganz eigene Verbindung zu Tiefenschichten unseres Gehirns her, die kaum noch etwas zu tun hat mit unserer Alltagssprache. Hier gelten andere, ältere Gesetze. Evolutionsgeschichtlich älter aber bedeutet, wie man weiß, immer zugleich: von tieferer Wirkung.

Das Sensorium der Hörer schwang nun im Gleichmaß des Metrums der im Singsang gesungenen Verse. Das neuronale Netz wurde in bestimmten Hirnbereichen permanent rhythmisch aktiviert. Die melodische Rhythmisierung des zu Sagenden führte diesem Energie zu, die aus Tiefenschichten des Gehirns stammte und wiederum in Rückkopplung auf diese zurückwirkte.

Im Wortmaterial selbst, einem Produkt unseres Großhirns, gibt es Strukturen, die auf diese energetischen Signale reagieren. Rhythmische Strukturen können Funktionen von Worten beeinflussen. Sie gehen mit ihnen Verbindungen ein, die den Bedeutungsgehalt des Wortmaterials verändern, ihn erhöhen, ihn vertiefen, seine Tragweite steigern.

Jeder Mensch kann, wenn er die Aufmerksamkeit darauf lenkt, hören, dass die Stimme oft mehr über die Stimmung aussagt als die Worte. Die Sprechmelodie transportiert die Gefühle des Sprechers. Der Klang kann also auch inhaltlich etwas bedeuten. Experimente zeigen in der Magnet-Resonanz-Tomografie gleichzeitig ein charakteristisches elektrisches Potenzial in den beiden Sprachregionen des Gehirns, vor allem in der Wernicke-Region, die zuständig ist für die Bedeutung von Wörtern. Der modernen Hirnforschung gelingt es so, die ursprüngliche und enge Verbindung von Klang und Sprache empirisch nachzuweisen. Wenn also seit den frühesten Zeiten der Menschheit Erzählungen rhythmisch gesungen wurden, so ist der Gesang nicht – wie uns das von heute aus erscheinen mag – eine eigentlich nicht nötige, sekundäre Zutat zum Erzählen. Nein, die musikalischen Elemente der Sprache selbst sind ja schon im Leben des Einzelmenschen wie auch im Leben der Menschheit ganz und gar ursprünglich. Die Stimme erzeugt die Stimmung. So gelang es dem epischen, dramatischen und lyrischen Sänger ganz ursprungsnah im Singen das Seine zu sagen und im Sagen zu singen. Von Anfang an gehören sie zusammen: der Klang der Sprache und die Sprache des Klangs.

Wovon auch immer die Verse Homers erzählen mögen – vom Grauen der Kämpfe oder vom Glück der Heimkehr –, den disparatesten Dingen liegt im gegebenen Versmaß etwas Verbindendes zugrunde: Alles steht miteinander im Zusammenhang, alles findet sich im Zusammenklang. So hat alles sein Maß, gehorcht einer beweglichen und bewegenden Grundmelodie.

Doch die Wirkung des alten Zaubers ist geschwunden, seit der bezwingende Gesang des vorhomerischen Sängers im Kreise seiner Hörer verhallt ist, weil er mehr und mehr verdrängt wurde durch das geschriebene Wort, das schließlich nur noch vom einzelnen Leser im Stillen wahrgenommen wird.

Aus der mündlichen Poesie des Sängers – einem Klang-Ereignis – ist Literatur, Schriftstellerei geworden. Der einst gebannt lauschende Kreis der Hörer hat sich längst zerstreut in die anonyme Leserschaft und verflüchtigt in das stille, einsame Lesevergnügen – manchmal auch beim Lesen von Versen.

6. Drei Paradigmen der Verskunst

Wer sich mit Verslehre beschäftigt, befasst sich mit Schemata der Metren und des Reims, als wären diese seit jeher gegebene Wesenheiten. Doch eine Frage wird gar nicht oder kaum gestellt: Welche *Funktion* hatten und haben Verse? Wozu gibt es überhaupt Metren? Verse existieren doch nicht als solche, ohne Funktionszusammenhang. Nein, sie standen und stehen in einem *Kommunikationsprozess*. Denn Versdichtung ist doch zunächst einmal eine eigene, besondere Art der Kommunikation. Zum Kommunikationsprozess aber gehören neben dem *Sender* und der *Mitteilung* auch die *Empfänger*. Vom Sender (dem Dichter) und der Mitteilung (der Dichtung) ist ständig die Rede. Aber nun ist auch einmal zu fragen: Was bewirken der Dichter und seine Dichtung beim Rezipienten? Es gibt eine *Wirkungsgeschichte der Versrhythmen*. Man kann hier drei Paradigmen beobachten.

1. Das alte Paradigma der mündlichen Poesie: leichte Trance

In der Frühzeit der Menschheit wurde jahrtausendelang Poesie *mündlich* überliefert, ja, *es waren Analphabeten, die die Poesie erfanden.* Zu dieser Menschheitserfindung, zur vorliterarischen Poesie, gehören unmittelbar Rhythmus und (monotoner) Gesang. Es gab einst in den frühen Jahrtausenden der Menschheit gar keine still rezipierte Dichtung. Poesie war immer *live*, ein *Klang-Ereignis* im Bannkreis von Hörern. Und der Zweck der Rhythmen und der Melodien in der Poesie war ein „anderer Zustand" (Robert Musil), den man als *leichte Trance* bezeichnen kann. Sie erzeugten durch ihre gleichmäßige Monotonie ein Schweben zwischen Traum und Wirklichkeit. Etwas annähernd Vergleichbares erleben wir noch heute, wenn wir in einem Konzert bei abgedunkeltem Licht in die Welt der Töne versinken. Der epische Sänger sang frei aus seinem unermesslichen Gedächtnis. Einst steckte die Poesie nicht in einem Buch, sondern im Kopf des singenden Poeten. Und sie klang wider im Gemüt der von leichter Trance beseelten Hörenden.

2. Das traditionelle Paradigma der schriftlichen Poesie: Klangschönheit

Homer ist es, der im 8. Jahrhundert v. Chr. einzigartig an der Grenze von der mündlichen zur schriftlichen Poesie steht. Er repräsentiert für das Abendland den punktuellen Abschluss einer überaus langen mündlichen epischen Überlieferung und den Anfang einer neuen, der schriftlichen Tradition. Groß-Epen wie *Ilias* und *Odyssee* waren in ihrer durchdachten Komposition nur durch die Schrift möglich. Wer aber einst auch immer den „Ruhm der Männer" gesungen haben mag – ursprünglich waren es wirkliche Gesänge, auf einem bestimmten Saiteninstrument begleitet. Doch in der griechischen Antike geht seit der Verschriftlichung durch Homer eine Veränderung vor sich. Jetzt tragen *Rhapsoden* die Epen vor, „mit buntem Gewande und goldenen Ketten geschmückt" (Platon). Die berufsmäßigen Rezitatoren hatten nicht mehr das zum alten mündlichen Epen-Gesang gehörende Instrument (die Phorminx), sondern einen Stab (den Rhabdos) in der Hand und deklamierten auswendig gelernte Bücher, statt wie einst frei schöpferisch zu singen. Überdies kommentierten sie auch noch die schwer verständlich gewordenen alten Epen. So schildert Platon in seinem Dialog *Ion* den reisenden, erfolgsgewohnten Vortragskünstler.

Durch Rhapsodenvorträge wurden Homers Epen überall im griechischen Sprachraum verbreitet. Seit dem 6. Jahrhundert v. Chr. wurden sie zu Schulbüchern, und viele Gebildete lernten sie auswendig. Der athenische Staatsführer Peisistratos (oder einer seiner Söhne) ordnete an, dass die homerischen Epen am Staatsfest Athens, den Panathenäen, durch sich ablösende Rhapsoden dem Volk vollständig zu Gehör zu bringen seien. Auch als das Zeitalter der Schriftlichkeit längst begonnen hatte, lebten also die poetischen Texte zum Teil noch akustisch fort.

Verse und dann auch Reime erfordern seit jeher höchstes sprachliches Können, sind etwas nicht Alltägliches, etwas für die Dauer, etwas *Klangschönes*. Dafür lohnte sich offenbar der einst überwältigende Aufwand Hunderttausender von Versen, später mit Reimen, der heute unvorstellbar und nicht einmal erwünscht wäre, denn er würde als Behinderung beim schnellen, stillen Lesen betrachtet. Rhythmus und Reim aber sind akustische Phänomene, Klangereignisse. Sie stammen aus Zeiten, in denen die Poesie hörbare Klangrede war und nicht Lesefutter zwischen zwei Buchdeckeln.

Seit den Anfängen des geschriebenen Wortes wurde normalerweise laut gelesen. Wenn einer leise las, wurde das als Besonderheit vermerkt. (Vgl. Alberto Manguel: *Eine Geschichte des Lesens.* Reinbek 2000, Kapitel *Der stille Leser,* S. 55 ff.) „Seit den ersten sumerischen Tontafeln waren geschriebene Worte dazu bestimmt, laut gesprochen zu werden: Jedes Schriftzeichen trug einen bestimmten Klang – wie eine Seele" (a.a.O., S. 60). „Der geschriebene Text war eine Unterhaltung auf dem Papier, damit der abwesende Partner die für ihn bestimmten Worte aussprechen konnte. Für Augustinus gehörte die Lautgestalt zum innersten Wesen des Textes" (S. 59). „Lesen war eine Art des Denkens und Sprechens" (S. 61). Bis über das Mittelalter hinaus galt meist, dass gelesene Texte gehört wurden. Da relativ wenige Menschen lesen konnten, wurde zudem oft öffentlich vorgelesen, verlesen.

So bleiben also auch Verse über lange Zeit noch hörbar. Gewiss erzeugen sie nicht mehr die geheimnisvolle leichte Trance, die einst der Sänger mit seiner monotonen Melodie unter Begleitung durch die „helltönende Leier" im Bannkreis seiner Zuhörer zu erzeugen vermochte. Aber die Klangschönheit und Erhabenheit der gebundenen Sprache bleibt auf die Dauer höchst faszinierend. Sie erhebt sich in ihrer Würde und Feierlichkeit über die prosaische Alltagssprache. Die ordnende Funktion des Rhythmus stiftet einen großen Zusammenhang. Das Versmaß gibt dem zu Sagenden ein festes Maß, Gemessenheit. Gebundene Sprache ist auch verbindliche Sprache. Die Sprache der Verse erzeugt eine eigene Wirkungsmächtigkeit, die Seneca (*Briefe an Lucilius* 108,10), zunächst Kleanthes zitierend, so beschreibt:

> „Wie unser Atem einen helleren Ton erzeugt, wenn er in der Tuba den engen, langen Rohrkanal passiert und endlich aus der erweiterten Öffnung kommt, so erhöht die gedrängte Form der im Vers gebundenen Worte die Aufnahmefähigkeit unserer Sinne." Dieselben Worte hört man sich gleichgültiger an, und sie machen weniger Eindruck, wenn der Vortrag in ungebundener Rede erfolgt. Kommt aber der Rhythmus dazu und wird ein ausgezeichneter Gedanke in einem bestimmten Versmaß vorgetragen, dann kommt er sozusagen wie ein Wurf mit besonders kräftigem Schwung auf uns zugeflogen.

3. Das moderne Paradigma: stilles Lesen

Die Stimme ist etwas augenblicklich Präsentes – und zugleich etwas Flüchtiges, Klingend-Verklingendes. Da alle Hörer sie gleichzeitig wahrnehmen, ist sie Gemeinschaft stiftend. Sie kann alle in ihren Bann schlagen. Schrift dagegen macht Gesagtes jederzeit verfügbar, übersichtlich, sie bewahrt auf Dauer. Doch sie selbst ist klanglos, stumm. Der stille Leser ist ein Einzelner, Vereinzelter, der seine Augen bewegt, ohne in seiner Abgeschiedenheit eine fremde Stimme zu hören. Sind also die Metren der Verse überflüssig, da sie nicht mehr hörbar klingen und schwingen?

Nicht ganz. Denn jahrhundertelang war, wie gesagt, Schrift nichts anderes als sichtbar gemachtes Reden. Die Texte blieben also hörbar, für jeden einzelnen Leser. Erst seit etwa 700 Jahren kann man von Lesen im heutigen Sinne sprechen. Im 14. und 15. Jahrhundert, dann nicht zuletzt befördert durch den Buchdruck, fand jener epochale Umbruch statt, den Ivan Illich als den entscheidenden Schritt „vom aufgezeichneten Reden zum Aufzeichnen des Denkens" bezeichnet. Mit dem Sinneswandel vom Hören eines Textes zum Sehen „beginnt eine neue Kultur des Denkens" (Ernst Pöppel): Der Mensch verlässt die nach außen gerichtete Kommunikation, um Texte im Inneren zu denken.

Goethe beklagt noch, dass „stille für sich lesen ein trauriges Surrogat der Rede" sei. (*Maximen und Reflexionen* 891, Artemis Gedenkausgabe) Gottfried Benn dagegen postuliert ausdrücklich das stille Lesen. Er erklärt, „dass ich persönlich das moderne Gedicht nicht für vortragsfähig halte [...] – das optische Bild unterstützt meiner Meinung nach die Aufnahmefähigkeit. Ein modernes Gedicht verlangt den Druck auf Papier und verlangt das Lesen, verlangt die schwarze Letter [...], es wird innerlicher, wenn sich einer schweigend darüber beugt." (*Probleme der Lyrik* [1951]. Gesammelte Werke Band 4, Wiesbaden 1968, S. 1093 f.) Letztlich ist es bei Benn ein monologisches Sprechen – oft nahe am Verstummen –, das keinen Leser oder gar Hörer mehr im Blick hat:

> Allein: du mit den Worten
> und das ist wirklich allein
> [...].

So scheint das ursprünglich ganz auditive Klangphänomen Vers in der Neuzeit an sein Ende gekommen zu sein. Und dennoch werden ständig weiter Verse, zahllose Verse geschrieben. Aber es sind keineswegs mehr die traditionellen.

Das 1. Paradigma der Mündlichkeit ragt in das 2. der schriftlichen Poesie hinein, indem immer wieder Verse, ja ganze Epen und Dramen auswendig gelernt werden, um sie zu Gehör zu bringen. Und desgleichen ragt das 2. Paradigma in das 3., das moderne, hinein: Die geschriebenen Verse bleiben existent, auch wenn sie lautlos und einsam gelesen werden. Doch dabei verändern sie sich.

Die höfische Dichtung des hohen Mittelalters war natürlich Vers-Poesie. Sie war um 1200 ein erster Höhepunkt der deutschen Dichtung. Damals haben die Dichtersänger ihre Lieder und großen Epen in gereimten Versen geschrieben und vor einem adligen Publikum selbst gesungen. Doch im Spätmittelalter verloren die Vers-Epen ihre Lebenskraft. „Für Leute, die gereimte Bücher nicht mehr mochten oder denen die Kunst der Reime und Verse nicht verständlich war, wurden *Prosa-Auflösungen mittelhochdeutscher Versdichtungen* angefertigt." (Hans Rupprich in: *Geschichte der deutschen Literatur* 4.1, München 1970, S. 78) Es ist die Zeit, in der die Adelskultur langsam schwindet und die Bürger der wachsenden Städte als neue Rezipienten hinzukommen. Jetzt beginnt sich auch das leise Lesen durchzusetzen.

Im 18. Jahrhundert wird „Versdichtung jetzt für ein anderes Publikum, nämlich für das Bürgertum, nicht mehr für den Kenner geschrieben. [...] Die eroberte Fülle von Vers- und Strophenmöglichkeiten schmilzt zusammen zu wenigen Maßen." (Wolfgang Kayser: *Geschichte des deutschen Verses*. München 1960, S. 43) Das stille Lesen macht nun die alten, zum Hören bestimmten Vers-Klangkünste weitgehend überflüssig. Man hört sie ja nicht mehr beim Überfliegen der Zeilen. Klopstock erfindet 1754 die Freien Rhythmen. Sie sind anfangs lange Zeit hymnisch und werden im 20. Jahrhundert prosaisch.

Doch der Kampf gegen ein Hauptmittel der neueren gebundenen Sprache, den Reim, verhinderte nicht, dass bei Goethe und bei den Romantikern im

19. Jahrhundert das deutsche Lied wieder den Klang des Reims zurückgewinnt. Auch Schiller verkündet feierlich (im Prolog zum *Wallenstein*, seinem *dramatischen Gedicht*, 1798):

> Und wenn die Muse heut,
> Des Tanzes freie Göttin und Gesangs,
> Ihr altes deutsches Recht, des Reimes Spiel,
> Bescheiden wieder fordert – tadelts nicht!

Schiller hatte guten Grund, Tadel zu fürchten, denn Reime waren ja seinerzeit nicht mehr modern. Aber: Der Reim ist schließlich wahrhaftig „altes deutsches Recht" – seit Otfried von Weißenburg, dem ersten in der gesamten Weltliteratur, der im frühen Mittelalter ein ganzes umfangreiches Buch gereimt hat. Trotz der Gegenbewegung in der Mitte des 18. Jahrhunderts war Goethe in der Tat der „holde Lustgebrauch" des Reims liebenswert geblieben. Und die Romantiker nahmen ohnehin „des Reimes goldnen Faden" (Heine) wie selbstverständlich wieder auf. Im 20. Jahrhundert spricht man dann immer öfter von der „Erschöpfung" des Reims und meidet ihn zunehmend. Entsprechendes gilt vom festen Metrum. Seit die Freien Rhythmen schon bei Heine den charakteristischen hymnischen Ton zu verlieren begannen, boten sie – auch – die Lizenz zur Formlosigkeit. Robert Gernhardt erinnert daran, dass die Dichter im Laufe des 20. Jahrhunderts „immer entschlossener immer mehr Regelsysteme über Bord warfen [...]." Nicht selten ist dann das Ergebnis „ganz so, wie es bereits Lewis Carroll in *Alice im Wunderland* dem Dichter geraten hatte:

> Wir schreiben eine Zeile
> Dann hacken wir sie klein
> Dann würfeln wir die Teile
> In bunt gemischte Reih'n
> Der Wörter Reihenfolge muss
> Nicht unsre Sorge sein."

(*Reim und Zeit. Gedichte.* Stuttgart 1990, S. 78 f.)

Die zunehmende Auflösung der beiden Haupt-Bindemittel gebundener Sprache, Metrum und Reim, hat gewiss auch soziokulturelle Gründe, Hintergründe.

Ohne Vergangenes zu verklären, ist doch festzustellen: In vormodernen Zeiten waren vor allem religiös begründete Strukturen in Geltung, ihre Deutungsmuster und Lebensformen prägten den Feiertag wie den Alltag der Menschen. Ordnung und Maß galten als unbezweifelte Entstehungsgründe für Harmonie und Schönheit, also auch für die „schönen Künste" und die Poesie. Sie waren der geistige Raum, in dem die Denkenden und Fühlenden leben wollten. „Nur in einem von einem klaren Weltbild umschlossenen Raum kann das Weltgedicht entstehen" (Bernhard Kytzler über Vergils *Äneis*). Doch das alte, geschlossene Weltbild löst sich in der Neuzeit mehr und mehr auf. Luthers „Hier stehe *ich* ...“ und Descartes' „Ich denke, also bin *ich*“ zeigen schlaglichtartig das allmähliche Hervortreten des modernen Ich als letzte Instanz. Der Geltungsverlust der Tradition erfasst immer mehr Lebensbereiche und lässt das Ich des Einzelnen allein übrig. So zieht sich die Subjektphilosophie Kierkegaards ganz zurück auf das Existenzielle: Er nennt sich selbst „der Einzelne". In der fortschreitenden Moderne und Postmoderne lösen sich immer mehr soziale Bindungen auf, da immer mehr kollektive Sinnquellen erschöpft scheinen. Das Schwinden der Bindungsbereitschaft und -fähigkeit zeigt sich in Ehe und Familie, Beruf und Betrieb, Parteien und Gewerkschaften, den Kirchen und dem Staat. Der Kapitalismus hat den Individualismus zu einer Ersatzreligion gemacht. Längst kam es zur „Ablösung alter Verbindlichkeiten durch Befindlichkeit und Beliebigkeit" (Hans Küng). Ja, „zwischenmenschliche Beziehungen werden zunehmend unmöglich" (Houellebecq).

Eine Gesellschaft, die ihre inneren Bindungskräfte weitgehend verliert, verändert auch ihre Denkmuster. Die moderne Kunst erklärte sich längst für autonom. Damit ist der Verlust einer verbindlichen Formensprache verbunden. Noch im Barock war vom Prachtgebäude bis zum bescheidensten Ornament – und ebenso auch in jeder Zeile der Dichtung – alles vom gleichen Stilwillen geprägt. Im normativ entleerten Raum der Moderne findet dagegen eine Subjektivierung der Formen statt. Individualisierung und Pluralisierung lassen die seit alters gebundene Sprache der metrischen und gereimten Verstexte als überholt erscheinen. Wo es nichts Maß-Gebendes mehr gibt, gibt es auch kein Vers-Maß mehr. Wenn schließlich alles mit allem kompatibel geworden ist, entsteht jene postmoderne Beliebigkeit und Unverbindlichkeit, die so oft beschrieben wurde.

Regelgebundene Festigkeit des Metrums und Klangharmonie des Reims waren einst Gemeinschaft stiftend und von der Gemeinschaft gestiftet. Für eine posttraditionelle, individualisierte Gesellschaft sind sie nur noch abgestandene oder wohlige Erinnerung. Wo die geistigen und gesellschaftlichen Bindungskräfte längst nachgelassen haben, verliert sich auch die gebundene Sprache.

Dies betrifft auch die Frage, wie Verse heute zu sprechen seien. Die nunmehr selbstverständliche individuell gefärbte Sinnbetonung sprengt das alte, feste Gleichmaß des Metrums. Im Idealfall werden beide in ein rhythmisch schwebendes Gleichgewicht gebracht. So sprechen wohl heute noch Russen, Engländer, Spanier und andere Europäer (außer den Deutschen), wenn sie ihre klassischen Texte rezitieren: oft erhobenen Hauptes, mit getragener, rhythmisch schwingender Stimme.

In Deutschland stellt sich die Frage, wie die großen klassischen Verstexte auf der Bühne zu sprechen seien, ja, ob man heute überhaupt noch Verse als Verse sprechen kann. Joachim Kaiser beschreibt in einem Zeitungsartikel dieses Problem der gegenwärtigen Theateraufführungen von „Klassikern", in denen oft die Fabel brutal aufgebrochen wird und die Trümmer zu freien Assoziationsanlässen ad absurdum geführt werden: „Die Forderung nach kultivierter Sprechkunst bei Versdramen wagt kaum noch jemand zu erheben; auch vermögen nur noch wenige (meist ältere) Mimen sie zu erfüllen. [...] Wenn die großen Blankverse (unserer Shakespeare-Übersetzungen, Lessings, Goethes, Schillers) von den Darstellern nicht mehr als Verse gesprochen werden können, ohne dass es künstlich, läppisch, doof-pathetisch klingt, dann wäre ein solcher Verlust schon eine kleine Katastrophe. Eine Kunst-Katastrophe."

7. Vorlauf. Die mündliche Vorgeschichte früher Texte

Göttin Gedächtnis

Als größter Wissensspeicher der Antike galt die berühmte Bibliothek von Alexandria. In der hellenistischen Welt des dritten vorchristlichen Jahrhunderts beanspruchte sie, jedes Buch der Welt zu enthalten. Ihre Zerstörung zeigte das Ende der Antike an. (Sie dürfte jedoch weniger gewaltsam als langsam zugrunde gegangen sein, weil die Papyri zerfielen.) In der Neuzeit gibt es Universal- und Spezialbibliotheken sowie Archive mit Millionen von Büchern und Schriftstücken. Hinzu kommt ein neuer, elektronischer Gedächtnisspeicher unvorstellbaren Ausmaßes: das weltweite Internet.

Dass *schriftlich* Fixiertes auf Tontäfelchen, Papyri oder anderen Schriftträgern trotz hoher Verluste Jahrtausende überdauern konnte, nehmen wir mit nur wenig Erstaunen zur Kenntnis. Dass aber *mündlich* von Ohr zu Ohr Weitererzähltes jahrtausendelang haltbar bleiben könnte, scheint undenkbar. Das gesprochene Wort vergeht doch mit dem Hauch der Stimme, im Augenblick! Was gäbe es Flüchtigeres? Doch es gibt nicht nur die seit über 5000 Jahren, seit Erfindung der Schrift in Mesopotamien und Ägypten, bewährten mehr oder weniger stabilen Informationsträger Ton, Stein, Papyrus, Pergament, Papier; es gibt einen heute, im Zeitalter der elektronischen Informationsüberflutung, kaum beachteten *angeborenen* Informationsspeicher im Menschengehirn mit seinen 100 Milliarden Nervenzellen: *das Gedächtnis*.

Aus heutigen noch weitgehend illiteraten Kulturen wie in Teilen Afrikas, Asiens und Südamerikas wissen wir, dass dort Menschen leben, die unvorstellbare Mengen an Informationen, d.h. von Erzählungen und Liedern, im Gedächtnis bewahren und tage- und nächtelang singend frei vortragen können. Wir wissen auch, dass in vormodernen Kulturen das Gedächtnis der Kinder für Höchstleistungen trainiert wurde (während es nunmehr durch Informationsüberflutung fast zerstört wird). Doch auch jetzt noch lernen hinduistische, buddhistische, jüdische, muslimische Schüler – auf dem Boden sitzend den Oberkörper wiegend – den Inhalt ganzer Bücher wortgetreu auswendig. Warum? So besitzen sie die tradierten heiligen Texte *by heart, par cœur* – nicht „auswendig", wie wir sagen, sondern „inwendig". Hafis (um 1325 – 1390), der größte persische Lyriker, hieß eigentlich Schamseddin Muhammad und erhielt den Beinamen „Hafis" („der Bewahrende"), weil er den gesamten *Koran* im Gedächtnis bewahrte. Noch im 18. und wohl auch noch im 19. Jahrhundert gab es zahlreiche Christen, die man „bibelfest" nannte, weil sie die Bibel großenteils auswendig konnten. Und immer wieder gab es

Menschen, die sich rühmen durften, das *Neue Testament*, Dantes *Göttliche Komödie* oder alle Werke Shakespeares im Gedächtnis zu haben. In der griechischen Mythologie ist „die Erinnerung" eine Urgöttin: *Mnemosyne*, eine titanische Tochter des Himmels (Uranos) und der Erde (Gaia). Wer könnte sich gewaltigerer Eltern rühmen? Nach Hesiod gehört Mnemosyne, die „Göttin Gedächtnis", zu den großen göttlichen Mächten der Weltordnung. Mit ihr zeugte der Göttervater Zeus die Musen. Diese teilten dann den Schatz des Wissens unter sich auf, den ihre Mutter „Gedächtnis" seit jeher insgesamt besitzt.

Unser Gedächtnis, das wir nunmehr durch Informationsüberreizung weitgehend lähmen und in gewisser Weise auf Papier oder in elektronische Speichermedien verlagern, war einst und ist immer noch ein großes Geheimnis. Aurelius Augustinus beginnt in seinen *Bekenntnissen*, ins eigene Innere wie in eine riesige Höhle vordringend, als erster das Gedächtnis zu erforschen. So gelangt er

> zu den Gefilden und weiten Hallen des Gedächtnisses, wo sich aufgehäuft finden die Schätze unzähliger Bilder von wahrgenommenen Dingen aller Art. (X,8)

Sein Forschen steigert sich geradezu zum Hymnus:

> Groß ist die Macht des Gedächtnisses, mein Gott, grauenerregend seine Tiefe und unendlich seine Vielfalt. [...] Siehe da in meinem Gedächtnis die unzähligen Gefilde, Höhlen und Grotten, übervoll von allerart unzähligen Dingen. [...] Das alles durchlaufe ich, eile im Fluge hierhin und dahin, dringe in die Tiefe, soviel ich vermag, und finde keine Grenze. So groß ist sie, die Macht des Gedächtnisses [...]. (X,17)

„Die Macht des Gedächtnisses" muss in den frühen Zeiten der Menschheit tatsächlich weit größer gewesen sein, als wir uns das heute überhaupt vorstellen können. Und es muss Menschen gegeben haben, die Meister des Gedächtnisses und der Kunst des Erinnerns gewesen sind. So wie es in Afrika, Asien und Südamerika heute noch – freilich immer mehr aussterbend – analphabetische erzählende Sänger mit einem riesigen Repertoire gibt, das seit Urzeiten weiter überliefert wurde, so muss es in den frühesten Kulturen hauptberufliche singende Erzähler gegeben haben, die ihre aus Geschehenem erwachsenen Geschichten getreu tradierten über viele Generationen hinweg, ja über Jahrtausende hin.

In verschiedenen Kulturen gab es zudem eine bewusste Ablehnung der Verschriftlichung der jeweiligen Erzählungen oder Lehren. Einerseits sollten sie Geheimwissen im Kreise der Eingeweihten bleiben, andererseits gab es geradezu einen *Kult des Gedächtnisses*: ein heute unvorstellbares Vertrauen auf das gesprochene Wort, auf seine unmittelbare und weiterreichende Wirkung.

Zu dem von Kindheit an auf Höchstleistung trainierten phänomenalen Gedächtnis kam etwas hinzu, was es wesentlich unterstützte und verstärkte: das *Metrum* und das *Singen, Vers* und (monotone) *Melodie*. Beide sind nicht zuletzt auch mnemotechnische Transportmittel für das fast endlose Weitergeben. So ist es nicht verwunderlich, dass das älteste Groß-Epos der Welt, das akkadische Zwölftafel-Epos *Gilgamesch*, in gebundener Sprache abgefasst ist: Gewöhnlich kommen auf 2 mal 2 Hebungen jeweils 1 bis 3 Senkungen bei verpflichtendem trochäischem Versschluss. Auch die übrige akkadische Dichtung und die altbabylonischen Fragmente sind Poesie in Versen. Die ältesten europäischen Epen sind bekanntlich *Ilias* und *Odyssee*. Diese hat Homer nicht nur als erster aufgeschrieben; er *sang* sie wie alle Sänger vor ihm in Versen, in Tausenden von Hexametern. Was die Philologie, die Textwissenschaft, aus ihrer Perspektive leicht übersieht: Zur Poesie gehört seit Urzeiten der in der Schrift, der „Literatur", nicht erfahrbare *Klang* in *Metrum* und *Melodie*. In der mündlichen Poesie, die den geschriebenen Epen und Liedern oft in riesigen Zeiträumen als Vorlauf voranging, gehörte der *Wortklang* zum Wesen. Poesie war wesentlich *Vers* und *Gesang*. Während der Gesang des Sängers Homer und ungezählter anderer in der Schriftwerdung verloren ging, kann man in den Texten den Rhythmus der Verse noch wie von Ferne nacherleben.

Sintflut: Die Jahrtausend-Erzählung

Weltberühmt ist der Bericht der Bibel über die *Sintflut* (Gen 6,5 – 9,17). Seit langem ist man überzeugt, dass diese Sage einen historischen Kern hat. Der englische Archäologe Woolley meldete in den zwanziger Jahren des 20. Jahrhunderts per Telegraph aus Mesopotamien: „Wir haben die Sintflut gefunden!" In einem Grabungsschacht bei Ur war er unter einer meterhohen Schuttschicht aus Tonscherben auf eine fast drei Meter starke Lehmablagerung gestoßen, die nur von einer riesigen Überflutung des Siedlungsgebietes stammen konnte. Und darunter fanden sich erneut Siedlungsreste, die nun aber aus der Steinzeit stammten. Nach Woolleys Berechnungen hatte die Flutkatastrophe nordwestlich vom Persischen Golf ein Gebiet von 630 Kilometern Länge und 160 Kilometern Breite verschluckt. Das geschah um das Jahr 4000 vor Christus.

Nach einem anderen, neueren Forschungsergebnis könnte ein noch früheres Ereignis als Auslöser einer Sintflut gelten. Zwei amerikanische Ozeanforscher entdeckten kürzlich am Grund des Schwarzen Meeres eine versunkene Steinzeit-Landschaft. Als das Mittelmeer durch das Schmelzen der Gletscher mächtig anstieg, ergoss sich das Wasser in einem ungeheuren Kataklysmos durch die Enge des Bosporus ins Becken dessen, was dann das Schwarze Meer wurde. Vor 7500 Jahren wurden demnach die hier siedelnden Bauern von der Flut verschlungen.

In vielen Ländern der Welt gibt es Sintflutsagen. Am wirkungsmächtigsten aber ist zweifellos der Sintflutbericht der hebräischen Bibel. Doch wann wurde er aufgeschrieben? Wie alt ist der *Pentateuch*, der Anfang des *Alten Testaments?* Die älteste der vier Quellenschriften ist wohl die des sogenannten Jahwisten. Sie stammt aus dem 9. Jahrhundert. Der zeitliche Abstand zur Flutkatastrophe in Mesopotamien beträgt also über 3000 Jahre, der zum Schwarzmeer-Kataklysmos über 4500 Jahre.

Längst weiß man, dass es eine ältere Sintfluterzählung parallel zur biblischen Sage gibt: im *Gilgamesch*-Epos auf der 11. Tafel des akkadischen *Zwölftafel-Epos* (um 1200 v. Chr.). Der sumerische König Gilgamesch selbst dürfte um 2600 v. Chr. gelebt haben. Die ältesten Teilstücke des Epen-Zyklus stammen aus der Zeit um 2000 v. Chr. Zweifellos haben den einzelnen Schreibern jeweils mündliche Berichte als Grundlage gedient. Sie müssen seit der Herrschaft des Königs Gilgamesch etwa 600 Jahre lang oral tradiert worden sein. Der zeitliche Abstand zur Flut in Mesopotamien beträgt ca. 2300 Jahre, der zur Schwarzmeer-Katastrophe 3800 Jahre.

Es ist in der Altphilologie üblich, beim minutiösen Untersuchen der frühen Texte anfangs kurz darauf hinzuweisen, dass sie das Endergebnis langer mündlicher Überlieferungsprozesse sind. Um welche geradezu unvorstellbare Dimensionen es geht – hier sind es Jahrtausende! –, das wird freilich erst klar, wenn man (wie soeben geschehen) tatsächlich einmal die ungeheuren Zeiträume feststellt, um die es sich hier konkret handeln muss! Vom archäologisch gesicherten Ereignis bis zu dessen schriftlicher Aufzeichnung vergingen über zweitausend bis über viertausend Jahre! *Das* sind Zeiträume der mündlichen Überlieferung ...

Versgesänge um Troia

Der Urmythos des Abendlandes ist der *Kampf um Troia*, wie ihn der erste große Dichter Europas, Homer, in der *Ilias* schildert und wie er im *Epikos kyklos* ergänzend dargestellt wird. Aber hat der Troianische Krieg denn je stattgefunden? Die Ausgrabungen am Hügel Hisarlik seit Schliemann sollten es beweisen. Die Identifizierung dieses Hügels als das Troia der homerischen Epen ist inzwischen mit Hilfe eindeutiger Quellen gelungen. (Michael Siebler: *Troia. Mythos und Wirklichkeit.* Stuttgart 2001, S. 174 f.) Der historische Kern der *Ilias* aber bleibt weiterhin „Glaubenssache" (a.a.O., S. 175). Überzeugt davon sind viele Wissenschaftler von hohem Rang wie Schadewaldt, Hölscher, Hampe, Latacz und der neuere Ausgräber in Troia Korfmann. Wenn der Troianische Krieg stattgefunden hat, dann im 13. Jahrhundert v. Chr., als Troia in den Schichten VI und VII a zerstört wurde. Homer aber hat im 8. Jahrhundert v. Chr. gelebt. Wie kam der Bericht über den Kampf um die Feste Troia über die Jahrhunderte hin zum Dichter der *Ilias?* „Die fortdauernde und in Hexameter-Versen festgehaltene Erinnerung an diese Geschichte während der etwa 450 bis 350 Jahre bis zu Homer – also die ‚dunklen Jahrhunderte' hindurch – war gewährleistet durch die mündliche Überlieferung in den Vorträgen der Aoidoí, der Sänger an den Adelshöfen." (A.a.O., S. 175 f.) Homer repräsentiert also zunächst einmal den Abschluss einer sehr langen epischen Tradition. Es gab vor ihm eine umfangreiche mündliche Überlieferung. Die Aoidoí, die Sänger, standen einst in festem Verbund und vererbten ihr Rüstzeug weiter, in ununterbrochener Sukzession. Es bestand neben der Kenntnis der Inhalte in der Beherrschung eines umfangreichen Arsenals von festen Formeln, vorgeprägten Versteilen, einzelnen Versen, ganzen Versgruppen und typischen Szenen. So konnte der Aoidós ohne einen geschriebenen Text jede gewünschte Geschichte in jeweils spontaner Neuschöpfung vortragen. Und so schildert es Homer selbst in der *Odyssee* im 8. Gesang. Hier singt „der göttliche Sänger" Demódokos am Hofe des Phaiakenkönigs einzelne Episoden vom erst kürzlich beendeten Troia-Krieg.

Homers *Ilias* enthält rund 16.000 Hexameter, die *Odyssee* rund 12.000. Beide zusammen bieten also die gewaltige Zahl von ca. 28.000 Versen. Entsprechende Textmassen müssen insgesamt zuvor von mündlichen Sängern im Gedächtnis bewahrt und – in „Liederfolgen" – über Jahrhunderte hin vorgetragen worden sein.

Die Forscher Murko, Parry und Bowra haben die gleichbleibenden Grundstrukturen und Entstehungsbedingungen der *oral composition* aufgedeckt. Sie beobachteten und untersuchten schriftlos vorgetragene Heldenepik, vorliterarische Volkspoesie in Versen aus der ersten Hälfte des 20. Jahrhunderts. Die jahrtausendealte Tradition der analphabetischen Sänger ist in abgelegenen Weltgegenden noch heute lebendig. Ihr von Kindheit an trainiertes gewaltiges Gedächtnis speichert uralte Erzählungen, und zwar in metrischen Rhythmen. Diese gehören sozusagen als das notwendige Transport- und Stabilisierungsmittel von Anfang an, seit Urzeiten, zum Amt des „selbstgelehrten Sängers", wie Homer sich selbst nennt. Die schriftlich fixierten Verse Homers enthalten daher noch viele der von der vorangehenden *oral poetry* geprägten Formeln.

In den letzten zwanzig Jahren haben, wie der Homerspezialist Latacz berichtet, Sprachwissenschaftler nachgewiesen, dass schon spätestens seit dem 15. Jahrhundert v. Chr. der Hexameter das Versmaß der Sängerdichtung war. Die offenbar mündlich weiter gereichten berühmten homerischen Formeln wie „schnellfüßiger Achilleus", „helmschüttelnder Hektor", „Hirte der Völker" oder „und sprach die geflügelten Worte" gehören in das schon vorhomerische Raster des improvisierten mündlichen Hexameters, des „Sechsmaßes mit seinen sechs Silbeneinheiten zu je einer Länge plus zwei Kürzen" (Latacz).

Homer war der erste Dichter des Abendlandes am Übergang von der Mündlichkeit zur Schriftlichkeit. Zum Zeitpunkt der schriftlichen Dichtung der homerischen Epen lagen rund vier Jahrhunderte hinter den Griechen, in denen es weder geschriebene Dichtung noch sonst schriftlich fixierte Texte gegeben hatte, denn die Kenntnis der Schrift war zusammen mit der mykenischen Palastkultur zwischen 1200 und 1100 v. Chr. untergegangen. Doch es gab, wie gesagt, lange vor Homer in der mykenischen Epoche Heldengesang. Die Szene belegt es, in der Achilleus selbst am Strand von Troia den „Ruhm der Männer" besingt, begleitet von der Phorminx (*Ilias* 9, 186 – 190). Der Dichter der *Ilias* steht jedenfalls in einer jahrhundertelangen Tradition, die in die *oral poetry* der heroischen Zeiten zurückreicht.

Buddhas Reden – mündlich Überliefert

Gautama Buddha, der Stifter einer Weltreligion, hat nichts Schriftliches hinterlassen, obwohl er natürlich lesen und schreiben konnte. Es gab ja längst eine große sakrale Literatur: die *Veden* der Hindus. Erst im letzten vorchristlichen Jahrhundert wurden auf der Insel Ceylon die Reden Buddhas aufgeschrieben und im *Pali-Kanon* gesammelt. Der Buddha lebte wahrscheinlich von 570 bis 490 v. Chr. oder, nach neueren Forschungen, von ca. 450 bis 370 v. Chr. Demnach wurden seine Reden und Erzählungen aus seinem Leben rund 400 oder 300 Jahre lang von seinen Jüngern nur mündlich überliefert. Wie konnte das bei dem riesigen Text-Umfang des *Pali-Kanons* geschehen sein?

Noch während der Verbrennungsfeierlichkeiten des Buddha wurden die anwesenden fünfhundert „Heiligen" aufgefordert, sich in der nächsten Regenzeit zu treffen, um die mündliche Überlieferung dessen, was der Buddha mit seiner „Löwenstimme" gelehrt hatte, miteinander zu vergleichen. Auf diesem ersten Konzil rezitierte der Lieblingsjünger Ananda die Lehrreden, die *Sutras*, und Upali die *Ordensregeln*, wobei jeder anwesende Mönch seine eigenen Erinnerungen an Buddha-Worte zur Diskussion stellen konnte. „Auf diese Weise dauerte es allein sieben Monate, bis das Konzil den Stoff geordnet und anerkannt hatte. Danach wurden die Texte auswendig gelernt. Auch wenn sich die Mönche dabei aufteilten und gruppenweise bestimmte Stoffe memorierten, muss die Gedächtnisleistung ungeheuer gewesen sein." (Johannes Lehmann: *Buddha. Lehre, Leben, Wirkung*. Frankfurt a.M. 1983, S. 218)

„Rund hundert Jahre später, also etwa 390 vor Christus, kam es dann [...] zu einem zweiten Konzil [...]. Acht Monate lang wurden dort Texte aufgesagt und miteinander verglichen. [...] Wieder hundertdreißig Jahre später, also etwa um 260 vor Christus, wurde ein drittes Konzil abgehalten, das den inzwischen angewachsenen Lehrstoff neun Monate lang aufsagte und revidierte" (a.a.O.) – immer noch ohne irgendetwas davon aufzuschreiben. Erst im ersten Jahrhundert v. Chr. wurde, wie gesagt, die Lehre des Erhabenen auf Ceylon im *Pali-Kanon* aufgezeichnet. Hier beginnt jeder Bericht – das ist aufschlussreich – mit der stereotypen Formel: „Evam me sutam": „So habe ich gehört."

Der, der hier Gehörtes wiedergibt, ist in der Regel Ananda, ein Vetter und der Lieblingsjünger Gautamas. Es heißt, er habe sich 82.000 Aussprüche des Buddha, die er selbst hörte, und 2000 weitere, die andere ihm berichteten, gemerkt (*Theragâthâ* 1024). Häufig fasste der Buddha selbst Aussagen *in Versen* zusammen, um sie durch den Rhythmus einprägsam zu machen. Die Tradition stimmt darin überein, dass der Buddha sich immer wieder metrischer Sprache bediente. Es gibt mehrere Sammlungen mit Lehrgedichten, die zu einer frühen Schicht der Überlieferung zählen. Zwar liegt es nahe, dass es sich bei einem großen Teil der Lehrgedichte um spätere metrische Bearbeitungen von überliefertem Stoff handelt, dennoch braucht man nicht zu bezweifeln, dass auch der Buddha selbst seiner Lehre die Gestalt leicht zu verbreitender Verse gab. Gleichartige Formeln erleichterten zudem das Merken bei der Jahrhunderte währenden mündlichen Weitergabe der Reden.

Die überaus umfangreichen heiligen Texte wurden, wie berichtet, tage-, wochen-, monatelang in Gruppen memoriert. Wenn aber im Chor gesprochen werden soll, kann dies nur rhythmisch geschehen. Also waren die Textmassen, auch wenn sie nicht direkt in Verse gefasst waren, rhythmisch formuliert. Und dies noch aus einem anderen Grunde: Rhythmisches prägt sich dem Gedächtnis besser ein, wie sogar wir das noch von Merkversen her kennen.

Weshalb aber wurden die drei Konzilien zum gewaltigen Memorieren und nicht zu großen Schreibaktionen genutzt? Palmblätter als Schreibmaterial standen doch längst zur Verfügung. Der Grund ist eine der unsrigen entgegengesetzte Denkweise. Im alten Indien war man der Meinung, dass die mündliche Überlieferung zuverlässiger sei als die schriftliche. Da in allen philosophischen und religiösen Schulen Indiens das Gedächtnis höchst intensiv trainiert wurde, war diese Überzeugung wohl auch richtig. „Denn Schriftliches kann leicht falsch gelesen werden, indem man Worte falsch betont und Sätze nicht richtig abteilt, und beim Abschreiben können sich leicht Fehler einschleichen. Dagegen achtete man beim Hersagen des Gelernten streng auf richtige Betonung und richtige Abteilung der Sätze. So überlieferte man das Gehörte nicht nur wortgetreu, sondern auch lautgetreu." (*Buddhas Reden*. Neuübertragung von Kurt Schmidt. Reinbek 1961, S. 8) Und so wird der Eindruck erweckt, als wäre das Buddha-Wort sozusagen auf Tonband aufgenommen.

Geheimlehren im Kopf

Die ältesten religiösen Texte Indiens sind die **Veden**. (Das Sanskritwort „veda" bedeutet „Wissen", gemeint ist Geheimwissen.) Der *Rigveda*, „das aus Versen bestehende Wissen", ist die älteste und reichhaltigste der vier vedischen Sammlungen. Die ursprünglichsten Teile des *Rigveda* dürften um 1200 v. Chr.

im nordwestlichen Indien entstanden sein: 1028 Hymnen, religiös-magische rituelle Preislieder, natürlich in metrischen Versen.

In der altindischen Religion waren die Götter anfangs sterblich. Um dem Tode zu entgehen, „hüllten sie sich in die *Metren*", die daher „*chandas*" (metrische Preislieder) heißen. Und sie „flüchteten sich in den Klang" der Silbe „Om". So „wurden sie unsterblich und furchtlos". (*Die Veden. Chandogya Upanishad*, 4. Khanda 2-4) Erst nachdem sie in die Verse und den Klang „eingehüllt" sind, werden die Götter also das, was für uns ihr Wesen ausmacht: ewig. Der Rhythmus der Metren und das Klingen der Silbe „Om" sind es – sie erzeugen Ewigkeit. Denn Verse und Klänge sind nach diesem Zeugnis eines der ältesten Weisheitsbücher der Menschheit offenbar das eigentlich Göttliche. Verse machen unsterblich.

Die vedischen Hymnen sind durch lange Jahrhunderte von Rischis, hinduistischen Weisen, ausschließlich in mündlicher Tradition weitergegeben und im Gedächtnis der Brahmanen bewahrt worden. Die Überlieferungstreue gilt als außerordentlich. Der so lange mündlich tradierte *Veda* wird eben deshalb stets als „shruti", d.h. „Gehörtes", bezeichnet. Die Entstehung der ältesten Teile wird auf die Zeit zwischen 1300 bis 1000 v. Chr. datiert. Wohl erst im dritten vorchristlichen Jahrhundert wurden die heute vorhandenen Texte niedergeschrieben. Sie wurden also mindestens 700 Jahre lang mündlich tradiert. Bis heute gilt in Indien nur die mündliche Tradition als autoritativ. Sie hat, wie zahlreiche innere Kriterien zeigen, die Wortgestalt Wort für Wort bewahrt. Der *Veda* ist also bis heute eine von den Brahmanen weitgehend mündlich überlieferte sakrale Poesie von ungeheurem Ausmaß: Die verschriftlichte Sammlung der *Veden* übertrifft, wie es heißt, den Umfang der Bibel um das Sechsfache!

Zur vedischen Literatur gehören die zunächst ebenfalls mündlich überlieferten **Upanischaden**. Das Sanskritwort bedeutet, genau genommen: dicht (upa) zu den Füßen des Lehrers nieder (ni) sitzend (schad), um – ohne belauscht zu werden – die Geheimlehre zur Erlösung durch das Wissen (veda) zu erlangen.

Ursprünglich wurde der *Veda* von den nordindischen Ariern absichtlich nicht aufgeschrieben, sondern in jahrelanger Mühsal – man spricht von zwölf Jahren – auswendig gelernt und durch Rezitieren weitergegeben. Wurde aber ein Angehöriger einer nichtarischen Kaste versehentlich Zeuge einer vedischen Rezitation des Geheimwissens, wurde ihm, so heißt es, zur Strafe glühendes Blei in die Ohren gegossen.

Pythagoras (etwa 570 bis 500 v. Chr.), jedem Schüler bekannt durch seine Dreiecksformel, leitete in den drei letzten Jahrzehnten des 6. vorchristlichen Jahrhunderts eine religiös-politische Lebensgemeinschaft und genoss wohl schon zu Lebzeiten göttliche Verehrung als Inkarnation Apollons. Er unterteilte als Lehrer seine Schüler in drei Klassen: 1. die akoustikoi, welche schweigend zuzuhören hatten, 2. in die mathematikoi, welche Fragen stellen durften, und 3. in die physikoi, welche die eigentliche Erkenntnis hatten. Die Lehre wurde geheim gehalten und nur mündlich weitergegeben, unter dem Siegel der Verschwiegenheit.

In der ersten Hälfte des 3. Jahrhunderts v. Chr. waren die **Kelten** oder **Gallier** das mächtigste Volk in Europa, dessen Herrschaft sich vom Atlantischen Ozean bis in das Herz Kleinasiens und an die Küste des Asovschen Meeres erstreckte. Aber ein geeintes keltisches Reich hat es nie gegeben. Allein durch die Institution der *Druiden*, einer Priesterkaste, hatten sie das Gefühl soziokultureller Zusammengehörigkeit. Die zweite Klasse im altkeltischen Gelehrtenstand waren die *Barden*. Sie besangen zur Harfe als Hofdichter die tapferen Taten berühmter Männer. Die dritte Klasse waren die *Seher*.

Das sagenumwobene Volk der Kelten hinterließ trotz seiner hohen Kultur keine schriftlichen Zeugnisse, obwohl man die Schrift kannte. Wie konnte das geschehen? Die höchst umfangreichen religiösen Texte der Druiden und die Gesänge der Barden wurden durch viele Generationen hindurch allein mündlich weitergegeben. Von der nur oral überlieferten Poesie der Festlandkelten blieb daher nichts erhalten. Von allen Völkern West- und Nordeuropas gelangte nur in Irland und Schottland das Volk der Gälen nach Annahme des Christentums dann zu einer umfangreichen Aufzeichnung seiner Literatur um 600 n. Chr. Doch neben der schriftlichen dauert die mündliche Überlieferung bis heute fort.

Berühmt ist eine Passage in Cäsars *De bello Gallico* (VI,14), in der beschrieben wird, wie im 1. Jahrhundert v. Chr. die Priesterkaste der Druiden ihr Herrschaftswissen als Geheimlehre absicherte. In ihren Schulen, so heißt es laut Cäsar, lernen die Druiden

> eine große Menge von Versen auswendig. Daher bleiben manche zwanzig Jahre lang in der Schule. Es ist nämlich streng verboten, ihre Lehre aufzuschreiben, während sie in fast allen übrigen Dingen, im öffentlichen und privaten Verkehr, die griechische Schrift verwenden. Dies scheinen sie mir aus zwei Gründen so zu halten: Sie wollen ihre Lehre nicht in der Masse verbreitet sehen und zudem verhindern, dass die Zöglinge im Vertrauen auf die Schrift ihr Gedächtnis zu wenig üben.

Die indogermanischen **Thraker** waren jahrhundertelang eines der großen Völker der Antike. Sie besiedelten Südosteuropa sowie Teile Kleinasiens und zerfielen in zahlreiche kriegerische Einzelstämme. Nach Herodot waren es neunzig. Ihr Kernland war das heutige Bulgarien. Der Vegetations- und Weingott *Dionysos* soll aus Thrakien stammen. *Orpheus* und der Anführer des großen Sklavenaufstandes *Spartacus* sind die berühmtesten Thraker. Orpheus, der mythische Sänger, soll mit seinem bezaubernden Gesang nicht nur die Menschen, sondern auch wilde Tiere, Bäume und sogar Felsen bewegt haben.

Seit spätarchaischer Zeit galt er als Verfasser von Epen und Hymnen für verschiedene Kulte, vor allem des Dionysos.

Die untergegangene Kultur der Thraker ist heute bekannt durch prächtige Goldfunde. Sie blieb aber rätselhaft, da die Thraker keine schriftlichen Überlieferungen hinterlassen haben, abgesehen von wenigen Votivinschriften. Ihr esoterisch verschlossenes Geistesleben wurde, wie wir vor allem von Herodot wissen, beherrscht von dionysischer Geheimbund-Religiosität, voller Mysterien und orgiastischer Kulte. So darf man sicher sein, dass sie sich bewusst allein für mündliche Überlieferung und gegen die schriftliche Fixierung ihrer Existenz entschieden haben. Daher ging das Wissen von ihr für immer verloren. Wir werden nie wissen, welches die Lieder des Orpheus waren, die einst alle Welt und sogar die Königin der Unterwelt bewegten.

Auch hier mündeten die Jahrhunderte der Mündlichkeit – wie bei den Kelten – nicht in Verschriftlichungen. Sie verstummten für immer.

Tibet ist ein letztes lebendiges Glied, das uns mit den Kulturen einer fernen Vergangenheit verbindet. Infolge seiner naturbedingten Isolierung gelang es, die esoterische Lehre des buddhistischen Lamaismus rein zu bewahren und am Leben zu erhalten. In Tibet sind Worte Siegel des Geistes, Stationen von Erfahrungen, die aus Urzeiten in die Gegenwart hineinreichen. Neben den heiligen Schriften gibt es bis heute eine mündliche Tradition insbesondere der geheimen Lehren. Die Magie des Wortes, die im *Mantra* kulminiert, hat großen Einfluss auf das gesamte Leben der Tibeter, besonders das religiöse. Es ist Verkörperung des Geistes und Träger geheimnisvoller, geheiligter Tradition.

Noch heute werden in Tibet und in Ladakh (Klein-Tibet) wesentliche tantrische Geheimlehren nur für Eingeweihte mündlich überliefert mit dem ausdrücklichen Befehl, nicht ohne besondere Erlaubnis darüber zu sprechen. Sonst drohen schwere Strafen.

Lehrer der Menschheit – redend, nicht schreibend

Mose, Buddha, Kungfutse, Sokrates, Jesus, Muhammad – sie waren große Lehrer der Menschheit. Ihre Lehren bestimmen – in unterschiedlichem Maße – noch heute große Teile der Weltbevölkerung. Und doch hat keiner von ihnen seine Lehre schriftlich fixiert, keiner hat sie in einem Lehrbuch aufgeschrieben. Eine höchst merkwürdige Tatsache. Natürlich konnten sie lesen und schreiben, aber sie lehrten nur mündlich, meist im direkten Gespräch mit einer kleinen Gruppe von Schülern und Jüngern. Fürchteten sie nicht, dass ihre wahrhaft weltbewegenden Lehren mit dem Verklingen ihrer Stimme, mit dem eigenen Tod und dem Tod ihrer Jünger aus der Welt verschwinden würden? Offenbar – merkwürdigerweise – nicht. Und in der Tat wurden ihre

Worte von den Schülern verkündet und memoriert – teilweise in fast unermesslichem Umfang –, bis sie schließlich irgendwann gesammelt und aufgeschrieben wurden.

Mose, der wohl im 13. Jahrhundert v. Chr. lebte und als die große Gründergestalt der jüdischen Religion zu gelten hat, hat offenbar nichts geschrieben. Jedenfalls nicht die sogenannten *Fünf Bücher Mosis*, welche die hebräische Bibel eröffnen. In diesen selbst findet sich kein Beleg dafür, dass er sie verfasst habe, und die moderne Bibelwissenschaft lehnt dies auch strikt ab. Der *Pentateuch* ist vielmehr das Ergebnis eines sich über mehr als ein Jahrtausend erstreckenden Prozesses, in dem mündlich überliefertes Sagengut sowie historische und theologische Tradition zunächst in einzelnen Quellen gesammelt und aus diesen wiederum sehr viel später mit deutlichem redaktionellem Zugriff zu einer Einheit zusammengefügt wurden.

Buddha (nach traditioneller Chronologie etwa 570 – 490, nach neuer um 450 bis etwa 370 v. Chr.) wanderte seit seiner Erleuchtung bis zu seinem Tode im 80. Lebensjahr vierzig Jahre lang lehrend durch Nordindien, begleitet von zahlreichen Mönchen. Er hat keine schriftlichen Zeugnisse hinterlassen. Seine Reden wurden, wie berichtet, seit seinem Tod immer wieder monatelang von Mönchen im Chor rezitiert und memoriert und schließlich erst fast 400 oder 300 Jahre nach seinem Tod, einige tausend Kilometer von seinem Wirkungsgebiet entfernt, auf Ceylon, schriftlich fixiert im sogenannten *Pali-Kanon*.

Kungfutse (Konfuzius, Kongzi) lebte wohl ungefähr zur gleichen Zeit wie Buddha, vermutlich von 551 bis 479. Seine Lehre wurde zur einflussreichsten philosophischen Geisteshaltung in China und Ostasien und seit der Han-Dynastie, die um 220 n. Chr. endete, bis zum Ende des Kaisertums – also etwa 2000 Jahre lang – verbindliche Staatsdoktrin. Er redigierte und edierte alte klassische Werke, die kanonische Geltung erlangen sollten. Seine eigene Lehre aber schrieb er nicht auf. Er führte ähnlich wie Buddha und Jesus zeitweise ein Leben als Wanderlehrer, war aber auch Gelehrter, Minister und sogar Kanzler des Staates Lu.

Lun-yü, Gespräche, heißt eine Sammlung von Aussprüchen des Kungfutse, angeblich aufgezeichnet von seinen Schülern. Sie enthalten Fragen der Schüler und Antworten des Meisters sowie deskriptive Passagen, die Kungfutse als Muster eines „Edlen" erweisen. Die *Gespräche* sind die wichtigste, aber kaum zuverlässige Quelle zu seiner Biographie und Philosophie. Tatsächlich war es so, erklärt der Übersetzer Richard Wilhelm, „dass Worte des Meisters sich durch mündliche Tradition Generationen lang fortgepflanzt haben, ohne schriftlich gesammelt zu werden. Man macht sich von der Kraft und Treue mündlicher Traditionen im allgemeinen in Europa wenig Begriff, wohingegen in China sich das Auswendiglernen großer Texte bis in die neueste Zeit erhalten hat." (Richard Wilhelm: *Kungfutse: Gespräche. Lun Yü*. Düsseldorf 1967, S. 33) Ihre heutige Gestalt haben die *Gespräche* erst in der Han-Dynastie (206 v. Chr. bis 220 n. Chr.) erhalten. Sie wurden also ca. 300 bis 600 Jahre lang mündlich überliefert. Eine zweite Sammlung, die *Schulgespräche des Kungfutse, Kongzi jiayü*, wurden vermutlich erst etwa 700 Jahre nach Kungfutses Tod zusammengestellt und sollen angeblich ebenfalls auf mündlichen Überlieferungen von Schülern beruhen und die *Gespräche* ergänzen.

Sokrates (ca. 470 – 399), einer der wenigen wahrhaft maßgebenden Menschen und wegweisenden Philosophen, hat bewusst nur mündlich gelehrt. Schriftliche Aufzeichnungen galten ihm nur als Gedächtnisstütze für den, der längst weiß, wovon das Geschriebene handelt. So erzählt er gegen Ende von Platons *Phaidros* (274 c – 276 a), der ägyptische Gott Theut (Thot), der Erfinder der Schrift, habe dem König Thamos seine Erfindung mit der Begründung empfohlen, sie werde die Ägypter „weiser und erinnerungsfähiger machen". Der König aber habe ihn zurückgewiesen mit den Worten:

> „Vergessen wird dies in den Seelen derer, die es kennen lernen, herbeiführen durch Vernachlässigung des Erinnerns, da sie nun im Vertrauen auf die Schrift von außen her mittels fremder Zeichen, nicht aber von innen her aus sich selbst das Erinnern schöpfen. Nicht also für das Erinnern, sondern für das Gedächtnis hast du ein Hilfsmittel erfunden. Von der Weisheit aber bietest du den Schülern nur Schein, nicht Wahrheit dar."

Sokrates fährt nun fort:

> Wer also glaubt, eine Kunst in Buchstaben zu hinterlassen und andererseits, wer diese annimmt, so als ob aus Buchstaben etwas Deutliches und Zuverlässiges entstehen werde, der dürfte wohl von großer Einfalt sein.

Und doch: Was wüssten wir heute von Sokrates ohne die Schriften seines Schülers Platon, der Sokrates in seinen zahlreichen Dialogen als Fragenden und Lehrenden auftreten lässt? Hinzu kommen Berichte von Xenophon und Aristoteles. Sokrates selbst aber, von dem uns nichts Schriftliches überliefert ist, vertraute allein auf die Unmittelbarkeit, Intensität und Intimität des sich entwickelnden Gesprächs. Und dann auf das „Erinnern", das innere Besitzen des Gesagten, sein inwendiges Weiterwirken.

Jesus wanderte einst mit zwölf Aposteln und einer Gruppe von Jüngern und Jüngerinnen durch das jüdische Land, mündlich lehrend, in kleinem Kreise und auch vor größeren Menschenmengen. Die Idee, seine wahrhaft weltverändernde neue Lehre in einem Buch, in einem Katechismus etwa, festzuhalten, lag ihm offenbar völlig fern. Jesus hat nicht eine Zeile geschrieben. Wollte er denn nicht, dass die Nachwelt von seiner Lehre erführe? War es ihm etwa gleichgültig angesichts des als nahe erwarteten Weltuntergangs? Dieselbe Frage müsste man allerdings auch anderen großen Lehrern wie Mose, Buddha, Kungfutse und Sokrates stellen. Auch sie hatten ja nur eine kleine Schar von Jüngern, die die Lehrreden vernahmen und gewiss mit dem Meister diskutierten. Diese wenigen Jünger hörten die Lehre, sie behielten die Worte und bewegten sie in ihrem Herzen, wie Lukas von Maria sagt (2,19). Alle diese Lehrer der Menschheit vertrauten in geradezu unglaublicher Weise auf die Treue des Gedächtnisses ihrer kleinen Gemeinde, die „das Wort" mit Sicherheit weitergeben würde. Und siehe da: Die Jünger Jesu gaben es weiter, letztlich mit Wirkung auf Milliarden Menschen in zwei Jahrtausenden. Freilich waren diese Worte in gewisser Weise nur ein *Vorlauf* für die spätere Verschriftlichung, „die Schrift", die – zudem übersetzt in zahllose Sprachen – große Teile der Menschheit erreichte. Die *Evangelien* sind seit etwa 70 n. Chr. niedergeschrieben (die Paulus-Briefe schon früher), eine Generation nach dem Tode Jesu. Es lebten also noch Menschen, die Jesus selbst gehört hatten. Die Forschung vermutet zudem sehr frühe schriftliche Sammlungen von Worten Jesu, sogenannte *Logiensammlungen.* Hinzu kommt die heute nicht mehr vorstellbare Gedächtnistreue damaliger Menschen, die allerdings Phantastisches, wie in den apokryphen Schriften zum Neuen Testament, nicht ausschließt.

Es gilt als sicher, dass der *Koran* die authentischen Aussprüche des Propheten **Muhammad** (570 – 632) enthält. Über die Entstehung des *Korans* (wörtlich „Schriftverlesung") im ersten Drittel des 7. Jahrhunderts lässt sich mit Sicherheit aber nur sagen, dass sie sich von Muhammads erstem öffentlichen Auftreten über einen Zeitraum von mehr als zwanzig Jahren hinzog und erst postum ihren Abschluss gefunden hat. Der Prophet selbst konnte vermutlich nicht lesen und schreiben. Anscheinend wurden aber schon zu Muhammads Lebzeiten viele seiner Verkündigungen niedergeschrieben. Eine erste Sammlung von *Suren* soll post mortem von Muhammads früherem Schreiber Zaid ibn Tabit zusammengestellt worden sein und wurde dann unter dem Kalifen Utman 653 verbindlich redigiert. Doch die Schrift diente vor allem als Gedächtnisstütze. Der Wortlaut wurde und wird immer auch auswendig gelernt und so von Generation zu Generation unmittelbar weitergegeben. Der *Koran* ist in rhythmischer Reimprosa geschrieben. Und so wird seine gepriesene Klangschönheit allein im halb gesungenen Vortrag erlebbar.

Mittelalterliche Epik

Das Weltepos des alten Persiens
Der größte epische Dichter der Perser war *Ferdousi* (wohl 939 – 1020). Er war der Homer und Vergil seines Landes zu einer Zeit, als es das alte Persien

nicht mehr gab. Er dichtete das **Schahnameh**, das *Königsbuch*. Darin erzählt er im gewaltigen Umfang von fast 60.000 Doppelversen die Geschichte des iranischen Reiches von den mythischen Uranfängen bis zum historischen Untergang durch die muslimischen Araber im 7. Jahrhundert nach Christus. Sein Wissen schöpfte er aus einigen schriftlichen Quellen sowie aus ältesten mündlich überlieferten Mythen und Sagen.

In einem alten persischen Text heißt es – und dies ist ein Bild für die mündliche Tradierung –: Die *Zypresse* alter Überlieferung, die im Volk des Irans wurzelt, zieht sich mit Stamm und Zweigen bis zum Wipfel durch das *Schahnameh*. All ihre vielen Blätter und Tausende von Versen sind vom Atem der Menschenbrust bewegt, die da spricht und dem Hörer zurauscht die Sage vom Anbeginn bis zu unseren Tagen.

Die uralte kontinuierliche *oral poetry* wurde in Persien auch personifiziert in einem Wundervogel namens *Simiurgh*. Er überlebte zahllose Menschengeschlechter und vermochte es, in menschlicher Sprache von der ältesten Vergangenheit zu berichten. Sozusagen mit einer Feder dieses weisen Vogels konnte man dann seine alten Erzählungen niederschreiben

In Persien gab es noch ein weiteres allegorisches Bild für die Weisheit der ältesten mündlichen Berichte über das Weltgeschehen. Schah Chosrau (532 – 579), sagt man, hielt einen *Weltspiegel* in der Hand, wenn er auf dem Thron saß. Darin sah er den hohen Himmel und alles Verborgene auf Erden – aus Vergangenheit und Gegenwart. Dieser Spiegel sammelte nicht nur die Lichter des Himmels, sondern auch die Laute der Welt. Und immer war das Bild durchklungen von Tönen, lebendig sprechend (ähnlich wie heute im Fernsehen).

Skops, Skalden und Barden

Den „Ruhm der Männer" kündeten nicht allein Griechen und Römer, sondern später auch germanische und keltische Sänger. Bei den Westgermanen gab es bis ins frühe Mittelalter die *Skops*, die Gefolgschaftssänger und -dichter von Helden- und Preisliedern. Die altnordischen *Skalden* waren Dichter-Sänger der Wickingerzeit im Gefolge von Fürsten. Sie wirkten in Norwegen und Island im 9. – 14. Jahrhundert. Ihre in den Familien erbliche streng traditionelle Kunst verlangte besonders künstliche Versmaße und wählerischen sprachlichen Ausdruck. Die *Barden* waren im Mittelalter keltische Hofdichter und -sänger bei den Galliern, Gälen, Bretonen, Wallisern und Iren. Sie trugen einst bei kultischen Feiern Götter- und Heldenlieder mit Harfenbegleitung vor. (Noch heute ist die Harfe das Wappen Irlands.) Für Gallien wurden sie schon von klassischen Autoren erwähnt. In Wales, Irland und Schottland fanden sie sich bis ins 17./18. Jahrhundert. Später wurden sie einfach den altnordischen Skalden und den westgermanischen Skops gleichgestellt und durch die deutsche „Bardendichtung" aufgegriffen. In der romantisch verklärten germanischen Vorzeit glaubte man eine germanische Urform der Poesie zu entdecken und wiederbeleben zu können in neuen „Bardenliedern". Als mythologisch eingekleidete patriotische Lyrik tritt das Altgermanische, z.B. bei Klopstock, zeitweise an die Stelle der griechischen Antike.

Selbstverständlich war die Kunst der altgermanischen Sänger ursprünglich keine „Letternpoesie" (Herder), sondern wurde *live* vorgetragen. Die Blütezeit der balladesken Preis- und Heldenlieder war die Zeit von der Völkerwanderung im 4. bis etwa zum 8. Jahrhundert. Die umfangreichste Sammlung germanischer Heldendichtung, von der die deutsche einen Teil bildet, ist die **Ältere** oder **Lieder-Edda**, aufgezeichnet in Island um 1260. Die um 1250 in Norwegen entstandene **Thidrekssaga** (=Dietrichssage)**,** eine Nacherzählung der Sage um Dietrich von Bern und weiterer deutscher Heldensagen, dient gleichfalls der Erschließung mündlicher germanischer Heldenlieder.

Das Hildebrandslied

Dieses Fragment, dem nur die letzten Zeilen fehlen, ist das einzige erhaltene Heldenlied in deutscher Sprache. Es wurde um 840 in Fulda aufgezeichnet und ist in althochdeutschen stabreimenden Langzeilen geschrieben. Das anonyme Heldenlied wurde von germanischen Sängern mündlich tradiert, worauf sich der Eröffnungsvers ausdrücklich beruft: „Ik gihorta dat seggen [...]": Ich hörte das [Folgende] sagen [...]. Hier wird also Gehörtes wiedergegeben. Der erzählte Inhalt geht, wie im Lied selbst gesagt wird, auf die Zeit Dietrichs von Bern (das ist der Ostgotenkönig Theoderich von Verona = Bern), also auf die Zeit um 500, zurück. Daher muss das Lied ca. 350 Jahre lang mündlich überliefert worden sein.

Das Nibelungenlied

Es gibt keine erhaltenen deutschen Quellen für das um 1200 anonym entstandene mittelhochdeutsche Nibelungenlied. Der Stoff reicht in vorchristlichgermanische Zeit zurück. Anders gesagt: Die germanischen Heldenlieder erwachsen aus der Völkerwanderungszeit. In den heroischen Liedern der Burgunden oder der merowingischen Franken werden die Handlungsverläufe vorgeformt und – von vor 500 bis etwa 1200, also in einem Zeitraum von 700 Jahren! – weitergegeben durch mündliche Tradition von Sängern. Die Stoffgeschichte ist kompliziert. Doch das neu gestaltete mittelhochdeutsche Epos hält formal fest am strophischen Aufbau aus der Überlieferung der sangbaren epischen Lieder. Die neuere Forschung geht davon aus, dass die Formelsprache des Liedes ungebrochen an die mündliche Tradition anschließt, gleichzeitig aber durch den Verfasser eine bewusste literarische Stilisierung erfährt (M. Curschmann). Darin entspricht diese mittelalterliche Entstehungsgeschichte der der ca. 1900 Jahre älteren antiken Epen des Griechen Homer.

Die Nibelungenstrophe baut sich aus vier paarweise gereimten sechstaktigen Langzeilen mit Binnenzäsur auf. Die Aufschwellung der letzten Zeile um einen weiteren Versfuß lässt dann die Strophe getragen ausklingen. So droht nicht, wie in den kurzen Reimpaaren der Artus-Epik, aus dem Zusammenfallen von metrischer und sprachlicher Gliederung ein klappernder Leerlauf zu entstehen. Die Nibelungenstrophen waren ursprünglich in kurzen gesungenen Liedern entstanden, in denen einzelne Szenen der Nibelungen-Geschichten vor Publikum *live* vorgetragen wurden. Auf solche seit alten Zeiten gesungen überlieferten Sagen beruft sich der Nibelungen-Dichter in der Tat selbst gleich in der Anfangszeile: „Uns ist in alten mæren wunders vil geseit [...]": Uns ist in alten Erzählungen viel Wundersames gesagt worden. Und das soll nun neu zusammengefügt und singend erzählt werden.

König Artus in Sage und Epik

Artus (französisch) oder Arthur (englisch) war einst ein sagenhafter britannischer König. Er wurde zum Mittelpunkt eines ausgedehnten Sagenkreises mit den Rittern seiner berühmten Tafelrunde: Erec, Iwein, Lanzelot, Parzival, Tristan ... Historisch gesehen war er vermutlich ein britannischer Heerführer, der um das Jahr 500 sein Volk gegen die Invasion der Angelsachsen verteidigte. In Geoffreys von Monmouth *Historia regum Britanniae* (um 1138) wird Artus vom keltischen Lokalhelden zum glanzvollen Herrscher von weltgeschichtlicher Bedeutung erhoben. Der normannische Dichter Maistre Wace erweitert Geoffreys *Historia* aufgrund mündlicher Berichte und Sagen, die, wie er sagt, „die Bretonen erzählen", in seinem *Roman de Brut* (1155). Chrétien de Troyes hat dann den klassischen Artusroman *Erec et Enide* (1170) geschrieben. In seinem Prolog weist er selbst auf die mündlichen Erzählungen als Quellen hin. Volker Mertens erläutert:

> Wir müssen mit einer reichen Erzählpraxis an anglonormannischen und französischen Höfen rechnen, ausgeübt vielleicht von zweisprachigen Spielleuten, die außer Französisch auch Bretonisch und/oder Walisisch konnten [...] und damit Zugang zu der keltischen Erzähltradition von Arthur und seinen Helden hatten. (*Der deutsche Artusroman*. Stuttgart 1998, S. 26)

Schließlich folgen die klassischen mittelhochdeutschen Artus-Epen (zwischen 1180 und 1210): Hartmann von Aue: *Erec* und *Iwein*, Ulrich von Zatzikhoven: *Lanzelet*, Wolfram von Eschenbach: *Parzival*, Gottfried von Straßburg: *Tristan*.

Die historischen Grundsteine der Artussage stammen aus demselben Zeitraum um 500 wie die der altnordischen *Edda*-Lieder, des althochdeutschen *Hildebrands*- und des mittelhochdeutschen *Nibelungenliedes*. Es ist dies zugleich die Zeit des Ostgotenkönigs Theoderich (=Dietrich von Bern) und des Frankenkönigs Chlodwig. Die damaligen Adressaten der Lieder waren meist analphabetische Ritter; es gab längst noch keine Lesegesellschaft. Jedenfalls muss es seit der vermutlichen Lebenszeit von Artus Anfang des 6. Jahrhunderts in Britannien bis zur schriftlichen Fixierung in der *Historia* und dem ersten französischen Artus-Roman im 12. Jahrhundert etwa 600 Jahre lang vielfältige mündliche Erzähltraditionen von Gesängen über Artus und seine Ritter gegeben haben – eine außerordentliche Zeitdimension als mündlicher Vorlauf zu den ersten Verschriftlichungen!

Ob oder gar wie die *geschriebene* mittelhochdeutsche Artus-Epik gesungen wurde, wissen wir nicht. Die alte gesungene *mündliche* Überlieferung insbesondere der Heldendichtung, aber auch anderer Formen mündlicher Dichtung, war und blieb jedenfalls *neben* der schriftlich fixierten und ebenfalls *live* vorgetragenen Literatur noch lange intakt.

Volksmärchen

Die ***Kinder- und Hausmärchen, gesammelt durch die Brüder Grimm***, erschienen 1812/15. Sie sind angeblich das am häufigsten übersetzte und am weitesten verbreitete deutschsprachige Buch. Die mündlich und verstreut auch schriftlich umlaufenden Volksmärchen zu sichern, war das Anliegen der Brüder Grimm, nicht nur, weil „diejenigen, die sie bewahren sollen, immer seltener" wurden, sondern auch, um die nationale Vergangenheit des Vaterlandes herauszustellen. Man glaubte, die Märchen seien vom Volk geschaffen und „durch den Mund des Volkes" überliefert. Die insgesamt 240 von den Brüdern gesammelten Märchen gehen auf 40 verschiedene mündlich erzählende Beiträger und 30 schriftliche Quellen zurück. Die Brüder Grimm waren allerdings keineswegs die ersten Märchensammler. In vorangehenden Jahrhunderten hatten Italiener und Franzosen sowie in Deutschland Musäus, Neubert und Tieck Märchensammlungen publiziert.

Das Alter der insgesamt über sehr lange Zeit zunächst mündlich weiter erzählten Märchen ist unbestimmt, die Motive sind wohl noch älter als die Erzählungen, die in Europa vermutlich während des Mittelalters, also vor einem halben Jahrtausend, entstanden sind.

Inzwischen gibt es eine ganze Bibliothek von Märchensammlungen aus aller Welt, von Afghanistan bis Zypern. Denn in allen Völkern gab und gibt es seit Jahrhunderten und Jahrtausenden Geschichtenerzähler, die oft auch hauptberuflich in Zünften organisiert waren und in abgelegenen Weltgegenden zum Teil noch sind.

Dass Märchen mündlich erzählt wurden, weiß jedes Kind – oder, so muss man sagen: wusste einst jedes Kind. Erwachsene erzählten die *Hausmärchen* an langen Winterabenden oder „als fast regelmäßige Vergnügung der Feiertage" (Brüder Grimm) im Wohnzimmer sowie in den überall verbreiteten Spinnstuben. Erst die zu Zeiten der Märchensammler zunehmende Buchkultur und heute erst recht die elektronischen Medien haben das in allen Völkern verbreitete jahrtausendealte Erzählen in der Runde gründlich zerstört und weltweit durch stundenlanges Sitzen vor dem Fernseher und dem PC oder durch Hörbücher auf CD ersetzt.

Doch das Erzählen war einst nicht nur überaus beliebt, es gab auch einen berechtigten Stolz der Erzähler auf die Richtigkeit und Genauigkeit ihrer Geschichten. Die Brüder Grimm berichten im Vorwort der *Kinder- und Hausmärchen*:

> Wer an leichte Verfälschung der Überlieferung, Nachlässigkeit bei Aufbewahrung und daher an Unmöglichkeit langer Dauer als Regel glaubt, der hätte hören müssen, wie genau sie [die Erzählerin Frau Viehmännin] immer bei der Erzählung blieb und auf ihre Richtigkeit eifrig war; sie änderte niemals bei einer Wiederholung etwas in der Sache ab und besserte ein Versehen, sobald sie es bemerkte, mitten in der Rede gleich selber. Die Anhänglichkeit an das Überlieferte ist bei Menschen, die in gleicher Lebensart unabänderlich fortfahren, stärker, als wir, zur Veränderung geneigt, begreifen.

Tausendundeine Nacht, unter diesem Titel wurde die berühmteste Erzählungssammlung der Welt bekannt. Sie besteht aus Märchen, Novellen, Anekdoten, Legenden, Fabeln. Ihren Ursprung hat sie in verschiedenen Ländern des Vorderen Orients: Sie stammt aus ägyptischer, jüdischer, syrischer, persischer und auch indischer Tradition. Es handelt sich um anonym entstandene Volkspoesie. Die Berufserzähler gestalteten ihre Geschichten vor ihren Hörern aus dem Gedächtnis, reagierten auf das Publikum und ließen sich von ihm inspirieren. Handschriften waren, soweit vorhanden, nur Gedächtnisstützen für die Erzähler. Die Anfangs- und Schlussformeln der Märchen sind gereimt; immer wieder enthält der Erzähltext auch Reimprosa. Die große Sammlung ist in verschiedenen Fassungen überliefert. Die heute vorliegende endgültige Form erhielt sie – nach einem sehr langen, kaum entwirrbaren mündlichen Vorlauf – vermutlich erst im 16. Jahrhundert in Ägypten.

An den Nachtfeuern der Karawan-Serail wurden einst *Märchen und Geschichten alttürkischer Nomaden* erzählt, und **Elsa Sophia von Kamphoevener** erzählt sie (unter diesem Titel, veröffentlicht 1956/57) frei aus dem Gedächtnis zum ersten Mal in deutscher Sprache. Diese Geschichten waren, wie sie berichtet, seit 800 Jahren in Kleinasien verbreitet. Sie gehörten den Nomaden und waren Eigentum weniger Familien, die zu den Gilden der Märchenerzähler zusammengeschlossen waren. Sie wurden nie aufgeschrieben und jahrhundertelang von Erzählern *live* aus dem Gedächtnis gestaltet. Diese begleiteten die wandernden Hirten, die nachts bei ihren Herden am Lagerfeuer saßen. Der Erzähler war frei in der Wiedergabe; nur Anfang, Mitte und Ende mussten sein, wie sie immer gewesen waren. Daher sind Kamphoeveners Erzählungen der alttürkischen Geschichten keine Übersetzungen, sondern aus dem Gestus des mündlichen Märchenerzählens heraus auf Deutsch spontan in rhythmischer Sprache gestaltet.

Doch wie kam eine junge deutsche Frau dazu, alttürkische Märchen zu sammeln und zu erzählen? Als Jüngling verkleidet ritt die Baronin zu Beginn des 20. Jahrhunderts mit Nomaden durch die Türkei und wurde in eine Erzählergilde aufgenommen. So wurde eine deutsche Frau ein vollgültiger türkischer Märchenerzähler, und die so lange mündlich überlieferten türkischen Geschichten wurden, während das freie Erzählen auch hier abzusterben begann, erstmals auf Dauer in Deutschland zu Papier gebracht. Erhart Kästner nannte ihre Sammlung „eine Nachernte zu Tausendundeiner Nacht".

Volkslieder

Die heute meist so genannten Volkslieder entstanden seit dem Spätmittelalter, genauer: wohl zwischen dem 14. und 16. Jahrhundert, während sich in Deutschland eine Stadtkultur entwickelte. Ihr Alter und ihre Langlebigkeit sowie die zunächst mündlich-gedächtnismäßige Überlieferung unterschieden sie vom Gesellschafts- und Kunstlied. Die vielgestaltig gebauten Strophen sind fast immer gereimt, haben teilweise Assonanzen und sind reich an metrischen und rhythmischen Elementen und Wiederholungsfiguren.

Die aus England auch nach Deutschland herüberdringende Volksliedbewegung wirkte besonders durch **Macphersons** sogenannten *Ossian* (1760 / 73). Die Sammlung enthielt Stücke aus dem irisch-schottischen Sagenkreis: frei bearbeitete, ausgeweitete und willkürlich zusammengesetzte Dichtungen, die durch ihre bisher im 18. Jahrhundert unerhörte, nicht klassisch-antike Empfindungswelt eine große Wirkung entfalteten.

Eine vielseitigere und originalgetreue Wiedergabe alter, einst mündlich überlieferter Balladen bot **Thomas Percy** mit seinen *Reliques of Ancient English Poetry* (1765 / 94). Sie stützen sich auf eine Manuskriptsammlung des 16. Jahrhunderts, die das Repertoire eines mittelalterlichen Berufssängers enthält.

Herders Sammlung von Liedern und Gedichten aus verschiedenen Sprachen erschien 1778/79 im Druck unter dem Titel *Volkslieder*. So wurde Herder der Initiator der deutschen Volksliedforschung, auch wenn seine Sammlungen noch ein buntes Durcheinander von echten Volksliedern und Gedichten verschiedener Poeten waren. Herder wendet sich generell gegen die „Letternpoesie" und begeistert sich für die mündlich überlieferte „Naturdichtung", als die er das von ihm erstmals so genannte „Volkslied" ansieht. Es ist ihm „der ewige Erb- und Lustgesang des Volkes". Die Volkslieder hält er für „die bedeutendsten Grundgesänge einer Nation", in denen natur- und vernunftgemäße ethische und ästhetische Werte eine allgemeinverbindliche Gestalt angenommen hätten. Auch der junge Student Goethe, der in Straßburg Jura

studierte, notierte bei seinen Ritten in die Umgebung für Herders Volkslied-
sammlung Lieder „aus den Kehlen der ältesten Müttergens".

1806/08 erschien *Des Knaben Wunderhorn. Alte deutsche Lieder, gesammelt von Achim von Arnim und Clemens Brentano.* Aus ganz Deutschland wurden Tausende von Liedern eingesandt, von denen nur ein Bruchteil
in die drei Bände aufgenommen wurde. Sie enthalten zahlreiche mündlich
überlieferte und namenlose Lieder, aber auch Lieder bekannter Autoren seit
dem 16. Jahrhundert, Lieder zeitgenössischer Dichter und sogar eigene Verse
– ein buntes Gewimmel: etwa 700 Liebes-, Wander-, Soldaten-, Trink- und
Kinderlieder, geistliche Lieder, Abschiedsklagen, Balladen, Gassenhauer und
Abzählreime. Es waren meist Lieder, die lange Zeit in bestimmten Gegenden
Deutschlands gesungen wurden.

Die romantische Auffassung von einer anonym-kollektiven Produktion durch
einen schöpferischen Volksgeist gilt heute als widerlegt. Der internationalen
Volksliedforschung stehen Volksliedsammlungen aus vielen Ländern der
Welt zur Verfügung, die so vor dem Untergang im elektronischen Zeitalter
bewahrt werden. Man betrachtet heute als spezifische Kennzeichen die (einstige) Volkstümlichkeit und Verbreitung, die mit einer aktiven Aneignung,
Überlieferung und eventuellen Umformung einhergeht.

In der ersten Hälfte des 20. Jahrhunderts kam es im deutschen Sprachraum
zu einer Wiederbelebung des Volksliedes in der **Jugendmusikbewegung**,
auch Singbewegung genannt. Auf Wanderfahrten und in geselliger Runde
junger Menschen wurden alte Volkslieder und neu entstandene Lieder zur
Klampfe gesungen. Bekannt wurde besonders der *Zupfgeigenhansl* von H.
Breuer (1908).

Zwei neuere Sammlungen mündlich verbreiteter Verse sind der 1962 erschie-
nene Band *Allerleirauh. Viele schöne Kinderreime. Gesammelt von
Hans Magnus Enzensberger,* und das 1967 veröffentlichte Buch von **Peter
Rühmkorf: *Über das Volksvermögen. Exkurs in den literarischen Untergrund.*** Rühmkorfs Sammlung dokumentiert die sonst nur von Mund zu
Mund verbreitete Volks- und Kinderpoesie: vom Abzählvers über den Schü-
lerreim bis zum Antischlager und zum subversiven Gruppengesang.

Im **Fernsehen** sieht man in der Adventszeit regelmäßig Chöre, die alte deutsche und anderssprachige **Weihnachtslieder** singen. Auch die in den Alpen-
ländern noch lebendige Hausmusik ist zu sehen und im Dialekt zu hören: oft
im „Dreigesang", meist begleitet mit dem volkstümlichen Hackbrett. Wenn
jedoch übers Jahr im Fernsehen traditionelle Volkslieder vorgeführt werden,
sind sie meist unerträglich verkitscht, sowohl in der Darbietung wie in der

Kulisse. Was außerdem im Fernsehen als sehr beliebte und erfolgreiche **„Volksmusik-Sendungen"** firmiert, hat zum großen Teil nichts mit den altüberlieferten, einst jahrhundertelang im Volke gesungenen schlichten Liedern zu tun. Es sind oft am Computer generierte, zum alsbaldigen Verbrauch bestimmte sentimentale Schlager, auch zum Mitklatschen, die als Fertigprodukte in der Tat große Massen (also „das Volk") zum Hörkonsum animieren. Sie sind eben keineswegs wie die authentischen Volkslieder Jahrhunderte alt und in froher Runde von Menschen des einfachen Volkes immer wieder gesungen, sondern jeweils für die nächste Sendung frisch produziert wie die Brötchen beim Bäcker. Und so schnell, wie sie konsumiert wurden, sind sie vergessen.

8. Anfänge, Zusammenhänge

1. Zeichen setzen

> Poesie wirkt am meisten im Anfang der Zustände, [...]
> oder [...] beim Gewahrwerden einer fremden Kultur [...].
> (Goethe: *Maximen und Reflexionen*, HA 12, Nr. 767)

In Teilen Afrikas, Amerikas, Australiens und Asiens leben noch heute sogenannte Naturvölker. Hier glauben Ethnologen und Ethologen analoge Formen der frühesten Stufen der gesamten Menschheitsentwicklung leibhaftig vor sich zu sehen. Wer nun diesen ursprungsnahen Menschen begegnet, macht eine überraschende, aber selbst bei flüchtiger Kenntisnahme unübersehbare Entdeckung: Die „Naturvölker" sind alles andere als natürlich. Jedenfalls nicht in unserem, im rousseauisch-romantischen Sinne. Oder ist es etwa „natürlich", sich den Oberkörper auf schmerzhafte Weise mit Schröpfnarben zu verzieren und sich eine bunt bemalte Lehmfrisur unlösbar im Kopfhaar zu befestigen, die den Träger nötigt, nachts auf einer kleinen Nackenstütze balancierend zu schlafen? Dies und vieles, vieles Weitere, was bei den „Primitiven" beispielsweise an Bearbeitungen des eigenen Körpers beobachtet werden kann, ist durchaus keine naturbelassene Lebensweise. Aber es ist zweifellos in den Augen dieser frühen Menschen schön und jedenfalls unverzichtbar. Warum? Dieses sehr charakteristische, uns vielleicht absonderlich exotisch erscheinende Schmuckbedürfnis hebt den Menschen heraus aus dem Zwang der von uns Naturfernen so gepriesenen schlichten Naturverbundenheit. Augustinus schon prägt den scheinbar paradoxen Satz: „Der natürliche Mensch hasst die Natur." Aber weshalb?

Natur ist zwangsläufig, Menschen aber können auch anders. Sie können und wollen die Natur transformieren und transzendieren. Und dass sie es können, das ist ihre, das ist unsere Menschennatur. Darauf sind die „Primitiven" – das heißt wörtlich die „Ursprünglichen" – mit großer Selbstverständlichkeit auch gegenüber ihren so weit fortgeschrittenen Brüdern und Beobachtern stolz.

Wie frühe Menschen nicht ohne Schmuckfreude zu denken sind, so auch nicht ohne Feiern und Feste. Und diese wiederum sind nicht vorstellbar ohne die Trias von Tanz, Musik, Vers. Diese Drei haben ein Grundprinzip gemeinsam, das – meist zugleich – auf dreierlei Weise gestaltet wird. Sie gliedern die Zeit durch Rhythmus: in der Sprache des Körpers, der Töne, der Worte. Während die drei rhythmischen Künste die Zeit gestalten, suchen die zwei bildenden Künste, Skulptur und Malerei, die Zeit zu überwinden: Durch Figur und Farbe wollen sie Vergängliches festhalten, verewigen.

Auch Feiern und Feste sind – natürlich – zeitbezogen. Sie gliedern, rhythmisieren die unaufhaltsam fließende Zeit durch Einschnitte in den Lauf der zyklisch wiederkehrenden Jahreszeiten und durch Markierungen in den fortschreitenden Lebenszeiten der Individuen. Diese großen Jahres- und Lebenszeit-Rhythmen werden entsprechend gefeiert durch die drei archaischen Künste der Zeit-Rhythmisierung: Tanz, Musik, Vers. Alle drei sind auf spezifische Weise Besitz des jeweiligen Stammes, wie auch die speziellen stammeseigenen Schmuckformen zugleich Erkennungszeichen sind. Als identitätsstiftender, immer wieder beschworener geistiger, also heiliger Besitz der Gemeinschaft werden sie über Generationen jahrhundertelang weitergegeben mit erstaunlichem Beharrungsvermögen.

Durchaus keine schlichte, schmucklose „Natürlichkeit" entdecken wir also bei den frühen Menschen, insofern sie heute in unser Gesichtsfeld geraten. Immer schon scheint das naturverändernde Transformieren und das die Natur hinter sich lassende Transzendieren zu Höherem und Höchstem konstitutiv für die Gattung Mensch zu sein. Man will offenbar gar nicht ganz eins sein mit der Natur – das ist eine spätere Sehnsucht, rückwärtsgewandte Utopie –, man will in die Natur eingreifen, sie zumindest akzentuieren. So erkennt man Berge, diese gewaltigen Akzente in der Landschaft, als heilig, als Hochsitz der Götter. (In diesem Sinne sahen einst die Griechen den Olymp, und in entsprechender Weise sehen die Einheimischen noch heute die Gipfel des Himalaya.) So verehrt, beopfert und schmückt man Bäume als heilig. (Auch das ist, wie einst bei den Germanen, heute noch in Asien und bei Indianern in Übung.) So verehrt man Quellen und Flüsse als von Natur göttlich und opfert ihnen. (Das geschieht z.B. noch jetzt allmorgendlich am Ganges, zu Ehren der „Mutter Ganga".) Berge, Bäume, Ströme sind sozusagen Zeichen, Akzente, von der Natur selbst gesetzt, die der Mensch als „hervor-ragend" erkennt und eben deshalb verehrt.

Seine akustische Kommunikation, die dem Menschen allein eigene Sprache, ist gewiss nicht pure Natur wie der Stein, den er als Stele aufstellt, und der Tag, den er als Festtag einsetzt. Doch auch die akustische Kommunikation, die alltägliche, geschwätzige, wie jeder Atemzug vergängliche, wird als Material bearbeitet und zu etwas Haltbarem, zu etwas Nicht-Profanem gemacht. Poietés, das heißt „Macher", „Gestalter", nannten die alten Griechen den Dichter, den Poeten. So wird auch das alltägliche profane Gerede rhythmisch bearbeitet, um etwas Ausgegrenztes, Nicht-Alltägliches, Feststehendes daraus zu machen. Auch hier werden Akzente als Zeichen des Geistes gesetzt, wird das quasi-natürliche Material des alltäglichen Redens geformt, gefestigt, akzentuiert. An die Stelle der Prosa – das bedeutet wörtlich „das geradeaus gehende Reden" – kann Poesie treten – das heißt etwas „Gemachtes", „Gestaltetes".

So verwirklichen sich auch hier die anthropologisch konstanten Prinzipien des Zeichensetzens und Ausgrenzens, des Transformierens und Transzendierens. Und das gilt nicht allein für das Sprechen. Aus dem alltäglichen Wort wird der Vers, aus dem banalen Laut die Musik, aus dem einfachen Schritt der Tanz. Diese drei wurden anscheinend seit dem Erwachen der Menschheit als Einheit erlebt. Alle drei haben bei den alten Griechen nur den einen Nenner, den einen Namen: Mousiké téchne, Musenkunst. Und worin besteht diese Technik, diese Kunst? Zunächst einfach darin: Profane, alltägliche Schritte, Töne, Worte werden akzentuiert, rhythmisiert. Das ist der Kunstgriff, der zur Menschwerdung gehört. Das ständige Geplapper der Wörter, das Getöne des Rufens, das tägliche Herumgelaufe wird rhythmisch festgemacht, akzentuiert, variiert – und offenbar von vornherein auch kombiniert: Tanz, Musik und Gesang verstärken als die rhythmischen Künste sich gegenseitig, eben weil sie demselben Prinzip, nämlich Zeit zu gestalten, gehorchen. Simonides nennt den Tanz eine „stumme Poesie", die Poesie aber „beredsamen Tanz".

Am ausgegrenzten heiligen Ort und in der festgelegten heiligen Zeit sind Bilder und Figuren, welche die Zeit ins Dauerhafte hinein überwinden, sowie Tanz-Musik-Gesang, welche die Zeit im erlebten Augenblick zum Pulsieren bringen, auf besondere Weise am Platze: Zeichen, kunstvoll von Menschen gesetzt – von der Natur her, wohl auch gegen die Natur, immer aber über die Natur hinaus. Wir nennen solches Eingreifen Kunst.

Kunst ist dem Menschen natürlich.

2. Rhythmen für Götter und Menschen

> [...] damals, als man den Rhythmus in die Rede dringen ließ,
> jene Gewalt, die alle Atome des Satzes neu ordnet [...].
> (Nietzsche: *Die fröhliche Wissenschaft*, 84)

„Vom Ursprunge der Poesie" will Nietzsche in seiner *Fröhlichen Wissenschaft* (Kapitel 84) berichten, indem er vom Rhythmus berichtet und dessen mannigfaltige magische Wirkungen anschaulich aufzählt. Als Altphilologe, der in Basel auch Vorlesungen über griechische Metrik gehalten hat, ist er auf Altgriechisches fixiert. Dieses Wissen ist inzwischen, bei erweitertem Horizont, durch unsere Kenntnis anderer alter Kulturen vielfältig bestätigt und erweitert worden.

Wer – wo und wann auch immer – Verse formt, muss seine Worte wählen, die Mitteilung wird verfremdet, die Aussagen erhalten eine eigene Färbung, sie erscheinen oft dunkler, geheimnisvoller. Anderseits jedoch, das weiß jedes Kind, prägen sich Verse leichter ein, sie sind merkbarer. So aber werden sie auch bemerkenswerter, und zwar nicht nur für die hörenden Menschen, sondern wohl auch für die alleshörenden Götter, die uns erhören sollen.

Doch sprechen nicht vielleicht gar die Götter selbst in Versen? Am Beginn der Odyssee fordert der Sänger die Muse auf, uns den vielumgetriebenen

Mann, über den die folgenden Gesänge berichten sollen, zu nennen. Von all dem will nicht der Sänger, sondern davon soll „die Göttin, die Tochter des Zeus", nun auch uns erzählen (I,10) – in der ihr eigenen Redeweise: im Gesang.

Wenn aber Gesang anhebt, öffnet sich dort, wo eben noch prosaische Realität war, mit einem Male eine andere Wirklichkeit mit den ihr eigenen Gesetzen der rhythmischen Bewegung und des Wohlklangs. Durch diesen Erhöhungszauber gerät der in alltäglicher Weise semantisch fixierte Text, das übliche Wortgewebe, in ein tonales Schweben. Die Kunst der Musen, und als ein Teil von ihr die Musik, ist nicht in der gleichen Weise semantisch festgelegt wie die Sprache der Worte. So bewirkt sie offenbar eine emotionale Offenheit, eine Erhöhung der Bedeutung. Klang und Gesang erheben uns in einen anderen Zustand, in eine eigene Wirklichkeit. Und diese wird nicht allein von Homer, sondern von allen Sängern früher Kulturen als übermenschlich erfahren. Der Sänger ist „den Göttern an Stimme vergleichbar" (*Odyssee*, I, 371). Ja, beim Hören von Musik und Gesang kommt etwas über die Menschen: eine elementare Überwältigung. Doch wie geschieht das? Rhythmus ist ein Zwang, dem sich keiner entziehen kann, ein Pulsieren, das – ob man will oder nicht – das Herz höher schlagen lässt, in die Glieder fährt und so nicht nur die Füße, sondern auch die Seele selbst zum Tanzen bringen kann. Und wenn so mit Leib und Seele der ganze Mensch bewegt wird, kann man nicht auf diese Weise auch die Götter bewegen?

Ja, manche Götter sind sogar selbst als Tänzer berühmt. Auf dem Gipfel des Parnass führt Apollon Musagetes den Reigen der singenden Musen an. Der Hindugott Krishna wird gern dargestellt als Venugopala in Tanzpose, die Querflöte blasend. Und Shiva ist Nataraja, der König des Tanzes, wie auch Parvati, seine Gattin, die größte unter den Tänzerinnen ist. Im kosmischen Tandava-Tanz Shivas sind alle fünf Phasen des Kosmos symbolisiert: Schöpfung, Erhaltung, Vernichtung, Verhüllung und Erlösung. In Japan ist der Tanz der Göttin Uzume, die einst durch ihren Stampftanz die Sonnengöttin Amaterasu aus ihrem Versteck in der Todeshöhle wieder hervorlockte, der Prototyp des ekstatischen Tempeltanzes Kagura. Durch diese Riten helfen noch heute die Tänzer den Shinto-Göttern, den lebenspendenden Zyklus des Werdens und Vergehens jedes Jahr von neuem in Bewegung zu setzen.

Da die Harmonie der Töne, des Tanzes und des Gesanges für alle frühen Kulturen die kosmische Ordnung repräsentiert, sind die Menschen geradezu verpflichtet, eben auf diese Weise die Weltordnung beständig aufrechtzuerhalten oder, wenn sie gestört scheint, wiederherzustellen. Eine größere Aufgabe ist schwerlich vorstellbar.

Noch heute sprechen wir bei Versen von gebundener Rede. Doch nicht nur die Rede wird gebunden, so glaubte man einst: Die gleichen Bindemittel, welche die Töne, die Worte, die Schritte der Menschen binden und bewegen, sie bewegen und binden auch die Götter, da doch die ganze Welt wie auch der Mensch, als ein Teil von ihr, durch vielfältige Naturrhythmen ständig in geregelter Bewegung gehalten wird. Indem man natürlich-übernatürliche rhythmische Kräfte selbst rhythmisch aufnimmt und verstärkt freisetzt, glaubt man die Natur, die Menschen und sogar die Götter beherrschen zu können. Durch rituell geregeltes Stampfen auf die göttliche Mutter Erde beim Tanz kann man Geister der Tiefe herbeizwingen. Und rhythmischer Gesang mit Musik kann, da weithin hörbar, bis zu den Göttern in der Höhe empordringen.

„Magie ist", so notiert Novalis, die „Kunst, die Sinnenwelt willkürlich zu gebrauchen." In einer animistisch erlebten Welt haben darum nicht nur kultische, sondern auch scheinbar weltliche Lieder magische Zwecke. Beim Rudern z.B. oder beim Wasserschöpfen bezaubern sie die Wassergeister und machen sie den Menschen gewogen. Ja, letztlich ist jede Tätigkeit auf das Wohlwollen von Geistern angewiesen; so hat man ständig Anlässe für rhythmisch bannende Zaubersprüche und -lieder. Auch die Orakelsprüche wurden in Verse gefasst – es heißt sogar, der Hexameter sei in Delphi erfunden worden –, denn diese Versformeln sollen, so wie die Worte gebunden sind, die Zukunft binden und Unheil bannen. „Die Formel aber ist die Erfindung Apollos, welcher, als Gott der Rhythmen auch die Göttinnen des Schicksals binden kann" (Nietzsche: *Die fröhliche Wissenschaft*, 84).

Von Apollon, dem „Fernhintreffenden", stammt auch das „treffende" Lied (W. F. Otto). Platon war von der ethischen Wirkung der apollinischen Musik überzeugt (*Staat* 399 A-E). Doch schon lange, bevor Philosophen darüber spekulierten, erlebte und erprobte man in den körperlichen, verbalen und melodischen Rhythmen Kräfte, die die Affekte entladen und die Seele reinigen konnten. Bei den Pythagoreern diente der Rhythmus der Erziehung und der psychosomatischen Therapie. Wenn die Harmonie der Seele verlorengegangen war, musste man im Takt des Sängers tanzen. Anders in den orgiastischen Kulten. Hier reagierte man nicht nur die eigene, sondern auch die grausige Wildheit der Götter ab. Nietzsche fragt:

> Gab es überhaupt etwas Nützlicheres als den Rhythmus? Mit ihm konnte man alles: eine Arbeit magisch fördern; einen Gott nötigen, zu erscheinen, nahezusein, zuzuhören; die Zukunft sich nach seinem Willen zurechtmachen; die eigne Seele von irgendeinem Übermaße (der Angst, der Manie, des Mitleids, der Rachsucht) entladen, und nicht nur die eigne Seele, sondern die des bösesten Dämons – ohne den Vers war man nichts, durch den Vers wurde man beinahe ein Gott (a.a.O.).

All das galt zweifellos nicht allein für das frühe Griechenland. In der jahrtausendealten ägyptischen Dichtung findet sich im *Amarna-Hymnus* (14. Jahrhundert v. Chr.) der Vers: „Die Erde entsteht nach deinem Wink." Es gab also bei den **Ägyptern** einen Weltschöpfer-Gott, der die Erde durch eine Geste seiner Hand erschafft. Die Hieroglyphe, die mit „Wink" übersetzt wird, steht – und so wird erst die volle Bedeutung des Vorgangs verständlich – für „das sichtbare Zeichen, das der Cheironom seinen Orchestermusikern zuwinkt, um ein Intervall, einen Rhythmus oder einen Melodieablauf durch eine solche körperliche Bewegung darzustellen." (Hans Hickmann: *Ägypten. Musikgeschichte in Bildern*, Band II. Leipzig 1961, S. 7 f.) Die Erschafffung der Welt wird hier also durch eine Geste vollzogen, die Melodie und Rhythmus in Gang setzt. Dabei ist diese Geste so abstrakt, dass sie die Idee eines zahlenmäßig erfassbaren Klangs symbolisiert, und zugleich so energiegeladen, dass sie auf diese Weise die Welt entstehen lässt.

Der altägyptische Gott Hesu, der „Sänger", ist „ein Cheironom, der mit den Gesten seiner Hand ‚musiziert'" (a.a.O.). So ist er Weltenschöpfer, und so erschafft er die Harmonie des Kosmos, wie sie in der Sphärenharmonie des Griechen Pythagoras und in der *Harmonik* des Ägypters Claudius Ptolemaios dargestellt wird. Darum auch entsprechen nach Philon von Alexandria die sieben Saiten der Leier und die sieben Vokale des griechischen Alphabets den (damals bekannten) sieben Planeten. Die Klang erzeugenden Saiten eines Musikinstruments und die den Klang in der Sprache erzeugenden Vokale klingen anscheinend im kleinen so harmonisch wie die Sphären des Weltalls im großen. Menschliche Musik und Sprache und der kosmische Tanz der Planeten sind ursprünglich im Einklang gedacht. Wer also Musik, Poesie und Tanz angemessen in Bewegung setzt, bewegt sich immer wieder neu rhythmisch in der allumfassenden Harmonie des Kosmos.

Nicht anders ist es in der uralten Tradition **Chinas**. Auch hier steht die Musik auf der siebensaitigen Ch'in, die in vordynastische Zeit zurückreicht, in strengem Einklang mit den Gesetzen des Himmels. Das Ziel der Jahreszeitenfeste ist es, das gute Einvernehmen zwischen Mensch und Natur immer erneut herzustellen, von dem das Schicksal aller Wesen abhängt. Deshalb haben auch alle Wesen – durch die Inhalte der Lieder und die Verkleidungen der Tänzer – in gleicher Weise ihren Anteil an den Festen. Chöre und Tänzer ziehen in Prozessionen durch die rituelle Landschaft oder tanzen auf dem heiligen Hügel.

> Dann feiern auch die gegensätzlichen Kräfte, aus deren Verbindung das Leben des Kosmos entspringt, in Disziplin ihre äquinoktiale Hochzeit. Dann reihen sich die Motive bald in langsam stampfender Folge, bald einem sich ständig wiederholenden Kehrreim vergleichbar, kaum variiert in den Liedern endlos aneinander. Gleichgültig aber, ob die Sentenzen sich wiederholen oder summieren, stets wirken sie wie rhythmischer Hammerschlag, welcher die Herzen zur Entfaltung ihrer ursprünglichen Wirkkraft zwingt. (Marcel Granet: *Das chinesische Denken*. 1963, S. 55)

Der Überlieferung nach sollen in der Zhou-Zeit (seit etwa 1100 vor Christus) auf Befehl der Regierung Beamte in allen Teilen Chinas über dreitausend Lieder gesammelt haben, von denen später (um 500 vor Christus) Kungfutse rund dreihundert ausgewählt, redigiert und zum *Shijing*, dem *Buch der Lieder*, zusammengestellt haben soll. Das gilt der Wissenschaft heute als Legende. Auf jeden Fall aber gehört das *Shijing* zu den fünf konfuzianischen Klassikern, also zum festen Kanon der chinesischen Bildung. Es ist zweifellos das älteste Zeugnis gebundener Sprache in China, und seit fast dreitausend Jahren sind diese Lieder ununterbrochen lebendig.

Das oft sehr hohe Alter dieser Verse bedeutet nicht Einfachheit. Im Gegenteil: sie sind zum Teil von komplizierten metrischen Mustern geprägt. Es gibt vielfältige Reimschemata, Binnenreime, Alliterationen und – das ist seit je typisch für Lieder – Kehrverse. Man sang sie, von Musikinstrumenten und auch von Tänzen begleitet.

Die archaische Einheit von Vers, Tanz und Musik war in China von besonderer Bedeutung. Das belegt der berühmte Anfang aus den *Yueji*, den *Aufzeichnungen über Musik*, der ältesten Ästhetik der Welt (ca. 4. Jahrhundert vor Christus):

> Aller Töne Anfang liegt im Herzen des Menschen.
> Des Menschen Herz bewegen die Dinge von außen,
> So entsteht das Gefühl, das sich in Klängen formt,
> Die sich wandeln wie dieses.
> Töne nennt man die Ordnung der Klänge.
> Erklingen diese, abgestimmt aufeinander,
> Dazu des Tanzes Bewegung
> Mit Speer und Schild, mit Flöte und Federn,
> Dann nennt man dies alles Musik.

In **Japan** liegen, wie vielerorts, die Anfänge des traditionellen Theaters im Kulttanz, dem shintoistischen Kagura. Das Zusammenwirken von Musik und Rhythmen der Schamaneninstrumente sowie heiligen, dem heutigen Japaner unverständlichen Texten, Kultmasken und Reiswein – diese traditionelle Ekstasetechnik soll bewirken, dass der Gott vom Körper des Tänzers Besitz ergreift. Zur Unterhaltung der Götter spielt man ihnen auch die großen Ereignisse der Götter- und Landesgeschichte vor und macht sie mit den Anliegen der Menschen bekannt. Kagura, der Tempeltanz, ist eine der wichtigsten Quellen des japanischen Theaters. Überall im Lande, vor allem in den bedeutendsten Shinto-Schreinen, ist er noch immer lebendig. Das No als Tanzschauspiel strebt letztlich sogar auf den Höhepunkt einer Gotteserscheinung zu. Im archaischen Zusammenwirken von Wort, Musik und Tanz entsteht hier noch heute vor unseren Augen ein weltbewegendes, geheimnisvolles Gesamtkunstwerk.

Die brahmanische Tradition **Indiens** hat den *Veda*, ihr „Wissen", über Jahrtausende hinweg, so heißt es, zunächst mündlich tradiert und dann zwischen 1200 und 500 vor Christus aufgezeichnet. Noch heute sind große Teile des Rituals lebendiger Besitz der Brahmanen. Das Ritual hat, so glaubt man immer noch, welterschaffende und -erhaltende Wirkung. Der ritualkundige Priester ist es, der durch Opfer, Sprüche und Hymnen die Götter und die Natur am Leben erhält. Traditionell luden sieben Opferpriester die Götter ein, zum Mahle Platz zu nehmen. Die Opfermelodie ist fünfteilig und versinnbildlicht so die fünf Jahreszeiten (die Regenzeit gilt als eigene Jahreszeit). In den Tanzhallen der großen Tempel sangen und tanzten die Bajaderen vor allem Szenen aus den großen Epen Indiens, dem *Mahabharata* und dem *Ramayana.*

Beide Epen sind ebenfalls im **Alt-Javanischen** überliefert und auch im **balinesischen** Theater noch überall lebendig. Das berühmte Wayang-Kulit, das Schattenspiel, ist nicht bloß Theateraufführung, sondern Symbol des Kosmos. Es verbindet die Zuschauer mit den Ahnen und den großen Helden der alten indischen Epen. So ist es auch kultische Handlung, über die Jahrhunderte hin. Darum ist der Dalang, der Puppenspieler, zugleich auch Priester, also Mittler zwischen den Menschen und der übersinnlichen Welt. Er spielt – als Dirigent, Regisseur und Schauspieler in einer Person – von abends bis morgens etwa zehn Stunden lang und rezitiert dabei in jeder der verschiedenen Aufführungen frei. Auch die dazugehörige Gamelan-Musik steht unter kultischer Verantwortung für die Harmonie der Welt.

Im frankophonen **Schwarzafrika** nennt man die Sänger und Musiker, die zugleich als eine Art Zauberer gelten, Griots. In Vers und Prosa tragen sie vor, was zur Kultur einer Stammesgemeinschaft notwendig ist: Mythen vom Schöpfergott, von der Erschaffung der Welt und des Menschen, vom Erscheinen des Todes in der Welt, von der Entstehung der Naturphänomene wie Wind und Wetter, Donner und Blitz; Legenden über berühmte Menschen und Orte, fremde Stämme und große Kriege; Sprichwörter und Rätsel, vor allem aber auch Lieder. Der Mensch ist von der Geburt bis zum Tode immer von Liedern umgeben: zur Feier der Geburt eines Kindes, beim Initiationsritus, bei Hochzeit und Beerdigung. Ständig erfüllen die Rhythmen von Gesang und Musik die Luft. So wie der existenzielle Rhythmus des einzelnen Menschenlebens zum Gesang in der Gemeinschaft wird, so auch der kosmische Rhythmus der Naturzyklen. Für beide ist der Sänger verantwortlich. Die Natur- und Lebensrhythmen würden aus dem Takt geraten ohne die permanente magische Einwirkung von Musik und Vers und Tanz. Die Wort-, Musik- und Tanzrhythmen halten die Lebens- und Weltrhythmen in Gang und im Gleichklang.

3. Klangrede

> Poesie [...], rein und echt betrachtet,
> [bedarf] zu ihrer Vollendung
> Takt, Gesang, Körperbewegung und Mimik [...].
>
> (Goethe: *West-östlicher Divan,*
> *Noten und Abhandlungen: Verwahrung*)

Philologen setzen oft ihren Ehrgeiz darein, aus allen möglichen Textvarianten den einen Originaltext wiederherzustellen, buchstabengetreu. Für Verse freilich ist das Wesentliche, ihr Lebenselement, ursprünglich nicht die „litteratura", d.h. die Buchstabenschrift, die Lesart, die man liest, sondern die Klangart, die man hört. Diese originalgetreu hörbar zu machen, wäre allerdings noch weit schwerer als eine korrekte Textherstellung. Sie findet wohl daher auch weniger Interesse. Und das hat in der Tat einen guten Grund. Wie man Verse zu deklamieren hat, das hatte man im Ohr, so wie man die Tanzschritte in den Beinen hat und nicht auf dem Papier. Eben deshalb wurde es nicht schriftlich fixiert, sondern durch Nachahmung weitergegeben. Selbst in der reinen Tonkunst, der Musik, kam man erst spät darauf, wenigstens Hinweise auf die musikalische Realisierung zu notieren. Die Vorgänger unserer *Noten*, die *Neumen* der frühmittelalterlichen Musik, die sich über manchen alten Texten finden, geben nur die Tonbewegung ungefähr an und sind daher heute schwer zu deuten, während sie den Sängern, die selbstverständlich aus der oft jahrhundertelang weitergegebenen, gehörten Tradition lebten, bloß als Gedächtnisstütze dienen sollten. (Ist es nicht manchmal noch heute ähnlich? Wer die Melodien in der Jugend gelernter Lieder kennt, dem reicht meist ein Liederbuch mit Texten.) In manchen Psalmen, z.B. 22, 45, 46, 56, 57 usw., finden wir am Beginn den Hinweis auf die Melodie eines damals bekannten älteren Liedes, dem also auch der Rhythmus des folgenden Textes entsprechen muss.

Aufzeichnungssysteme für Choreographie gibt es erst seit dem 15. Jahrhundert. Eine allgemein verbindliche *Tanzschrift* aber, die der Buchstabenschrift für Wörter oder der heutigen Notenschrift für Musik entspräche, kann es schwerlich geben.

Doch eine verbindliche Notierung für die Art und Weise, wie Verse (antike und moderne) vorzutragen wären, ist anscheinend überhaupt nicht möglich, und sie scheint den meisten auch gar nicht nötig. Außer den antiken Längen und Kürzen, den deutschen Hebungen und Senkungen der Wortsilben sowie den Versgrenzen steht offenbar nichts eindeutig fest. Und auch dies ist (zumindest heute) der subjektiven Interpretation des Vortragenden überlassen, soweit für uns Verse nicht ohnehin nur noch Lesestoff sind und nicht mehr Klanggebilde, die erst zu leben beginnen, wenn sie – rezitiert, deklamiert oder gar gesungen – zu Gehör gebracht werden. Und erst recht denkt heute keiner mehr an gemeinsames Sprechen von Versen, es sei denn die Gemeinde rezitiert Psalmen im Gottesdienst.

Was beim Verse-Sprechen zu den bloßen alltagsüblichen Lauten in Tonhöhe, -länge und -kürze noch „hinzugetönt" wurde, nennt man seit der Antike *Prosodie*. Doch das „Hinzugetönte", Melos und Rhythmus – all das ist längst verhallt. Die mündliche Tradition, die eben auch den Klang mitüberlieferte, ist – nicht zuletzt durch die Verschriftlichung – verloren. Was uns blieb, ist philologische Rekonstruktion und Regelwerk anstelle von Klangrede.

Aber, wie wäre das Wesentliche, der ursprünglich artikulierte Klang des rhythmisch und melodisch gebundenen Sprechens heute lebendig zu vergegenwärtigen? Was kann man über diesen prosodischen, urpoetischen „Mehrwert" heute noch in Erfahrung bringen?

Die ältesten sakralen Texte, die wir kennen, hatten ihre eigene mündliche, und das heißt auch klangliche Tradition, lange bevor sie im Laufe der Zeit schriftlich fixiert wurden. Die vor dreitausend Jahren mit König David anhebenden *Psalmen* **Israels** wurden, begleitet vom harfenähnlichen Psalter, vorgetragen (daher der Name). Viele Psalmen tragen in einer Art Vorbemerkung musikalische und liturgische Hinweise, manche nennen auch den unmittelbaren Anlaß ihrer Entstehung (z.B. Ps 51). Manche beziehen sich in ihrem Text auf ein Ritual, das gleichzeitig vollzogen wurde, so z.B. „ein Lied zur Einweihung des Tempels" (Ps 30) oder „ein Wallfahrtslied" (Ps 120). Im letzten, dem 150. Psalm schließlich werden, wie im Tutti eines Finales, alle Musikinstrumente einzeln genannt und – zusammen mit allen Lebewesen – zum Lobe Jahwes aufgerufen.

Als in feierlichem Zuge die Bundeslade nach Jerusalem gebracht wurde, vollzog sich das, laut biblischem Bericht, so: „David und das ganze Haus Israel tanzten vor Jahwe mit aller Macht und unter Liedern mit Zithern und Harfen, Pauken, Schellen und Zimbeln" (2 Sam 6,5; dazu 16 und 21). Auch der Tempel Salomos hatte, wie alle großen orientalischen Heiligtümer, seine Musikanten und Sänger. Und in ältester jüdisch-christlicher Tradition, die sich selbst auf König Salomo zurückführt, wird noch heute in Äthiopien mit Gesang zum Klang der Rhythmus-Instrumente Trommel und Sistrum im Gottesdienst ekstatisch rituell getanzt.

Selbst im **Islam**, der im sakralen Bereich weder Bildkunst noch Musik kennt, gibt es, sehr isoliert, bei muslimischen Mystikern, den tanzenden Derwischen im türkischen Konya, die Trias von Vers, Musik und Wirbeltanz. Trommler, Flötenspieler und der Sänger der mystischen Verse Dschelaladdin Rumis setzen Jahr für Jahr das rhythmische Ritual des Derwisch-Reigens in Bewegung, den Weltentanz, der sich wie die Planeten klingend um die Sonne der göttlichen Gegenwart dreht.

Abgesehen von den frühesten poetischen Texten und Liedern, deren Melodien und Tanzschritte wir längst nicht mehr kennen, gibt es eine Fülle weiterer sakraler Texte. Dass und wie die Verse der indischen Veden, die Sutren der buddhistischen Schriften, die Texte der hebräischen Bibel und die Suren des Korans selbst beim individuellen Rezitieren rhythmisch zu lesen und zu sprechen sind, hört und sieht man noch heute, wenn man beobachtet, wie Juden, Muslims, Hindu-Priester und buddhistische Mönche dabei in gleichmäßigem Wippen und Wiegen den Oberkörper rhythmisch bewegen. Die Koranschulen haben hierfür sogar einen eigenen Fachbegriff: Tadschwid – das fehlerfreie rhythmische Psalmodieren. Schon im 1. Psalm wird der Mann selig gepriesen, der „über Jahwes Weisung murmelt bei Tag und Nacht" (Ps 1,2). Dieses halblaute rhythmische Rezitieren der „Schrift" kann man so in jahrtausendealter Tradition, besonders bei orthodoxen Juden, noch heute erleben.

Wer etwa in Eiheiji, dem zentralen zenbuddhistischen Kloster **Japans**, das allmorgendliche Ritual erlebt, der hört auch, wie zum Sprechgesang der Mönche auf einer sehr großen, sehr tief tönenden Trommel ganz leise ostinat der Takt geschlagen wird. Das klingt wie das dumpfe, kaum wahrnehmbare Pulsieren des Herzens im Innern des eigenen Körpers. So, im pulsierenden Rhythmus, finden die Worte des Erhabenen Eingang ins Innerste, in den Lebensrhythmus jedes Eingeweihten, werden eins mit ihm, lassen ihn eins werden mit dem „Sangha", der Gemeinde der Mönche. Unablässig klingen diese Sprechrhythmen über sehr, sehr weite und tiefe Zeiträume hin, nehmen unterschiedslos jeden zur Mönchsgemeinde gehörenden Einzelnen in sich auf, heben ihn auf in rhythmischem Einklang.

In ungezählten **katholischen Kirchen und Klöstern** finden wir das Chorgestühl für die Mönche, die in der täglichen Messe und im über Tag und Nacht verteilten Stundengebet unablässig das Gotteslob erklingen lassen. Der nicht von Instrumenten begleitete einstimmige Gregorianische Gesang ist benannt nach Papst Gregor dem Großen, der – auf der Grundlage älterer Tradition – um 600 die römische Liturgie neu ordnete. Eine strenge und zugleich freie Linienführung von Wort und Ton bindet in der Psalmodie modellartige Singweisen an feste Grundformeln. Für den Geist dieser jahrhundertelang geübten Klangrede ist eine scheinbar bloß musikalische Besonderheit von Bedeutung. Im Gegensatz zu Liedern und protestantischen Gemeindechorälen schreitet im Gregorianischen Choral die Bewegung der Stimmen nicht in festen, gleichmäßigen Takten voran, sondern in Freien Rhythmen, in denen rhythmische Gruppen von zwei bzw. drei Zeiteinheiten frei aufeinanderfolgen. Die Freiheit und die Strenge dieser Wort- und Melodie-Rhythmik erfordern eine Geistesgegenwärtigkeit und Disziplin, aus denen eine eigene gemeinschaftsstiftende Spiritualität erwächst.

Vorliterarische erzählende Versdichtung, die schriftlos entstand und weiterlebte, wurde erforscht vor allem bei Slawen, Finnen, Esten, Griechen, Turkvölkern und Kurden. Sie blieb lebendig bis ins 20. Jahrhundert hinein und wurde teilweise gerade noch auf Tonträgern festgehalten, als sie im Begriffe war, zugrunde zu gehen. Nach der Theorie von Murko, Parry und Lord weisen die mündlichen Epen dieser Völker strukturelle Parallelen auf zu den großen, berühmten Dichtungen der Vergangenheit: zu den Homerischen Epen, dem Beowulf-Epos, dem Nibelungenlied, dem Rolandslied usw. Die Feldforschungen von Parry und Lord bei den Südslawen zeigen: Diese Epen werden meist in fortlaufenden Einzelteilen, in einer Liederfolge, erzählt, verbunden mit einer einfachen Vortragsmelodie, die bei langen Epen mehrfach variiert werden kann. Der Gesang ist für den Vortrag ganz wesentlich: Er macht den Sänger zunächst einmal für einen größeren Zuhörerkreis hörbar, er hebt sodann das Erzählte aus der Alltagssprache heraus und gibt dem Metrum der Verserzählung die feste Grundlage, indem er durch seinen melodischen Rhythmus den Sänger darin bestärkt, improvisierend, aus dem Gedächtnis metrische Verse hervorzubringen. In entlegenen Gebieten des Balkans konnte man bis in die Mitte des 20. Jahrhunderts in den Kaffeehäusern, vor allem zur Zeit des Ramadans, Guslaren antreffen: Epensänger, die zur Gusle, einem einsaitigen Streichinstrument, in näselndem Singsang ihre Verse in parallellaufenden Melodiezeilen vortrugen. Diese südslawische *oral poetry* wurde vorgetragen von Bauern und Handwerkern, die Analphabeten waren.

Über das **finnische National-Epos** wird berichtet:

> Eine charakteristische Form des spielenden Dichtens hat man in der traditionellen Vortragsweise der finnischen *Kalevala* vor sich, bei der zwei Sänger, einander auf einer Bank gegenüber sitzend, sich an den Händen festhielten, sich immer nach vorn und nach hinten schwangen und dabei im Aufsagen von Strophen wetteiferten. Ein ähnlicher Brauch wird schon in der altnordischen Saga beschrieben. (W. H. Vogt: *Der Kultredner.* Zitiert nach Johan Huizinga: *Homo Ludens.* Hamburg 1956, S. 122.)

In der **Sowjetunion** hatten in den dreißiger Jahren mehrere Dichter ihren Auftritt, die man als „Homer der Steppe" pries. Der spätere isländische Nobelpreisträger Halldor Laxness beschrieb einen von ihnen, den Kasachen Dschambul: „Am liebsten dichtete er spontan vor großen Menschenmengen, wobei seine Jünger mitschreiben mussten, damit die Gedichte für die Ewigkeit festgehalten würden. [...] Sie ließen diesen wunderbaren ‚Wilden' in den Jahren 1936-38 einen ganzen Psalter über Stalin verfassen, einen Quasi-Panegyrikus auf die großen Säuberungen", den „Leiter der Geheimpolizei" oder die „Prawda". Der junge Fellowtraveller Laxness ist begeistert von der Ursprünglichkeit dieser endlosen Gesänge, die der Kasache extemporierte, „wobei er gleichzeitig seine ‚Dombra' schlug, die mit zwei Saiten bespannte Laute der Salzsteppe." (Zitiert in G. Koenen: *Die großen Gesänge.* Frankfurt a.M. 1987, S. 57 ff.)

Auch Gorki pries einen solchen fahrenden orientalischen Sänger, den lesghinischen Barden Sulejman Stalki, der aus einer authentischen Tradition der Panegyrik heraus sich auf einem Kolchoskongress 1936 Stalin buchstäblich zu Füßen warf und in dieser Stellung seinen Lobpreis darbrachte. Über ihn sagte Gorki in einer Rede auf einem Schriftstellerkongreß: „Ich habe gesehen, wie dieser Greis, ungebildet aber weise, während er im Präsidium saß, flüsternd seine Verse schuf, um sie dann, ein Homer des XX. Jahrhunderts, in staunenerregender Weise vorzutragen" (a.a.O.).

Doch wie sang vor über zweitausendsiebenhundert Jahren das Urbild aller epischen Sänger, **Homer** selbst?

Im 8. Gesang der *Odyssee* tritt in der Halle des Phaiakenkönigs ein hochgeehrter blinder Sänger, Demódokos, auf. Sein Saiteninstrument, die „helltönende Phorminx", liegt für ihn griffbereit. Was er als Blinder vorträgt, ist natürlich „vorliterarisch": er singt nicht vom Blatt. Und seine Gesänge sind

nicht uralt, sondern recht aktuell. Sie besingen kaum zwanzig Jahre zurück-
liegende Vorgänge, nämlich den Streit des Helden Achilleus mit dem König
Agamemnon bei der Belagerung Trojas. Und sie stammen, so heißt es, „aus
einer Liederfolge, deren Ruhm damals zum breiten Himmel reichte" (Vers 74).
Demnach stellt der Sänger sie nicht als eigene Dichtung oder gar als eigene
Erfindung vor. Sie waren offenbar längst verbreitet als *oral poetry*. Seine Sache
ist zunächst die Auswahl aus einer bekannten „Liederfolge", und dann vor
allem der Gesang „nach der Ordnung" im freien Vortrag der Verse, den er mit
der „gewölbten Leier" begleitet.

Ist dies ein Selbstporträt Homers, wie viele vermuten? Aber: Wer ist Homer?
Kaum zwei Gelehrte meinen mit diesem erlauchten Namen den gleichen
Dichter. Wer auch immer in den ältesten uns überlieferten europäischen
Epen *Ilias* und *Odyssee* den „Ruhm der Männer" gesungen haben mag, immer
sind es wirkliche Gesänge, auf einem bestimmten Saiteninstrument beglei-
tet.

Einen Sänger aber brauchte man einst nicht nur zum metrisch gesungenen
Erzählen, sondern auch für den Rhythmus des Reigentanzes. So sehen wir,
wiederum im 8. Gesang der *Odyssee*, den Homerischen Sänger, wie er, sich
selbst auf seinem Instrument begleitend, eine Geschichte singt: die lustig-
verfängliche Liebesaffäre der Göttin Aphrodite mit dem Kriegsgott Ares. Und
die Jünglinge stampfen dazu „den göttlichen Reigen mit den Füßen" (Vers
264).

Vergleichbare Gruppentänze zu gesungenen Geschichten findet man noch
heute in abgelegenen Gebieten **Griechenlands** und auf dem **Balkan**. In
Indien ist es meist eine Einzeltänzerin, die – heute wie einst – zu Musikbegleitung und erzählendem Gesang höchst kunstvoll vor einem Götterbild
Geschichten tanzt, die so gut wie immer aus den alten Nationalepen Indiens,
dem *Mahabharata* oder dem *Ramayana*, stammen.

Dass Teile von Epen gesungen und mit Musikbegleitung zugleich getanzt
werden, das ist offenbar vornehmlich in Indien uralte, noch immer lebendige Tradition. Homers Epen wurden gewiss nie getanzt, aber sie wurden,
wie gesagt, in der Frühzeit gesungen. Wohl tanzt man in Europa noch
lange Zeit kürzere Geschichten – man denke an die erzählenden Tanzlieder,
die „Balladen" („ballare" heißt „tanzen"), doch im Abendland löst sich der
Tanz als eigenes rhythmisches Vergnügen eher vom „Singen und Sagen".
Diese beiden aber bleiben noch lange verbunden. Wohl seit es den massenhaften Druck von Texten gibt, löst sich schließlich immer mehr auch
noch das Sagen vom Singen. Und längst sind nun Verse zumeist kein geselliges Ereignis mehr, sondern zur stillen, besinnlichen Lektüre geworden:
„sensible Wege" vom monologischen lyrischen Ich zum ebenso einsamen
Leser. Freilich, noch in der Spätantike und auch im Mittelalter bis in die
Neuzeit las selbst der einzelne Leser nicht still, sondern sprach halblaut vor
sich hin.

Was ursprünglich zum Hören (des Sängers und Rezitators) oder zum Anschauen (des Tanzes und Theaters) gedacht war, was womöglich gar im Chor
mitgesungen oder im Reigen mitgetanzt wurde, das hat sich immer mehr
separiert in die Segmente von reiner Musik, Tanzkunst, Wortkunst, um sich
im einzelnen Kunstkonsumenten zu verinnerlichen.

Im **Tonfilm** ist die Kombination von Bild-Erzählung, Wort und Musik
selbstverständlich. Auch im Massenmedium **Rundfunk** ist eine spezifische
Kombination von Wort und Musik längst zur Regel geworden. Hier werden
die „Wortblöcke" im Verhältnis zu den „Musikblöcken" immer kürzer; und
auch die Wortbeiträge werden durch Musikeinschübe aufgelockert. Nur so,
meinen die Sender, könnten die Hörer das gesprochene Wort noch schlucken
– wie trockene Brocken zwischendurch immer wieder eines Schlucks bedür-
fen, um verdaulich zu werden.

Inzwischen sind außer in Lese-Abenden gesprochene Erzählungen und
Romane auch als **Hörbücher** auf CD zunehmend erfolgreich. Sie fügen dem
Lesetext – fast wie einst – neuerdings etwas Uraltes hinzu: die akustische
Dimension.

Seit Jahren gibt es auch Ansätze, Vers und Musik – und Publikum – wieder zu verbinden. Es sind die **Liedermacher**, die das Texten und Kompo-
nieren, das Singen und das Sich-Begleiten vor Publikum in einer Person
realisieren. Seltener sind Versuche, Lyrik oder auch Prosa mit Musik zu
kombinieren. Zu Jazz trug bisweilen Peter Rühmkorf seine Lyrik – auf
Märkten – und Günter Grass seine Prosa – im Studio – vor. Hier bringen
Schriftsteller und Musiker ihre Ausdrucksmöglichkeiten gleichzeitig vors
Mikrophon. So treffen zwei Kunstgattungen aufeinander, „die sich, schaut
man zurück in archaische Zeiten, bei der Informationsübermittlung, wie
sie teilweise heute in Afrika noch gebräuchlich ist, gegenseitig bedingen"
(Günter „Baby" Sommer, in Grass & Sommer: *Es war einmal ein Land*, 1987,
S. 11). Dabei „wollen wir doch überhaupt nichts anderes als dieses mediale
Einvernehmen", das Ausbrechen aus den „Farbbandkäfigen" und „Tropf-
steintruhen" der isolierten Poeten, und bisweilen gelingen in der Tat „kleine Kommunikationswunder" (Peter Rühmkorf u.a.: *Phönix voran!* Reinbek
1987, S. 78; 101 f.).

Im **Hohen Mittelalter** spielte, wenn die Minnesänger sangen, das Publikum selbstverständlich noch eine konstitutive Rolle. Aber weiß man denn,
wie die Minnesänger und vor wem sie sangen?

4. Wie sangen die Minnesänger?

do begunde er suoze dœnen
und harpfen so ze prîse
in britûnischer wîse,
daz maneger dâ stuont unde saz,
der sîn selbes namen vergaz.

Da begann er lieblich zu singen
und schlug die Harfe so herrlich
in bretonischer Weise,
dass viele, die da standen und saßen,
ihren eigenen Namen vergaßen.

(Gottfried von Straßburg: *Tristan*, Vers 3588 ff.)

Spätestens seit der Goethezeit sind wir gewohnt, das Lyrische eines Gedichts als seine innere Sprachmelodie zu erleben. Die Vertonungen dagegen stehen auf einem anderen Blatt: Je lyrischer die Sprache eines Gedichts ist, um so eher scheint es sich dem entziehen zu wollen, nur als Textunterlage einer musikalischen Komposition zu dienen.

Wer heute Gedichte von Goethe oder Heine in die Hand nimmt, hat sozusagen das poetische Endprodukt vor sich. Dass viele ihrer Gedichte überdies von verschiedenen Komponisten vertont wurden, ist etwas anderes. Mittelhochdeutsche Gedichte, die in den alten Handschriften aufgeschrieben wurden und in Büchern gedruckt zu lesen sind, sind aber keineswegs das Ganze. Diesen Texten fehlt zweierlei: zunächst die „wîse", das heißt die Melodie, bzw. der „dôn", das bedeutet die Einheit von Wort und Melodie, und zweitens fehlt das Publikum, denn „höfische Literatur war eine gesellige Veranstaltung; ihr Sinn lag in ihrer gemeinschaftsstiftenden und gemeinschaftsbestätigenden Funktion" (J. Bumke: *Höfische Kultur.* dtv, 5. Aufl. 1990, S. 718). Text und Melodie sowie das höfische Publikum ergeben erst gemeinsam – im Zusammenspiel – das, was wir Minnesang nennen.

Das mittelhochdeutsche Lied ist im Vergleich zur heutigen Lyrik noch etwas anderes, Ursprünglicheres: Text und Melodie, Wort und Weise sind oft im gleichen Atemzug entstanden. Der Dichter ist in der Regel zugleich der Komponist und der musizierende Sänger, ähnlich wie unsere heutigen Liedermacher.

Liedtexte sind eigentlich keine Gedichte. Denn diese Texte wurden nicht zum Lesen oder Vorlesen, sondern zum Singen gedichtet. Die Melodien konnten auch übernommen werden, und zwar aus eigenen Kompositionen des Dichters oder von anderen Liedkomponisten.

Walther von der Vogelweide, der uns als der größte mittelhochdeutsche lyrische Dichter gilt, war seinerzeit noch berühmter wegen seiner Melodien.

So verkündet Gottfried von Straßburg in seinem *Tristan* (Vers 4802 ff.): Walther ist der Anführer aller Minnesänger, er ist die Meisterin der „nahtegalen":

hî wie diu über heide	Hei, wie die [Nachtigall] über die Wiese
mit hôher stimme schellet!	mit heller Stimme schallt!
waz wunders sî stellet!	Welche Wunder sie vollbringt!
wie spæhe s' organieret!	Wie kunstvoll sie musiziert!
wie s' ir sanc wandelieret!	Wie sie ihren Gesang variiert!

Gottfrieds Sprache ist, verglichen mit der seiner Zeitgenossen, unbestritten die melodiöseste. Er ist offenbar von Musik fasziniert und schildert, als der junge Tristan am englischen Hof auftritt, die verzaubernde Wirkung von dessen Gesang und Harfenspiel (siehe oben das Motto, Vers 3588 ff.). Für Gottfried sind Gesang und Saitenspiele aller Art, die zu Vorspiel, Begleitung und Zwischenspiel verwendet werden, gleichwertig. So heißt es von Tristan, dem neuen Spielmann (Vers 3626 ff.):

er sanc diu leichnotelîn	Er sang die Melodien
britûnsche und gâloise,	– bretonische und walisische,
latînsche und franzoise	lateinische und französische –
sô suoze mit dem munde,	so lieblich,
daz nieman wizzen kunde,	dass niemand sagen konnte,
wederez süezer wære	was lieblicher wäre
oder baz lobebære,	oder lobenswerter:
sîn harpfen oder sîn singen.	sein Harfenspiel oder sein Gesang.

Gewiss, die Musik des klassischen deutschen Minnesangs fehlt uns fast ganz. Doch auch die uns vorliegenden Liedertexte sind von Musik erfüllt. Etwas von der inneren Melodie des Minnesangs erkannte auf seine Weise der Romantiker Ludwig Tieck. In „einer unerklärlichen Liebe zu den Tönen", im Spiel der Reime, Rhythmen und Sprachklänge sah er dessen Seele:

> In diesem lieblichen labyrinthischen Wesen von Fragen und Antworten, von Symmetrie, freundlichem Widerhall und einem zarten Schwung und Tanz mannigfaltiger Laute schwebt die Seele des Gedichts wie in einem klaren, durchsichtigen Körper, die alle Teile regiert und bewegt und, weil sie so geistig ist, beinahe über die Schönheit des Körpers vergessen wird.

Freilich waren die mittelhochdeutschen Lieder keine introvertierte, subjektive Gefühlslyrik. Sie waren Gesellschaftskunst – das gilt auch für die „Liebeslieder", den Minnesang. „Daher muss", so erklärt Bumke, „ein historisches Verständnis dieser Literatur misslingen, wenn nicht immer auch die Aufführung mit ins Auge gefasst wird. Um so bedauerlicher ist es, dass die mittelalterlichen Quellen darüber nur ganz spärliche Auskünfte geben [...]" (Bumke, a.a.O., S. 718). Dennoch lässt sich manches, was konstitutiv für die höfische Dichtung ist, feststellen.

Die Wirkungsstätte der Minnesänger und Epiker war der Hof, gelegentlich waren es die Reichstage. Nur eine beschränkte Anzahl von Personen kann kontinuierlich am literarischen Leben des Fürstenhofs teilgenommen haben. Die Festsäle der Burgen fassten hundert bis zweihundert Menschen. Bei festlichen Versammlungen können nur Lieder oder *Abschnitte* aus Epen vorgetragen worden sein. Es hat also jeweils nur wenige Menschen gegeben, die eines der großen Epen von Anfang bis Ende angehört haben. Dass Frauen auch beim Vortrag höfischer Epik eine wichtige Rolle spielten, ist bekannt. Es zeigt sich z.B. in den Schlusszeilen von Wolframs *Parzival*:

> Edle Frauen, die Sinn [für Dichtung] haben
> und es gut mit mir meinen,
> schätzen mich jetzt gewiss höher,
> seit ich diese Geschichte zu Ende erzählt habe.
> Sollte das zu Ehren einer Frau geschehen sein,
> muss sie mir charmante Worte sagen.

Auf welche Weise aber wurde die Erzählung vorgetragen? Wie wurde gesungen? Der Liedermacher begleitete seinen Gesang mit einer lockeren musikalischen Nachzeichnung. „Das Hauptinstrument der Liedbegleitung war die Harfe, genauer: die Knieharfe. [...] Weithin üblich war auch die Begleitung der Singstimme mit der Fiedel [...]. Beliebt war auch die Lira – dieses Saiteninstrument hat einen schmaleren Corpus als die Fiedel. Weiter: Vorformen der Laute. Das Scheitholz: ein schmales zitherähnliches Instrument. Benutzt wurden auch kleine Trommeln [...], Blasinstrumente kamen eventuell hinzu." (Dieter Kühn: *Der Parzival des Wolfram von Eschenbach*. Frankfurt a.M. 1986, S. 60)

Eines der großen mittelhochdeutschen Epen, das *Nibelungenlied*, ist in vierzeilige Strophen mit Langversen gegliedert und steht so in der Tradition der sangbaren epischen Lieder. Diese waren allerdings oft wesentlich kürzer, wie z.B. das *Hildebrandslied*, und entsprachen in gewisser Weise dem, was wir Balladen nennen. Eine Originalmelodie des *Nibelungenlieds* konnte jedoch nicht nachgewiesen werden, zumal Melodien ohnehin selten notiert wurden. Die Artusepik ist in fortlaufenden kurzen Reimpaaren verfasst, also vermutlich weniger zum Singen geeignet. Ob oder gar wie die geschriebene mittelhochdeutsche Epik gesungen wurde, wissen wir nicht. Sie mag in einer Art Sprechgesang feierlich vorgetragen worden sein, wohl ohne Instrumentalbegleitung. In diesem Zusammenhang unterscheidet man zwischen Accentus, d.h. Lektionsgesang (so wird z.B. im feierlichen katholischen Gottesdienst seit Jahrhunderten der Text des Evangeliums gesungen), und Concentus, d.h. Melodiegesang.

Eins ist sicher, aber gleichwohl kaum bekannt: Neben den berühmten schriftlich konzipierten und fixierten großen mittelhochdeutschen Epen wurden auch andere, nur mündlich tradierte Epen an den Höfen vorgetragen. In besonderer Weise kann man das beim *Nibelungenlied* beobachten. „Als gegen Ende des 12. Jahrhunderts an den Höfen der weltlichen Fürsten ein geregelter Literaturbetrieb begann und höfische Dichter dort an volkssprachigen Werken nach schriftlichen Vorlagen arbeiteten, wurde zum ersten Mal mündlich tradierte Heldenepik in schriftliche Form gefasst" (J. Bumke, a.a.O., S. 613 f.). Die alte mündliche Überlieferung insbesondere der Heldendichtung, aber auch anderer Formen oraler Dichtung, war und blieb offenbar neben der schriftlich fixierten Literatur noch lange intakt.

5. Ursprung als Ziel?

> O dass wir unsere Ururahnen wären.
> (Benn: *Gesänge*)

Von der deutschen Romantik sagt Heine: „Sie war nichts anders als die Wiedererweckung der Poesie des Mittelalters [...]". Das ist gewiss zu plakativ, doch suchten in der Tat viele Romantiker im Rückblick auf das im Glauben wurzelnde Mittelalter – es war die letzte universale Kultur vor der Aufklärungsepoche – die verloren gegangene Ganzheit wiederzugewinnen.

Immer wieder, nicht erst neuerdings, beklagte man in der Geistesgeschichte den „Verlust der Mitte" und hoffte, anknüpfend an vergangene Epochen, aus deren Wiedergeburt neue Ursprünglichkeit zu schöpfen und so selbst wieder schöpferisch zu werden. Auf der Suche nach harmonischer Einheit und nach Ursprünglichkeit als Kraftquell für eigene künstlerische Schöpfungen fanden die Europäer vor allem immer wieder zurück zur griechisch-römischen Antike. Doch man forschte auch nach anderen, zeitlich und geographisch etwas näher liegenden Quellen der Inspiration.

Der Schotte Macpherson veröffentlichte in den sechziger Jahren des 18. Jahrhunderts angeblich alte, in den Highlands gesammelte Gesänge eines sagenhaften altkeltischen blinden Dichters aus dem 3. Jahrhundert nach Christus – eines keltischen Homers – namens Ossian. Dass sich *Ossians Gesänge* bald als empfindsame Neudichtung in rhythmischer Prosa auf der Grundlage einiger authentischer Bruchstücke erwiesen, beeinträchtigte nicht im geringsten die große Wirkung in ganz Europa, auch auf Klopstock, Herder und den jungen Goethe.

Barden waren einst Sänger und Dichter bei den verschiedenen keltischen Stämmen. In Gallien verschwanden sie mit der Romanisierung, in Wales standen sie vom 7. bis 15. Jahrhundert in hohem Ansehen, in Irland und Schottland sogar noch bis zum Beginn des 18. Jahrhunderts. Den Germanen waren Name und Stand der Barden unbekannt.

Das hinderte Klopstock freilich nicht, eine Bardenlyrik als „heilige Poesie" zu begründen, die im Aufgebot germanischer Götter, deutscher Eichen und alter Helden schwelgte. Der Barde wurde ihm zum Künder deutschen Geistes, zum urtümlichen Schöpfer der anfänglichen Dreieinheit von Gesang, Tanz und Dichtung. In lyrisch-musikalischen Dramen wollte er patriotische Festspiele schaffen, in denen sich aufs neue die drei rhythmischen Urkünste vereinigten. Die Suche nach der verlorenen Ursprünglichkeit und Sinnlichkeit in altnordisch-keltischer Mythologie blieb freilich vergeblich. So nahm er zwar in gewisser Weise Richard Wagners Germanenopern vorweg, doch seine chorisch-hymnischen Weihespiele blieben in ihrem nebelhaften Durcheinanderwogen von Nordischem und Keltischem ohne dichtungsgeschichtliche Wirkung: ein Teutonismus, der nur noch Literaturhistorikern etwas sagt. Doch kann nicht der Irrweg eines Großen exemplarisch Aufschluss über die Unerreichbarkeit eines großen Ziels geben?

„Ursprung ist das Ziel", verkündet Karl Kraus, und so dachten ungezählte Zeitkritiker zu allen Zeiten. Die Suche nach dem Ursprung und die Versuche, wieder im Ursprünglichen zu leben, sind Legion.

Der allerfrüheste und folgenreichste dürfte die einstige redaktionelle Ausformung der *Thora*, des *Pentateuchs*, sein: Von den Zeiten des Mose und von noch älteren Traditionen her wurde aus verschiedenen Überlieferungsfäden ein Text gewoben, der dem Gottesvolk – im unablässig erneuerten Blick zurück – Gesetz und Geschichte gab, von der Weltschöpfung und vom Paradies bis zum Zug der Mose-Schar zum Gelobten Land.

Im alten China sammelte der hochverehrte Kungfutse um 500 vor Christus uralte Texte, auch Lieder, um im Rückblick auf die Worte und Werte der Alten seine verderbte Gegenwart für alle Zukunft zu reformieren, und so prägte er den chinesischen Kulturkreis weitgehend wohl bis heute.

Seit je beschwören, allen voran, die Dichter „das alte Wahre" (Goethe), was auch immer das sei, oder sie raunen: „[...] und alte Dinge öffnen dir dein Blut" (Benn: *V. Jahrhundert*). Doch wie steht es mit dem Gelingen der wortgewaltigen neueren Beschwörungen in der Tat? Warum scheiterte Klopstocks Wiederbelebungsversuch? Musste er scheitern? Die archaischen Empfindungswelten, für die die Sturm-und-Drang-Genies anfangs schwärmten, erzeugten zwar rasche Begeisterung, konnten aber keine Verbindlichkeit gewinnen. Fehlte für die von Klopstock zurück ersehnte ursprüngliche Einheit der drei Musenkünste nur noch die Musik eines Richard Wagner? Nein. Für eine erneute Einheit wäre vor allem eines unabdingbar konstitutiv: ein Publikum als mitschöpferischer Partner, nicht als bloße Rezipienten, Kunstkritiker oder -konsumenten, und sei es als Wagner-Gemeinde auf dem Bayreuther Hügel, die vom Gesamtkunstwerk als gesellschaftlichem Ereignis affiziert ist. Die nicht zuletzt von Klopstock neu erträumte archaische Einheit des Menschen war einst nicht die von klassisch-harmonisch-idealistischen Individuen, sondern die fraglose Zusammengehörigkeit einer engen Erzähl- und Kultgemeinschaft. Eben deshalb will wohl in der Neuzeit auch immer wieder Kunst zur Kunstreligion werden, und Klopstock oder Stefan George kultivieren auf ihre Weise den erhabenen Habitus des Priesterlichen. Unablässig wird die magische Macht der Töne und Worte poetisch beschworen – bei Rudolf Steiner ist es wiederum die Vereinigung von Sprache oder Musik mit Bewegung: *Eurythmie* (sic) *als sichtbare Sprache* (1927) – „allein es fehlt der Glaube", unwiederbringlich. Magie hat sich längst zur Metapher verflüchtigt. Es bleibt bei der großen „Formgebärde" von orphischen Schamanen ohne Stamm, von Priestern der Kunst ohne Kultusgemeinde.

Kultgemeinschaft gibt es in unserer späten, hochzivilisierten Welt, wenn überhaupt, wohl gerade noch in mehr oder weniger esoterischen Zirkeln (wie z.B. bei Steiners Anthroposophen) oder aber im traditionellen kirchlichen Gottesdienst mit seinem Ritual und seinen Liedern. Konzert- und Theatergemeinden mögen ihr Stammpublikum haben, das sich immer wieder einmal in Bann schlagen lässt – vom Stammeskult oder antiken Kulten ist es, trotz der Beschwörungsgesten von Dichtern und Dirigenten, Welten entfernt. Wie ein poesiegeschichtliches Satyrspiel erscheint darum das zuvor beschriebene Auftreten der gutgläubigen Stalin-Sänger aus der orientalischen Salzsteppe, die letzte Ausläufer archaischer Tradition mit manipuliertem sozialistischem Personenkult auf aberwitzige, dennoch von modernen Schriftstellern und Intellektuellen begierig bewunderte Weise verknüpfen. Nein, vorbei sind, auch schon im 18. Jahrhundert, die Zeiten, „als sich alle einer Mitte neigten / und auch die Denker nur den Gott gedacht"; unwiederbringbar ist „die ferne zwingende erfüllte Stunde, / die einst auch das verlorne Ich umschloss." (Benn: *Verlorenes Ich*)

So muss es – rückblickend – erscheinen. Doch haben sich in der zweiten Hälfte des 20. Jahrhunderts nicht womöglich die alten Zaubermittel der Wort-, Tanz- und Musik-Rhythmen auf ungeahnte Weise verselbständigt und sogar verstärkt? Wird nicht in einer kaum vorstellbaren Bilderflut, die weltweit den Äther erfüllt, der Menschheit Episches vorerzählt und Dramatisches vorgespielt – durch elektronische Medien, selbst vom Himmel her über Satelliten? Sind diese massenhaften Vorführungen nicht zugleich ständig mit funktionaler Musik unterfüttert? Und sind – das wird den Konsumenten freilich kaum bewusst – diese elektronischen Dramen und Epen nicht durchgehend rhythmisiert? Ja, sie alle unterstehen dem Diktat eines ganz neuen Metrums: dem Zeittakt der Bild-Einstellungen. Schneller Reizwechsel, Blickwechsel bewirkt – das lehrt die experimentelle Wahrnehmungspsychologie wie schon die eigene Erfahrung – einen „orientierenden Reflex", der die Aufmerksamkeit erregt und als fesselnder Augenkitzel empfunden wird, ganz ähnlich dem Ohrenkitzel gewisser akustischer Rhythmen. So, im Zeittakt der Bildsequenzen, erzählt der anonyme Bildschirm sein Programm; so, in *visuellen Rhythmen*, kann der elektronische Erzähler eine nach Millionen zählende verborgene Gemeinde durch Television in seinen Bann schlagen; und so versetzt er uns, metrisch permanent pulsierend, in die leichte Trance, die uns die Augen weit macht für die Faszination – fast so wie einst der Sänger mit dem langen Atem seiner metrisch getakteten und musikalisch untermalten Verse. Doch das elektronische Flimmern signalisiert einen anderen Rhythmus, der Ruhe und Verweilen nicht mehr zulassen will, den althergebrachten epischen Atem zum Hecheln treibt, wohl auch das Herz schneller schlagen lässt: im modernen Lebensrhythmus, während die langatmigen alten epischen Gesänge einst Raum und Zeit überfliegende Trance-Träume bewirken mochten, Fernvisionen im Einklang jedes einzelnen mit seinem Stamm und seinen Göttern in einer überschaubaren mythischen Welt.

Ja, die alten „Zauber binden wieder", doch auf andere, neue Weise. Nicht der Poet in der Studierstube – „Allein: du mit den Worten / und das ist wirklich allein" (Benn) – hat die alten rhythmischen Zaubermittel wieder vereinigt und zum Leben erweckt. Es ist ein synthetisches Industrieprodukt, das die große Synthese jetzt anbietet: der Megastar, das übermenschliche, vergötterte Idol, der große Schamane, der – bewegt vom brutal verstärkten Beat elektronischer Musik – vor Tausenden, Millionen von Fans singt und tanzt. Seinerzeit, in der „Destille" allein, erträumte sich Benn noch „ewig Rhythmenschübe". Die elektronischen Medien liefern sie nun tatsächlich Tag und Nacht, weltweit. Jetzt gilt für Millionen Fans, was für Benn bloß einsames *Notturno* war: „Da versinken die Denkprozesse [...], / endlich Daseinsschwund und Seelenausglanz". Heute betreibt diesen „Daseinsschwund" oder diese Gefühlssteigerung durch „Rhythmenschübe" eine globale Unterhaltungsindustrie mit Milliardenumsätzen. Werden so die noch immer in uns schlummernden Sehnsüchte der Frühmenschen nach sanfter Trance oder orgiastischer Ekstase, welche die dreifache Musenkunst einst kunstvoll stillte, in der Massengesellschaft künstlich befriedigt und zugleich immer neu angefacht?

Im heute gängigen Kurzwort „Fan" verbirgt sich ein Zusammenhang, der Archaisches mit Modernstem, einst Ursprüngliches mit jetzt Synthetisch-Primitivem verbindet. Noch im 19. Jahrhundert meinte „fanatisch" ausschließlich „religiös schwärmerisch", denn das lateinische „fanum" ist „der der Gottheit geweihte Ort, der Tempel". Daher war „fanaticus" ein Sakralwort und bedeutete (ähnlich wie das griechische Wort „enthusiastisch") „von der Gottheit ergriffen und in rasende Begeisterung versetzt". Dieses heilige, orgiastische Ergriffensein, von dem wir aus der Antike wissen, wird wie einst so noch heute bei abgelegenen Naturvölkern im kleinen magischen Erzähl- und Tanzkreis rhythmisch erzeugt – fast auf die gleiche Weise wie in heutigen Pop- und Rockmusik-Großveranstaltungen: durch die *Rhythmen* der archaischen Dreieinheit von Musik, Gesang, Tanz. Doch nun kommerziell und synthetisch: für eine einsame Masse.

Lösungen

Lösungen zum Test A (Seite 27)

(In Klammern ist jeweils die Zahl der erreichbaren Punkte angegeben.)

1. Jambus   x x́   (2)
2. Daktylus   x́ x x   (2)
3. Anapäst   x x x́   (2)
4. Trochäus   x́ x   (2)
5. Jambus   x x́   (2)
6. Blankverse: fünfhebiger (= fünffüßiger) Jambus ohne Reim (4) [Goethe: *Iphigenie*]
7. Alexandriner: sechshebiger Jambus mit Binnenzäsur und Reim (5) [Gryphius]
8. Freie Rhythmen: unmetrisch (= ohne festes Vers- und Strophenmaß), reimlos (3) [Reiner Kunze]
9. Hexameter: sechshebig und vorwiegend daktylisch, ungereimt, meist mit Binnenzäsur (5) [Homer: *Odyssee*]
10. Freie Rhythmen: s.o. Nr. 8 (3) [Goethe: *An Schwager Kronos*]
11. Knittelverse: vierhebig mit unregelmäßigen Senkungen, (meist) Paarreim (4) [Hans Sachs]
12. Stabreim (= Alliteration) (1) [*Hildebrandslied*]
13. Binnenreim (oder Schlagreim) (1)
14. Assonanz (= Halbreim) (1)
15. unreiner Reim (1)
16. weiblicher (= klingender) Reim (1)
17. männlicher (= stumpfer) Reim (1)
18. gleitender (= reicher) Reim (1)
19. Paarreim: a a b b (2)
20. umarmender Reim: a b b a (2)
21. Kreuzreim: a b a b (2)
22. Schweifreim: a a b c c b (2)

Maximal erreichbar: 49 Punkte

Lösung zum Test B (Klausur) (S. 183)

(In Klammern ist jeweils die Zahl der erreichbaren Punkte angegeben.)

A. Informeller Leistungstest Vers und Reim

I. Vers

1. Daktylus   x́ x x   (2)
2. Trochäus   x́ x   (2)
3. Jambus   x x́   (2)
4. Anapäst   x x x́   (2)
5. Trochäus   x́ x   (2)
6. Alexandriner: sechshebiger Jambus mit Binnenzäsur und Reim (5) [Angelus Silesius]
7. Freie Rhythmen: unmetrisch (= ohne festes Vers- und Strophenmaß), reimlos (3) [Goethe: *Harzreise im Winter*]
8. Blankverse: fünfhebiger (= fünffüßiger) Jambus ohne Reim (4) (Mit Zeilensprung) [Goethe: *Iphigenie*]
9. Knittelverse: vierhebig mit unregelmäßigen Senkungen, (meist) Paarreim (4) [Peter Weiss: *Marat*]
10. Hexameter: sechshebig und vorwiegend daktylisch, ungereimt, meist mit Binnenzäsur (5) [Homer: *Odyssee*]
11. Freie Rhythmen: s. o. Nr. 7 (3) [Benn: *Chopin*]

II. Reim

12. Binnenreime (1)
13. Stabreime (= Alliteration) (1)
14. unreiner Reim (1)
15. Assonanz (= Halbreim) (1)
16. männlicher (= stumpfer) Reim (1)
17. weiblicher (= klingender) Reim (1)
18. gleitender (= reicher) Reim (1)
19. Kreuzreim   a b a b (2)
20. umarmender Reim   a b b a (2)
21. Schweifreim a a b c c b (2)
22. Paarreim a a b b (2)

Maximal erreichbar: 49 Punkte

B. Sonett (14 P.)

Stets 14-zeilig und jambisch, meist fünffüßig oder Alexandriner. 4 Strophen: 1) der französische Ronsard-Typ und der italienische Petrarca-Typ: 2 Quartette (Reimschema meist umarmend a b b a, a b b a), 2 Terzette (Reimstellung unterschiedlich). 2) der englische Shakespeare-Typ: 3 Quartette: alternierend im Kreuzreim, dazu ein abschließendes Reimpaar. Besonders geeignet für antithetische Gedankendichtung.

C. Freie Rhythmen (10 P.)

1. „Erfinder": Klopstock.
2 a. Charakter der älteren Freien Rhythmen: hymnisch. Z.B. Klopstock, der junge Goethe, Hölderlin, Rilke ...
2 b. Charakter der neueren Freien Rhythmen: prosaisch (gestisch). Z.B. Trakl, Benn, Brecht, Celan, Kunze ...

D. Hexameter, selbst umgeformt aus Prosa (8 P.)

Zur nachträglichen Orientierung drei Beispiele.
Johann Heinrich Voß (1781):
> Sage mir, Muse, die Taten des vielgewanderten Mannes,
> Welcher so weit geirrt nach der heiligen Troja Zerstörung.

Rudolf Alexander Schröder (1907/10):
> Sag mir den Mann, o Muse, den vielverschlagnen, den Irrsal
> Schlug, nachdem er die Burg der heiligen Troja zerbrochen.

Roland Hampe (1979):
> Nenne mir, Muse, den Mann, den vielgewandten, der vielfach
> Wurde verschlagen, seit Trojas heilige Burg er zerstörte.

E. Eduard Mörike: *UM MITTERNACHT*

Das Gedicht besteht aus 2 Strophen zu je 8 Versen. Diese sind jeweils halbiert durch den *Wechsel der Metren* (Jamben und Daktylen), der auf ein Satzzeichen (Semikolon bzw. Punkt) folgt, vor allem aber durch *Einrückung* markiert wird. Dem entspricht inhaltlich ein *Prinzip der Zweiheit*: Die personifizierte *Mutter Nacht* will Ruhe; *die Quellen* plaudern vom Tage. Doch beides ist vollkommen ausgeglichen wie die zwei Schalen einer Waage: „Um Mitternacht" ist sie ausbalanciert – sie ist die Grenze zwischen den Tagen. Für einen Augenblick scheint die Zeit stille zu stehen. Der Zeilenstil (außer Vers 3/4) gibt dem Ganzen desgleichen Ruhe und Ausgeglichenheit

VERSANALYSE: Die Metren und Reimstellungen (1. Strophe)

V 1-2: vierhebige Jamben, männlicher Paarreim.
V 3-4: fünfhebige Jamben, männlicher Paarreim.
V 5: vierhebig: Auftakt + 1 Trochäus + 2 Daktylen + katalektische Kadenz.
V 6: vierhebig: Auftakt + 2 Daktylen + 1 Trochäus + katalektische Kadenz.

(In der 2. Strophe sind die entsprechenden **Verse 13/14** *ganz* parallel gebaut: vierhebig: Auftakt + 3 Daktylen + katalektische Kadenz.)
V 5+6: gemischte Versmaße; männlicher Paarreim.
V 7: einhebige Kurzzeile: Jambus (eingerückt).
V 8: dreihebig: Auftakt + 2 Daktylen + katalektische Kadenz.
V 7-8: *zusammen* sind sie vierhebig wie alle bisherigen Verse, außer V 3-4. Identischer weiblicher Reim. Kehrvers / Refrain (siehe auch die 2. Strophe).

VERSINTERPRETATION

V 1-8: 4 Paarreime. Es gehören stets zwei paarige Verse auch inhaltlich zusammen. Das erzeugt eine harmonische Wirkung der Naturidylle.

V 1-4: gleichförmiges ruhiges Schreiten der *Jamben*: „gelassen", „steigend", ausgewogen („Waage"), „träumend".

V 5-8: leichtfüßige gemischte *Daktylen*: „keck" bewegt wie Wellen, „rauschend".

V 7: Der Kürzest-Vers (nur 1 Hebung!) hebt das Wort „Tag" (als Gegenwort zu „Mitternacht") hervor. Stolpereffekt durch die erneute Einrückung: Ein Ritardando nimmt den beschwingten Rhythmus der kecken Quellen zurück. Im klingenden weiblichen Reim („Tage") hört man ein sanftes Verklingen, nachblickend dem „gewesenen Tage".

V 8: Die Wortwiederholung („vom Tage") verstärkt die Hervorhebung des Gegenworts zu „Mitternacht". Der identische Reim wirkt wie ein Echo.

V 7-8 (und **15-16**): Im Kehrvers / Refrain zeigt sich das Liedhafte des ganzen Gedichts, das „Schlummer*lied*" (V 9) der „Quellen", die „singen" (V 5-6).

Die Reimwörter haben alle dunkle Vokale (a,u,o,a), außer in der 2. Strophe („Lied" / „müd").

Literaturhinweise

1. Verslehren

HEUSLER, Andreas: Deutsche Versgeschichte (1925/29). 3 Bände, Berlin/Leipzig 1968

PAUL, Otto: Deutsche Metrik (1930). Bearbeitung Ingeborg GLIER. München, 9. Aufl. 1985

WELLEK, René, und WARREN, Austin: Wohlklang, Rhythmus, Metrik. In: Theorie der Literatur. Berlin, 3. Aufl. 1963, S. 136-152

PRETZEL, Ulrich: Deutsche Verskunst. In: Deutsche Philologie im Aufriss, Bd. 3. Berlin, 2. Aufl. 1962, Sp. 2453 – 2466

KAYSER, Wolfgang: Kleine deutsche Versschule (1946). UTB: 26. Aufl. 1999

KAYSER, Wolfgang: Grundbegriffe des Verses. In: Ders.: Das sprachliche Kunstwerk. Eine Einführung in die Literaturwissenschaft. Bern 1969 u.ö.

KAYSER, Wolfgang: Geschichte des deutschen Verses. Zehn Vorlesungen (1960). UTB 3. Aufl. 1991

ARNDT, Erwin: Deutsche Verslehre. Ein Abriss (1959). Berlin, 13. bearb. Aufl. 1996

WAGENKNECHT, Christian: Deutsche Metrik. Eine historische Einführung. München, 2. Aufl. 1989

BEHRMANN, Alfred: Einführung in die Analyse von Verstexten. Realienbücher für Germanisten, Sammlung Metzler, Stuttgart 1970

BEHRMANN, Alfred: Einführung in den neueren deutschen Vers. Von Luther bis zur Gegenwart. Eine Vorlesung. Stuttgart 1989

BINDER, Alwin et. al.: Einführung in Metrik und Rhetorik. Verlagsgruppe Athenäum, 3. ergänzte und verbesserte Aufl. 1980

ASMUTH, Bernhard: Klang – Metrum – Rhythmus. In: ARNOLD und SINEMUS: Grundzüge der Literatur- und Sprachwissenschaft, Bd. 1: Literaturwissenschaft. dtv Wissenschaftliche Reihe, 4. Aufl. 1976, S. 208 – 226

ASMUTH, Bernhard: Aspekte der Lyrik. Mit einer Einführung in die Verslehre. Grundstudium Literaturwissenschaft, Bd. 6, Westdeutscher Verlag, 7. Aufl. 1984

BREUER, Dieter: Deutsche Metrik und Versgeschichte. UTB 745, Fink Verlag, 3. Aufl. 1994

SCHLAWE, Fritz: Neudeutsche Metrik. Stuttgart 1972 u.ö.

DILLER, Hans J.: Metrik und Verslehre. Tübingen 1978

TAUBERT, Gesine: Kurze deutsche Verslehre. Isen, o.J.

ALBERTSEN, Leif Ludwig: Neuere deutsche Metrik. Germanistische Lehrbuchsammlung Bd. 55 b, Bern 1984

STORZ, Gerhard: Der Vers in der neueren deutschen Dichtung Stuttgart (RUB 7926-28), 1970 u.ö.

STUMMER, Josef Viktor: Vers, Reim, Strophe, Gedicht. Ein Lehr- und Lesebuch über das Handwerkliche der deutschen Dichtkunst. Thun/München 1968

GELFERT, Hans-Dieter: Arbeitstexte für den Unterricht. Einführung in die Verslehre. Stuttgart 1998

MOENNIGHOFF, Burkhard: Metrik. Stuttgart 2004

VOLLMAR, Hartmut: Einheitliche Theorie des Verses. Würzburg 2000

2. Einzelnes zu Rhythmus und Reim

MOHR, Wolfgang: Rhythmus. In: Reallexikon der deutschen Literaturgeschichte. Berlin und New York, Bd. 3, 2. Aufl. 1977, S. 456 – 475

KÜPER, Christoph: Sprache und Metrum. Semiotik und Linguistik des Verses. Tübingen 1988

FRANK, Horst Joachim: Handbuch der deutschen Strophenformen. München/ Wien 1980, 2. Aufl. 1993

FRANK, Horst Joachim: Wie interpretiere ich ein Gedicht? UTB 1639, 1991

TRUNZ, Erich: Klang und Wort. In: Goethes Werke Bd. 3. *Faust.* Hamburg 1949 u.ö., S. 483 – 491

KELLETAT, Alfred: Zum Problem der antiken Metren im Deutschen. In: Der Deutschunterricht 16, H. 6, 1964, S. 50 – 85

NAGEL, Bert: Der freie Vers in moderner Dichtung. Göppingen 1989

BRÄUER, Robert: Tonbewegung und Erscheinungsformen des sprachlichen Rhythmus. Profile des deutschen Blankverses. Berlin 1964

BEISSNER, Friedrich: Satzton und Verston. In: Der Deutschunterricht 16, H. 6, 1964, S. 33 – 49

RÜHMKORF, Peter: agar agar – zaurzaurim. Zur Naturgeschichte des Reims und der menschlichen Anklangsnerven. Reinbek 1981

STEPUTAT, Willy: Reimlexikon. Neubearbeitet von Angelika Fabig. Stuttgart: Reclam Verlag 1997

RECLAMS ELEKTRONISCHES REIMLEXIKON (CD). Stuttgart 1999

PEREGRINUS SYNTAX (Hrsg.): Allgemeines deutsches Reimlexikon. Mit einer Gebrauchsanweisung von Hans Magnus Enzensberger. 2 Bände. Frankfurt a.M., 2. Aufl. 1993

MUTHMANN, Gustav: Rückläufiges deutsches Wörterbuch. Handbuch der Wortausgänge im Deutschen, mit Beachtung der Wort- und Lautstruktur. Tübingen, 2. Aufl. 1991

VONESSEN, Franz: Zur Metaphysik des Reims. In KÖHLER, Erich (Hrsg.): Sprachen der Lyrik. Frankfurt a.M. 1975, S. 886-910

HAYMES, Edward R.: Das mündliche Epos. Sammlung Metzler Bd. 151, 1977

CRUSIUS, Friedrich: Römische Metrik. Eine Einführung. Neu bearbeitet von Hans Rubenbauer. München, 6. Aufl. 1961

GRÜMMER, Gerhard: Spielformen der Poesie. Leipzig, 2. Aufl. 1988

THALMAYR, Andreas: Das Wasserzeichen der Poesie oder Die Kunst und das Vergnügen, Gedichte zu lesen. Frankfurt a.M., 9. Aufl. 2001

THALMAYR, Andreas: Lyrik nervt. Erste Hilfe für gestresste Leser. München und Wien 2004

www.gereimt.de

www.lyrics 3000.de

3. Sachwörterbücher und Handbücher literarischer Fachbegriffe

WILPERT, Gero von: Sachwörterbuch der Literatur. Kröners Taschenausgabe Band 231, 7. verb. und erw. Aufl. 1989

BEST, Otto F.: Handbuch literarischer Fachbegriffe. Definitionen und Beispiele. Überarbeitete und erweiterte Neuausgabe, Fischer Taschenbuch Verlag Frankfurt a.M. 1994

BRAAK, Ivo: Poetik in Stichworten. Literaturwissenschaftliche Grundbegriffe. Eine Einführung. Hirt's Stichwortbücher, Verlag Ferd. Hirt, Kiel, 7. verb. Aufl. 1990